W0260794

Dieses Buch ist Celia, Claudia, Ilona und Trixi gewidmet, deren Mut im Umgang mit der HIV-Krankheit und deren Kraft ich bewundere. Sie haben – jede auf ihre eigene Art – ein Beispiel gegeben für persönliche Größe, Engagement für andere und Lebenswillen.

Frauen und AIDS

Somatische und psychosoziale Aspekte

H. Jäger (Hrsg.)

Mit Beiträgen von

H. Bardeleben, Gießen
J. Davepon, Polling
A. Dobler-Mikola, Zürich
W. H. Eberbach, Bonn
K. Einhäupl, München
M. Ermann, München
M. Förtsch, München
G. Franke, Braunschweig
L. Hässig, Zürich
K. F. Hiller, München
H. Jäger, München
B. Jäger-Collet, München
B. Leopold, Berlin
L. Niederreiter, München
S. Meuthen, Polling
B. W. Reimann, Gießen
C. Rosendahl, München
R. Schär, Zürich
X. Scheil-Adlung, Bonn
E. Schielke, München
O. Seidl, München
M. Stauber, München
M. Urban, München
M. Walter, Freiburg
D. Zimmer-Höfler, Zürich

Mit 62 Abbildungen und 31 Tabellen

Springer-Verlag Berlin Heidelberg New York
London Paris Tokyo Hong Kong

Dr. med. Hans Jäger
Arbeitsgruppe AIDS
Städt. Krankenhaus Schwabing
Kölner Platz 1
8000 München 40

ISBN-13:978-3-540-51205-9 e-ISBN-13:978-3-642-74792-2
DOI: 10.1007/978-3-642-74792-2

CIP-Kurztitelaufnahme der Deutschen Bibliothek

Frauen und Aids : somatische und psychosoziale Aspekte / H. Jäger (Hrsg.). Mit Beitr. von H. Bardeleben ... – Berlin ; Heidelberg ; New York ; London ; Paris ; Tokyo ; Hong Kong : Springer, 1989
ISBN-13:978-3-540-51205-9

NE: Jäger, Hans [Hrsg.]; Bardeleben, Hans [Mitverf.]

WG: 33;14;11 DBN 89.132307.4 89.08.11
2123 wn

2119/3335-543210 – Gedruckt auf säurefreiem Papier

Liste der Autoren

Hans Bardeleben, M.A.
Institut für Soziologie
Justus-Liebig-Universität
6300 Gießen

Dipl.-Soz.-Päd. (FH) Josef Davepon
AIDS-Pflege- und Betreuungsdienst für Oberbayern
Arbeiterwohlfahrt
Kirchplatz 1
8182 Polling

Lic. phil. Anja Dobler-Mikola
Soziologin
Sozialpsychiatrischer Dienst
Psychiatrische Universitätsklinik
Militärstr. 8
Postfach 904
CH-8021 Zürich/Schweiz

Ministerialrat Dr. Wolfram H. Eberbach
Bundesministerium für Jugend, Familie, Frauen und Gesundheit
Koblenzer Str. 112
5300 Bonn 2

Prof. Dr. med. Karl Einhäupl
Neurologische Klinik
Klinikum Großhadern
Marchioninistraße 115
8000 München-Großhadern

Prof. Dr. med. Michael Ermann
Abteilung für Psychotherapie und Psychosomatik der Psychiatrischen Klinik und Poliklinik der LMU
Beethovenplatz 4
8000 München 2

Mary Förtsch
Arbeitsgruppe AIDS
Städt. Krankenhaus München-Schwabing
Kölner Platz 1
8000 München 40

Dipl.-Psych. Gabriele Franke
Institut für Psychologie
Spielmannstr. 12a
3300 Braunschweig

Lic. phil. Leena Hässig
Psychologin
AIDS-Hilfe Schweiz
Postfach 1028
CH-8036 Zürich/Schweiz

Dr. med. Klaus F. Hiller
I. Frauenklinik der LMU
Maistraße 11
8000 München 2

Dr. med. Hans Jäger
Arbeitsgruppe AIDS
Städt. Krankenhaus München-Schwabing
8000 München 40

Dipl.-Psych. Bernadette Jäger-Collet
Psychotherapeutin in eigener Praxis
Pestalozzi-Str. 40c
8000 München 5

Dipl.-Soz.-Päd. Beate Leopold
Sozialpädagogisches Institut
Hohenfriedbergstr. 16
1000 Berlin 62

Siegfried Meuthen
AIDS-Pflege- und Betreuungsdienst für Oberbayern
Arbeiterwohlfahrt
Kirchplatz 1
8182 Polling

Lisa Niederreiter
Kunsttherapeutin
Bayerische AIDS-Stiftung
Frauenlobstr. 9–11
8000 München 2

Prof. Dr. rer. soc. Bruno W. Reimann
Institut für Soziologie
Justus-Liebig-Universität
6300 Gießen

Dr. med. Carla Rosendahl
Immundefektambulanz der
Universitäts-Kinderkliniken
Lindwurmstr. 4
8000 München 2

Regina Schär
AIDS-Hilfe Schweiz
Postfach 1028
CH-8036 Zürich/Schweiz

Dr. phil. Xenia Scheil-Adlung
Bundesministerium für Jugend, Familie,
Frauen und Gesundheit
Koblenzer Str. 112
5300 Bonn 2

Eva Schielke
Neurologische Klinik
Klinikum Großhadern
Marchioninistraße 15
8000 München-Großhadern

Dr. med. et rer. pol. Otmar Seidl
HIV-Forschungsprojekt
Abteilung für Psychotherapie und
Psychosomatik
Psychiatrische Universitätsklinik
Nußbaumstr. 7
8000 München 2

Prof. Dr. med. Manfred Stauber
I. Frauenklinik der LMU
Maistraße 11
8000 München 2

Monika Urban
Kunsttherapeutin
Bayerische AIDS-Stiftung
Frauenlobstr. 9–11
8000 München 2

Melitta Walter
Sexualpädagogin/Publizistin
Schillerstr. 4
7800 Freiburg/Breisgau

Dr. med. Dagmar Zimmer-Höfler
Psychiatrische Universitätsklinik
Sozialpsychiatrischer Dienst
Militärstr. 8
Postfach 904
CH-8021 Zürich/Schweiz

Inhaltsverzeichnis

Vorwort

Stärker als anfangs angenommen sind Frauen als Patientinnen, aber auch in den betreuenden Teams von der Krankheit AIDS betroffen.

Insbesondere durch die Zunahme drogenabhängiger oder ehemals drogenabhängiger Patienten bei den Hausärzten und in den Fachambulanzen ist der Anteil der Frauen an der Gesamtgruppe aller Patienten in der Bundesrepublik Deutschland auf ca. 15% angestiegen. In der Schweiz liegt dieser Anteil noch deutlich höher. Mit einer weiteren Zunahme muß gerechnet werden.

Damit sind frauenspezifische und familientypische Probleme, die zu Beginn der AIDS-Epidemie keine wesentliche Relevanz hatten, stärker in den Mittelpunkt der Betreuungsarbeit gerückt. Nur durch verstärkte interdisziplinäre Zusammenarbeit – etwa zwischen Internisten, Pädiatern und Gynäkologen sowie die bewußte Einbeziehung psychologischer und sozialarbeiterischer Kenntnisse – kann dem Problem Frauen und AIDS ausreichend Rechnung getragen werden.

Die Analyse der derzeitigen Situation ergibt, daß Frauen als Gruppe sowohl qualitativ anders als auch quantitativ stärker als Männer unter den Folgen des erworbenen Immundefektsyndroms zu leiden haben.

Im April 1989 verdeutlichte ein Workshop in München, an dem ca. 400 Ärztinnen, Psychologinnen, Krankenschwestern, Sozialarbeiterinnen sowie Mitarbeiterinnen aus Forschungseinrichtungen, Behörden, Selbsthilfegruppen und ihre männlichen Kollegen teilnahmen, die Relevanz der Thematik. Der Workshop zeigte außerdem, daß Naturwissenschaftler und Vertreter der Sozialwissenschaften besser miteinander ins Gespräch kommen können als vielfach vermutet, und daß Männer und Frauen gemeinsam im Dialog und kreativ das Thema Frauen und AIDS bearbeiten können. Die Tagung fand mit freundlicher Unterstützung der Abteilung Medical Sciences Liaison der Upjohn GmbH, Heppenheim, und des Instituts Mérieux, Leimen, statt.

Zur Zielgruppe dieses Buches gehören insbesondere Ärztinnen und Ärzte aus den Fachdisziplinen Innere Medizin, Gynäkologie, Pädiatrie, Psychiatrie/Neurologie, Krankenschwestern und -pfleger sowie klinische Psychologen, Sozialarbeiter und Mitarbeiter in den Selbsthilfegruppen.

München, im August 1989 Hans Jäger

„Wer sagt, es sei einfach, der lügt" – AIDS im Alltag der Frauen

Melitta Walter

In meinem Arbeitszimmer stapeln sich die Ordner mit Zeitungsartikeln, Broschüren, Kongreßberichten, Fallgeschichten und Statistiken. AIDS, AIDS und nochmal AIDS steht auf Ordnerrücken, Plakaten, Einladungen und Briefköpfen. Nüchtern oder emotional, professionell, mit Gewicht und Ausdruck enormer Meinungsvielfalt. Ein interessantes Arbeitsgebiet im Bereich der Gesundheitsprävention; so jung, daß Rückerinnerung an die Anfänge noch möglich ist; so jung, daß Bilanz gezogen werden kann, um aus Fehlern zu lernen.

Trotzdem, als ich gebeten wurde, für dieses Buch zu schreiben, war ich alles andere als begeistert. Hatte ich nicht schon oft genug gesagt, was es von mir aus zu sagen gibt? Bedeutet das Thema „Frauen und AIDS" nicht ein sich ewiges Wiederholen? Ist es vielleicht sogar anmaßend, heute noch darüber zu schreiben, wo doch Frauen, wie die Erkrankungsstatistiken zeigen, wirklich weit weniger an AIDS erkranken, als befürchtet wurde? Kraß ausgedrückt, sollten die Frauen nicht endlich in Ruhe gelassen werden?

Seit 4 Jahren reise ich durch die Lande, halte Vorträge, führe Streitgespräche auf Podien, begleite AIDS-Fachkräfte durch die emotionalen Schwierigkeiten, mit denen sie in der beratenden Arbeit zu kämpfen haben und suche mit den unterschiedlichsten Frauen nach einem Weg, die neue Belastung, die AIDS für unser Fühlen und Handeln mit sich bringt, auszuhalten. Immer und immer wieder stellen mir Frauen die Frage nach dem „richtigen" Weg, um körperliche und seelische Gefahren abzuwenden. Die Fragen sind unterschiedlich, doch im Kern sehr ähnlich: „Wie schütze ich mich, wie überzeuge ich einen Partner von der Notwendigkeit, Kondome zu benutzen, wie schütze ich meine Kinder, wie bringe ich das theoretische Wissen mit meiner persönlichen Lebenssituation in Übereinstimmung?" Aufklärungsmaterialien, so zeigt sich jedesmal wieder, helfen im Einzelfall wenig. Gesucht und benötigt wird das Gespräch.

An diesem Punkt der Überlegungen angelangt, entschloß ich mich, doch zu schreiben. Das Zusammentragen der Erfahrungen dieser Jahre kann möglicherweise dazu beitragen, klarere Forderungen zu entwikkeln, und den vielen Einzelstimmen von Frauen Gewicht zu verleihen. Und vielleicht profitieren andere, die seit Jahren diesem AIDS-„Wanderzirkus" (wie ich das ewige Herumreisen vieler Menschen in Sachen AIDS-Aufklärung von Stadt zu Stadt, Land zu Land nenne) angehören, davon.

„Ich glaubte, das ist nur mein Problem ..."

Grundsätzlich beinhaltet die Auseinandersetzung mit dem Thema „Frauen und AIDS" immer eine Konfrontation mit weiblicher Sozialisation. Zur Verdeutlichung einige Tatsachen, die Frauen in ihrem Bemühen um präventives Handeln beeinflussen: Das psychosoziale Netzwerk von Frauen reduziert sich häufiger, als es bei Männern der Fall ist, auf familiäre Kontakte. Entsprechend abhängig sind sie von der Stimmung, die zuhause vorherrscht. Hinzu kommt oft eine finanzielle Abhängigkeit von Partnern, die es erschwert, grundsätzliche Auseinandersetzungen über den Umgang miteinander zu führen. Die Zahl der alleinstehenden Frauen nimmt immer noch zu. Als ungeschriebenes, aber trotzdem nicht minder wirksames Gesetz gilt, daß Frauen für die körperliche und emotionale Gesundheitserhaltung der Gesellschaft im allgemeinen und besonderen zuständig sind. (Der Anteil der Frauen im beratenden und pflegenden AIDS-Bereich ist, wie in allen helfenden Berufen, entsprechend hoch.) Frauen tragen die Verantwortung um Familienmitglieder und sind für die Sexualerziehung der Nachkommen zuständig. Die Risikofreudigkeit oder -bereitschaft von Frauen ist geringer, als die von Männern. Frauen suchen, wenn Konflikte auftauchen, erst einmal wie selbstverständlich die Schuld bei sich selbst. Sie suchen eher nach Lösungen, die für andere annehmbar sind, als daß sie sich selbst zum Mittelpunkt der Überlegungen machen. Definitionen über das, was „weibliche Sexualität" ist und zu sein hat, werden immer noch stärker aus männlicher Sicht heraus gegeben, als von Frauen selbst formuliert. Und so nimmt es nicht wunder, daß eine Krankheit, die unglaubliche Auswirkungen im emotional-gesellschaftlichen Gefüge zur Folge hat, Frauen ganz anders tangiert als Männer.

Dies beinhaltet allerdings nicht automatisch, daß sich Frauen dessen auch bewußt sind. Erst das Zusammentragen von Erfahrungen und Eindrücken stärkt Frauen in dem Bewußtsein, daß viele Probleme gesellschaftliche Ursachen haben und nicht individuellem Versagen zuzuschreiben sind.

„Ich habe da mal eine Frage ..."

Ich reise auf Anfrage an „öffentliche" Plätze. Der Bedarf an Informationen läßt nicht nach. Im Laufe der Zeit haben sich folgenden Nachfragen als immer wiederkehrend herauskristallisiert:

– Lesungen aus dem von mir herausgegebenen Buch[1] von Buchhandlungen und Stadtbibliotheken, um „darüber *ein Problembewußtsein zu wecken*". An diese Plätze kommen häufig auch ältere Frauen, die sich Gedanken um Töchter und Enkelinnen machen. Die Ebene einer Autorinnenlesung in Räumlichkeiten, wo unterschiedlichste Menschen zusammenkommen, ermöglicht den Frauen (Männer kommen selten dazu) die größte innere Distanz. Allerdings ändert sich dies nach der Lesung und im Diskussionsverlauf schnell. Die Zurückhaltung wird aufgegeben, wenn Gehörtes auf die eigene Situation übertragbar ist.

– Information darüber, ob „Frauen sich wirklich so sehr von der Krankheit betroffen fühlen müssen, wie Gynäkologen und Ärzte allgemein vermitteln". Diesen Anfragen liegt der *Wunsch, zum allgemeinen Angstabbau beizutragen,* zugrunde. Sie kommen von Gleichstellungsstellen, AIDS-Hilfen, Frauenverbänden und Gesundheitsämtern. In der dann folgenden Diskussion äußern die Zuhörerinnen erst ihr Erstaunen über die Fülle an Aspekten: „Daß es dazu so viel zu sagen gibt, hätte ich nicht gedacht." Dann kommen je nach Anzahl der Zuhörenden Detailnachfragen; häufig zu „AIDS und Schwangerschaft" und immer noch Fragen zur Hygiene. Und – durchaus typisch für alle Diskussionsrunden, wenn Männer anwesend sind – es werden die sich eher an der Oberfläche des Problems haltenden Fragen gestellt, und zwar von Männern. Besteht die Gruppe ausschließlich aus Frauen, gehen die Gespräche schnell ins Zentrum des Problems, auf die Gefühlsebene. Bemerkenswert häufig am Ende dieser Art Veranstaltung wird von Frauen geäußert, sie hätten sich sehr überlegt, ob sie kommen sollten. Sie erzählen dann von ihrer Angst: „andere könnten denken, ich hab's oder lebe mit einem AIDS-infizierten Mann zusammen". Und besonders in kleinen Orten, wo jeder jeden kennt, kostet das Sichzeigen, wenn AIDS das Thema ist, viel Überwindung.

[1] Ach wär's doch nur ein böser Traum – Frauen und AIDS. Kore-Verlag, Freiburg/Br., 1987

– Die Bitte um eine Analyse, „die Müttern hilft", *mit der Sexualerziehung* in diesen schlimmen Zeiten *besser klarzukommen*". Diese Anfrage kommt von Schulen (selten von der Leitung, häufig von engagierten Müttern und Lehrerinnen), Pro Familia, Frauenverbänden und Gesundheitsämtern. Die Irritationen von Eltern und Pädagoginnen sind vielfältig. Zum einen ist da die Ebene der Unsicherheit über das, was „offiziell laut Rahmenrichtlinien der schulischen Sexualerziehung erlaubt oder verboten ist", die Sorge von Eltern, daß ihren Kindern zu viel an Details zugemutet wird (oder konträr dazu, daß ihnen wichtige Details vorenthalten werden). Auf der anderen Seite die fast verzweifelt vorgetragenen Ängste vieler Mütter – Väter kommen seltener zu diesen Veranstaltungen mit – durch ihr Agieren den Kindern (hier werden die Töchter besonders betont), „jeden Spaß an der Sexualität zu verderben". Auffallend ist hier, daß diese Ängste nicht auf die Gruppe der sog. feministischen Mütter beschränkt sind, sondern von Frauen unterschiedlichsten Alters und sozialem Status geäußert werden.

– Das Bedürfnis nach einer mehrstündigen Veranstaltung, einem ganzen Tag oder Wochenende nur für Frauen, damit „sie sich *mit ihren Ängsten in der Partnerschaft* in einer überschaubaren Gruppe *auseinandersetzen* können". Genaugenommen geht es um die Auseinandersetzung mit der eigenen, sprich weiblichen, Sexualität. Anfragen kommen von Frauenzentren und Gleichstellungsbeauftragten. Besonders diese Ausschreibung läßt die Veranstalterinnen fürchten, daß nicht genügend Frauen das Angebot wahrnehmen werden, obwohl ich die Gruppengröße auf 12 bis 14 Frauen beschränke. Bis kurz vor Beginn bleibt in der Regel offen, wieviele Frauen wirklich kommen. Denn besonders dann, wenn Sexualität Thema wird, nimmt die Angst, sich zu zeigen, „wie ich wirklich bin", verständlicherweise zu. Dabei sind es genau diese Gruppen, die der einzelnen Frau an meisten geben können. Dieser Freiraum, mehr Zeit als üblich für sich selbst zu haben, das Mit-Erleben von ähnlichen Problemen bei anderen Frauen und die Möglichkeit solidarische Feedbacks zu erhalten, bringt vielen Frauen mehr als Plakate, Appelle und Beratungsgespräche.

Angefragt werden diese Themen fast ausschließlich von Frauen, und sie bleiben dann auch weitgehend unter sich. (Mehr Männer erscheinen, wenn kirchliche Gruppen als Mitveranstalter ausgewiesen sind.) Auffallend ist – deutlich wird mir diese Feststellung erst jetzt, wo ich aufliste –, daß Fragen nach Problemen von weiblichen Prostituierten, i.v. Drogenabhängigen, infizierten, obdachlosen oder inhaftierten Frauen von selbst meist nicht auftauchen. Zum einen ist hier die Hemmschwelle, die Angst vor der Auseinandersetzung mit sehr tabubeladenen Frauenbildern hoch, zum anderen bergen die eigenen Probleme genügend Sprengstoff in sich.

„Das hat mich sehr erleichtert ..."

Anfragen von internen Plätzen, z.B. Tagungsstätten, Fortbildungsinstitutionen, auch von AIDS-Fachkräften selbst, ähneln im wesentlichen den oben beschriebenen: Hier steht allerdings das Bedürfnis nach Auseinandersetzung mit der eigenen Rolle innerhalb der sekundären AIDS-Prävention oft an erster Stelle. Der Druck, *die Ratsuchende auf den richtigen* (risikofreien) *Weg bringen* zu müssen, lastet schwer. Der Begriff „AIDS-Fachkraft" suggeriert, daß das Wissen umfassend ist und das beraterische Können lange geschult wurde.

Grundsätzlich gilt für alle psychosozialen Bereiche: es wird ein Können wie selbstverständlich vorausgesetzt, das keine herkömmliche Ausbildung vermittelt, nämlich die Kunst der Ausgewogenheit von Distanz und Nähe. Oder anders ausgedrückt: die Fähigkeit, einen kühlen Kopf und ein mitfühlendes Herz zu bewahren. Von MitarbeiterInnen im AIDS-Bereich wird darüber hinaus unausgesprochen erwartet, daß ihnen die permanente Konfrontation mit der Sexualität anderer keine Schwierigkeiten bereitet. Diesen Anspruch, den die Fachkräfte unwidersprochen hinnehmen, zu reduzieren, ist dringend notwendig. Wer keine Ausbildungsmöglichkeit im sexualpädagogischen und sexualberaterischen Tätigkeitsbereich erhalten hat, von der oder dem kann niemand verlangen, allen Schwierigkeiten gewachsen zu sein.

Die speziellen Probleme von Frauen tauchen eher am Rande auf, eben dadurch, daß so viele Personen in diesen Fortbildungsgruppen weiblichen Geschlechts sind. Ihre weiblichen Fähigkeiten, im Privatleben lange trainiert, werden in der AIDS-Beratung eingesetzt. Nun bemühen sie sich als Ärztinnen, Sozialarbeiterinnen, Krankenschwestern und Psychologinnen das Kondom an den Mann zu bringen. Nun klären sie anderer Leute Kinder über sexuelle Risiken auf.

Diese Tätigkeiten hinterlassen Spuren im Privatleben. Wer so häufig von den Seitensprüngen der Partner anderer Frauen hört, fängt auch an zu grübeln, wenn der eigene Partner spät nach Hause kommt. Der Mangel an Supervisionsmöglichkeiten muß hier behoben werden.

Schon das Thematisieren dieses Konfliktes hat entlastende Funktion. Und auch hier gewinnt die Intensität der Auseinandersetzung, wenn keine Männer im Raum sind. Die Grenzen zwischen Berufs- und Privatfrauen verschwinden.

„Da finde ich mich nicht wieder ...“

Diskussionen über die erfolgversprechendste Aufbereitung von Fernsehspots, Plakaten und Zeitungsanzeigen werden wohl mehr am grünen Tisch als mit den sog. Zielgruppen selbst geführt. Wie sonst kann es geschehen, daß ausgerechnet die, die erreicht werden sollen, sich so wenig angesprochen fühlen? Auf diversen bildhaften AIDS-Plakaten und Textfotos werden Frauen gezeigt: jung, selbstbewußt, den klassischen Schönheitsvorstellungen entsprechend. Mal als mögliche Verführerin, die dem Mann, der mit Partnerin unterwegs ist, vielversprechende Blicke zuwirft, mal als ästhetisch in ein Seidenlaken gehüllte Sexualpartnerin, oder als eine, in deren Leben alles sauber und gradlinig verläuft.

Wie gutwillig auch immer die Werbebüros ihren Auftrag erfüllen, bei den meisten Frauen, mit denen ich die Bebilderungen betrachtete, kommt die Botschaft nicht positiv an.

In vielen Gesundheitsämtern und AIDS-Hilfen hing oder hängt ein Plakat, das auf den ersten Blick „gelungen“ erscheinen mag:

Das Foto wirkt weich, die Situation entspannt. Signalisiert werden soll wohl, daß AIDS für Paare, die Kondome zur Hand haben, kein Problem ist. Der großzügig gedruckte Text über diesem Paar lautet: *„Sie tun, was sie immer tun.“* Ich kann denken, daß sie gleich ein Glas Wasser holen, oder daß sie im nächsten Moment einschlafen werden. Wozu solch eine Aussage auf einem AIDS-Plakat? Gemeint ist doch wohl, daß sie gleich miteinander schlafen, Geschlechtsverkehr haben und zum eigenen Schutz vor Infektion ein Kondom benutzen werden. Denn unter dem Paar steht der Hinweis: „Mit Kondom“.

Dieses Plakat habe ich in unterschiedlichsten Frauengruppen anschauen und bewerten lassen. Nur wenige Frauen haben das Kondom in der ausgestreckten Frauenhand überhaupt bemerkt. Das Foto, erst als „schön, zärtlich, wie ein Traum, mit AIDS hat das nichts zu tun“ wahrgenommen, bekommt eine völlig andere Aussage, wenn die Kondom-Botschaft erfaßt wird. Dann fällt plötzlich die Hand des Mannes auf: „Der drückt doch die Hand der Frau weg, der will das Kondom doch gar nicht.“ Oder: „Warum hat die Frau und nicht der Mann das Kondom in der Hand?“ Eigene Erfahrungen werden ausgetauscht und als Resumee wird festgehalten: „Die meisten Männer, die ich kenne, wollen keine Kondome“ oder „Ich nehme es mir immer vor, drauf zu bestehen, aber wenn der Mann dann ein Gesicht zieht, mach ich's eben ohne.“

Eingefügt werden muß hier, daß sich sammelt, was Probleme hat. So ist es in allen Beratungsbereichen. Frauen und Männer, die die AIDS-Problematik partnerschaftlich angehen können, kommen nicht

SIE TUN,
WAS SIE
IMMER TUN.
MIT KONDOM.
Deutsche
AIDS-Hilfe e.V.

so häufig in die Gruppen. Die Frauen und Männer, die ihren Weg kennen, benötigen keine Unterstützung. Angesprochen werden sollten ja all die, die sich allein, falsch verstanden, ausgenutzt, gefährdet fühlen.

Sexualität ist nun einmal ein sehr tabubeladenes Thema. Frauen sind gewohnt, daß es Probleme gibt. Frauen schrecken vor einer sprachlichen Auseinandersetzung im Bereich Sexualität zurück, weil die zur Verfügung stehenden Vokabeln nicht aus ihrer eigenen Phantasie erwachsen sind. Selbst in den präventiven Aussagen auf AIDS-Plakaten, in denen es ja ausschließlich um Anweisungen zum sexuellen Verhalten geht, wird Sexualität nicht beim Namen genannt.

Entweder bestand bei den Verantwortlichen für das erwähnte AIDS-Plakat die Angst, jemand könnte es als unlautere Werbung für Gummiwarenhersteller mißinterpretieren, oder die Scham vor der Eindeutigkeit des zu thematisierenden Geschehens verhinderte Deutlichkeit.

Sicher ist es nicht unproblematisch, Sexualität auf öffentlichen Druckwerken deutlich zu benennen, aber mit etwas mehr Einfühlungsvermögen in die Problematik von Kondombenutzung in der konkreten erotischen Situation, wäre das Plakat wirkungsvoller geworden. Weshalb, die Frage sei wieder einmal gestattet, wird nicht der Mann abgelichtet, wie er gerade ein Kondom aus der Verpackung holt? Weshalb geht es auch hier wieder mehr um Traumbilder als um Realitäten?

Ausblick

Frauen sind noch immer sehr verunsichert, wenn AIDS Thema wird. Allerdings sind ihre Ängste und Wünsche mittlerweile viel konkreter, als noch vor 3 Jahren. Sie hören Ratschläge von Experten: „ist doch alles ganz einfach", und ihnen fehlt der Mut, ihre individuellen Schwierigkeiten auszusprechen. Sie haben Angst davor, sich so zu zeigen, wie sie wirklich sind, nämlich als Menschen mit Sehnsucht nach Geborgenheit und Liebe, die so schwer umzusetzen ist.

Sehr viele Frauen leben mit dem Anspruch an sich selbst, sich „richtig" verhalten zu wollen. Permanent aber stoßen sie auf innere und äußere Grenzen. Ihre Sozialisation verhindert, daß sie nachdrücklich Forderungen an Sexualpartner stellen, also das Risiko eingehen, sich unbeliebt zu machen.

Frauen haben wenig Zeit für sich. Ihnen fehlen Freiräume, in denen sie ihre Gefühle ohne Verlustängste zeigen können. Frauen empfinden es als Lüge, wenn ihnen erzählt wird, daß es risikofreie Sexualität gibt, denn ihre Erfahrungen sind andere. Verwunderung über diese Aussagen ist nicht angebracht. Wie sollen sich Frauen plötzlich als selbstbewußt und durchsetzungsfähig darstellen, wenn ihnen immer und immer wieder suggeriert wird, daß eine fügsame Frau mehr Glück in der Liebe und im Beruf hat?

Frauen suchen nach Partnern, die ihnen die Hälfte der Verantwortung für Gesundheit und Erziehung abnehmen. Und stellen nun in Zeiten von AIDS wieder einmal mehr fest, daß die Last der Verantwortung allein auf ihren Schultern lastet.

Wem es wirklich darum geht, das AIDS-Risiko für Frauen zu reduzieren, muß sie erst einmal darin unterstützen, zu sich selbst zu stehen. Die Aufspaltung in die gute und böse Frau verhindert präventives Handeln. Denn nur, wer seine Schwachstellen zeigen darf, kann damit konstruktiv umgehen. Das trifft auf Frauen und Männer gleichermaßen zu.

Wir stehen noch am Anfang der Frauen und AIDS-Problematik. Auch wenn die Zunahme infizierter Frauen glücklicherweise langsamer geht, als befürchtet, leben viele Frauen mittlerweile als Infizierte. Sie brauchen Zuwendung und Halt, sie brauchen Räumlichkeiten, sie brauchen finanzielle Unterstützung und Fachfrauen, die durch Supervisionen Entlastung erfahren.

Erst wenn es gelingt, sich mit der realen Lebenssituation von Frauen auseinanderzusetzen, kann Prävention erfolgreich werden. Denn alle Regeln sind nur so gut, wie sie praktisch umsetzbar sind.

AIDS – Medizinische, epidemiologische und psychosoziale Faktoren

Hans Jäger

Einleitung

Seit Beginn der 80er Jahre sind der WHO 157191 Fälle (Stand Juni 1989) des AIDS-Vollbildes, auch als CDC-AIDS bezeichnet, bekannt geworden. Schätzungen gehen davon aus, daß weltweit mit ca. 500000 Erkrankten gerechnet werden muß.

1983 entdeckten Luc Montagner, Institut Pasteur, Paris, und Robert Gallo vom National Cancer Institut, Bethesda, USA, HIV 1 als den Erreger des erworbenen Immundefektsyndroms. Inzwischen wurden weitere Virusstämme (z.B. HIV 2) beschrieben, ohne daß jedoch von einem grundsätzlich anderen Ausbreitungsmodus oder einem unterschiedlichen klinischen Bild ausgegangen werden müßte.

Die akute HIV-Infektion ist durch ein in vielen Fällen wenige Tage bis Wochen nach der Infektion auftretendes, grippeähnliches, vorübergehendes Krankheitsbild und eine anschließende, meist mehrere Jahre dauernde Latenzzeit, in der sich Infizierte gesund fühlen, gekennzeichnet.

Fieber, Nachtschweiß, Appetit- und Gewichtsverlust, Müdigkeit und Abgeschlagenheit, oft auch Husten, Kopfschmerzen und Durchfälle sind unspezifische Symptome, die einzeln oder zusammen auftreten können und dann meist auf ein fortgeschrittenes Krankheitsstadium, z.B. den AIDS Related Complex (ARC), hinweisen.

Das Vollbild kann durch opportunistische Infektionen und/oder Kaposi-Sarkome sowie die HIV-Enzephalopathie, ein Wasting-Syndrom (Gewichtsverlust von mehr als 10% des Körpergewichtes) oder eine extrapulmonale Tuberkulose gekennzeichnet sein.

HIV-Infektionen und AIDS erfordern intensive diagnostische Anstrengungen und in vielen Fällen aggressives therapeutisches Vorgehen. Verbesserte Diagnostik, deutlich effektivere medikamentöse Therapieverfahren und zunehmende Betonung präventiver Aspekte haben die Lebenserwartung für AIDS-Patienten in den letzten Jahren deutlich und meßbar verbessert. Weitere Fortschritte sind von intensiver, insbesondere therapiebezogener Forschung zu erwarten. Nach Broder (1989) ist es möglich, daß „einige der jetzt zur Verfügung stehenden (oder bald verfügbaren) therapeutischen Strategien, Menschen in bestimmten Phasen der HIV-Infektionen heilen (cure) könnten." Diese optimistische Aussage gewinnt um so mehr Bedeutung, als noch vor 4 Jahren Retrovirusinfektionen von vielen Wissenschaftlern als grundsätzlich unbehandelbar eingestuft wurden.

Epidemiologie[1]

Aus mehr als 150 Ländern wurden der WHO Fälle gemeldet. Allein in den USA sind 100000 Patienten an AIDS erkrankt. Die Zahlen sind kumulativ zu verstehen, d.h. alle seit Beginn der Epidemie registrierten Vollbildfälle gehen in diese Statistiken ein. In den meisten Ländern sind jeweils zwischen 50 und 60% der bekannten Fälle bereits verstorben.

In der Bundesrepublik Deutschland wurden dem Bundesgesundheitsamt (BGA) in Berlin über 3000 Fälle bekannt. Die entsprechenden Zahlen für die deutschsprachigen Nachbarländer sind: Österreich 269, Schweiz 806, DDR 11 Fälle. Die Dunkelziffer für Vollbildfälle wird in der BRD mit ca. 15% angenommen. Sehr viel höher liegt sie für die Zahl der HIV-Infizierten, die seit Oktober 1987 anonym ermittelt wird. Bisher sind dabei ca. 30000 Infizierte erfaßt worden. Realistische Schätzungen gehen von derzeit bis zu 100000 Infizierten in der Bundesrepublik aus. Für die USA ist mit einem Verhältnis AIDS-Erkrankter zu HIV-Infizierten von 1:25 zu rechnen (Salzberg u. Dolins 1989).

Nach dem derzeitigen Wissensstand kommen grundsätzlich drei Ansteckungswege in Frage. Infektionen sind möglich

1. von der HIV-Antikörper-positiven Mutter auf das Kind während der Schwangerschaft. Die statistische Wahrscheinlichkeit hierfür wird mit 30% angegeben;
2. durch kontaminierte Spritzbestecke bei Drogenabhängigen, die dieselbe Nadel benutzen („needle-sharing“);
3. bei homo- und heterosexuellen Kontakten. Statistisch gesehen gelten sexuelle Kontakte unter Männern als ca. 10mal so gefährlich wie heterosexuelle Kontakte. Infektionen sind jedoch auch bei nur wenigen heterosexuellen Kontakten beschrieben worden. Hierbei sind Übertragungen in beide Richtungen möglich. Allerdings kommen Infektionen von Frauen auf Männer seltener vor als umgekehrt. Sexuelle Kontakte zwischen Lesbierinnen sind statistisch offenbar wenig gefährlich. Es ist jedoch von amerikanischen Autorinnen mehrfach auf die dennoch vorhandene potentielle Gefahr hingewiesen worden (Women's AIDS Network 1986; Minkowitz 1989).

Neben diesen drei genannten Möglichkeiten ist es wahrscheinlich, daß in Einzelfällen beim Stillen Kinder infiziert wurden. Kennedey et al. (1989) weisen jedoch darauf hin, daß nur in bestimmten Fällen (z.B. fortgeschrittenem Krankheitsbild der Mutter) vom Stillen abgeraten werden sollte. Insbesondere in den Entwicklungsländern sind die Gefahren des Nichtstillens meist wesentlich größer als die statistisch geringe Gefährdung der Virusübertragung durch Muttermilch auf das Kind.

Nosokomiale Infektionen zwischen Patienten z.B. in einem Krankenhaus oder einer Arztpraxis sind außerordentlich selten. Über eine durch offenbar nicht ausreichend steriles Arbeiten ausgelöste Epidemie bei 62 Kindern und 7 Müttern in Elista, UdSSR, berichten Pokrovsky u. Eramova (1989).

Epidemiologische Beobachtungen und Forschungen belegen, daß weniger die Zahl der sexuellen Partner als die jeweilige Krankheitssituation des sog. Indexpatienten für die Wahrscheinlichkeit der Virusübertragung ausschlaggebend ist. So werden immer wieder Situationen geschildert, in denen trotz mehrerer hundert sexueller Kontakte keine Infektion, z.B. von einer durch eine Bluttransfusion infizierten Frau auf ihren Ehemann, stattfand. Die Abb. 1 kann als Erklärung hierfür dienen.

Abb. 1. Modell zur Virämie nach Infektion mit HIV (Nach Goedert et al. 1988)

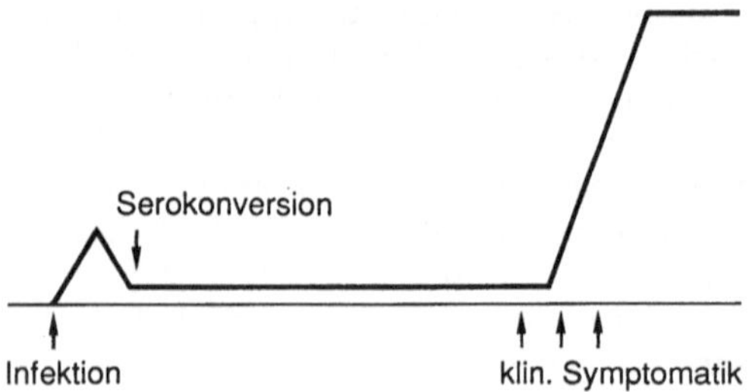

[1] Stand Juni 1989

Die Tatsache, daß auch engste soziale Kontakte nicht zu einer Infektion führen (Friedland 1986), ist darauf zurückzuführen, daß zwar in allen Körperflüssigkeiten und -ausscheidungen Viren unter bestimmten Bedingungen, wenngleich nicht bei jedem Patienten, nachweisbar waren, aber in so geringer Menge, daß Infektionen, z.B. durch Speichel, Schweiß, Tränenflüssigkeit, grundsätzlich nicht vorkommen. Als potentiell infektiöse Flüssigkeiten gelten Blut und Sperma.

Kondome sind der sicherste Schutz vor Übertragung sexueller Krankheiten. Eher durch Handhabungs- als durch Materialfehler ist von einer Fehlerquote von 10% auszugehen. Präventionskampagnen und Gesundheitserziehung, die den bisherigen, außerordentlich klaren Sachstand zur Infektionsgefahr nicht berücksichtigen, etwa Speichel (Küssen) als wichtigen Infektionsvektor beschreiben oder Sexualität in ihrer Bedeutung abwerten, müssen als verantwortungslos und ineffizient eingestuft werden.

HIV-Übertragungen durch Insekten wurden bisher nicht beschrieben und sind nicht zu erwarten. Die Bedeutung der Prostitution für die Virusübertragung ist für Mitteleuropa in der Vergangenheit eher über- als unterschätzt worden.

Es muß damit gerechnet werden, daß die Mehrzahl der HIV-Infizierten erkrankt. Die mittlere Inkubationszeit wird derzeit mit 8 Jahren angegeben. 10 Jahre nach dem Infektionszeitpunkt sind etwa 50% der Betroffenen am Vollbild erkrankt (Rutherford et al. 1988). Viele der anderen sind in weitere Krankheitsstadien übergegangen. Die Geschichte der Infektionskrankheiten, bisherige klinische Beobachtungen von HIV-Infizierten und der zu erwartende therapeutische Fortschritt legen nahe, daß es sich nicht um eine „100% tödliche" Krankheit handelt (Abb. 2).

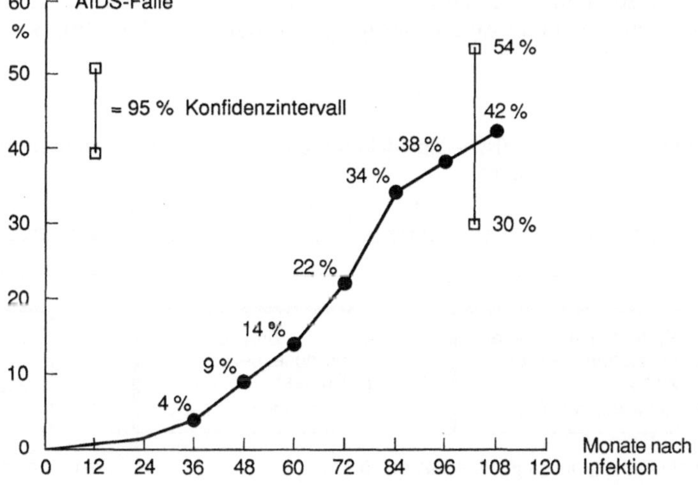

Abb. 2. San Francisco Kohorten-Studie. Der natürliche Verlauf der HIV-Infektion (n = 181) (Nach Rutherford et al. 1988)

Die Hauptbetroffenengruppen

Große Spezialambulanzen können als Seismographen für die Entwicklung der HIV-Krankheit gelten. 1988 waren in der Immunambulanz des Städtischen Krankenhauses München-Schwabing 70% der versorgten Patienten homosexuelle Männer, 25% i.v. Drogenabhängige. Nur insgesamt 5% hatten sich durch Bluttransfusionen, Plasmaprodukte oder heterosexuelle Kontakte infiziert. 15% waren Frauen.

Auch in den nächsten Jahren werden homosexuelle Männer und Drogenabhängige oder ehemals drogenabhängige Männer und Frauen die größten betroffenen Gruppen bleiben. Eine sichtbar schnelle Ausbreitung in die heterosexuelle Allgemeinbevölkerung findet in Deutschland derzeit nicht statt. Es gibt Hinweise darauf, daß nur relativ wenige Menschen HIV-infiziert sind, ohne es zu wissen. Glück u. Kubanek (1988) zeigten an einem großen, allerdings noch nicht als repräsentativ zu bezeichnenden Kollektiv – den Blutspendern in Deutschland – daß derzeit ein HIV-Antikörper-positiver Spender unter 100000 (0,001%) gefunden wird. Quinn et al. (1989) gehen für Südamerika, insbesondere für Brasilien und die Karibik, von einem deutlich zunehmenden Risiko für die Allgemeinbevölkerung aus. Ebensowenig wie die Verhältnisse in Afrika lassen sich brasilianische und karibische Erkenntnisse allerdings auf die Bevölkerung in Europa übertragen. In den genannten Ländern Südamerikas sowie in Afrika muß auch von einer wesentlich größeren Bedeutung der Prostitution für die Infektionsausbreitung ausgegangen werden (Piot et al. 1987; Koenig 1989).

Homosexualität

Bis zu drei Viertel der AIDS-Patienten in Mitteleuropa sind sexuell aktive homosexuelle Männer. Die den Ärzten während des Medizinstudiums vermittelten Kenntnisse zur Homosexualität sind meist marginal. Dies erschwert den Zugang zum Patienten.

Früher als bisher angenommen und offenbar weniger beeinflußt durch soziale Gegebenheiten, erfolgt die Determinierung homosexuellen Verhaltens, das als Normvariante, nicht als eigenständige pathologische Entität zu werten ist. Entsprechend findet sich bereits seit 1972 der Begriff Homosexualität nicht mehr im amerikanischen psychiatrischen Diagnose-Manual DSM III-R. In einer Münchner Langzeitstudie an homosexuellen Männern (Jäger et al. 1985) zeigte sich, daß erste Gedanken an die eigene Homosexualität im Mittel mit dem 15. Lebensjahr auftraten. Eine Zusammenstellung der alterstypischen „Meilensteine" in der homosexuellen Entwicklung findet sich in der Abb. 3.

Abb. 3. Altersspezifische Entwicklungsdaten (Lebensalter in Jahren) bei 93 gesunden homosexuellen Männern in München

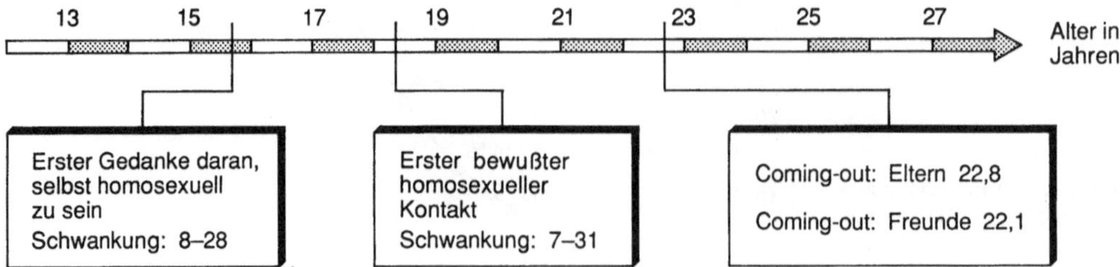

Zu den wichtigsten Schritten homosexueller Sozialisation zählt das Coming-Out, das sich selbst über die eigene Homosexualität Klarwerden und mit anderen, z.B. Eltern oder Freunden, Darübersprechenkönnen.

Wenn das Coming-Out zu einem nicht selbst gewählten Zeitpunkt traumatisch durch die Diagnosemitteilung AIDS nachgeholt werden muß, kommt es zu zusätzlicher suizidaler Gefährdung. Schwule Männer haben stärker als erwartet und stärker als andere Gruppen ihr Sozialverhalten geändert. HIV-Infizierten sollte nicht primär zur sexuellen Abstinenz geraten werden. Diese Empfehlung kann gerade in frühen Phasen der Infektion nur von wenigen befolgt werden. Detaillierte Beratung zum Schutz vor eigener und fremder Infektion ist dagegen hilfreich. Im eigenen Krankengut zeigt sich, daß Probleme der Hypersexualität sehr viel seltener sind als die Tatsache, daß Männer oft über Jahre aus unterschiedlichen Gründen, zu denen auch Angst, Depression und körperlicher Verfall zählen, ganz auf sexuelle Kontakte verzichten.

Drogenabhängigkeit

Zunehmend höhere Anforderungen in der Beratungsarbeit zeigen sich bei HIV-infizierten drogenabhängigen Menschen. Da AIDS im Gegensatz zu den meisten anderen Infektionskrankheiten vor allem die sexuell produktiven Altersschichten betrifft, sind Fragen im Zusammenhang mit Kinderwunsch und Schwangerschaft besonders bei infizierten Frauen ausgesprochen häufig (Tabelle 1).

Tabelle 1. HIV-spezifische Probleme infizierter Frauen

Wirtschaftliche Situation
Schwangerschaft und Kindererziehung
Pflegschaftsplanung
Äußeres Erscheinungsbild
Soziale Supportsysteme
Isolation und Stigma infolge des Mythos: „AIDS ist eine Männerkrankheit“

Erste Untersuchungen deuten darauf hin, daß bei erniedrigter mütterlicher T_4/T_8-Ratio eine höhere Gefährdung für perinatale Übertragungen besteht. Zunehmend häufiger wird zu prüfen sein, ob der HIV-positiven Schwangeren evtl. zur Einnahme von Zidovudin (AZT, Retrovir) im zweiten und dritten Trimenon zu raten ist. Ähnlich wie bei homosexuellen Männern ist von einer Stärkung des Selbstbewußtseins der zusätzlich oft in Unterdrückung, Hilflosigkeit und finanzieller Verarmung lebenden Frauen eher präventive Valenz zu erwarten als von lediglich kognitiver Wissensvermittlung.

Wille (1987) hat davor gewarnt, Drogenabhängige – bei oft niedriger Compliance – zu den „schlechten AIDS-Patienten“ abzustempeln. Die Frage, ob die Motivation zum Entzug durch die HIV-Infektion eines Patienten vergrößert oder verkleinert wird, läßt sich global nicht beantworten. Mitteilungen, daß grundsätzlich Änderungen des suchtorientierten Lebensstils möglich sind, nehmen zu.

Sorensen et al. (1989) konnten an einer in San Francisco untersuchten Gruppe, ähnlich wie schon vor ihnen Forscher aus der Bronx, zeigen, daß inzwischen von einer bemerkenswerten Tendenz der Verminderung des „needle sharing“ bei Drogenabhängigen ausgegangen werden kann (Abb. 4).

In AIDS-Ambulanzen werden derzeit mehr und häufiger drogenabhängige Patienten gesehen als in vielen „klassischen“ Drogenberatungsstellen. Dies hat zu einer Dichotomie der Versorgung geführt, allerdings auch dazu, daß stärker als noch vor 2 Jahren niedrigschwellige Therapieangebote diskutiert werden (müssen). Das ohnehin in vielen Fällen unrealistische Ziel der absoluten Drogenfreiheit wird durch die Erfordernisse der HIV-Prävention und -Behandlung zunehmend in Frage gestellt. Methadonprogramme – allerdings nur für eine kleine Gruppe der Drogenabhängigen geeignet – zeigen nach einer Zeit der Ver-

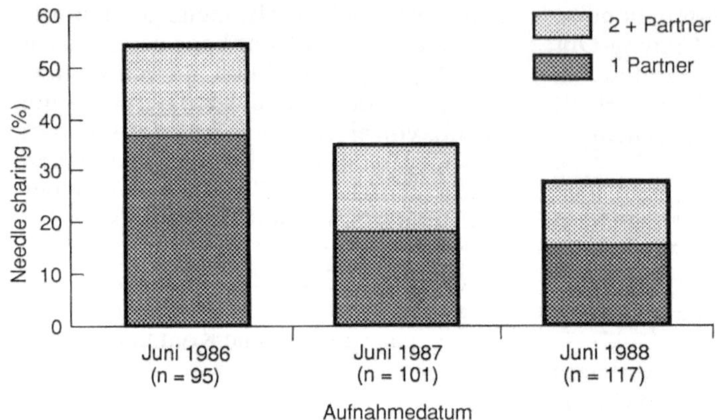

Abb. 4. Needle sharing im Monat bevor die Patienten eine Ambulanz zur Heroinentgiftung aufsuchten (Nach Sorensen et al. 1989)

Tabelle 2. Methadonindikationen. (Die rechtlichen Grundlagen werden derzeit neu überdacht, diese Tabelle stellt die medizinischen Erfahrungen dar.)

I.v. Drogenabhängigkeit mit mehreren vorangegangenen, langfristig nicht erfolgreichen Therapien
Andere Therapieformen z.B. in einer Langzeitdrogeneinrichtung nicht realistisch
Jahrelange und aktuell bestehende Abhängigkeit
HIV-Infektion (Stadium unerheblich!)[a]
Die Indikation, bisher rein medizinisch, kann durch jeden Arzt gestellt werden, dennoch Absprache mit anderen Kollegen oder Gesundheitsbehörde sinnvoll[b]

[a] Mehrere derzeit begonnene Programme gehen auch auf Empfehlung des BGA davon aus, daß Patienten sich im fortgeschrittenen Stadium der HIV-Infektion befinden sollten. Aus präventiven und praktischen Erwägungen erscheint diese Forderung nicht logisch. Auch Nicht-HIV-Infizierte kommen grundsätzlich bei geeigneter Indikation zur Methadonsubstitution in Frage. Allgemein akzeptiert ist die Substitution bei drogenabhängigen Schwangeren im letzten Teil der Schwangerschaft.

[b] Einverständnis des Patienten erforderlich. Schweigepflicht auch unter Kollegen beachten!

dammung in Deutschland deutliche und unübersehbare Erfolge (Tabelle 2). Argumente gegen gut indizierte Methadontherapien halten einer wissenschaftlichen Kontrolle zunehmend weniger stand.

Von Gegnern werden drei Argumente besonders häufig gebraucht:

1. Man sollte gleich Heroin statt Methadon substituieren.
   Dagegen spricht, daß Heroin obsolet ist, d.h. nicht verordnet werden darf, vor allem aber, daß Heroin eine kurze Wirkdauer, die mit einem „emotional high" verbunden ist, hat, während Methadon 24–36 h wirkt und kein positiv empfundenes Rauschgefühl erzeugt.
2. Die meisten HIV-positiven Drogenabhängigen sind polytoxikoman. Die selektive Substitution einer Suchtkomponente hat daher keinen therapeutischen Effekt.
   Es trifft zu, daß viele Heroinabhängige von mehreren Drogen abhängig sind. Die Auswertung von Methadonprogrammen zeigt jedoch, daß mit der Entkriminalisierung der Sucht und dem regelmäßigen Tagesablauf, der durch die Substitution bei vielen Patienten erreicht werden kann, auch die Abhängigkeit von anderen Substanzen kleiner wird. Keine Behandlungsform kann derzeit von sich beanspruchen, gerade polytoxikomane Patienten in kurzer Zeit von ihren Abhängigkeiten zu befreien.
3. Methadon wirkt sich schädlich auf das Immunsystem aus.
   Bereits in den frühen 80er Jahren konnte gezeigt werden, daß Methadongaben bei Drogenabhängigen tatsächlich eine ge-

ringe Verminderung der absoluten T-Helfer-Zahlen bewirken können. Die klinischen Erfahrungen mit entsprechend substituierten HIV-infizierten Drogenabhängigen zeigen einen gegenläufigen Effekt. Vermutlich auch durch die häufige Regulierung und Beruhigung eines vorher oft vollständig auf die Beschaffung von Drogen ausgerichteten Tagesablaufes und die Vermeidung häufiger akuter Entzugssituationen ist eine Stabilisierung der Immunfunktionen bei diesen Patienten klinisch festzustellen.

15% und 1988 35%. Im zweiten Halbjahr 1989 überstieg in Europa der Anteil der Drogenabhängigen an den neugemeldeten AIDS-Fällen den Anteil homosexueller Männer. 1988 war die Verdopplungszeit der Fälle bei Drogenabhängigen mit 10 Monaten bereits halb so kurz wie die Verdopplungszeit bei homosexuellen Männern. Für Europa wird die Gesamtgruppe der intravenös Drogenabhängigen auf 500000, für die USA auf 1,1–1,3 Mio., für Thailand auf 200000 geschätzt.

Tabelle 3. Drogensubstitution. Grundlagen der Behandlung

Genügend hoch dosieren (über der „Entzugsschwelle" einsteigen).
Dosisreduktion meist im Verlauf der Behandlung möglich, nicht erzwingen!
Urinkontrollen von begrenztem Wert.
„Strenge" Methadonprogramme nicht effektiv, dennoch auf reglementierte tägliche Einnahme in flüssiger Form unter Aufsicht achten.
Soziale Begleitung, falls erforderlich.
Gleichzeitige Substitution durch andere Einrichtungen ausschließen.
Codein-Präparate vermeiden.
Begleitforschung notwendig zur Überprüfung der Effektivität dieser Behandlungsform.

Methadonprogramme sollten, da ja gerade die schwierigsten Abhängigen damit behandelt werden, nicht „streng" durchgeführt werden. Wie sollten Patienten, die gezwungenermaßen aus den Programmen ausscheiden, aufgefangen werden? Der anfängliche zusätzliche (auch i.v.) Drogengebrauch ist die Regel. Bei – besonders anfangs – genügend hochdosierter – Methadongabe, kann von einer in der Folge möglichen Dosisreduktion ausgegangen werden. Viele Patienten benötigen jedoch eine Dauersubstitution, die in genügender Höhe erfolgen sollte (auch notwendige andere Medikamente, wie Antibiotika oder Insulin, werden bei entsprechenden Krankheiten nicht „möglichst niedrig", sondern effektiv dosiert) (Tabelle 3).

Nach Coutinho (1989) betrug der Anteil der Drogenabhängigen an den in Europa gemeldeten AIDS-Fällen 1983 2%, 1985

In Amsterdam, wo von 4000 i.v. Drogenabhängigen 50% in Kontakt mit Beratungsstellen stehen, stieg die Zahl der ausgetauschten Spritzbestecke von 10000 im Jahr 1984 auf 700000 für 1988. Wissenschaftlich gesicherte Hinweise darauf, daß – wie von Gegnern dieser Programme befürchtet – der Drogenkonsum oder die Zahl der Drogenabhängigen durch diese Maßnahmen steigen würden, gibt es nicht.

Die HIV-Infektionsrate (Prävalenz) der Drogenabhängigen in Amsterdam liegt stabil bei 30%. Die Inzidenz (neue HIV-Infektionen pro Jahr) nahm in den letzten Jahren von 12% auf 5% ab. Auch die Zahl der akuten B-Hepatitiden war in diesem Zusammenhang rückläufig.

Das Ausmaß der notwendigen Verhaltensänderungen korreliert nicht mit dem HIV-Test, sondern mit der Intensität und Akzeptanz der Beratungsarbeit.

Diagnostik

Die wichtigste relevante opportunistische Infektion ist die mit Fieber, trockenem, unproduktivem Reizhusten und Dyspnoe einhergehende Pneumocystis-carinii-Pneumonie. Da der erste Schub einer solchen bedrohlichen Lungenaffektion in mehr als 80% bei rechtzeitigem Erkennen erfolgreich behandelt werden kann, kommt einer schnellen Diagnostik und konsequenten Therapie eine hohe Bedeutung zu. Auch

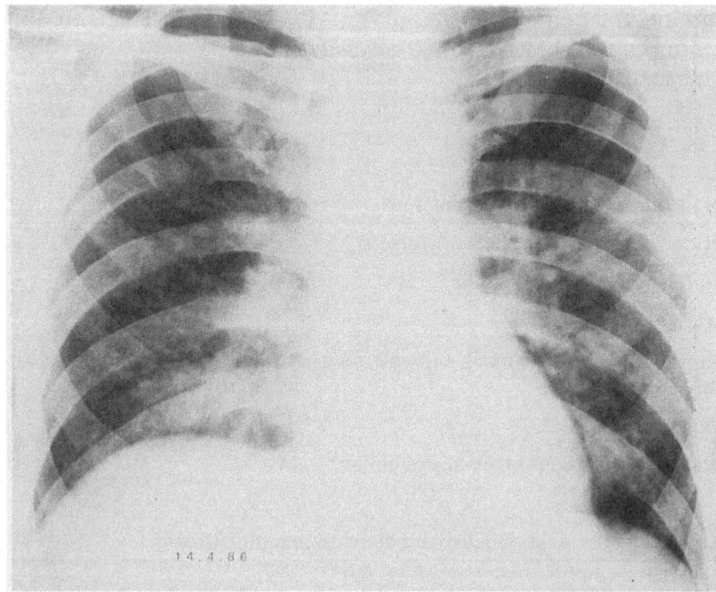

Abb. 5. Röntgenaufnahme der Lunge bei Pneumocystis carinii Pneumonie

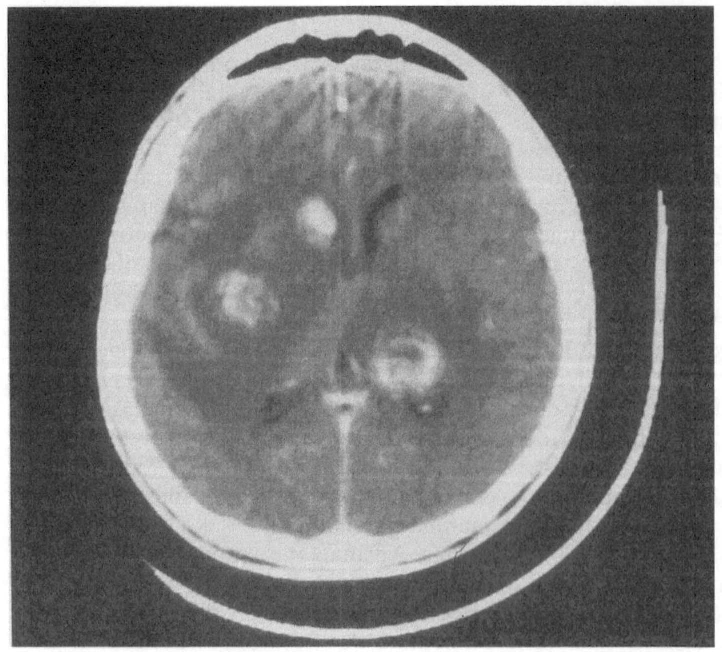

Abb. 6. Gehirntoxoplasmose. Computertomographische Aufnahme des Gehirns

frühe Phasen der Pneumonie können von erfahrenen Röntgenologen inzwischen mit einem relativ hohen Grad an Aussagesicherheit diagnostiziert werden.

In mehr als 90% der Fälle weist ein zerebraler Krampfanfall bei einem HIV-infizierten Patienten auf eine Gehirntoxoplasmose hin, die allerdings auch durch diffusere Symptome wie Kopfschmerzen, Fieber, kognitive Störungen gekennzeichnet sein kann (Abb. 6).

Eine häufige Manifestation der Zytomegalie stellen bei AIDS-Patienten Veränderungen der Netzhaut dar. Unbehandelt führt diese Form der CMV zur Erblindung (Abb. 7). Ein Visusverlust läßt sich zumindest teilweise durch Infusionen mit dem Medikament DHPG vermeiden.

Kaposi-Sarkome, die mit sehr wenigen Ausnahmen nur bei erkrankten homosexuellen Männern zu finden sind, beginnen meist an den Extremitäten oder im Gesicht als warzengroße, bräunlich bis bläulich livide, verfärbte, nicht schmerzhafte, nichtinfektiöse Hautveränderungen (Abb. 8).

Erste Hinweise auf eine HIV-Enzephalopathie (s. auch Kapitel „Neurologische Manifestationen“, S. 45) können Merkstörungen für Personennamen und Zahlen sein. So konnte ein 35jähriger Patient, der kurz vor seiner geplanten stationären Entlassung aus der Röntgenabteilung zurückkam, sich nicht mehr an seine Zimmernummer erinnern. Ein anderer Patient berichtete, daß er sich nach einem Geschäftsessen, bei dem er keinen Alkohol getrunken hatte, nicht mehr erinnern konnte, ob er die Straße beim Verlassen des Restaurants in linker oder rechter Richtung gehen sollte, um in sein Büro zu kommen.

Im täglichen klinischen Gebrauch ist die Walter-Reed-Stadien-Einteilung (s. Abb. 9) der für epidemiologische und große internationale Studien inzwischen gebräuchlicheren CDC-Klassifikation der HIV-Infektion überlegen (Tabelle 4).

Für Kinder wurde eine eigene Klassifikation entworfen (s. Kapitel „Pädiatrische Aspekte“, S. 37).

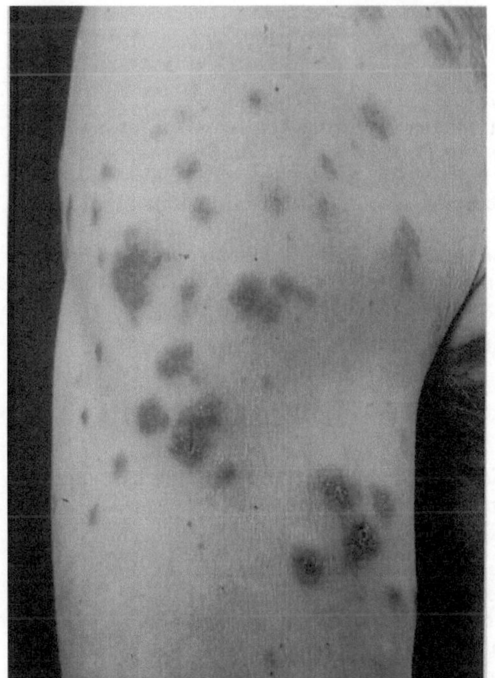

Abb. 8. Kaposi-Sarkom der Haut

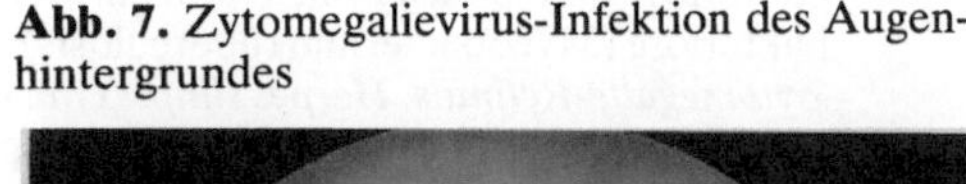

Abb. 7. Zytomegalievirus-Infektion des Augenhintergrundes

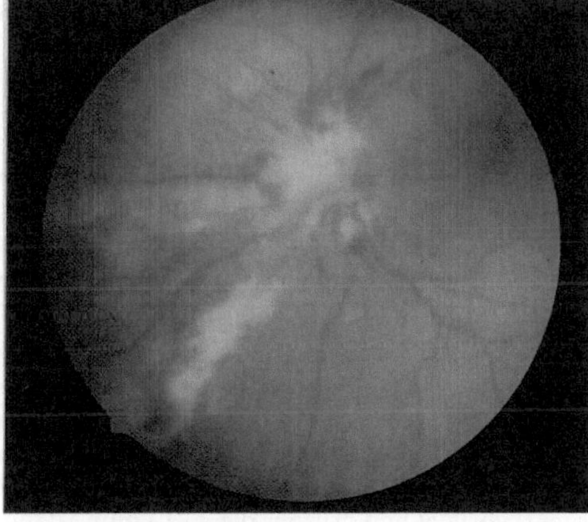

Stufe	WR0	WR1	WR2	WR3	WR4	WR5	WR6
HIV-Antikörper-Nachweis und/oder HIV-Isolation	–	+	+	+	+	+	+
Chron. Lymphadenopathie	–	–	+	+	+	+	+
Anzahl T-Helfer-Zellen/mm³	> 400	> 400	> 400	< 400	< 400	< 400	< 400
Hauttest	n	n	n	n	p	c	c/p
Soor	–	–	–	–	–	+/–	+/–
Opportunistische Infektion	–	–	–	–	–	–	+

Abb. 9. Walter-Reed-Stadieneinteilung für HIV-Infektionen (zitiert nach der deutschen Übersetzung von Pfäffel 1987). Die grundsätzlichen Kriterien für die Zuordnung zu einer Stufe sind besonders hervorgehoben. *n* normaler Hauttest; *p* partieller Anergie; *c* komplette kutane Anergie

Tabelle 4. Klassifikation der HIV-assoziierten Krankheiten bei Erwachsenen (CDC 1985). (Modifiziert nach Lüthy et al. 1988)

Gruppe	
I	Akutes mononukleose-ähnliches Bild, akute bis subakute Meningoenzephalitis und dokumentierte Serokonversion
II A	Asymptomatisch
II B	+ pathologische Laborbefunde (z.B. Thrombopenie, Lymphopenie, T_4/T_8-Verminderung, Anergie etc.)
III A	Generalisierte Lymphadenopathie ohne Allgemeinsymptome
III B	+ pathologische Laborbefunde (wie II B)
IV A	Allgemeinsymptome (mindestens eines vorhanden): Gewichtsverlust >10%; Fieber >1 Monat; Diarrhoe >1 Monat
IV B	Neurologische Befunde: Demenz, Myelopathie, periphere Neuropathie, *progressive diffuse Leukenzephalopathie (HIV-assoziiert)*
IV C 1	Infektionen: *Pneumocystis-carinii-Pneumonie* *Kryptosporidiose mit Diarrhoe >1 Monat,* extraintestinale Strongyloidiasis, Isosporidiasis, *Toxoplasmose des Gehirns, Candida-Infektion von Ösophagus, Trachea, Bronchien oder Lungen, extrapulmonale Kryptokokkose,* Histoplasmose, disseminierte atypische Mykobakteriose *(Mycobacterium avium intracellulare oder M. kansasii),* extrapulmonale Mykobakteriose (Mycobacterium tuberculosis) *Zytomegalie-Retinitis, Herpes simplex mit mukokutanem Ulkus (>1 Monat) oder mit Befall von Bronchien, Lungen oder Ösophagus,* progressive multifokale Leukenzephalopathie (Papovaviren), rezidivierende Salmonellensepsis (nicht S. typhi)
IV C 2	Andere Infektionen: Oral hairy leukoplakia, Herpes zoster (mehrere Dermatome), Nokardiose, Candida-Stomatitis
IV D	Malignome: Kaposi-Sarkom *(< 60jährig),* Non-Hodgkin-Lymphom, primäres ZNS-Lymphom *(< 60jährig)*
IV E	Anderes: z.B. chronisch lymphoide, interstitielle Pneumonie, Tumore und andere Befunde, die wahrscheinlich HIV-assoziiert sind, aber nicht in eine der obigen Kategorien passen

Bemerkungen: Die Kategorien I–IV schließen sich gegenseitig aus, IV A – E können kombiniert werden. Keine Rückklassifizierung in tiefere Kategorie (z.B. III in II).
Bei negativer HIV-Serologie kann eine Erkrankung an AIDS nur dann diagnostiziert werden, wenn erstens alle anderen möglichen Ursachen einer Immunschwäche ausgeschlossen sind, zweitens eine Pneumocystis-carinii-Pneumonie oder ein anderes AIDS-definierendes Krankheitsbild (kursiv gedruckt) vorliegt und drittens die T_4-Lymphozytenzahl <400/cmm liegt.

Therapie

In wenigen Bereichen der klinischen AIDS-Forschung lassen sich ähnlich große Fortschritte nachweisen, wie bei der medikamentösen Behandlung. Weitere Verbesserungen sind in den nächsten Monaten und Jahren zu erwarten. Der bei Patienten und Ärzten nicht selten anzutreffende therapeutische Nihilismus ist nicht gerechtfertigt. Auch hinsichtlich der zu vermutenden Effizienz neuer Medikamente gilt der Grundsatz, den Patienten solange wie irgend möglich in einem guten Gesundheitszustand zu halten. Hierzu können neben schulmedizinischen Anstrengungen auch Fragen der „gesunden Lebensführung" sowie alternative Heilmethoden Bedeutung erlangen. Die an sich angebrachte Toleranz der Schulmedizin diesen Methoden gegenüber wird allerdings durch die oft hohen Preise der alternativen Verfahren und unbegründeten Heilversprechungen mancher Naturheilkundler nicht selten auf eine harte Probe gestellt. Stärker integrative Ansätze müssen von beiden Seiten künftig erwartet werden.

Unspezifische Verhaltensempfehlungen

Die hier dargestellten Empfehlungen sind wissenschaftlich nicht abgesichert, werden aber von vielen Patienten angenommen und führen oft zu nicht unerheblicher subjektiver Verbesserung der Gesamtsituation. Sie sind auch als Antwort auf die wichtige Frage vieler infizierter Menschen zu verstehen: Was kann ich selbst tun?

Ernährung

Hierunter ist grundsätzlich ausgeglichene, vor allem vitamin- und eiweißreiche Nahrung zu verstehen. Sowohl Eiweiße als auch Vitamine sind wichtig für die Immunfunktionen.

Die Überbetonung bestimmter Diäten, meist sind diese einseitig ausgerichtet, hat, soweit hierzu eigene klinische Erfahrungen vorliegen, eher negative Folgen für die Patienten. Jede Form der einseitigen Ernährung führt zur Gewichtsreduktion, die ohnehin ein Problem bei mangelndem Appetit für die meisten HIV-Infizierten und AIDS-Patienten ist. In diesem Zusammenhang müssen z.B. makrobiotische Ernährungsvorschläge abgelehnt werden.

Wie bei schwerkranken Tumorpatienten ist im Zusammenhang mit qualifizierten Diät-Assistentinnen/-Assistenten darauf hinzuarbeiten, daß den Ernährungswünschen des Patienten, so subjektiv sie sein mögen, entgegengekommen wird. Insbesondere in den Kliniken wird immer wieder der Fehler gemacht, zu volle Essenstabletts an das Patientenbett zu tragen. Bereits die optische Wahrnehmung stört den ohnehin verminderten Appetit oft empfindlich.

Gerade im Tagesablauf von schwer- und schwerstkranken Patienten kommt dem Essen eine erhöhte Bedeutung, von Gesunden oft nur schwer nachzuempfinden, zu. Patienten mit konsumierenden Erkrankungen nehmen erfahrungsgemäß die größte Kalorienmenge meist morgens auf. Auf ein hierfür entsprechend geeignetes, attraktives Frühstück sollte besonders großer Wert gelegt werden.

Körperliche Betätigung

Sport jeder Art, mindestens ein- bis zweimal pro Woche. Diese Empfehlung gilt insbesondere auch für HIV-infizierte asymptomatische Patienten oder solche mit wenigen Krankheitszeichen. Das Erleben, den eigenen Körper bis an die Grenzen der Leistungsfähigkeit belasten zu können, ist in mehrfacher Hinsicht wichtig: Die Betroffenen sind nicht selten hoffnungslos. Zu spüren, daß man sich auf seinen Körper, z.B. beim Sport, verlassen kann und daß oft unvermutet gute Ergebnisse, insbesondere nach Training, zustandekommen, ist meist mit großer Befriedigung und zunehmender Sicherheit verbunden. Es trägt in einer Zeit großer Unsicherheit zu einer besseren Bewältigung der Probleme bei. Oft werden vorhandene Angst und Depressionsgefühle geringer (Schlenzig et al. 1989).

Suchttherapie

Menschen mit Alkoholproblemen, starke Raucher, Konsumenten größerer Mengen Poppers (Amylnitrite), Drogenabhängige sollten auf die Notwendigkeit der Suchtbekämpfung hingewiesen werden. Naturgemäß bleibt das gerade bei Heroinabhängigen zunächst Wunschdenken. Wir sehen aber zunehmend, daß abhängige Menschen durch ein positives HIV-Ergebnis zu gesünderem Leben zu motivieren sind. Der Einfluß von Poppers auf das Immunsystem ist anfänglich überschätzt worden. Zu häufige Aufnahme von zu großen Dosen ist auch hier schädlich. Daß sich auch seltener Poppersgenuß schädlich auswirken kann, ist nicht erwiesen.

Psychotherapie

Bei jeder Mitteilung eines positiven HIV-Ergebnisses sollte eine Beurteilung darüber erfolgen, welche Möglichkeiten der subjektiven Verarbeitung und welche Strategien der Bewältigung der Betroffene hat. Diese Beurteilung sollte dann auch nochmals ca. 4–6 Wochen später vorgenommen werden. Sie wird in vielen Fällen ergeben, daß die oder der Infizierte mit Hilfe der bestehenden persönlichen Freundschaften selbst mit dem Testergebnis fertig werden kann. Eine nicht kleine Zahl der Betroffenen bedarf allerdings der Hilfe: entweder in Form von Selbsthilfegruppen, z.B. bei den AIDS-Hilfen, oder – bei stärker ausgeprägten Angstreaktionen – in Form psychotherapeutischer Krisenintervention. Dies bedeutet meist eine mittelfristige Behandlung bei einem klinischen Psychologen oder psychotherapeutisch versierten Arzt. Die Sitzungen finden dann oft über 2–3 Monate ein- bis zweimal pro Woche statt.

Medikamentöse Therapie

Neben den unspezifischen Verhaltensempfehlungen lassen sich grundsätzlich vier verschiedene medikamentöse Behandlungsphilosophien voneinander abgrenzen bzw. miteinander verbinden: Immunrestauration, Antibiotika, Zytostatika, Virustatika.

In den letzten Jahren ließen sich für die meisten opportunistischen Infektionen, etwa die Pneumocystis-carinii-Pneumonie, die Toxoplasmose, die Zytomegalie, auch Zoster und Herpes, relativ gesicherte und zumindest zeitweise effektive Behandlungsprotokolle erstellen. Einzelheiten hierzu z.B. bei Popescu (1988) sowie Sande u. Volperding (1988). (Zu Grundsätzen der antiviralen Therapie s. auch Hedl 1988.)

Einige opportunistische Infektionen, wie z.B. die atypische Mykobakteriose und die Kryptosporidiose, sind bisher keiner ausreichend effektiven Behandlung zugänglich. Das Hauptproblem der Therapie liegt derzeit in der Tatsache begründet, daß eine nachgewiesen effektive Behandlungsstrategie im AIDS-Vorfeld, d.h. insbesondere bei asymptomatischen immunologisch kompetenten HIV-Infizierten, fehlt. Ziel einer solchen Strategie wäre die Vermeidung von schweren Krankheitsphasen.

Der Prophylaxe opportunistischer Infektionen gilt ein Hauptaugenmerk der Therapieforschung.

Ob der Einsatz von AZT bei symptomlosen, nicht immungeschwächten Patienten sinnvoll ist, muß vor dem Hintergrund erster Hinweise für Resistenzen einiger HIV-Stämme (Larder et al. 1989) derzeit als fragwürdig gelten. Ergebnisse zweier großer Studien an asymptomatischen Patienten (Anonymous 1989) stehen aus. Eine Intervalltherapie mit der Substanz Zidovudin erscheint nach jetzigem Wissensstand sinnvoll.

Das aus klinischer Sicht sinnvolle Vorgehen ist in der Tabelle 5 zusammengefaßt.

Der Einsatz von Fansidar nach einer Toxoplasmose kann als gesicherte Prophylaxe gelten. Insbesondere im amerikanischen Schrifttum wird wegen z.T. tödlich verlaufender Hautveränderungen, auch wegen (allerdings mit der Dosierung 1 Tabl. pro Woche) z.T. ineffektiver Prophylaxe vor dem generellen Einsatz zur Primär- und Sekundärprophylaxe der PcP gewarnt (Fischl u. Dickinson 1986; Raviglione et al. 1988).

In Einzelfällen sollte dennoch, insbesondere wenn AZT nicht eingesetzt werden kann oder Pentamidin-Inhalationen nicht möglich sind, zur Prophylaxe der PcP an Fansidar gedacht werden.

Die entscheidenden medikamentösen Fortschritte in der Behandlung betroffener Patienten sind in den letzten Jahren durch die Medikamente Zidovudin (Retrovir) (Fischl et al. 1987) und Pentamidin (Pentacarinat 300) (Golden et al. 1989) erzielt worden.

Die Lebenserwartung manifest erkrankter AIDS-Patienten konnte signifikant verbessert werden. Weitergehende Therapieansätze, etwa lösliches CD-4 (Hussey et al. 1988; s. auch Kochen 1988 sowie Kahn et al. 1989), 2,3-Dideoxycytidin (DDC) (Gottlieb et al. 1989) und 2,3-Dideoxyinosin (DDI) (Yarchoan et al. 1989) und Trichosanthes Kirilowii (GLQ 223), ein chinesisches Gurkenwurzelextrakt (Mc Grath et al. 1989), befinden sich bereits im Stadium der Erprobung bei Patienten.

Tabelle 5. Primär- und sekundärprophylaktische Möglichkeiten zur Vermeidung opportunistischer Infektionen

	Zidovudin (Retrovir)	Pentamidin-inhalationen (Pentacarinat 300)	Pyrimethamin Sulfadoxin (Fansidar)
Patient asymptomatisch			
$T_4 > 250$[a]	–	–	–
$T_4 < 250$[a]	+	+	–
Z. n. PCP	+	+	–
Z. n. Toxoplasmose	+	+	+

Zidovudin: 4mal 250 mg/d evtl. vierwöchentlich intermittierend, Pentamidin: 300 mg Inhalationen alle vier Wochen, System Respigard II,
Fansidar: 2 Tabl. pro Woche plus zweimal 2 Tabl. Leucovorin,
T_4 = absolute Zahl der T-Helfer(4)-Lymphozyten

[a] Manche Arbeitsgruppen empfehlen, die medikamentöse Prophylaxe bereits zu beginnen, sobald T_4-Lymphozyten unter 400 fallen, andere beginnen erst bei weniger als 200 T_4-Lymphozyten

Literatur

Anonymous (1989) Zidovudine in symptomless HIV infection. Lancet I:415–416

Broder S (1989) Controlled trial methodology and progress in treatment of the acquired immunodeficiency syndrome (AIDS). Ann Int Med 110:417–418

Centers for Disease Control (CDC) (1985) Revision of the case definition of AIDS for national reporting United States. Morb Mort Weekly Rep 34:373–375

Creagh-Kirk T, Doi P, Andrews E et al. (1988) Survival experience among patients with AIDS receiving Zidovudine. JAMA 260:3009–3015

Cotinho RA (1989) Epidemiology and control of AIDS among drug users. V. Int. Conf. of AIDS. Montreal 1989 (Plenarvortrag)

Fabricius EM (1988) Ophthalmologie. In: Jäger H (Hrsg) AIDS und HIV-Infektionen. Ecomed, Landsberg

Fischl MA, Dickinson SM (1986) Fansidar prophylaxis of pneumocystis carinii pneumonia in the acquired immunodeficiency syndrome. Ann Int Med 105:629

Fischl MA, Richman DD, Grieco MH et al. (1987) The efficacy of azidothymidine (AZT) in the treatment of patients with AIDS and AIDS related complex. N Engl J Med 317: 185–191

Friedland SH, Salzman BR, Roger MF et al. (1986) Lack of transmission of HTLV-III/LAV-infection to household contacts of patients with AIDS or AIDS related complex with oral candidiasis. N Engl J Med 314: 344–349

Glück D, Kubanek B (1988) Transfusionsmedizin/Blutbanken. In: Jäger H (Hrsg) AIDS und HIV-Infektionen. Ecomed, Landsberg

Goedert JJ, Eyster ME, Friedman RM et al. (1988) Rate of heterosexual HIV-transmission and associated risk with HIV antigen. IV. Int. Conf. on AIDS. Stockholm 1988 (Abstract Nr. 4019)

Golden JA, Chernoff D, Hollander H, Feigal D, Conte JE (1989) Prevention of pneumocystis carinii pneumonia by inhaled pentamidine. Lancet, March 25; 654–657

Gottlieb M, Galpin J, Thompkins J, Wilson D, Donatacci L, Soo W (1989) 2′,3′Dideoxycytidine (DDC) in the treatment of patients with AIDS and ARC. V. Int. Conf. on AIDS. Montreal 1989 (Abstract Nr. Th B03)

Hedl A (1988) Antivirale Therapie der HIV-Infektion. In: Jäger H (Hrsg) AIDS und HIV-Infektionen. Ecomed, Landsberg

Hussey RE, Richardson NE, Konuski M et al. (1988) A soluble CD 4 protein selectively inhibing HIV-replication and syncytium formation. Nature 331:78–81

Jäger H, Berlit K, Kellerman S et al. (1985) Immunologic alterations in healthy homosexual men. I. Int. Conf. on AIDS. Atlanta 1985

Kahn J, Davis AJ, Groopman J, Kaplan L, Sherwin S, Volperding PA (1989) Pharmacokinetic studies of recombinant soluble CD 4 in patients with AIDS related complex. V. Int. Conf. on AIDS. Montreal 1989 (Abstract Nr. Th B05)

Kennedey K, Fortney IA, Sokal D (1989) Breastfeading and HIV. Lancet II:333

Kochen MM (1988) Experimentale Virustase bei HIV-Infektionen und AIDS. In: Jäger H (Hrsg) AIDS und HIV-Infektionen. Ecomed, Landsberg

Koenig ER (1989) International prostitutes and transmission of HIV. Lancet 8:782–783

Larder B, Darby G, Richman D (1989) HIV with reduced sensitivity to Zidovudine (AZT) isolated during prolonged therapy. Science 243:1731–1734

Lüthy R, Colla F, Schläpfer R, Täuber M, Siegenthaler W (1988) Diagnostik und Therapie der HIV-assoziierten Krankheiten. Internist 29:82–91

McGrath MS, Hwang KM, Caldwell SE et al. (1989) GLQ 223: An inhibitor of human immunodeficiency virus replication in acutely and chroically infectea cells of lymphocyte and mononuclear phagocyte lineage. Proc Nat Acad Sci USA 86:2844–2848

Minkowitz D (1989) Safe and Sappho. An AIDS primer for lesbians. Village Voice 21:21

Piot P, Plummer FA, Rey MA et al. (1987) Retrospective epidemiology of HIV-infection in Nairobi population. J Infect Dis 155:1108–1112

Pokrovsky VV, Eramova EU (1989) Nosocomial outbreak of HIV infection in Elista, USSR. V. Int. Conf. on AIDS. Montreal 1989 (Abstract Nr. WA05)

Popescu M (1988) Therapie der Pneumocystis carinii Pneumonie und Therapie der Toxoplasmose. In: Jäger H (Hrsg) AIDS und HIV-Infektionen. Ecomed, Landsberg

Proceeding of the National Academy of Sciences (1989)

Quinn TC, Zacarias FRK, St. John RK (1989) AIDS in the Americas. An emerging public health crisis. N Engl J Med 320:1005–1007

Raviglione MC, Dinan WA, Pablos-Mendez A et al. (1988) Fatal toxic epidermal necrolysis during prophylaxis with pyrimethamine and sulfadoxine in a human immunodeficiency virus infected person. Arch Int Med 148:2683–2684

Rutherford GW, Hessol NA, Lifson AR et al. (1988) Natural history of HIV infection in a cohort of homosexual and bisexual men: A decade follow-up. IV. Int. Conf. on AIDS. Stockholm 1988 (Abstract Nr. 4096)

Salzberg AM, Dolins SC (1989) The relation between AIDS cases and HIV prevalence. N Engl J Med 320:936

Sande MA, Volperding P (eds) (1988) The medical management of AIDS. Saunders, Philadelphia

Sorensen JC, Guydish J, Constantini M, Batki SL (1989) Changes in needle sharing and syringe cleaning amoung San Francisco drug abusers. N Engl J Med 320:807

Schleuzig C, Jäger H, Rieder H, Hammel G, Popescu M (1989) Supervised physical exercise leads to psychological and immunological improvement in pre-AIDS patients. V. Int. Conf. on AIDS. Montreal 1989 (Abstract Nr. TBP 301)

Yarchoan R, Thoma RV, Pluda JM et al. (1989) Escalating dose phase I study of intravenous and oral 2′,3′Dideoxyinosine (DDI) in patients with AIDS or ARC. V. Int. Conf. on AIDS. Montreal 1989 (Abstract Nr. Th B04)

Wille R (1987) AIDS und Drogenabhängigkeit. In: Jäger H (Hrsg) Psychosoziale Betreuung von AIDS- und AIDS-Vorfeldpatienten. Thieme,Stuttgart

Women's AIDS Network (1986) Lesbians and AIDS. What's the connection. San Francisco AIDS Foundation 1986

Gynäkologische Aspekte

Manfred Stauber und Klaus F. Hiller
unter Mitarbeit von R. Lutz und U. Jakobs

Die tägliche Begegnung mit Patientinnen in der ambulanten und stationären Versorgung einer großstädtischen Klinik läßt vielfach die Gefühlssituation erkennen, in der sich Frauen heute befinden, wenn es um das Thema AIDS geht. Es sind mehr oder weniger konkrete Ängste, die geäußert werden. Da ist die Angst, dem Partner Schutzmaßnahmen vorzuschlagen, er könnte dies als Mißtrauen werten, das Vertrauen in die gegenseitige Treue wäre erschüttert. Oft bestehen Ängste, was das eigene Vorleben anbelangt. Das jugendliche „Erfahrungen sammeln", fragt oft nicht nach Sicherheiten.

Diese Ängste werden dann konkret, wenn eine Schwangerschaft eintritt, wenn die Sorge nicht mehr nur der eigenen Person, sondern auch dem erwarteten Kind gilt. Bereits hier beginnt die Aufgabe des Gynäkologen, der in der engen Arzt-Patient-Beziehung die Problematik aufgreifen kann und dazu beiträgt, Ängste, seien sie real oder irreal, abzubauen. Information über den jeweiligen Stand des Wissens ist hierzu unabdingbare Voraussetzung.

Epidemiologie

Am 31. 1. 1989 waren in der BRD 2885 registrierte AIDS-Fälle bekannt, davon 203 weibliche Personen. Dies entspricht einem Anteil weiblicher AIDS-Fälle von 7%. Erfahrungen aus großen Ambulanzen deuten darauf hin, daß der Anteil HIV-positiver Frauen noch höher liegt. Nicht nur im Hinblick auf den prozentualen Anteil unterscheiden sich weibliche von männlichen HIV-Infizierten und AIDS-Erkrankten. Auch in bezug auf Infektionsrisiken, Zugehörigkeit zu Hauptbetroffenengruppen sowie in der Altersverteilung bestehen entscheidende Unterschiede (Deinhardt et al. 1987). An der I. UFK München, ähnlich wie an anderen Zentren, kommt die Mehrzahl der HIV-positiven Patientinnen aus der Gruppe der ehemals, oder immer noch i.v. drogenabhängigen Frauen (73%, s. auch Abb. 1). In der Gruppe der durch heterosexuelle Übertragung infizierten Patientinnen (13%) spielt der i.v. Drogenabusus des jeweiligen Partners die entscheidende Rolle. Als wahrscheinlicher Ort des Erwerbs der HIV-Infektion konnte bei ¾ der Patientinnen das Großstadtmilieu ausgemacht werden (Abb. 2).

Auch bei der Altersverteilung HIV-infizierter Patientinnen zeigen sich grundsätzliche Unterschiede zum männlichen Kollektiv. Der überwiegende Teil der Patientinnen gehört der Altersgruppe zwischen 20 und 30 Jahren an. HIV-infizierte Frauen sind im Durchschnitt 9–10 Jahre jünger als HIV-infizierte Männer. Praktisch alle HIV-positiven Patientinnen befanden sich im geschlechtsreifen Alter und waren regelmäßig sexuell aktiv. Diese Erfahrungen stimmen überein mit den Beobachtungen amerikanischer Gruppen aus New York (Selwyn et al. 1989; Ralph et al. 1986). Durch ein Beispiel soll die Situation geschildert werden, wie sie sich uns in der Betreuung HIV-positiver Patientinnen darstellt:

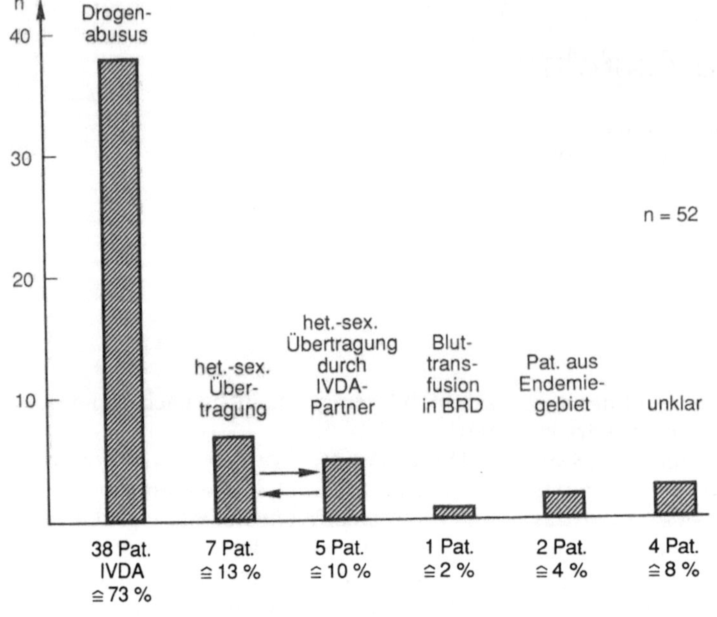

Abb. 1. Hauptbetroffenengruppenzugehörigkeit HIV-positiver Patientinnen der I. UFK München

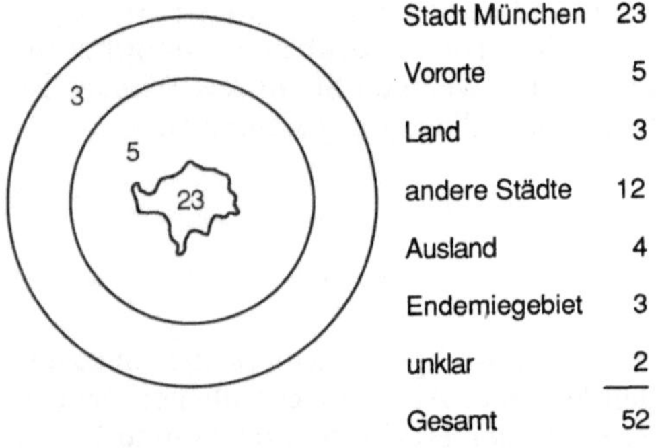

Abb. 2. Wahrscheinlicher Ort des Erwerbs der HIV-Infektion bei Patientinnen der I. UFK München

Fallbeispiel

Eine 28jährige Patientin kommt zu uns in die Sprechstunde. Sie berichtet, vom 16. bis zum 24. Lebensjahr i.v. drogenabhängig gewesen zu sein. Seit 1985 weiß sie, daß sie HIV-positiv ist. Seit 2 Jahren besteht eine generalisierte Lymphadenopathie ohne sonstige klinische Zeichen der HIV-Infektion. Als Kind aus zerrütteten elterlichen Verhältnissen war sie früh auf sich allein gestellt. Eine Berufsausbildung wurde mehrfach versucht, aber nie abgeschlossen. Zeitweilig arbeitet sie in Gelegenheitsjobs, derzeit ist sie Sozialhilfeempfängerin. Sie wohnt bei ihrem Freund, der z.Z. wieder drogenabhängig ist, jedoch offenbar HIV-negativ war, als er zuletzt vor einem Jahr getestet wurde. Jetzt ist die Patientin in der 17. Woche schwanger. Eigentlich hatte das Paar immer Kondome benutzt, aber irgendwie war sie doch schwanger geworden. Sie macht sich große Hoffnungen darauf, ein gesundes Kind auf die Welt zu bringen, von einem Schwangerschaftsabbruch will sie nichts wissen. Auch ihr Partner wünscht sich das Kind und möchte jetzt nochmals einen Entzug versuchen. Über die Möglichkeit einer Heirat haben beide bereits ernsthaft diskutiert. Die möglichen Risiken der Schwangerschaft schrecken die Patientin und ihren Partner nicht. Sie weiß ohnehin, daß sich die Krankheit jederzeit entwickeln kann. Sie ist auch bereit, sich engmaschigen Schwangerschaftskontrollen zu unterziehen und alle Angebote in bezug auf das Kind anzunehmen. Nach mehrmaligen ausführlichen Gesprächen übernehmen wir die Betreuung der

Schwangerschaft, stellen Verbindung zu Sozialdiensten her, veranlassen begleitende internistische Untersuchungen, überwachen die immunologischen Parameter und versuchen, die Patientin in ihrem psychosozialen Umfeld soviel wie möglich zu unterstützen.

Mehrere Punkte sind typisch für die Situation HIV-positiver Patientinnen:

1. In der Regel handelt es sich um symptomlose HIV-positive Frauen ohne klinische Zeichen der Infektion, die mit gynäkologischen Problemen oder im Zusammenhang mit einer Schwangerschaft unsere Ambulanz aufsuchen.
2. Häufig bestehen schwierige soziale und häusliche Verhältnisse.
3. Bei ca. 85% aller Patientinnen besteht oder bestand ein Kontakt zum Drogenmilieu, entweder durch eigene Zugehörigkeit oder über die Kontakte des Partners. Oft besteht schon in sehr jungem Alter Kontakt zur Drogenszene.
4. Meist ist eine sehr niedrige kontrazeptive Zuverlässigkeit zu erwarten.
5. Oft wird in dieser Situation ein Kind zum Hoffnungsträger für einen neuen Lebensabschnitt.
6. Die Schwangerschaft führt bei der Mehrzahl der HIV-positiven Frauen zu einer hohen Motivation sowie großer Bereitschaft, die eigenen Lebensumstände zum Besseren hin zu ändern.

Zur Frage der Kontrazeption

Der Frage der Kontrazeption bei HIV-positiven Frauen ist in zweierlei Hinsicht besondere Wichtigkeit beizumessen. Zum einen kommt dem Schutz des jeweiligen Partners vor heterosexueller Übertragung der HIV-Infektion entscheidende Bedeutung zu, zum anderen muß die generell niedrige kontrazeptive Zuverlässigkeit HIV-positiver Patientinnen bei der Wahl des Kontrazeptivums mit in die Betrachtung einbezogen werden. In einer New Yorker prospektiven Studie kam es bei 17 von 70 HIV-positiven Frauen (24%) im Beobachtungszeitraum von 28 Monaten zu einer Schwangerschaft (Selwyn et al. 1989). Die Schwangerschaftsrate bei einem vergleichbaren seronegativen Kollektiv unterschied sich nur geringfügig. Die Wahl des Kontrazeptionsmittels sollte also berücksichtigen, daß bei z.B. drogenabhängigen Patientinnen eine zuverlässige Anwendung eines Kontrazeptivums nicht grundsätzlich angenommen werden kann.

Außerordentlich wichtig für jeden Sexualkontakt ist die Verwendung von Kondomen, empfehlenswerterweise in Verbindung mit spermizid wirksamen Substanzen, z.B. Nonoxynol-9. Diese Substanz zeigte gute In-vitro-Erfolge gegen HIV. Nach unseren Erfahrungen ist die zusätzliche Anwendung einer zweiten kontrazeptiven Methode, z.B. hormoneller Antikonzeptiva, evtl. in Depot-Form, dringend zu empfehlen. Das Verwenden von Intrauterinpessaren ist in diesem Zusammenhang nicht geeignet, da hierdurch bedingte latente oder chronische Infektionen das Immunsystem zusätzlich belasten können (Conant et al. 1986). Die Möglichkeit der Tubenligatur kann im Einzelfall in Betracht gezogen werden. In Frage kommen Patientinnen mit bereits erfülltem Kinderwunsch sowie Patientinnen nach ein- oder mehrfachem Schwangerschaftsabbruch bei zu erwartender unzureichender Kontrazeption. Wir empfehlen die Tubenligatur nicht grundsätzlich. HIV-positive Patientinnen könnten sich im Einzelfall aufgrund der dann gegebenen kontrazeptiven Sicherheit von der Verwendung der Barrieremethoden abwenden und somit wieder zu einer Erhöhung des heterosexuellen Übertragungsrisikos beitragen.

Die heterosexuelle Übertragung

Die Bedeutung der heterosexuellen Übertragung wird vor allem im Zusammenhang mit der Frage nach der Ausbreitung der HIV-Infektion in der allgemeinen Bevölkerung immer wieder zu prüfen sein. Hier ist eine Reihe von Faktoren in Betracht zu ziehen (Padian 1987; Staszewski 1988):

- Ein Einbruch der HIV-Infektion in die Allgemeinbevölkerung hat bisher nicht in dem befürchteten Ausmaß stattgefunden.
- Neudiagnosen von HIV-Infektionen zeigen eine Verlangsamungstendenz bei der Ausbreitung der Infektion. Nach wie vor gehören ¾ aller HIV-positiven Frauen dem Drogenmilieu an. Hier wurde die Diagnose oft schon sehr früh – 1985 und 1986 – gestellt, so daß zwangsläufig die Zahl der Neudiagnosen aus dieser Gruppe abnimmt.
- Untersuchungen auf HIV-Infektionen im Rahmen des Schwangeren-Screening ergaben mit Ausnahme von Berlin durchweg negative Ergebnisse, mit einer beinahe 0-Rate an HIV-positiven Befunden bei schwangeren Nicht-Risiko-Patientinnen. Die Prävalenz liegt in der Regel mit wenigen Ausnahmen unter 0,1%.
- In Gebieten mit hohem Anteil von Drogenabhängigen in der Bevölkerung kommt der heterosexuelle Übertragungsweg besonders häufig vor, da sich hier Sexualkontakte von Angehörigen der Hauptbetroffenengruppen mit denen der Allgemeinbevölkerung überschneiden (z.B. in New York oder Berlin).
- Die Annahme eines höheren heterosexuellen Infizierungsrisikos für die Frau geht von dem hohen Virusgehalt des Spermas und der rezeptiven Situation der Frau aus.

Ein ausgeglichenes Geschlechterverhältnis bei der HIV-Infektion in zentralafrikanischen Ländern scheint nur auf den ersten Blick dieser Annahme zu widersprechen. Der wiederholte Kontakt einer infizierten mit einer nichtinfizierten Person führt auch bei primär unterschiedlichen Einzelrisiken zu einer Risikokumulation und somit zu einem Ausgleich in der Infektionsprävalenz. Bei relativ hoher Prävalenz der HIV-Infektion in der Gesamtbevölkerung würde beispielsweise ein höheres Infektionsrisiko für die Frau rasch zu einer höheren Prävalenz im weiblichen Bevölkerungsanteil führen und somit für den Mann dann zu einer erhöhten Wahrscheinlichkeit führen, beim Sexualkontakt auf eine infizierte Partnerin zu treffen. Dies würde wiederum das Infektionsrisiko beider Geschlechter ausgleichen (Klein 1989). In der BRD mit der derzeit geringen Prävalenz in der Gesamtbevölkerung kann bezüglich des heterosexuellen Transmissionsrisikos von einem höheren Risiko für die Frau ausgegangen werden. Hier sind Zahlen bezüglich des Geschlechterverhältnisses außerhalb der Risikogruppen kaum aussagekräftig (Männer in der Überzahl), da unterschiedliche Übertragungswege zusammengefaßt wurden. Es gibt Hinweise dafür, daß Infektiosität und Infizierungsrisiko der Frau in bezug auf heterosexuelle Kontakte insbesondere vom Vorliegen lokaler Infektionen abhängen. Sollten solche Infektionen vorhanden sein, so ist mit der Anwesenheit einer erhöhten Zahl immunkompetenter potentiell HIV-infizierter bzw. HIV-infizierbarer Zellen im Genitalbereich zu rechnen. Eine Quantifizierung des Infektionsrisikos bei heterosexuellen Kontakten ist mehrfach unternommen worden, beruht jedoch auf rein theoretischen Risikoberechnungen, so daß an dieser Stelle auf eine Zahlenangabe verzichtet wird (Hearst 1988). Besonders junge Frauen scheinen einem erhöhten Risiko der heterosexuellen Infektion ausgesetzt zu sein. Dies könnte zum einen bedingt sein durch unterschiedliches Sexualverhalten, Partnerwahl mit mehr experimentellem Charakter, unregelmäßigere Anwendung von Schutzmaßnahmen, zum anderen auch durch das Vorhandensein einer zervikalen Ektopiezone, wie sie gerade bei jungen Mädchen häufig zu finden ist. Genauere Angaben diesbezüglich liegen derzeit noch nicht vor.

Der mehrfach berichtete relative Anstieg des Anteils heterosexuell übertragener HIV-Infektionen an der Gesamtzahl HIV-infizierter Frauen sollte Anlaß dazu sein, die Bemühungen um Prävention durch intensive Aufklärung weiter zu verstärken (Johnson et al. 1987).

Klinische Problematik

Die Mehrzahl der HIV-infizierten Frauen der gynäkologischen Sprechstunde an der I. UFK München befindet sich nach unserer Erfahrung in einem relativ frühen Stadium der HIV-Infektion, entweder klinisch symptomlos, oder mit generalisierter Lymphadenopathie, ohne Allgemeinsymptome (bis Stadium WR III bzw. nach CDC-Stadium IIIB). Die Bestimmung immunologischer Parameter entscheidet somit oft primär die Stadieneinteilung der Patientin. Es sind drei Hauptproblemkreise, mit denen sich der Gynäkologe in der Regel konfrontiert sieht:

1. gehäuftes Auftreten zervikaler Dysplasien und Präkanzerosen;
2. lokale, häufig therapieresistente und rezidivierende Genitalinfektionen; zusätzlich gehäuft Hinweis für eine Human-Papilloma-Virusinfektion;
3. Beratung und Betreuung im Zusammenhang mit dem Eintreten einer Schwangerschaft.

Pathologische Zervixzytologie

Die routinemäßige Entnahme von zytologischen Zervixabstrichen im Rahmen der gynäkologischen Vorsorge zeigte sehr rasch den hohen Anteil pathologischer zytologischer Befunde bei HIV-positiven Patientinnen. Es fanden sich gehäuft kontrollbedürftige Abstriche und Dysplasien sowie Hinweise auf Koilozytosen und Dyskeratosen als Ausdruck für das Vorliegen einer Human-Papilloma-Virusinfektion. Die Zahlenangaben der hiermit befaßten Arbeitsgruppen sind zwar unterschiedlich, weisen aber in die gleiche Richtung (Tabelle 1).

Neben dem Auftreten von Carcinomata in situ werden auch Einzelfälle berichtet, in denen sich bei HIV-positiven Patientinnen Zervixkarzinome mit teilweise foudroyantem Verlauf entwickelt haben. Eine 3- bis 6monatige Kontrolluntersuchung mit zytologischer Abstrichentnahme erscheint uns daher dringend angezeigt. Untersuchungen von HIV-positiven Patientinnen in der Schwangerschaft geben Hinweise darauf, daß hier der prozentuale Anteil pathologischer Zervixzytologien nochmals erhöht ist (Weyerstahl et al. 1988).

Tabelle 1. Zytologische Ergebnisse bei HIV-positiven Patientinnen

Gruppe		[%]	[%]
I	10% } 83%	68	49
II	73% }		IIw 13
III	nachbeurteilt	20	
IIID	13%	8	20
IV a	2% (Ca. i. situ)		12
IV	2% (Ca. i. situ)		2
V	0	4	4
	48 Patientinnen I. UFK München M. Stauber K. Hiller 1989 (Zusätzl. 4% Status nach Ca. i. situ im HIV-Infekt.-Zeitraum)	25 Patientinnen UFK Mainz K. Friese 1989 (1 × Zervixkarzinom)	295 Abstriche UFK Berlin W. Friedmann A. Schäfer 1989 (Zervixkarzinom i. d. Schwangerschaft)

Genitale Infektionen

Ein besonderes Problem für die gynäkologische Betreuung sind die häufigen rezidivierenden Genitalinfektionen, mit denen die Patientinnen in der Langzeitbetreuung immer wieder die Sprechstunde aufsuchen. Typisch sind Candida-Infektionen mit oft therapieresistentem Verlauf sowie bakterielle Infektionen, meist Streptokokken- oder Mischinfektionen (Rhoads et al. 1987). Dermatosen (z.B. akneiformes Exanthem) und Pruritus, insbesondere im Genitalbereich, bilden ein weiteres, der Behandlung oft schwer zugängliches Problemfeld.

Es konnten sowohl klinische wie zytologische Hinweise für das gehäufte Auftreten von Human-Papilloma-Virusinfektionen bei HIV-positiven Patientinnen gefunden werden. Wir sahen in 19% der zytologischen Abstriche (n = 52 Patientinnen) HPV-typische Veränderungen im Sinne der Koilozytose und Dyskeratose. Bei vielen Patientinnen besteht anamnestisch der Hinweis auf Condylomata, z.T. mit vorangegangenen Behandlungen. Zählt man die klinischen Befunde dazu, so ergibt sich ein HPV-Nachweis bei 25–30% der betreuten HIV-positiven Patientinnen. Erste Ergebnisse des labortechnischen Nachweises der HPV-Infektion mittels Hybridisierung scheinen diese Zahlen sogar noch zu übertreffen. Eine teilweise Koinzidenz dieser Befunde mit dem Nachweis suspekter Zytologien scheint vorzuliegen. Auch kolposkopisch waren kondylomatöse Veränderungen verschiedener Wachstumsgrade nachzuweisen.

HIV-Infektion und Schwangerschaft – gynäkologisch-geburtshilfliche Aspekte

Das Eintreten einer Schwangerschaft gehört zu einer der häufigsten Situationen, denen der Gynäkologe bei der Betreuung HIV-positiver Patientinnen gegenübersteht. Da die Schwangerschaft allgemein als eine Periode veränderter immunologischer Reaktivität, insbesondere erniedrigter zellulärer Immunreaktion anzusehen ist, gewinnt sie auch im Hinblick auf die HIV-Infektion eine besondere Bedeutung. Immunologische Parameter verändern sich sowohl in der Schwangerschaft – hier in der Regel reversibel – als auch im Verlauf klinischer Progredienz der HIV-Infektion in vergleichbarer Weise. Der Einfluß der Schwangerschaft auf den weiteren Verlauf der HIV-Infektion wird sehr unterschiedlich beurteilt. Studien aus den USA mit eher geringen Fallzahlen (Scott et al. 1985; Minkoff et al. 1987) berichten über eine rasche Progression der HIV-Infektion hin zur klinischen Symptomatik, entsprechend ARC oder AIDS, in kurzen zeitlichen Abständen mit dem Austragen einer Schwangerschaft, wobei hier nur Mütter von Kindern mit klinischer AIDS- oder ARC-Symptomatik berücksichtigt wurden. Eigene Erfahrungen sowie neuere Berichte aus New York (Selwyn et al. 1989) geben bisher keinen Hinweis dafür, daß sich bei symptomlosen HIV-positiven Patientinnen der klinische Verlauf der HIV-Infektion durch eine ausgetragene Schwangerschaft signifikant beschleunigt. Dennoch kann eine negative Auswirkung der Schwangerschaft auf den Verlauf der HIV-Infektion beim derzeitigen Stand des Wissens nicht ausgeschlossen werden (Koonin et al. 1989).

Insbesondere bei Patientinnen mit klinischer Symptomatik ist deshalb vom Austragen einer Schwangerschaft dringend abzuraten. In diesem Zusammenhang ist die Sexualberatung und kontrazeptive Beratung vor Eintreten einer Schwangerschaft, ebenso wie die Erkennung des HIV-Status bei Angehörigen der Hauptbetroffenengruppen, besonders wichtig (s. Empfehlungen I).

Bei eingetretener Schwangerschaft ist die Patientin in jedem Fall auf die Möglichkeit des Schwangerschaftsabbruchs aus medizinischer Indikation hinzuweisen. Die Empfehlung des wissenschaftlichen Beirates der Bundesärztekammer (1987) diesbezüglich lautet: „HIV-infizierten Frauen ist wegen der zu erwartenden Erregerübertragung auf das Kind und wegen der möglichen Verschlechterung ihres eigenen Befindens infolge der graviditätsbedingten physiologischen Immunschwäche nachdrücklich von einer Schwangerschaft abzuraten." Wir meinen, daß die Patientinnen in Kenntnis des jeweiligen Wissensstandes und unter Berücksichtigung der persönlichen Lebensumstände eine Entscheidung für oder gegen die Schwangerschaft, frei und eigenverantwortlich, ohne Drängen des Arztes, treffen sollten.

Für die HIV-positive Schwangere steht oft die Auskunft über die Perspektiven des Kindes im Vordergrund (s. auch Kapitel „Pädiatrische Aspekte"). Wir können derzeit von folgenden Annahmen ausgehen:

- Die maternofetale Übertragung kann prinzipiell sowohl intrauterin als auch peripartal erfolgen (Lapointe et al. 1985).
- Die Entbindung durch Sectio caesarea ergibt keinen signifikanten Vorteil bezüglich der Transmissionsrate.
- Die Rate der vertikalen Transmission (Mutter zu Kind) wird derzeit noch unterschiedlich angegeben (Grosch-Wörner et al. 1988).

Da mütterliche IgG-Antikörper plazentagängig sind, entspricht die serologische Testung des Neugeborenen dem Antikörperstatus der Mutter und läßt zunächst keine Aussage über die Infektionssituation des Neugeborenen zu. Dennoch weiß man aus Verlaufsbeobachtungen, daß 30–40% der seropositiven Neugeborenen tatsächlich infiziert sind (Hoff et al. 1988). Bei sehr unterschiedlichen Beobachtungszeiträumen legen amerikanische Schätzungen bei der Berechnung HIV-infizierter Neugeborener eine Transmissionsrate von ca. 40% zugrunde (Nowik et al. 1989). Entscheidet sich die Patientin zum Austragen der Schwangerschaft, so genügt ein neutraler Vermerk im Mutterpaß und die Verpflichtung der Patientin, medizinische Betreuungspersonen über ihren HIV-Status zu informieren (s. Empfehlungen II).

Eine engmaschige Überwachung der Schwangerschaft trägt dazu bei, immunologische Veränderungen, lokale genitale Infektionen, kindliche Mangelentwicklung und Risiken der Frühgeburtlichkeit rechtzeitig zu erkennen (s. Empfehlungen III).

Zur HIV-Problematik in der Gynäkologie und Geburtshilfe – Empfehlungen I –

Außerhalb der Schwangerschaft:
- HIV-Screening bei Kinderwunschpaaren
- HIV-AK-Test bei Angehörigen der Hauptbetroffenengruppen
- individuelle Kontrazeptionsberatung
- Sexualberatung in Hinblick auf HIV-Problematik

Zur HIV-Problematik in der Gynäkologie und Geburtshilfe – Empfehlungen II –

Zu Beginn der Schwangerschaft:
- HIV-Screening mit Zustimmung der Patientin zum frühestmöglichen Zeitpunkt; Bestätigungstest obligatorisch
- Neutraler Vermerk im Mutterpaß: HIV-Test durchgeführt
- In Hauptbetroffenengruppen Wiederholung des HIV-Tests in der 36. SSW
- Bei positivem HIV-Test ausführliche Gespräche über das mütterliche Risiko (insbes. bei manifester Immunsuppression) und das Problem der materno-fetalen Übertragung. Ernsthafte Erwägung eines Schwangerschaftsabbruchs

Zur HIV-Problematik in der Gynäkologie und Geburtshilfe – Empfehlungen III –

Bei fortlaufender Schwangerschaft:
- Intensiver Einsatz adäquater diagnostischer Mittel. Mehrfache Kontrolle immunologischer Parameter
- Interdisziplinäre Betreuung (z.B. internistisch, pädiatrisch, psychotherapeutisch)
- Erweiterte Vorsorgeuntersuchung durch zusätzliche Kontrolle des Portioabstrichs im 2. und 3. Trimenon
- Überbrückungshilfe mit Methadon bei Heroinabhängigkeit bei gleichzeitiger psychotherapeutischer Stützung

Berichtet werden u.a. eine signifikante Abnahme der absoluten T4-Lymphozytenzahlen sowie des T4-T8-Quotienten im 3. Trimenon, es bestehen Hinweise für eine eher qualitative als quantitative Veränderung der Lymphozytenfunktion in der Schwangerschaft. Die Beobachtung niedriger kindlicher Geburtsgewichte und gehäufter Frühgeburtlichkeit bei HIV-positiven Patientinnen wird vor allem mit der hohen Anzahl i.v. drogenabhängiger Schwangerer assoziiert. Auch nach unseren eigenen Erfahrungen ist im Verlauf der Schwangerschaft mit einem vermehrten Auftreten genitaler Infektionen, insbesondere vaginaler Candidiasis, zu rechnen. Therapieresistenzen sind häufig (Gloeb et al. 1988).

Im Hinblick auf den Entbindungsmodus bei HIV-positiven Schwangeren spielen geburtshilfliche Aspekte heute die entscheidende Rolle. Die Annahme, einer Entbindung durch Sectio caesarea als dem schonenderen, weniger traumatisierenden Geburtsweg sei der Vorzug zu geben, hat sich nicht bestätigt. Die Prognose für das Kind zeigt keine signifikanten Unterschiede bei Entbindung durch Sectio caesarea oder vaginale Geburt. Allerdings kann bei Durchführung der Sectio caesarea auf eine invasive Geburtsüberwachung (Mikroblutuntersuchung, Kopfschwartenelektrode) verzichtet werden, zudem ist die pädiatrische Versorgung des Kindes und die personelle Vorbereitung besser planbar. Eine großzügige Indikationsstellung zur Sectio caesarea hat sich hier bewährt (Chiodo et al. 1986).

Dem Schutz des geburtshilflichen Personals kommt im Rahmen der Entbindung besondere Bedeutung zu, da gerade hier große Mengen potentiell infizierten Materials (Plazenta, Fruchtwasser, Blut, Lochialsekret) anfallen (s. Empfehlungen IV).

Zur Vermeidung des Kontakts mit infektiösem Material ist u.a. ein apparatives Absaugen des Neugeborenen notwendig. Das Kind sollte zur Entfernung von potentiell infektiösem Material gebadet werden. Während für den Infektionsschutz des Personals die Verwendung von doppelten Handschuhen, Schutzbrille, Mundschutz und flüssigkeitsundurchlässiger Schürze notwendig ist, können sich die Hygienemaßnahmen bezüglich der Desinfektion nach dem Vorgehen bei Hepatitis-B-Gefährdung richten.

Der postpartale Verlauf ist in der Regel gekennzeichnet durch eine Regeneration der graviditätsbedingten Immunsuppression. Die erneute Erfassung immunologischer Parameter zur rechtzeitigen Erkennung einer evtl. postpartalen Progredienz erscheint notwendig.

Da auch in der zellfreien Muttermilch HIV nachgewiesen werden konnte (Thiry et al. 1985; Senturia et al. 1987; Ziegler et al. 1985), ist Stillen für HIV-infizierte Wöchnerinnen kontraindiziert. Das medikamentöse Abstillen kann mit Bromocryptin in üblicher Dosierung erfolgen. Nach sorgfältiger pädiatrischer Untersuchung besteht auch die Möglichkeit eines ganztägigen Rooming-in. Die Phase des Wochenbetts und des damit verbundenen stationären

Zur HIV-Problematik in der Gynäkologie und Geburtshilfe – Empfehlungen IV –

Während der Geburt:
- Entbindung in einem dafür eingerichteten Krankenhaus (frühe Voranmeldung)
- Frühzeitiges Festlegen des Geburtsmodus (Sectio nicht obligat)
- Weitestmögliche Vermeidung primärer Infektionen bzw. Reinfektionen des Kindes durch Einschränkung des Monitoring (z.B. MBU, Elektrode) und evtl. notwendig werdender Eingriffe (Zangenextraktion, VE, Episotomie), falls vaginale Entbindung erfolgt
- Schutzmaßnahmen für das Entbindungspersonal, apparatives Absaugen des Neugeborenen, Einwegmaterialien, Desinfektion

Zur HIV-Problematik in der Gynäkologie und Geburtshilfe – Empfehlungen V –

Wochenbett:
- Stillen kontraindiziert
- pädiatrische Begleituntersuchung
- Infektionsschutz für das Neugeborene
- Evtl. Ganztags-Rooming-in
- Sorgfältige Entsorgung des infektiösen Materials (Lochialsekret, Muttermilch, Wundsekrete)
- Angebot einer langfristigen adäquaten medizinischen und psychosomatischen Betreuung

Aufenthaltes sollte genützt werden, um die weitere psychosoziale Betreuung der Patientin vorzubereiten. Zu der hier notwendigen interdisziplinären Zusammenarbeit gehören die langfristige pädiatrische Begleitbetreuung, Hilfen in bezug auf häufig weiterbestehende Drogenprobleme sowie das Angebot einer ständigen ärztlich-psychologischen Intervention (s. Empfehlungen V).

Psychosoziale und psychosomatische Aspekte

Dem hohen Anteil i.v. Drogenabhängiger entsprechend ist das soziale Gefüge der HIV-positiven Patientinnen häufig geprägt von abgebrochenen Therapieversuchen, gescheiterten Ausbildungen, familiärer Bindungslosigkeit und sozialer Isolation. Etwa 50% aller HIV-positiven Patientinnen leben allein, 25% sind geschieden und somit meist auf sich selbst gestellt.

Bei schwangeren HIV-Infizierten erhöht die Sorge um das Kind und dessen mögliche Erkrankung die psychische Belastung. Es ist somit für den Gynäkologen wichtig, auf der Grundlage einer stabilen Arzt-Patient-Beziehung die jeweilige Affektlage der Patientin zu erkennen und darauf einzugehen. Ein ständiges Kontaktangebot kann häufig über Krisensituationen hinweghelfen.

Bei drogenabhängigen Schwangeren stellt sich die Frage der Anwendung von Drogenersatz. Spätestens nach der 16. SSW ist hier ein harter Entzug aus perinatologischen Gründen nicht mehr möglich. Die Anwendung von Methadon am Ende der Schwangerschaft unter strengen Kontrollen, möglichst auch unter stationären Bedingungen, wurde vom wissenschaftlichen Beirat „Psychiatrie, Psychotherapie und Psychohygiene" der Bundesärztekammer gebilligt. Die besonders hohe Motivation drogenabhängiger HIV-positiver Patientinnen während der Schwangerschaft führt zu einer relativ hohen Erfolgsquote bezüglich einer Drogenreduktion bzw. eines kontrollierten Drogenentzugs. Wichtig sind hier die strenge Kontrolle und die begleitende psychische Betreuung der Patientin (Bschor 1981).

Auffallend ist die unterschiedliche psychische Verarbeitung in bezug auf das HIV-Problem bei drogenabhängigen und nichtdrogenabhängigen HIV-infizierten Schwangeren. Während heroinabhängige Patientinnen die Infektion eher verdrängen, gleichzeitig inadäquate Gefühlsreaktionen zeigen, kommt im Gegensatz dazu bei nichtdrogenabhängigen HIV-positiven Schwangeren eine durchaus adäquate Gefühlsreaktion der Angst, der Verzweiflung und der Trauer zum Tragen. Hier ist ein weitgehend realitätsgerechtes Verhalten oft mit einer übermäßig gesteigerten Körperwahrnehmung verbunden. Demgegenüber neigen drogenabhängige Patientinnen eher dazu, Probleme zu minimieren (Weingart et al. 1987). Das Kind wird in besonderem Maße zum Hoffnungsträger, zur Möglichkeit, das eigene Leben noch einmal vollkommen zu ändern und einen neuen Abschnitt zu beginnen. Schwierigkeiten etwa des Schwangerschaftskonflikts, der Mutter-Kind-Beziehung, Partnerschaftsprobleme sowie ein häufig weiterbestehendes Drogenproblem, bedürfen eines konti-

Zur HIV-Problematik in der Gynäkologie und Geburtshilfe – Empfehlungen VI –

Psychosomatische Begleitbetreuung:
- Erstgespräche zur Erfassung der Gesamtsituation (Aufklärung nach aktuellem Wissensstand, Hauptbetroffenengruppe? Schwangerschaft? Abruptio? Partnerschaft? Sexualität? Abwehrstruktur? psychosoziale Situation?)
- Bei Fortführen der Schwangerschaft und Heroinproblematik: Überbrückungshilfe mit Methadon und täglicher psychotherapeutischer Stützung
- Angebot einer Gesprächsgruppe unter psychotherapeutischer Leitung (gegenseitiger Erfahrungsaustausch und wechselseitige Hilfe)
- Nachsorge: Kind-Mutter-Situation, Kontaktangebot, Kontrazeptionsfragen, Bewältigungsprobleme, Sexualität

nuierlichen Kontaktangebotes. Nur auf der Grundlage der vielfachen psychosozialen und medizinischen Betreuung scheint es möglich, den Problemen der HIV-infizierten Patientinnen gerecht zu werden (Callan et al. 1986) (s. Empfehlungen VI).

Literatur

Blanche S, Rouzioux C, Veber F et al. Prospective study on newborns of HIV seropositive women. III. Int. Conf. AIDS, Washington 1987. Abstract. TH. 7.4

Bschor F. Sucht und Schwangerschaft. Berlin: 1981 Nicolaische Verlagsbuchhandlung

Callan M, Gordon G, Friedland G et al. Women with AIDS-Psychosocial Issues and Needs. International Conference on AIDS. Paris 1986

Camman U, Kreuz W, Rehmet S, Wegerich B, Kynast I. Perinatal HIV-infizierte Kinder – Frankfurter Ergebnisse. Deutscher AIDS-Kongreß, München 1988

Chiodo F, Ricchi E, Costagliola P, Michelacci L, Bovell L. Vertical transmission of HTLV-III. Lancet 1986; I:739

Conant M, Hardy D, Sernantinger J, Spicer D, Levy J. Condoms prevent transmission of AIDS-associated retrovirus. JAMA 1986; 255:1706

Deinhardt F, Eberle J, Gürtler L. Probleme der Epidemiologie und Infektiosität von LAV/HTLV III (HIV). Ärztl Lab 1987; 33:25–27

Deutsche Gesellschaft für Gynäkologie und Geburtshilfe. Empfehlung zu: AIDS und Schwangerschaft. Gynäkol Geburtsh 1987; 2:13

Friedland GH, Klein RS. Transmission of the human immunodeficiency virus. N Engl J Med 1987; 317:1125–1135

Friese K et al. Epidemiologische, infektiologische und immunologische Ergebnisse aus der gynäkologischen HIV-Sprechstunde der UFK Mainz. Geburtsh Frauenheilk 1989; 49 (im Druck)

Gloeb D, O'Sullivan M, Efantis J. HIV-infection in women. Am J Obstet Gynecol 1988; 9:756–761

Grosch-Wörner I, Schäfer A, Koch S et al. Neugeborene HIV-Antikörper-positiver Mütter. Deutscher AIDS-Kongreß, München 1988

Guinan ME, Hardy A. Epidemiology of AIDS in women in the United States. JAMA 1987; 257:2039–2042

Hearst N, Hulley SB. Preventing the heterosexual spread of AIDS. JAMA 1988; 259 (16):2428–2432

Hoff R, Berardi V, Weiblen B, Mahoney-Tront L, Mitchell M, Grady G. Seroprevalence of human immunodeficiency virus among childbearing women. Estimation by testing samples of blood from newborns. N Engl J Med 1988; 318/9:525–530

Johnson J, Grimes D, Minkoff H et al. AIDS in women: the latest findings. Female Patient 1987; 12:68–79

Johnson JP, Nair P. Early diagnosis of HIV infection in the neonate. N Engl J Med 1987; 316:273–274

Jovaisas E, Markus U, Koch M. AIDS – Konsequenzen des Nachweises von Antikörpern gegen LAV/HTLV III. Dtsch Ärztebl 1985; 1956–1957

Klein T. Zum relativen HIV-Infektionsrisiko von Männern und Frauen beim heterosexuellen Kontakt. AIFO 1989; 2:79–82

Koonin LM et al. Pregnancy-Associated Deaths due to AIDS in the United States. JAMA 1989; 261(9):1206–1209

Lapointe N, Michaud J, Pekovic D, Chausseau JP. Transplacental transmission of HTLV-III virus. N Engl J Med 1985; 312:1325

Lifson A. Do Alternate Modes for Transmission of HIV exist? JAMA 1988; 259(9):1353–1356

Minkoff H, Nanda D, Menez R, Fikrig S. Pregnancies resulting in infants with acquired immunodeficiency syndrome or AIDS-related complex. Obstet Gynecol 1987; 69(3):285–298

Novick L, Berns D, Stricof R, Stevens R, Pass K, Wethers J. HIV-Seroprevalence in newborns in New York State. JAMA 1989; 261 (12):24–31

Padian NS. Heterosexual transmission of acquired immunodeficiency syndrome: International perspectives and national projections. Rev Infect Dis 1987; 9:947–960

Pinching AJ, Jeferies DJ. AIDS and HTLV-III/LVA infection: Consequences for obstetrics and perinatal medicine. Br J Obstet Gynecol 1985; 92:1211–1217

Ralph N, Spinger C. Contraceptive practices among female heroin addicts. Am J Publ Health 1986; 76:1016–1071

Rhoads JL, Weright DC, Redfield RR et al. Chronic vaginal candidiasis in women with human immunodeficiency virus infection. JAMA 1987; 257:3105–3107

Schäfer A, Jovaisas E, Stauber M, Löwenthal D, Koch MA. Nachweis einer diaplazentaren Übertragung von HTLV III/LAV vor der 20. SSW. Geburtsh Frauenheilk 1986; 46:88–89

Scott GB, Fischl MA, Klimas N, Fletcher MA, Parks WP. Mothers of infants with the acquired immunodeficiency syndrome. Evidence for both symptomatic and asymptomatic carriers. JAMA 1985; 253:363

Selwyn P et al. Prospective study of HIV-infection and pregnancy outcomes intravenous drug users. JAMA 1989; 261(9):1289–1294

Senturia YD, Ades AE, Reckham CS, Giaquinto C. Breastfeeding and HIV infection. Lancet 1987; I:400–401

Staszewski S, Rehemt S, Schiek E, Brodt R, Helm EB. Zunahme der heterosexuellen Übertragung der HIV-Infektion in Frankfurt. Deutscher AIDS-Kongreß, München 1988

Stauber M, Schäfer A, Löwenthal D, Weingart B. Das AIDS-Problem bei schwangeren Frauen – eine Herausforderung für den Geburtshelfer. Geburtsh Frauenheilk 1986; 46:201–205

Stauber M, Schäfer A, Grosch-Wörner J. Zur Frage eines Screenings auf HIV-Antikörper in der Schwangerschaft. Geburtsh Frauenheilk 1987; 47:87–89

Thiry L, Sprecher-Goldberger S, Cogniaux-Leclerc J, Clureck N. Isolation of AIDS virus from cellfree breast milk of three healthy virus carriers. Lancet 1985; II:891

Vogt MW, Witt D, Craven DE et al. Isolation of HTLV-III from cervical secretion of women at risk for AIDS. Lancet 1986; I:525

Weingart V, Schäfer A, Stauber M. Zur psychischen Verarbeitung des AIDS-Problems bei schwangeren Frauen. 16. Fortbildungstagung für psychosomatische Geburtshilfe und Gynäkologie, Würzburg 1987

Weyerstahl T, Schaefer A, Genz T. Zytologie bei HIV-infizierten Patienten in Gynäkologie und Geburtshilfe. MMW 1988; 130(18):350–351

Wofsy CB, Cohen JB, Hauer LB et al. Isolation of AIDS-associated retrovirus from genital secretion of women with antibodies to the virus. Lancet 1986; I:527–529

Wofsy CB. Human immunodeficiency virus infection in women. JAMA 1987; 257:2074–2076

Ziegler JG, Cooper DA, Johnson RO, Gold J. Postnatal transmission of AIDS-associates retrovirus from mother to infant. Lancet 1985; I:896

Pädiatrische Aspekte

Carla Rosendahl

Die ersten kindlichen AIDS-Fallberichte wurden 1983 in den USA veröffentlicht, es waren Kinder von i.v. drogenabhängigen Frauen (Rubinstein et al. 1983; Oleske et al. 1983) und Empfänger HIV-kontaminierter Bluttransfusionen bzw. Blutprodukte (Amman et al. 1983).

Das Virus hat die kindlichen Altersgruppen auf folgenden Wegen erreicht:

1. Über infizierte Blutprodukte wie Gerinnungsfaktoren,
2. durch Transfusionen mit infiziertem Blut,
3. durch vertikale Übertragung von einer infizierten Schwangeren auf ihr Neugeborenes
   a) diaplazentar (Jovaisas et al. 1985),
   b) perinatal (Pahwa et al. 1986),
   c) durch Stillen (Ziegler et al. 1985).

Hämophile

In der Bundesrepublik Deutschland waren die ersten kindlichen AIDS-Patienten Hämophile. Serokonversionen ließen sich an tiefgefrorenen Seren bis in die 70er Jahre zurückverfolgen (Eyster et al. 1987; eigene Serumbestimmungen). Die Jungen hatten Gerinnungspräparate erhalten, die aus infiziertem Ausgangsmaterial hergestellt worden waren, und die keine das HIV abtötenden Inaktivierungsschritte durchlaufen hatten. *40–80% der Hämophiliepatienten in der BRD,* die vor 1984 Faktorpräparate erhalten hatten, *sind seropositiv*. Seronegativ waren die Patienten geblieben, die ein Hepatitis-B-sicheres Präparat bekommen hatten, dessen Inaktivierungsschritte neben dem Hepatitis-B-Virus (zufällig) auch HIV abgetötet hatten. Die infektiösen Präparate wurden vom Markt genommen, so daß mit Neuinfektionen bei Hämophilen nicht mehr zu rechnen ist.

Transfusionspatienten

Auch kindliche Transfusionspatienten (Frühgeborene, Kinder mit angeborenen oder erworbenen Anämieformen u.a.) waren bis Mitte 1985 der Gefahr ausgesetzt, infizierte Konserven zu erhalten. Seitdem testen die Blutbanken in der BRD ihre Spender und ihre Blutprodukte auf HIV-Antikörper. Ein geringes Risiko bleibt bestehen (das sog. diagnostische Fenster), sich auch zukünftig über eine Blutkonserve zu infizieren. Deshalb werden Bluttransfusionen inzwischen nach strengeren Kriterien verordnet, bei planbaren Operationen Eigenblutspenden erwogen, getestete Angehörige herangezogen oder Plasmaersatzmittel benutzt. Auch in dieser Gruppe ist daher kaum noch mit Neuinfektionen zu rechnen.

Kinder von HIV-infizierten Müttern

Der erste kindliche AIDS-Fall – vor Entdeckung des Virus von A. Rubinstein 1983 veröffentlicht – war das Kind einer i.v. drogensüchtigen Mutter. Auch in der BRD bilden die *Kinder von HIV-positiven drogenabhängigen Müttern* den Hauptteil (über 80%) der HIV-exponierten Neugeborenen und Kleinkinder.

Klassifikation des kindlichen AIDS

Alle bisher veröffentlichten Klassifikationssysteme wurden in erster Linie für Erwachsene erstellt und waren in dieser Form nicht auf Säuglinge und (Klein-)Kinder anwendbar. Die amerikanischen Centers for Disease Control (CDC) haben deshalb Anfang 1987 eine Klassifikation des kindlichen AIDS veröffentlicht, die versucht, den Besonderheiten bei Neugeborenen, z.B. durch den passiven Antikörperübergang von der Mutter auf das Kind, gerecht zu werden (CDC 1987).

Danach gibt es *die Klassen P–0, P–1 und P–2,* nämlich die der ungeklärten, der asymptomatischen (mit oder ohne immunologische Auffälligkeiten) und der symptomatischen Infektion (Tabelle 1).

Das *Stadium P–0* umfaßt Neugeborene, Säuglinge und Kleinkinder bis zum 15. Lebensmonat

- mit HIV-Antikörpern,
- jedoch ohne Virusnachweis,
- ohne immunologische Auffälligkeiten und
- ohne typische Symptome.

Tabelle 1. CDC-Klassifikation der HIV-Infektion bei Kindern unter 13 Jahren (MMWR 1987)

Klasse	Subklasse	Kategorie	Beschreibung
Klasse P-0:			*Infektion nicht geklärt*
Klasse P-1:			*Asymptomatische Infektion*
	Subklasse A:		Normale Immunfunktion
	Subklasse B:		Pathologische Immunfunktion[a]
	Subklasse C:		Immunfunktion nicht untersucht
Klasse P–2:			*Symptomatische Infektion*
	Subklasse A:		Unspezifische Befunde
	Subklasse B:		Progressive neurologische Erkrankung
	Subklasse C:		Lymphoide interstitielle Pneumonie
	Subklasse D:		Sekundäre Infektionskrankheiten
		Kategorie D1:	Spezifische opportunistische Infektionen wie in der CDC-Definition für AIDS aufgeführt
		Kategorie D2:	Rezidivierende schwere bakterielle Infektionen (2 oder mehr innerhalb von 2 Jahren)
		Kategorie D3:	Andere spezifische sekundäre Infektionen (z.B. orale Candidiasis > 2 Monate, Herpesstomatitis > 2 Episoden/Jahr multidermale oder disseminierte Zosterinfektionen)
	Subklasse E:		Sekundäre maligne Erkrankungen
		Kategorie E1:	Spezifische sekundäre Malignome gemäß der CDC-Definition für AIDS
		Kategorie E2:	Andere Malignome, die möglicherweise HIV-assoziiert sind
	Subklasse F:		Andere Erkrankungen, die möglicherweise als Folge der HIV-Infektion anzusehen sind (Hepatitis, Kardiomyopathie, Nephropathie, Anämie, Thrombozytopenie, dermatologische Erkrankungen)

[a] Immunglobuline im Serum erhöht, absolute CD4-Zellzahl erniedrigt, absolute Lymphopenie, T4/T8-Ratio erniedrigt

Wahrscheinlich waren bei diesen Kindern allein die passiv übertragenen mütterlichen Antikörper nachgewiesen worden.

In die *Klasse P–1* wird ein Kind eingeordnet

- mit positivem *Virusnachweis,*
- einem Alter von über 15 Monaten und konstanter Anti-HIV-Seropositivität, oder
- mit immunologischen Auffälligkeiten (auch wenn es unter 15 Monate alt ist).

Dies bedeutet, daß zwar die mütterlichen Antikörper abgefallen sind und der Säugling symptomlos ist, die gelungene Virusanzucht beweist jedoch die tatsächliche Viruskontamination. Oder es sind bei einem noch symptomlosen Säugling bereits deutliche Normabweichungen in den immunologischen Tests nachweisbar.

In die *Klasse P–2* gehören Säuglinge und Kleinkinder – *sobald die Infektion symptomatisch* geworden ist.

Unterklassen von A bis F gruppieren nach Krankheitsgruppen analog der Klassifizierung von Erwachsenen mit ARC oder AIDS.

Klinische Symptome

Betrachtet man die klinischen Symptome bei kindlichen HIV-positiven Patienten, so ist das Spektrum anders, als das der Erwachsenen.

Opportunistische Infektionen

Bei den Kindern stehen deutlicher als bei Erwachsenen zunächst bakterielle Infektionen im Vordergrund (Bernstein et al. 1985). Nur bei einem kleineren Teil der HIV-Antikörper-positiven Kinder werden die typischen opportunistischen Infektionen diagnostiziert: dann aber wie bei den Erwachsenen am häufigsten die Pneumocystis carinii Pneumonie (PcP), gefolgt von Mykosen (disseminierte Candidiasis) und disseminierten Mycobacterium-avium-intracellulare-Infektionen. Eine weitere Gruppe erkrankt an einer ungewöhnlichen Pneumonieform, die für die kindliche HIV-Infektion pathognomonisch zu sein scheint (Rubinstein et al. 1986), der lymphozytären interstitiellen Pneumonie (LIP).

Ein Symptomvergleich dieser beiden Pneumoniearten mag bei der Differentialdiagnose hilfreich sein (Tabelle 2).

Viel seltener als bei Erwachsenen sind bei Kindern maligne Tumoren, insbesondere das Kaposi-Sarkom ist eine Rarität (Buck et al. 1983).

Die neurologischen Anomalien

Symptome, die auf eine ZNS-Schädigung schließen lassen, nehmen bei HIV-infizierten Kindern einen großen Bereich ein. Im ersten bis zweiten Lebensjahr reicht das Spektrum von der Entwicklungsverzögerung bis zur progressiven, subakuten Enze-

Tabelle 2. Symptomvergleich der beiden Pneumoniearten

PcP	LIP
akute Atemnot	allmähliche Atemnot
Rasselgeräusche	keine Rasselgeräusche
Hypoxie	milde Hypoxie
röntg. bilaterale fleckige Infiltrate, diffus	röntg. mediastinal/hilär Bereiche mit diffusen, nodulären Infiltraten
deutliche LDH-Erhöhung	LDH höchstens grenzwertig
	Parotitis
	Hypergammaglobulinämie

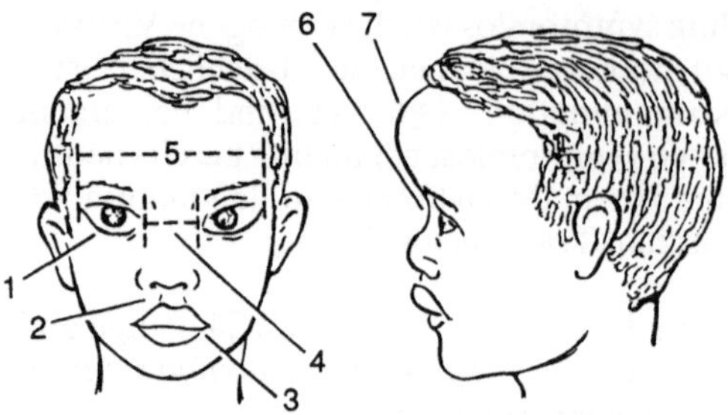

Abb. 1. Faziale Dysmorphiezeichen der HIV-Embryopathie (nach Marion et al. 1986). *1* Leichte Schrägstellung der Lidachsen, *2* betontes, zeltförmiges Philtrum, *3* vorgewölbte, breite Lippen, *4* und *5* Hypertelorismus, *6* abgeflachte Nasenwurzel, *7* „Balkon"stirn

phalopathie, Pyramidenbahnzeichen, peripheren Lähmungen und sich entwickelnder Mikrozephalie (Belman et al. 1985).

HIV-assoziiertes Dysmorphiesyndrom

Aus fetalem Neuralgewebe konnte bereits im mittleren Schwangerschaftstrimenon HIV kultiviert werden.

Dieser frühe Virusübergang mag die Beobachtung *charakteristischer cranio-fazialer Stigmata* an einigen HIV-positiven Kindern erklären (Marion et al. 1986; Wiznia et al. 1988): Balkonstirn, Hypertelorismus, flache Nasenwurzel, blaue Skleren, breite Lippen, langes Philtrum u.a. (Abb. 1).

Dieses Dysmorphiesyndrom ist selbstverständlich nicht bei allen HIV-positiven Neugeborenen voll ausgebildet. Möglicherweise steht es mit sehr frühem Virusübergang auf den Feten in Zusammenhang. Untersuchungen zu HIV-Virämien bei den Schwangeren zur Unterstützung dieses Zusammenhanges fehlen aber leider bis heute.

Immunologie

HIV-infizierte Kinder entwickeln als erstes einen B-Zell-Defekt (Rubinstein et al. 1986). Folge ist eine polyklonale Immunglobulinproduktion (Fingeroth et al. 1984), die sich in hohen Immunglobulinspiegeln (vorrangig der IgG-Klasse, seltener auch von IgA und IgM) darstellt. Diese Immunglobuline sind jedoch funktionsunfähig, gewissermaßen „Non-sense-Globuline". Charakteristischerweise haben die kindlichen Lymphozyten in vitro nur eine geringe Mitogenstimulierbarkeit und zeigen auf gewisse Bakteriophagen oder Pneumokokkenantigene keine Antikörper-Antwort. Dies kann auch eine „falsch-negative" HIV-Serologie bewirken, da die Produktion eigener HIV-Antikörper nicht erfolgt (Borkowsky et al. 1987). Die NK-Zellen sind früh erniedrigt. Der T4-Zell-Abfall tritt wesentlich später als bei Erwachsenen auf (Scott et al. 1984; eigene Untersuchungen), entsprechend liegt auch der T4/T8-Quotient erst später in Bereichen unter 1, als dies bei Erwachsenen der Fall ist.

HIV-Serologie

Das „sine qua non" der kindlichen HIV-Infektion ist daher der *direkte Virusnachweis* im Blut oder in anderen Körpergeweben (Zorr u. Habermehl 1987). Für den Infektionsnachweis bei Neugeborenen werden derzeit Anstrengungen unternommen, *IgM-Antikörper auf HIV* im Nabelschnur-Blut zu finden (Bedarida et al. 1988). Bisher waren diese Tests aber auch bei später HIV-positiven Kindern oft negativ, und damit im negativen Fall nicht verwertbar. Auch der Virus-RNA- bzw. Provirus-DNA-Nachweis über die *Polymerase-Ketten-Reaktion* (PCR) ist ein Versuch, kleinste Mengen des Virusgenoms über ein Amplifizierungsverfahren nachweisbar zu machen und dadurch früh zur Bestimmung der kindlichen HIV-Infektion zu gelangen (Schochetman et al. 1988; Laure et al. 1988). Doch auch dieses Verfahren ist noch mit großen Unsicherheiten behaftet.

Behandlung

Behandlung der HIV-Infektion

Bis jetzt konnte keine kurative Behandlung entwickelt werden. Insbesondere über die verschiedenen antiviralen Substanzen, die bei Erwachsenen in großen Studien erprobt werden, liegen bei Kindern noch keine Untersuchungen vor. Nur AZT wurde bereits von mehreren Arbeitsgruppen auch kindlichen Patienten gegeben (Pizzo et al. 1988; Blanche et al. 1988). Die Verträglichkeit ist besser als bei Erwachsenen. Die Resistenzbeobachtungen lassen aber auch für Kinder wohl keine größeren Hoffnungen für diese Monosubstanztherapie zu.

Verminderung bakterieller und viraler Infektionen

Deutlich wirkungsvoller als bei Erwachsenen ist die Infektionsprophylaxe durch i.v.-Gabe von Standard-Immunglobulinen. Bereits 1983 wurde in den USA nachgewiesen, daß regelmäßige intravenöse Immunglobulingaben bei den oben beschriebenen B-Zell-Defekten lebensverlängernd wirken und rekurrierenden bakteriellen Infektionen vorbeugen (Oleske et al. 1983; Rubinstein 1986). Studien mit Hyperimmunglobulinen (z.B. mit hohen Titern an CMV-, HBV- oder VZV-Antikörpern) laufen an, dürften jedoch auch keinen kausalen Heilungserfolg versprechen.

Behandlung opportunistischer Infektionen

Die einzelnen opportunistischen Infektionen werden mit den gleichen Präparaten wie bei den Erwachsenen behandelt. Genannt sei nur Trimethoprim-Sulfamethoxazol bei der Pneumocystis-carinii-Pneumonie, Gancyclovir bei den Zytomegalie-Infektionen (Retina, Lunge, Intestinum), Pyrimethamin/Sulfadoxin bei der zerebralen Toxoplasmose Jugendlicher.

Schutzimpfungen

Die Diskussion um die Impfungen bei HIV-positiven Säuglingen und Kleinkindern ist noch nicht abgeschlossen. Es ist anzunehmen, daß die ständige Antigen-Präsentation und B-Zell-Stimulation durch Impfstoffe einer HIV-Replikation durch die Anregung der T-Zellen Vorschub leistet. Andererseits sollen durch die Prophylaxe einige Wildinfektionen verhindert werden, die ebenfalls zu heftiger Exazerbation der HIV-Erkrankung führen könnten. Viele Fragen dieses Problemkreises sind noch nicht in epidemiologischen Studien evaluiert. In der Bundesrepublik Deutschland wird momentan folgendes Vorgehen für die HIV-exponierten Kinder empfohlen (Rosendahl 1988) (Abb. 2):

Zu vermeiden ist die BCG-Impfung (CDC 1986). Da sie in einigen Bundesländern am 3. Lebenstag der Neugeborenen in der Entbindungsklinik durchgeführt wird, bedarf es eines HIV-Schwangeren-Screenings, will man sie bei den HIV-exponierten Kindern vermeiden. Bei HBs-Ag-Trägerstatus der Mutter (was bei Fixerinnen häufig der Fall ist) sollte das Kind passiv/aktiv gegen Hepatitis B geimpft werden. Die Impfungen gegen Diphtherie und Tetanus werden regelrecht im 3. Lebensmonat begonnen und komplettiert. Die Pertussiskomponente sollte wegen ihrer starken Immunogenität und möglicher zerebraler Nebenwirkungen weggelassen werden. Die Polio-Impfung sollte grundsätzlich mit der Totvakzine (Salk) durchgeführt werden. Die Masern-Mumps-Röteln-Impfung wird, da erst nach dem 1. Lebensjahr notwendig, zu einem Zeitpunkt fällig, an dem der HIV-Infektionsstatus des Kindes feststeht. Sie kann beim nichtinfizierten Kind durchgeführt werden, wie auch weitere Impfungen dann bei Bedarf gegeben werden können (z.B. FSME, falls indiziert). Das infizierte Kind dagegen sollte in Ländern, in denen die Möglichkeit dazu besteht, einer regelmäßigen Immunglobulinprophylaxe zuge-

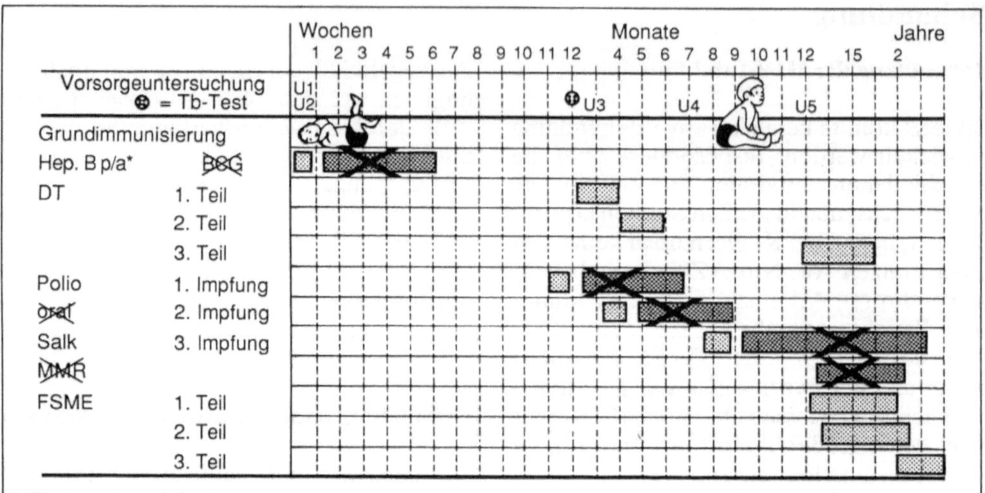

Abb. 2. Impfplan für das HIV-infizierte Kind.

▓ = Lebendimpfstoff
░ = Totimpfstoff
* Hepatitis B passiv und aktiv

führt werden. Die Boosterung der Polio-Impfung im 2. Lebensjahr sollte aus Gründen der Ansteckungsgefahr für im gleichen Haushalt lebende HIV-infizierte Erwachsene auch beim nichtinfizierten Kind mit Polio-Totimpfstoff durchgeführt werden.

Da von den eingangs geschilderten drei Gruppen kindlicher HIV-Infizierter hauptsächlich die letzte, die der HIV-exponierten Neugeborenen, noch eine wachsende Unbekannte ist, sollten alle Anstrengungen unterstützt werden, diese Ausbreitungsmöglichkeit zu minimieren. Dazu gehört intensive Aufklärung junger Paare und Frauen mit Kinderwunsch, das Angebot eines freiwilligen Screenings in den Frauenkliniken und/oder durch motivierte Gynäkologen, Hausärzte u.a., wobei die in den dazu notwendigen Gesprächen vermittelte Information einen wesentlichen Beitrag zur Primärprophylaxe darstellt.

Literatur

Amman AJ, Wara DW, Dritz S et al. AIDS in an infant: Possible transmission by means of blood products. Lancet 1983; II:858

Bedarida G, Crocchiolo P, Cambié G et al. HIV IgM serology. Infection 1988; 16:301–302

Belman AL, Ultmann MH, Horoupian D et al. Neurological complications in infants and children with acquired immune deficiency syndrome. Ann Neurol 1985; 18:560–566

Bernstein LJ, Krieger BZ, Novick B et al. Bacterial infection in the acquired immunodeficiency syndrome of children. Pediatr Infect Dis 1985; 4:472–475

Blanche S, Caniglia M, Fischer A et al. Zidovudine therapy in children with acquired immunodeficiency syndrome. Am J Med 1988; 85:203–207

Borkowsky W, Paul D, Bebenroth D et al. Human-immunodeficiency-virus infections in infants negative for anti-HIV by enzyme-linked immunoassay. Lancet 1987; II:1168–1171

Buck BE, Scott GB, Valdes da Pena M et al. Kaposi sarcoma in two infants with acquired immune deficiency syndrome. J Pediatr 1983; 103:911–913

Centers for Disease Control. Classification system for human immunodeficiency virus (HIV) infection in children under 13 years of age. MMW 1987; 36/15:225–236

Eyster ME, Gail MH, Ballard JO et al. Natural

history of Human Immunodeficiency Virus infections in hemophiliacs: Effects of T-cell subsets, Platelet Counts, and Age. Ann Int Med 1987; 107:1–6

Fingeroth JD, Weiss JJ, Tedder TF et al. Epstein-Barr virus receptor of human B lymphocytes is the C3d receptor CR2. Proc Natl Acad Sci USA 1984; 81:4510–4514

Jovaisas E, Koch MA, Schäfer A et al. LAV/HTLV-III in a 20-week fetus. Lancet 1985; II:1129

Laure F, Rouzioux C, Veber F et al. Detectin of HIV-1 DNA in infants and children by means of the polymerase chain reaction. Lancet 1988; II:538–540

Marion RW, Wiznia AA, Hutcheon RG et al. human T-cell lymphotropic virus type III (HTLV-III) embryopathie. Am J Dis Child 1986; 140:638–640

Oleske J, Minnefor A, Cooper R jr et al. Immune deficiency syndrome in children. JAMA 1983; 249:2345–2349

Pahwa S, Kaplan M, Fikrig S et al. Spectrum of human T-cell lymphotropic virus Type III infection in children: recognition of symptomatic, asymptomatic, and seronegative patients. JAMA 1986; 255:2299–2305

Pizzo PA, Eddy J, Fallon J et al. Effect of continuous intravenous infusion of Zidovudine (AZT) in children with symptomatic HIV infection. N Engl J Med 1988; 319:889–896

Rosendahl C. Impfungen HIV-infizierter Erwachsener und exponierter Neugeborener. AIDS-Brief 1989; 2:30–36

Rubinstein A, Sicklick M, Gupta A et al. Acquired immunodeficiency with reversed T4/T8 ratios in infants born to promiscuous and drugaddicted mothers. JAMA 1983; 249:2350

Rubinstein A. Pediatric AIDS. Curr Probl Pediatr 1986; 16:365–409

Rubinstein A, Morecki R, Silverman B et al. Pulmonary disease in children with acquired immunodeficiency syndrome and AIDS-related complex. J Pediatr 1986; 108:498–503

Schochetman G, Chin-Yih O, Jones WK. Polymerase chain reaction. J Infect Dis 1988; 158:1154–1169

Scott GB, Buck BE, Letterman JG et al. Acquired immunodeficiency syndrome in infants. N Engl J Med 1984; 310:76–81

Wiznia A, Marion R, Hutcheon G et al. Further delineation of the HIV-embryopathie. IV. International Conference on AIDS. Stockholm 1988. Abstract Nr. 7231

Ziegler JB, Cooper DA, Johnson RO et al. Postnatal transmission of AIDS-associated retrovirus from mother to infant. Lancet 1985; I:896–898

Zorr B, Habermehl KO. Comparisons of antigen detection and virus cultivation in HIV-infected patients. III. International Conference on AIDS. Washington DC 1987. Abstract Nr. 134

Neurologische Manifestationen

Karl M. Einhäupl und Eva Schielke
unter Mitarbeit von H. Walter Pfister

Zwei Jahre nach Gottliebs Erstbeschreibung (1981) des erworbenen Immundefektsyndroms (AIDS) berichteten Snider et al. (1983) über neurologische Komplikationen bei 50 AIDS-Patienten. Dem folgten zahllose Einzelfalldarstellungen wie auch mehrere Untersuchungen an größeren Kollektiven, wovon insbesondere die Arbeiten von Levy et al. (1985) sowie Enzensberger u. Fischer (1987) zu erwähnen sind.

1985 gelang Shaw et al. und Levy et al. der Nachweis des Human-Immunodeficiency-Virus (HIV) im Gehirn. Damit lag erstmals der Verdacht auf eine durch das Virus selbst verursachte Enzephalopathie nahe. Die Ergebnisse von Koenig et al. (1986), Wiley et al. (1986) sowie Pumarola-Sune et al. (1987) erhärteten diese Hypothese ebenso wie der Antigennachweis im Liquor, Rückenmark und Gehirn durch Ho et al. (1985) und die Demonstration einer intrathekalen Synthese von HIV-Antikörpern durch Resnick et al. (1985), Goudsmit et al. (1986), Ackermann et al. (1986) und zahlreiche weitere Autoren (Appleman et al. 1988; Lüer et al. 1988). Einhäupl et al. (1988) zeigten, daß mehr als 70% HIV-positiver, noch immunkompetenter Personen (Walter-Reed-Stadium 1 und 2) eine autochthone (also im ZNS stattfindende) Produktion spezifischer Antikörper gegen das Virus hatten. Damit war der Verdacht bestätigt, daß es bereits sehr früh, d.h. noch vor Manifestation relevanter klinischer Krankheitssymptome, zu einer Invasion des Virus in das Zentralnervensystem kommt und dort eine immunologische Auseinandersetzung mit dem Virus beginnt. Auch diese Daten wurden seither mehrfach bestätigt (Biniek et al. 1988; Elovaara et al. 1988; Lüer et al. 1988).

Es ist in wenigen Jahren gelungen, eine detaillierte Phänomenologie HIV-assoziierter neurologischer Symptome zu erarbeiten. Dabei hat sich für die Klinik eine Einteilung in sog. *primär HIV-bedingte Störungen,* die mutmaßlich direkte Folge der Virusinfektion sind, und *sekundär HIV-bedingte Erkrankungen* – d.h. als Folge des Immundefekts auftretende opportunistische Infektionen oder Neoplasien – als praktikabel bewährt. Für einige der sekundären Folgen der Krankheit, wie etwa die zerebrale Toxoplasmose, haben sich mit zunehmender Erfahrung wirksame therapeutische Regimes etablieren lassen; anderen Krankheitsbildern, insbesondere dem primären ZNS-Lymphom, stehen wir nach wie vor fast hilflos gegenüber.

Trotz der erstaunlich raschen Beschreibung des klinischen Spektrums ist derzeit weder der pathophysiologische Ablauf der ZNS-Invasion durch das Virus noch die Pathogenese der sog. HIV-Enzephalopathie befriedigend geklärt.

Primär HIV-bedingte Erkrankungen des Zentralnervensystems

HIV-Enzephalopathie

Die mit Abstand häufigste neurologische Manifestation der HIV-Infektion ist die *HIV-Enzephalopathie.* Unter diesem unscharf definierten Begriff werden die sich fast ausschließlich langsam entwickelnden, nicht spontan reversiblen Störungen der zerebralen Funktion subsumiert, die direkt durch HIV verursacht werden und sich meist als sog. organisches Psychosyndrom bis hin zur Demenz, seltener als fokale hemisphärische Störungen oder als pontomesenzephales Syndrom präsentieren.

Die Angaben über die Häufigkeit schwanken in der Literatur zwischen 10 und 70%. Synonym wird, insbesondere in den USA, der von Navia 1986 eingeführte Begriff *AIDS-Demenz-Komplex* verwendet (Navia et al. 1986). Die relativ hohe Häufigkeit in den USA im Vergleich zu den niedrigeren Angaben in Europa hat ihre Ursache sicherlich darin, daß der Demenzbegriff im amerikanischen Sprachgebrauch erheblich weiter gefaßt ist.

Jedoch gibt es auch im deutschsprachigen Raum noch keine einheitliche Terminologie. Begriffe wie „organisches Psycho-Syndrom“, „dementielle Entwicklung“, „organische Wesensänderung“, „subkortikale Demenz“ und andere beschreiben im Zusammenhang mit der HIV-Infektion ein charakteristisches psychopathologisches Bild, wie es auch bei anderen organischen zerebralen Erkrankungen beobachtet wird. In Abgrenzung zur Demenz vom Alzheimer-Typ wurde empfohlen, die Demenz im Rahmen der HIV-Infektion in die Gruppe der subkortikalen Demenzen einzuordnen, da ihr psychopathologisches Erscheinungsbild dem von zerebralen Systematrophien wie progressiver supranukleärer Lähmung, Chorea Huntington, M. Parkinson und anderen ähnelt.

Psychopathologischer Befund

Die Hirnleistungsstörung entwickelt sich schleichend und schreitet nur in weniger als 10% im Verlauf der HIV-Infektion bis zu einem Grad fort, der auch im deutschen Sprachraum als Demenz einzuordnen ist. Im Vordergrund stehen Störungen des Affektes und des Antriebes, der mentalen bzw. kognitiven Fähigkeiten und der Psychomotorik. Dabei kann, zumindest zu Beginn, eines der drei Syndrome dominieren.

Im typischen Fall äußert sich die Störung des Affektes und des Antriebes in einer zunehmenden Lustlosigkeit, gelegentlich einer depressiven Verstimmung, die von einer reaktiven Depression infolge der lebensbedrohenden Erkrankung anfänglich oft nur schwer unterschieden werden kann. Die Patienten berichten über rasche Ermüdbarkeit, die wiederum von einer Adynamie im Rahmen der internistischen Krankheitsmanifestation anfänglich nicht abzugrenzen ist. Patienten und Angehörige berichten über Affektlabilität mit vermehrter Gereiztheit, gelegentlich über Affektinkontinenz, über einen Verlust an Spontaneität, über eine verminderte affektive Schwingungsfähigkeit, eine emotionale Verflachung, die sich in Extremfällen bis zur Apathie, ja sogar zum Stupor steigern kann.

Sowohl Betroffene als auch Angehörige schildern die mentalen Defizite als Konzentrations- und Gedächtnisstörungen. Vor allem die Merkfähigkeit ist eingeschränkt, das Auffassungsvermögen ist vermindert, zeitliches und räumliches Orientierungsvermögen bleiben relativ lange erhalten. Die kognitiven Störungen betreffen die visuell-kognitive Leistung mehr als die verbal-kognitive und müssen erfragt werden, da sie vom Patienten häufig als „Konzentrationsstörung“ eingeordnet werden. Der Prozeßablauf in der Erkennung und Verarbeitung von visueller, aber auch akustischer Information ist verlangsamt. Dies äußert sich am deutlichsten bei der simultanen Bearbeitung konkurrierender Aufgaben im täglichen Leben oder in einer Testsituation. So können die Betroffenen sich oft nicht mehr gleichzeitig unterhalten und sich auf eine Straßenverkehrssituation konzentrieren.

Die Erkrankung findet auch in der Psychomotorik in Form einer Verlangsamung der Bewegungen ihren Niederschlag. Das Gangbild wird plumper und die Ausdrucksbewegungen spärlicher.

Die Summe dieser Hirnleistungsstörungen führt zu einer Veränderung der Persönlichkeit des Erkrankten. Wir sind deshalb nicht der Meinung, daß man neben der Störung der oben aufgeführten Hirnleistungen die Störung der Persönlichkeit noch als zusätzliche Komponente hervorheben sollte. Die Störung der Persönlichkeit ist vielmehr das Resultat der oben aufgeführten Teilleistungsstörung.

Sogenannte hirnlokale Psychosyndrome, wie sie etwa in Form des Frontalhirnsyndroms nach einem Schädel-Hirn-Trauma zu beobachten sind, weisen eher auf einen raumfordernden Prozeß im Rahmen einer opportunistischen Erkrankung hin und wurden von uns im Rahmen der HIV-Enzephalopathie bisher nicht beobachtet.

Bei den meisten Patienten, die im Rahmen der HIV-Infektion psychoorganische Störungen entwickeln, bleiben diese mild ausgeprägt. Schwere Störungen, bis hin zum akinetischen Mutismus, sind in der Literatur kasuistisch berichtet. Solche Bilder sahen wir nur im Finalstadium in Zusammenhang mit schwersten internistischen Erkrankungen. Wir halten es deshalb für sehr wahrscheinlich, daß der überwiegende Teil der in der Literatur mitgeteilten „schweren Demenzen" zusätzlich zur HIV-bedingten Enzephalopathie eine metabolische Enzephalopathie hatte, wie sie bei körperlich schwer erkrankten, moribunden Patienten auch ohne HIV-Infektion häufig beobachtet wird.

Das diagnostische Problem der HIV-Enzephalopathie liegt darin, daß – zumindest in frühen Stadien – die Abgrenzung gegenüber reaktiven Störungen meist schwerfällt. Da sie sich schleichend entwickelt und selbst über Jahre milde verlaufen kann, fällt es in dieser Übergangsphase schwer, die Diagnose zu stellen.

Zwar lassen sich mit zahlreichen psychometrischen Tests die erwähnten Hirnleistungsstörungen quantifizieren, möglicherweise auch früher erkennen, doch werden sie außer durch die testimmanenten Störmöglichkeiten durch das meist nicht bekannte prämorbide Leistungsniveau der getesteten Person im Einzelfall für die klinische Entscheidung unbrauchbar. Hinzu kommt, daß jeder Test an einem Normalkollektiv mit einem der betroffenen Gruppe ähnlichen soziokulturellen Hintergrund validiert werden müßte. Gerade bei langjährig Drogenabhängigen, aber auch bei manchen Homosexuellen, die in sozialen Randsituationen leben, ist eine bereits prämorbide Häufung von Auffälligkeiten als wahrscheinlich anzunehmen.

Ob bereits ansonsten gesunde HIV-Positive vermehrt kognitive Defizite und andere neuropsychologische Auffälligkeiten zeigen, ist umstritten. Untersuchungen zu dieser Frage mit neuropsychologischen Tests haben bislang widersprüchliche Ergebnisse hervorgebracht (Goethe et al. 1989; Naber et al. 1989; Poutiainen et al. 1988).

Neben den neuropsychologischen Auffälligkeiten – und auch unabhängig davon – fallen bei zahlreichen Patienten meist leichtere Störungen der Motorik oder der Sensibilität auf. Dabei besteht eine deutliche Prädominanz zerebellärer und pontomesenzephaler Syndrome. Insbesondere findet man Okulomotorikstörungen im Sinne einer sakkadierten Blickfolge und eines Blickrichtungsnystagmus, der gelegentlich dissoziiert ist. Gelegentlich finden sich auch gering ausgeprägte archizerebelläre Ataxien. Nicht selten sind diese Symptome bereits bei ansonsten noch weitgehend gesunden Personen zu finden. Sie fallen allerdings oft erst bei gründlicher neurologischer Untersuchung auf, und die Patienten sind in ihrer täglichen Aktivität dadurch nicht oder nur gering beeinträchtigt (Pfister et al. 1989; Tervo et al. 1986). Kasuistisch wurden auch floride psychotische Zustandsbilder beschrieben, doch treten diese insgesamt selten auf (Fenton 1987; Maccario u. Scharre 1987; Möller et al. 1988).

Bedeutung für die Klassifizierung

Seit der Revision der Kriterien der Centers for Disease Control (CDC) für die Klassifizierung von AIDS von 1987 führt die Diagnose einer HIV-Enzephalopathie zur Einordnung in das klinische Stadium Vollbild AIDS (Centers for Disease Control 1987). Bedauerlicherweise ist die Definition der HIV-Enzephalopathie so unscharf, daß eine einheitliche Stellung der Diagnose nicht zu erwarten ist. Die CDC (1987) definieren das Krankheitsbild so:

> „Klinischer Befund einer behindernden kognitiven und/oder motorischen Leistungsstörung, die die Ausübung der beruflichen Tätigkeit oder die Aktivitäten des täglichen Lebens behindert oder eine Störung der üblichen kindlichen Entwicklung hervorruft, die über Wochen oder Monate fortschreitet, nach Ausschluß einer gleichzeitig bestehenden HIV-unabhängigen Erkrankung, die ihrerseits die Befunde erklären könnte. Zum Ausschluß solcher gleichzeitig bestehenden Erkrankungen muß eine Liquoruntersuchung und entweder ein bildgebendes Verfahren (CT oder NMR) oder eine Autopsie herangezogen werden."

Infektion des ZNS

Trotz eines bedeutenden Zuwachses an Erkenntnissen wirft die Pathogenese der HIV-Enzephalopathie nach wie vor viele Fragen auf. Es kann als gesichert gelten, daß es – vermutlich relativ frühzeitig – zu einer Infektion des Zentralnervensystems durch HIV kommt. Allerdings wurde das Virus bislang nicht in Nervenzellen entdeckt, sondern vor allem in den als pathognomonisch geltenden, meist perivaskulär gelegenen mehrkernigen Riesenzellen, die wahrscheinlich von Makrophagen abstammen. Seltener, aber gesichert ist der Nachweis in Endothelzellen, noch nicht völlig gesichert in Mikrogliazellen. Eine stimmige, aber keineswegs gesicherte Theorie über die Art und Weise der ZNS-Invasion ist die sog. Trojan-Horse-Hypothese, die besagt, daß extrazerebral infizierte Monozyten den Erreger über die Blut-Hirn-Schranke transportieren (Ho et al. 1987; Vazeux et al. 1987; Wiley et al. 1986).

Neuropathologische Befunde

Bei der neuropathologischen Untersuchung findet man makroskopisch meist nur eine mäßig ausgeprägte Hirnatrophie, wie sie auch oft im Computertomogramm gesehen werden kann. Histologisch sieht man als typische Zeichen der HIV-Enzephalopathie die schon erwähnten multinukleären Riesenzellen, insbesondere im subkortikalen Marklager, ferner mikrogliale Knötchen und Zeichen der Demyelinisierung. Auch über diese Befunde schwanken die Zahlenangaben sehr stark, was daran liegen mag, daß manche Autoren schon wenige Gliaknötchen als HIV-Enzephalopathie bewerten, andere strengere Maßstäbe für diese Diagnose anlegen (Budka et al. 1987; de la Monte et al. 1987; Gray et al. 1988). Häufig korreliert das Ausmaß der meist nicht sehr schweren neuropathologischen Befunde nur wenig oder gar nicht mit dem klinischen Bild.

Liquorveränderungen

Ähnliches kann über die Beziehung zwischen klinischen Befunden und Liquorveränderungen gesagt werden. Zahlreiche Autoren fanden mittlerweile, daß bereits 70–80% klinisch gesunder und immunologisch intakter HIV-positiver Personen entzündliche Liquorveränderungen aufweisen (Appleman et al. 1988; Marshall et al. 1988). Häufig findet man eine – in Endstadien dann wieder seltener anzutreffende – leichte bis mäßige lymphozytäre Pleozytose, desgleichen liquorspezifische oligoklonale Banden in der isoelektrischen Fokussierung. Ausgeprägte Eiweißerhöhungen bzw. Störungen der Blut-Liquor-Schranke sind dagegen nur selten anzutreffen. Aufgrund des vielfach geführten Nachweises einer HIV-spezifischen intrathekalen IgG-Synthese müssen diese Veränderungen als primär HIV-bedingt angenommen werden (Chiodi et al. 1988; Goudsmit et al. 1986; Lüer et al. 1988).

Pathogenese der HIV-Enzephalopathie

Unklar ist noch, welche Bedeutung diese chronische HIV-Enzephalitis für die Entstehung und das Manifestwerden klinischer Symptome im Sinne einer HIV-Enzephalopathie hat. Während es einerseits zahlreiche Patienten mit entzündlichem Liquorsyndrom gibt, die neurologisch und psychisch völlig unauffällig sind, findet man andererseits – allerdings seltener – auch Patienten mit schweren dementiellen Veränderungen und Normalbefunden im Liquor. Als ätiologisch ausschlaggebende Faktoren für die Pathogenese der HIV-Enzephalopathie werden derzeit vor allem sekundäre metabolische Veränderungen diskutiert. Möglicherweise führen neurotoxische Enzyme, die von Monozyten oder Makrophagen freigesetzt werden, zur Destruktion von Nervenzellen. Eine andere Hypothese besagt, daß das Neuropeptid Neuroleukin kompetitiv durch strukturell homologe Hüllproteine des HIV gehemmt werden könnte. Eine eindeutige Aufklärung der Pathomechanismen scheint jedenfalls noch nicht in greifbarer Nähe (Barnes 1987; Ho et al. 1987).

Therapie der HIV-Enzephalopathie

Mit der Einführung des AZT verbanden sich auch große Hoffnungen auf eine Wirksamkeit am Zentralnervensystem. Das Medikament ist gut liquorgängig, und therapeutisch wirksame Liquorspiegel können mit den üblichen Dosen erreicht werden (Klecker et al. 1987). Mittlerweile konnte in mehreren Studien eine sehr befriedigende Wirkung insbesondere bei AIDS-kranken Kindern mit einer HIV-Enzephalopathie nachgewiesen werden (Matthes et al. 1988; Pizzo et al. 1988). Inzwischen wurde auch in einer Doppelblindstudie an Erwachsenen eine Verbesserung neuropsychologischer Testergebnisse unter AZT-Therapie bewiesen (Schmitt et al. 1988). Das Resultat war allerdings nur für AIDS-Patienten signifikant, bei ARC-Patienten zeigte sich lediglich ein deutlicher Trend, so daß nicht ausgeschlossen werden kann, ob nicht vor allem die Besserung des Allgemeinzustandes wesentlichen Anteil an diesem Ergebnis hatte. Jedoch sprechen auch offene Studien und kasuistische Mitteilungen dafür, daß AZT zumindest in Einzelfällen einen positiven Effekt auf die HIV-Enzephalopathie haben kann (Helbert et al. 1988; Yarchoan et al. 1988). Ein Therapieversuch bei Fällen mit rasch progredienter dementieller Entwicklung ist daher gerechtfertigt, euphorische Erwartungen dürfen daran aber nicht geknüpft werden.

Akute HIV-Meningoenzephalitis

Einige der Patienten, die vor oder während der Servokonversion eine mononukleoseähnliche fieberhafte Erkrankung durchmachen, bieten dabei auch das Bild einer milden, nur gelegentlich schweren lymphozytären Meningitis – selten Enzephalitis –, der sog. *akuten HIV- Enzephalopathie* oder – treffender – der *akuten HIV-Meningoenzephalitis* (Carne et al. 1985). Nach Tagen oder wenigen Wochen kommt es zur vollständigen Restitution. Von klinischer Bedeutung ist, daß die Patienten zu diesem Zeitpunkt noch seronegativ im HIV-Test sein können. Daher empfiehlt es sich, bei Patienten mit ätiologisch ungeklärten lymphozytären Meningitiden auch bei primär negativem Testergebnis nach 2–3 Monaten die Untersuchung auf HIV-Antikörper zu wiederholen, insbesondere wenn sie einer der Hauptbetroffenengruppen angehören. Wir konnten unter 211 HIV-Positiven bei vier anamnestisch eine akute HIV-Meningoenzephalitis feststellen.

Atypische aseptische Meningitis

Auch nach der Serokonversion, allerdings ganz überwiegend im asymptomatischen oder LAS-Stadium, können Beschwerden im Sinne eines *meningitischen Syndroms* auftreten. Manche Patienten – ungefähr 5% – haben chronische oder chronisch remittierende Kopfschmerzen. Häufiger findet man – nicht selten von subfebrilen oder febrilen Temperaturen begleitete – Kopfschmerzen, die akut und heftig beginnen und innerhalb weniger Tage bis Wochen spontan wieder abklingen. Im Liquor zeigen sich entzündliche Veränderungen. Vor allem bei den akuten Verlaufsformen sieht man oft eine ausgeprägte lymphozytäre Pleozytose (Hollander u. Stringari 1987). Entzündliche Liquorveränderungen findet man auch regelmäßig bei Patienten, bei denen es zu Hirnnervenparesen – fast ausschließlich ist der N. facialis betroffen – kommt, die normalerweise ebenfalls im Laufe weniger Wochen spontan remittieren (Schielke et al. 1989).

Diese Manifestationen sind mit großer Wahrscheinlichkeit direkt durch HIV verursacht. Es kann aber nicht ganz sicher ausgeschlossen werden, daß andere Viren, die der serologischen Diagnostik entgehen, mitbeteiligt sind. Für diesen Fall müßte man, da die Beschwerden überwiegend bei immunologisch noch weitgehend intakten Patienten auftreten, eine eher kofaktorielle denn tatsächlich opportunistische Rolle solcher Erreger postulieren.

Der mitunter für diese ganze Symptomengruppe gepflegte Terminus der *atypischen aseptischen Meningitis* (Enzensberger u. Fischer 1987) ist nicht zuletzt deshalb problematisch, weil die erwähnten Liquorveränderungen bei insgesamt 70–80% aller HIV-Positiven anzutreffen sind und der weitaus größere Anteil davon keine Zeichen einer meningealen Affektion aufweist. Nach heutigem Kenntnisstand haben die genannten Symptome keine negative prognostische Bedeutung. Weder das Auftreten einer AIDS-Demenz noch eine Gesamtverschlechterung der Grundkrankheit sind danach häufiger oder früher als bei Patienten ohne atypische aseptische Meningitis zu beobachten.

HIV-Myelopathie

Patienten mit schwerem ARC oder AIDS leiden gelegentlich unter subakut oder chronisch in Erscheinung tretenden myelopathischen Symptomen. Diese sind deutlich häufiger bei Patienten, die gleichzeitig Zeichen einer AIDS-Demenz aufweisen als bei zerebral unauffälligen Patienten. Vor allem die Hinterstränge und der Tractus corticospinalis lateralis sind betroffen, progrediente Gangstörungen, schließlich Gehunfähigkeit, und Harninkontinenz prägen das klinische Bild. Schmerzen sind ungewöhnlich.

Ursache ist in den meisten Fällen eine *vakuoläre Myelopathie* (Helweg-Larsen et al. 1988; Petito et al. 1985). Die Angaben über die Frequenz schwanken. Einerseits weisen elektrophysiologische Untersuchungen auf eine relativ häufige, meist subklinische Beteiligung des Rückenmarks hin; andererseits konnten Angaben über eine Häufigkeit von über 20% in einer neuropathologischen Studie an New Yorker AIDS-Patienten von europäischen und anderen amerikanischen Autoren nicht bestätigt werden. Die Krankheit wird den primär HIV-bedingten zugerechnet, die Pathogenese ist aber nicht sicher geklärt. Vor allem metabolische und nutritive Störungen werden als kausale Faktoren diskutiert. Eine Therapie ist nicht bekannt, bisher konnte kein Nutzen einer AZT-Behandlung festgestellt werden.

Opportunistische Erkrankungen des Zentralnervensystems

Zerebrale Toxoplasmose

Die mit Abstand häufigste opportunistische ZNS-Infektion ist die *zerebrale Toxoplasmose*. Je nach Risikoanamnese und Herkunft erkranken zwischen 2 und 15% aller AIDS-Patienten daran; für die Bundesrepublik dürfte die Inzidenz bei ungefähr 5–8% der AIDS-Fälle liegen. Der größere Anteil der betroffenen Patienten hat bereits andere opportunistische Erkrankungen durchgemacht, die zur Diagnose des Vollbildes AIDS geführt haben. Der Krankheitsbeginn ist meist subakut; im Verlauf weniger Tage, allenfalls Wochen entwikkeln sich typische fokalneurologische Störungen, insbesondere zentrale Mono- oder Hemiparesen, seltener kommt es zu Sensibilitätsstörungen oder Aphasien. Gelegentlich treten einfach-fokale oder generalisierte epileptische Anfälle als Erstsymptom auf, insgesamt sind sie bei ungefähr einem Drittel der Patienten zu beobachten. Fieber, Kopfschmerzen, allgemeines Krankheitsgefühl und ein mehr oder weniger stark ausgeprägtes Psychosyndrom sind unregelmäßig, bei deutlich weniger als der Hälfte der Patienten, anzutreffen. Bei frühzeitiger Diagnosestellung und adäquater Therapie ist die Prognose gut, über 80% der Patienten können geheilt werden. Allerdings hat die Erkrankung einen fatalen prädiktiven Charakter, der weitaus größte Teil der Patienten mit durchgemachter Toxoplasmose stirbt im Laufe der folgenden 2 Jahre an anderen opportunistischen Krankheiten (Navia et al. 1986).

Die Übertragung des Protozoons Toxoplasma gondii erfolgt über Katzenkot oder andere Tierexkremente. Bei der zerebralen Toxoplasmose handelt es sich jedoch gewöhnlich nicht um eine Neu-, sondern um eine endogene Reinfektion. Die Durchseuchung der erwachsenen Bevölkerung schwankt zwischen 20% in Großbritannien und 90% in Frankreich; für die Bundesrepublik Deutschland liegen die Schätzungen bei ungefähr 60–70%. Die Primärinfektion verläuft bei über 90% subklinisch, zerebrale Symptome sind eine extreme Rarität. Nur bei schwersten zellulären Immundefekten kommt es zur Zweiterkrankung; die zerebrale Toxoplasmose war in der Prä-AIDS-Ära nahezu unbekannt.

Bei klinischem Verdacht sollte unverzüglich ein kraniales Computertomogramm (nativ und mit Kontrastmittel) angefertigt werden, das in über 90% der Fälle eine Läsion zeigt. Typischerweise finden sich ein oder mehrere raumfordernde Prozesse mit perifokalem Ödem, primär hypodens mit ringförmiger Kontrastmittelaufnahme, bevorzugt im Marklager (Post et al. 1985). Eine eindeutige, pathognomonische Befundkonstellation gibt es jedoch nicht, die Unterscheidung insbesondere von einem ZNS-Lymphom ist niemals ganz sicher möglich. NMR-Aufnahmen können weitere, im CT nicht erkennbare Läsionen zeigen, helfen artdiagnostisch aber nicht weiter. Bei der Untersuchung des Liquors finden sich zwar häufig pathologische Befunde, besonders eine leichte Eiweißerhöhung ist oft anzutreffen, die Befunde sind jedoch völlig unspezifisch. Ein Erregernachweis aus dem Liquor ist gewöhnlich nicht möglich, serologische Untersuchungen zeigen in den meisten Fällen nur einen Durchseuchungstiter, und selbst negative Titer schließen eine zerebrale Toxoplasmose nicht aus. Sicherstes diagnostisches Kriterium ist die klinische und computertomographische Befundbesserung unter probatorischer Therapie. Die Diagnosestellung durch die offene oder stereotaktische Hirnbiopsie wird in Europa – im Gegensatz zu manchen Zentren in den USA – als Routinemaßnahme abgelehnt.

Als Therapieregime hat sich die hochdosierte Kombinationstherapie mit Pyrimethamin und Sulfadiazin bewährt (z.B. Daraprim 2 × 25 mg/Tag und Sulfadiazin-Heyl 3 × 1,5–2 g/Tag (Haverkos 1987). Auch bei rascher Befundbesserung sollte diese Therapie mindestens 6 Wochen lang durchgeführt werden. Zur Prophylaxe hämatotoxischer Nebenwirkungen empfiehlt sich die gleichzeitige Gabe von Folinsäure (z.B. Leucovorin 10 mg/Tag). Nichtsdestotrotz zwingen hämatotoxische oder allergische Erscheinungen nicht selten zur zeitweiligen Dosisreduktion oder Monotherapie. Häufig ist nach einiger Zeit wieder die Applikation der vollen Dosis möglich, andernfalls steht als Mittel der zweiten Wahl Clindamycin (z.B. Sobelin 4 × 300–600 mg/Tag) zur Verfügung. Bei ausgeprägtem perifokalen Ödem kann ausnahmsweise Kortison gegeben werden, neben anderen Einwänden ist dabei jedoch auch zu bedenken, daß die Differentialdiagnose zum Lymphom ex juvantibus dadurch nahezu unmöglich wird. Nach Abschluß der Akuttherapie muß eine von der Dauer unbegrenzte Rezidivprophylaxe mit Pyrimethamin und einem Sulfonamid (z.B. Fansidar 2 Tbl./Woche) durchgeführt werden. Klinische Beobachtungen sowie jüngste In-vitro- und In-vivo-Untersuchungen weisen auf eine Interferenz zwischen Pyrimethamin und AZT hin (Israelski et al. 1989). Der Einsatz von letzterem muß daher bei Patienten, die einer Toxoplasmoseprophylaxe bedürfen, sehr sorgfältig erwogen werden; möglicherweise wird man sich zukünftig bei dieser Befundkonstellation generell dagegen entscheiden müssen. Eine grundsätzliche Anfallsprophylaxe ist nicht indiziert; Patienten, die generalisierte Anfälle erlitten haben, sollten jedoch auf Phenytoin oder Carbamazepin eingestellt werden, bei schweren Blutbildveränderungen muß gegebenenfalls auf ein Antiepileptikum der zweiten Wahl zurückgegriffen werden.

ZNS-Lymphom

Die größten Schwierigkeiten in der differentialdiagnostischen Abgrenzung zur zerebralen Toxoplasmose bereitet das primäre ZNS-Lymphom, an dem ungefähr 2–6% aller AIDS-Patienten erkranken. Es handelt sich dabei fast ausschließlich um Non-Hodgkin-Lymphome vom B-Zell-Typ. Die Lokalisation ist überwiegend supratentoriell, in über einem Viertel der Fälle findet man mehr als eine Läsion. Häufig kommt es zu einem rasch progredienten Psychosyndrom und zu einer fortschreitenden Bewußtseinstrübung, oft zeigen die Patienten fokalneurologische Symptome wie Hemiparesen oder Aphasien. Ungefähr 10–15% erleiden fokale oder generalisierte Anfälle; gelegentlich kommt es zu Hirnnervenparesen (Rosenblum et al. 1988; So et al. 1986).

Lymphome stellen sich in der kranialen Computertomographie als raumfordernde hypodense Areale dar, häufig, aber nicht regelhaft, weisen sie Kontrastmittelaufnahme auf. Die Unterscheidung von einer zerebralen Toxoplasmose ist nicht sicher möglich. Liquorveränderungen sind unspezifisch, der Nachweis maligner Zellen im Liquor gelingt in weniger als 20% der Fälle. Da man, nicht zuletzt mangels therapeutischer Konsequenzen, gewöhnlich auf eine Hirnbiopsie verzichtet, wird im klinischen Alltag die Diagnose meist aufgrund des fehlenden Ansprechens auf eine probatorische Therapie mit Pyrimethamin und Sulfadiazin gestellt.

Die Prognose ist infaust. Unter hochdosierter Kortisontherapie und Bestrahlung lassen sich kurzfristige Besserungen erzielen; jedoch gelangen die meisten Patienten innerhalb weniger Wochen oder Monate nach Diagnosestellung ad exitum, Überlebenszeiten von mehr als einem halben Jahr sind sehr selten.

Weniger oft kommt es zu *metastatischen Absiedlungen systemischer Non-Hodgkin-Lymphome,* dabei häufiger zur Infiltration der Meningen als zu intraparenchymalen Läsionen. Dementsprechend sind Kopfschmerzen und Hirnnervenparesen die geläufigsten Symptome, gelegentlich finden sich auch Kompressionssyndrome des Rükkenmarks oder der Cauda equina.

Die Diagnose intrazerebraler Metastasen erfolgt mittels der kranialen Computertomographie. Bei meningealer Infiltration ist die Liquorzytologie in über 70% erfolgreich (Bredesen et al. 1988).

Intrazerebrale Metastasen werden strahlentherapeutisch, gegebenenfalls auch mit Kortikosteroiden, behandelt. Eine unverzügliche hochdosierte Kortisongabe sowie Radiatio ist bei bedrohlicher Rückenmarkskompression angezeigt. Bei der Meningeosis lymphomatosa werden Zytostatika, meist Methotrexat, intrathekal appliziert.

Kryptokokkenmeningitis

2–5% der AIDS-Patienten entwickeln eine Kryptokokkenmeningitis, nicht selten als erste opportunistische Infektion. Die Krankheit beginnt normalerweise schleichend und nimmt dann einen subakuten Verlauf. Die meisten Patienten klagen über ein allgemeines Krankheits- und Schwächegefühl, fast alle haben Fieber und Kopfschmerzen. Lichtempfindlichkeit und Nakkensteifigkeit – sonst klassische Meningitissymptome – sind allenfalls bei einem knappen Drittel der Erkrankten anzutreffen. Psychische Alterationen werden mitunter beobachtet, bei schwerem Krankheitsverlauf auch Bewußtseinstrübungen (Kovacs et al. 1985). Fokalneurologische Symptome sind sehr selten und sollten stets Anlaß zu differentialdiagnostischen Erwägungen bzw. der Suche nach einer zweiten ZNS-Erkrankung sein.

Der Erreger Cryptococcus neoformans ist ein bekapselter Pilz, der ubiquitär, in besonders hohen Konzentrationen jedoch vor allem in Vogelfäzes vorkommt. Die Infektion erfolgt über die Inhalation des Erregers; regelmäßig kommt es zum – fast immer asymptomatisch bleibenden – Befall des Respirationstraktes, von wo aus dann die hämatogene Dissemination erfolgt.

Diagnostische Methode der Wahl ist die Liquoruntersuchung. Zellzahl, Eiweiß- und auch Glukosekonzentration sind zwar meistens, aber nicht spezifisch verändert. Jedoch gelingt in ca. 80% der Erregernachweis mittels Anfertigung eines Tuschepräparates. Noch sensitiver ist der Antigennachweis durch den Latex-Agglutinationstest, der in ca. 95% zum Erfolg führt. Bei klinischem Verdacht sollte der Antigennachweis auch im Serum und im Sputum versucht werden, wo er ebenfalls häufig glückt. Computertomographische Veränderungen finden sich bei knapp 10% der Patienten, sie sind entweder unspezifischer Natur oder Ausdruck eines Kryptokokkoms.

Die Kryptokokkenmeningitis wird üblicherweise mit einer Kombination von Amphotericin B und Flucytosin behandelt (z.B. Amphotericin B 0,3–0,6 mg/kg KG i.v. und Ancotil 150 mg/kg KG p.o.) (Bennett et al. 1979). Bei den häufig bereits durch die Grundkrankheit leukozyto- und thrombozytopenischen Patienten muß das Flucytosin jedoch sehr häufig aufgrund intolerabler hämatotoxischer Nebenwirkungen abgesetzt werden. Eine Monotherapie mit Amphotericin B allein ist daher, besonders bei Patienten mit schlechten hämatologischen Ausgangswerten, durchaus in Betracht zu ziehen; in einer retrospektiven Studie schnitten so behandelte AIDS-Patienten nicht schlechter ab als die mit einer Kombinationstherapie behandelten (Zuger et al. 1986). So oder so sollte die Therapie noch für 6–8 Wochen nach der letzten positiven Liquorkultur fortgeführt werden. Neuere Untersuchungen weisen auf eine befriedigende Wirksamkeit des meist sehr gut verträglichen Antimykotikums Fluconazol hin; eine Empfehlung als Therapeutikum der ersten Wahl kann zum jetzigen Zeitpunkt jedoch noch nicht ausgesprochen werden (Stern et al. 1988). Inwieweit eine intrathekale Gabe von Amphotericin B sinnvoll ist, kann ebenfalls nicht sicher gesagt werden; eine hohe Komplikationsrate verbietet es, diese Applikationsform generell zu befürworten.

Bei adäquater Therapie überleben mehr als 80% der Patienten. Diese Erfolge sind allerdings durch eine Rezidivquote von ca. 50% überschattet. Ähnlich wie bei der zerebralen Toxoplasmose muß daher bei Patienten mit überstandener Kryptokokkenmeningitis eine Rezidivprophylaxe von unbegrenzter Dauer durchgeführt werden. Als Standard hat sich dafür eine einmal pro Woche verabreichte Dosis von 100 mg Amphotericin B i.v. etabliert, worunter es nur noch sehr selten zum Rezidiv kommt. Dieser Therapie ist jedoch die Gefahr einer bleibenden Nierenschädigung immanent.

Progressive multifokale Leukoenzephalopathie

Bereits vor der HIV-Epidemie kannte man die progressive multifokale Leukoenzephalopathie als eine Krankheit, die gelegentlich bei Patienten mit schwerem zellulärem Immundefekt auftritt. Bei AIDS-Patienten ist sie in 2–3% der Fälle anzutreffen. Typischerweise beginnt die Krankheit mit fokalneurologischen Ausfällen wie Paresen, Sprach- und Sensibilitätsstörungen, Gesichtsfelddefekten bis hin zur kortikalen Erblindung, auch ataktische Symptome und ein progredienter mentaler Abbau sind öfters zu finden. Die Patienten sind afebril, Kopfschmerzen oder epileptische Anfälle sind selten. Der Verlauf ist rasch progredient (Berger et al. 1987).

Erreger ist ein Papovavirus, das JC-Virus, benannt nach den Initialen des Patienten, aus dessen Gehirn es erstmals isoliert werden konnte. In den meisten Gegenden weisen ca. 70% der erwachsenen Bevölkerung Antikörper dagegen auf. Das Virus scheint in der Niere zu persistieren und kann gelegentlich auch bei Gesunden aus dem Urin isoliert werden. Es ist noch nicht sicher geklärt, ob es sich im Erkrankungsfall um eine endogene Reinfektion oder eine exogene Neuinfektion handelt, ersteres erscheint aber wahrscheinlicher.

Zusammen mit der klinischen Befundkonstellation ergibt sich die Diagnose aus der kranialen Computertomographie. Die Erkrankten haben meist mehrere hypodense Areale, vor allem im Bereich des Marklagers, die keine raumfordernde Wirkung zeigen und kein Kontrastmittel aufnehmen. Nur selten findet man Läsionen im Kleinhirn oder im Hirnstamm. Der Liquorbefund ist häufig normal, pathologische Veränderungen sind eher auf die HIV-Enzephalitis als auf die PML zurückzuführen. Eine eindeutige Diagnose ist nur durch die histologische Untersuchung möglich, die wegen der fehlenden therapeutischen Konsequenzen normalerweise erst post mortem erfolgt. Pathognomonisch sind neben der Demyelinisierung in der weißen Substanz stark vergrößerte Oligodendrozyten mit basophilen oder eosinophilen intranukleären Einschlußkörperchen.

Eine wirksame Therapie der progressiven multifokalen Leukoenzephalopathie ist nicht bekannt. Für medikamentös immunsupprimierte Patienten wurde ein Sistieren der Symptome nach Absetzen der entsprechenden Medikamente beschrieben. Bei AIDS-Patienten führt die Erkrankung jedoch innerhalb weniger Monate zum Tode, Überlebensraten von mehr als einem Jahr nach Krankheitsbeginn sind eine extreme Rarität.

CMV-Enzephalitis

Im Gegensatz zu den anderen opportunistischen Erkrankungen des Zentralnervensystems ist die CMV-Enzephalitis klinisch kaum von der HIV-Enzephalopathie zu unterscheiden. Die Symptome sind unspezifisch; fokale Zeichen sind außerordentlich selten, meist beherrschen progrediente psychomotorische Störungen, schließlich auch eine fortschreitende Bewußtseinstrübung, das Bild.

Das Zytomegalievirus gehört zur Herpesgruppe, und die meisten Erwachsenen weisen Durchseuchungstiter auf. Gerade in den sog. Risikogruppen, vor allem bei promisk lebenden Homosexuellen, liegt die Durchseuchungsquote bei über 95%.

Dementsprechend unbrauchbar ist die Serodiagnostik, da auch bei – meist erst post mortem nachgewiesener – Dissemination kaum einmal ein Titeranstieg oder gar CMV-spezifische IgM-Antikörper nachzuweisen sind. Veränderungen im Liquor cerebrospinalis sind unspezifisch, auch eine Virusisolierung gelingt nur in wenigen Einzelfällen. Gelegentlich kann man im Computertomogramm periventrikuläre Anreicherungen, ähnlich wie bei einer Ventrikulitis, finden, meist jedoch erbringt die neuroradiologische Untersuchung einen Normalbefund oder lediglich atrophische Veränderungen, die nicht von den bei der HIV-Enzephalopathie anzutreffenden zu unterscheiden sind (Drew 1988; Morgello et al. 1987).

Selbst die postmortale histologische Diagnostik erweist sich als verzwickt. Während in manchen neuropathologischen Serien bei über 30% der untersuchten Gehirne eine CMV-Enzephalitis diagnostiziert wurde, sind die Fallzahlen in neueren Publikationen deutlich rückläufig. Diese Diskrepanzen sind darauf zurückzuführen, daß die früher als CMV-typisch geltenden Gliaknötchen, wie man mittlerweile weiß, auch HIV-bedingt sein können. Eindeutig pathognomonisch sind nur die viel seltener zu findenden intranukleären Einschlußkörperchen. Inwieweit es überhaupt eine isolierte CMV-Enzephalitis gibt, wie häufig und in welchem Umfang andererseits die CMV-Infektion eine kofaktorielle Rolle in der Entstehung der AIDS-Demenz spielt und welchen Anteil das Zytomegalievirus möglicherweise an Myelitiden, Radikulitiden und peripheren Neuropathien hat – sind noch weitgehend offene Fragen.

Die kausale ätiologische Bedeutung des Virus für die CMV-Retinitis ist gesichert, und dieses Krankheitsbild kann mittlerweile häufig erfolgreich mit DHPG (Ganciclovir) behandelt werden. Für die CMV-Enzephalitis – ohnehin intra vitam kaum diagnostizierbar – konnte bislang jedoch kein überzeugender therapeutischer Ansatz gefunden werden.

Andere Erreger

Alle anderen Erreger spielen bei zerebralen Komplikationen der HIV-Infektion eine untergeordnete Rolle. Von manchen Autoren wird ein gehäuftes Auftreten von Herpes-simplex- Enzephalitiden, die dann vermehrt atypisch, mit eher disseminiertem Befall, verlaufen sollen, berichtet; dies ist jedoch nicht gesichert. Tuberkulöse Meningitiden wurden ebenso beobachtet wie Infektionen mit Candida albicans und Aspergillus fumigatus sowie diversen anderen Pilzen und Protozoen. Bakterielle Meningitiden scheinen nicht vermehrt vorzukommen, allenfalls eine zerebrale Listeriose tritt möglicherweise etwas häufiger als in der Normalbevölkerung auf.

Eine sehr wichtige Differentialdiagnose aller unklaren zerebralen Prozesse ist die *Neurolues,* die in den von der HIV-Infektion vor allem betroffenen Gruppen vermehrt vorkommt. Entsprechende Liquoruntersuchungen sollten nicht nur bei allen Patienten mit ätiologisch ungeklärten zentralnervösen Störungen durchgeführt werden, sondern auch bei neurologisch unauffälligen Patienten, bei denen die Serumbefunde auf ein behandlungsbedürftiges Stadium der Syphilis hinweisen. Vereinzelte Mitteilungen in letzter Zeit deuten auf ein gelegentliches punktuelles Versagen der Lues-Serodiagnostik bei HIV-Infizierten hin (Hicks et al. 1987), i. allg. kann man den Untersuchungsergebnissen jedoch nach wie vor vertrauen. Therapie der Wahl ist unverändert die hochdosierte Gabe von Penicillin.

Zerebrovaskuläre Komplikationen

Zerebrovaskuläre Komplikationen stehen zahlenmäßig im Vergleich zur HIV-Enzephalopathie und zu den opportunistischen Erkrankungen des ZNS im Hintergrund; dennoch kommen sie bei HIV-Infizierten erheblich häufiger vor als in der Normalbevölkerung. Je nach Definition schwanken die Häufigkeitsangaben sehr stark; immerhin fand eine Autorengruppe eine um das Hundertfache erhöhte Häufung von Schlaganfällen bei HIV-Patienten im Vergleich zu einer Kontrollgruppe mit ähnlicher Altersstruktur (Engstrom et al. 1988). In vielen neuropathologischen Serien werden zerebrovaskuläre Veränderungen gar nicht oder nur am Rande erwähnt. In einer Arbeit jedoch werden kleinere oder größere Hirninfarkte, die allerdings zum größten Teil klinisch stumm geblieben waren, bei einem Drittel der untersuchten Gehirne beschrieben (Mizusawa et al. 1988). Erwähnenswert scheint schließlich, daß annähernd alle AIDS-Patienten autoptisch eine retinale Mikroangiopathie aufweisen (Newsome et al. 1984) und daß neueste nuklearmedizinische Untersuchungen bei einem Großteil der HIV-infizierten Patienten den Verdacht auf zerebrale Perfusionsminderungen nahelegen (Pohl et al. 1988).

Die Ursache dieser zerebrovaskulären Störungen ist noch weitgehend ungeklärt, weshalb auch eine Einteilung in primär oder sekundär HIV-bedingte derzeit nicht möglich ist, zumal der momentane Wissensstand eine multifaktorielle Genese am wahrscheinlichsten erscheinen läßt. Ischämische Infarkte kommen häufiger vor als intrazerebrale Hämorrhagien. Dabei finden sich sowohl kleine multifokale wie auch große Territorialinfarkte. In Einzelfällen lassen sich dabei Vaskulitiden bei vorausgegangenem Zoster ophthalmicus diagnostizieren, granulomatöse Angiitiden sind ebenso beschrieben worden wie meningovaskuläre Erscheinungsformen einer Lues im Tertiärstadium, Infarkte als Komplikationen einer Kryptokokkenmeningitis, einer zerebralen Toxoplasmose oder eines metastasierenden Kaposi-Sarkoms. Abakterielle oder auch – bei Drogenabhängigen – bakterielle Endokarditiden können als Ursache embolischer Infarkte gefunden werden. Bei Blutungen scheint mitunter die HIV-assoziierte Thrombozytopenie eine kausale Rolle zu spielen. Eine Infektion von Endothelzellen durch HIV konnte mehrfach nachgewiesen werden, auch Zytomegalieviren sind in Endothelzellen nachgewiesen worden. Inwieweit diese Befunde eine kausale Rolle in der Pathogenese zerebrovaskulärer Komplikationen spielen, ist noch nicht geklärt.

Soweit es zu klinisch manifesten Ausfallserscheinungen kommt, wird die Diagnose vorwiegend durch infarkttypische Bilder im kranialen Computertomogramm gestellt, u.U. ergänzt durch eine zerebrale Angiographie. Eine Echokardiographie, eine Bestimmung des Gerinnungsstatus sowie eine Untersuchung von Vaskulitisparametern sollten nicht versäumt werden. Sofern keine Einklemmungsgefahr besteht, sollte der Liquor untersucht und dabei auch ein TPHA-Test, gegebenenfalls Folgeuntersuchungen, durchgeführt werden.

In den meisten Fällen wird die Therapie auf symptomatische Maßnahmen beschränkt bleiben. Die Prognose ist abhängig vom Ausmaß des Infarktes sowie von weiteren Komplikationen der Grundkrankheit.

Erkrankungen des peripheren Nervensystems und der Skelettmuskulatur

Bei ungefähr einem Drittel aller HIV-infizierten Patienten kommt es im Krankheitsverlauf zu einer klinisch faßbaren Beteiligung des peripheren Nervensystems. Dabei läßt sich in den meisten Fällen keine andere Ursache als die HIV-Infektion finden. Jedoch sind – ähnlich wie beim Befall des Zentralnervensystems – die pathogenetischen Mechanismen, die zur Erkrankung der peripheren Nerven führen, unklar. Histopathologisch finden sich sowohl entzündliche als auch degenerative Veränderungen der Nerven. Ein direkter Nachweis des Virus ist bisher ebensowenig in Nervenzellen wie in Schwann-Zellen gelungen. Vermutlich spielen Autoimmunphänomene, toxisch-metabolische Effekte sowie Veränderungen der Vasa nervorum eine wichtigere Rolle in der Pathogenese peripher-neurologischer Störungen, als eine direkte Neurotoxizität des HIV. Die HIV-assoziierten Erkrankungen peripherer Nerven umfassen nahezu das gesamte Spektrum der Neuropathien, so daß heute ein HIV-Antikörpertest bei allen ätiologisch ungeklärten Erkrankungen des peripheren Nervensystems empfohlen werden kann (Hartung et al. 1988).

Am häufigsten findet sich eine *distal betonte symmetrische Polyneuropathie*. Die betroffenen Patienten befinden sich überwiegend schon im Stadium des ARC oder AIDS; bei Patienten in früheren Stadien lassen sich – wenn überhaupt – meist nur leichtere Symptome feststellen. Klinisch dominieren beinbetonte sensible Störungen, die von diskreten Pallhypästhesien bis hin zu schweren Empfindungsstörungen und quälenden Dysästhesien reichen können. Es kommen jedoch auch motorische Funktionseinschränkungen und Muskelatrophien vor, die in seltenen Fällen bis zum Verlust der Gehfähigkeit führen können. Bei der überwiegenden Anzahl der Patienten sind die Beschwerden mild und schreiten nur langsam voran, selten sind rasch progrediente und schwere Formen. In wenigen Einzelfällen scheint es spontan zum Stillstand oder sogar zur Remission der Symptome zu kommen. Elektrophysiologische Untersuchungen zeigen sowohl axonale als auch demyelinisierende Prozesse, die ersteren sind etwas häufiger zu finden.

Differentialdiagnostisch muß man bei HIV-Infizierten an ein paraneoplastisches Syndrom denken, weshalb bei jedem Patienten mit peripher-neurologischen Störungen die Blutkörperchensenkungsgeschwindigkeit und die LDH untersucht werden sollten (Gold et al. 1988). Ferner sollten ein Mangel insbesondere der B-Vitamine ebenso wie ein Alkoholabusus ausgeschlossen werden. Schließlich können mehrere Medikamente, die häufig bei AIDS-Patienten gegeben werden, zu einer Polyneuropathie führen; insbesondere Vincristin, Amphotericin B und Isoniazid. Bei der Therapie mit letzterem sollte eine gleichzeitige Prophylaxe mit Pyridoxin selbstverständlich sein.

Eine kausale Therapie der Störungen ist nicht möglich. Über eine positive Wirkung von AZT liegen kasuistische Berichte vor, in mehreren Studien ergab sich bislang jedoch kein Hinweis auf eine gesicherte Wirksamkeit (Vishnubakat et al. 1988; Wong et al. 1988). Schmerzen und Dysästhesien lassen sich häufig durch die Gabe von Amitryptilin (z.B. 1–3 × Saroten ret. 25 mg) mildern. Im Falle von Paresen müssen die Patienten gegebenenfalls mit einer Peronäusschiene oder anderen orthetischen Maßnahmen versorgt werden.

Erheblich seltener als distal betonte Polyneuropathien kommen *entzündliche Polyradikulitiden* vor, die sowohl akut oder subakut wie auch chronisch verlaufen können. Besonders die akuten Verlaufsformen finden sich ganz überwiegend bei Patienten, die noch nicht am Vollbild AIDS erkrankt, sondern lediglich seropositiv oder im Stadium des Lymphadenopathiesyndroms sind (Przedborski et al. 1988). Es sind sogar einige Fälle beschrieben, in denen die Erkrankung vor oder während des Zeitpunktes der Serokonversion auftrat. Meist sind die motorischen Symptome stärker ausgeprägt als sensible oder autonome Dysfunktionen. Die Muskeleigenreflexe sind abgeschwächt oder erloschen; im Liquor findet man gewöhnlich eine leichte Pleozytose und eine ausgeprägte Eiweißerhöhung. Elektrophysiologisch überwiegen Zeichen der Demyelinisierung mit erheblicher Verlangsamung der Nervenleitgeschwindigkeiten und verzögerter oder nicht auslösbarer F-Welle.

Es ist nicht geklärt, ob HIV allein Auslöser der Polyradikulitis ist, oder ob andere Viren – insbesondere das Zytomegalie- und das Hepatitis-B-Virus werden in diesem Zusammenhang diskutiert – eine zumindest kofaktorielle Rolle spielen. In jedem Fall muß differentialdiagnostisch eine Herpes-zoster-Radikulitis ausgeschlossen werden, die gegebenenfalls kausal mit Acyclovir (z.B. Zovirax-Infusionen 15 mg/kg KG über 10 Tage) behandelt werden sollte.

Die Prognose der akuten Verlaufsform ist i. allg. gut. Nicht selten kommt es zur

Spontanremission, so daß man sich therapeutisch zunächst auf symptomatische Maßnahmen beschränken kann. Kommt es zu einem Fortschreiten der Symptome, so lassen sich mit einer Plasmapheresebehandlung meistens gute Erfolge erzielen. In der Literatur werden auch Verbesserungen unter Prednisontherapie berichtet, allerdings mit geringerer Erfolgsquote (Cornblath 1988). Da die Gabe von Kortikosteroiden bei Patienten mit bereits durch die Grundkrankheit geschwächter zellulärer Immunität ohnehin häufig ein nicht kalkulierbares Risiko darstellt, sollte einer Plasmapheresetherapie grundsätzlich der Vorzug gegeben werden. Diese kann auch versucht werden bei Patienten mit chronisch-progredienten oder chronisch rezidivierenden Verläufen, dann allerdings mit eher geringen Heilungschancen.

Eine *Mononeuritis multiplex* findet sich häufiger bei Patienten in frühen Stadien der HIV-Infektion, jedoch auch bei Patienten mit dem Vollbild AIDS; in letzterem Falle ist das Krankheitsbild meist schwerer und die Prognose schlechter. Es kommen motorische oder sensible Ausfälle im Bereich einzelner Hirnnerven, spinaler oder peripherer Nerven wie auch eines oder mehrerer Nervenplexus vor. Bei der elektrophysiologischen Untersuchung findet man eine multifokale Neuropathie, meist gemischt axonal-demyelinisierend, gelegentlich rein axonal. Die Liquoruntersuchung erbringt häufig einen pathologischen, aber keinen typischen Befund.

Die Liquoruntersuchung ist jedoch von differentialdiagnostischer Bedeutung, da eine Beteiligung von Hirn- und Spinalnerven im Rahmen verschiedener opportunistischer Erkrankungen ausgeschlossen werden sollte. Dabei muß insbesondere an eine Herpes-zoster-Radikulitis, eine Kryptokokkenmeningitis sowie an eine Meningeosis lymphomatosa gedacht werden. Weitere differentialdiagnostische Überlegungen sollten sich auf Druckläsionen eines Nervenplexus durch Malignome erstrecken sowie auf die bei Heroinabhängigen zu findenden Schwerpunkt- und Plexusneuropathien (Jacome 1982).

Spontanremissionen sind gelegentlich möglich; in Fällen mit stark entzündlichem Charakter kann eine Plasmapheresetherapie versucht werden. Ansonsten ist nur eine symptomatische Behandlung möglich, daß heißt – je nach Einzelfall – der Einsatz orthetischer Hilfsmittel und/oder eine Schmerztherapie mit Amitryptilin.

In Einzelfällen sind *autonome Neuropathien* beschrieben, die insbesondere zu Störungen der Kreislaufregulation führen (Miller u. Semple 1987; Villa et al. 1987). Insgesamt scheint das Krankheitsbild selten zu sein; Veränderungen der Herzfrequenz, wie sie in einer Studie beschrieben wurden, sind vermutlich eher sekundäre Folge der bei Pneumoniepatienten schlechten Lungenfunktion (Lohmöller et al. 1988). Inwieweit die bei ARC- und AIDS-Patienten häufigen therapieresistenten Diarrhoen Folge einer vegetativen Dysfunktion – ähnlich wie etwa bei Patienten mit Diabetes mellitus – sein können, ist nicht geklärt.

Eine sehr seltene neurologische Manifestation der HIV-Infektion ist das Auftreten einer *Myopathie*. Das Krankheitsbild kann sowohl bei ansonsten asymptomatischen wie auch bei ARC- und AIDS-Patienten beobachtet werden (Simpson u. Bender 1988). Im Vordergrund der Beschwerden steht eine unterschiedlich rasch progrediente proximal betonte Muskelschwäche. Myalgien treten nur bei einem Teil der Patienten auf. Regelhaft ist die Kreatinkinase erhöht, andere Muskelenzyme, wie die Laktatdehydrogenase, können ebenfalls erhöht sein, desgleichen die Blutkörperchensenkungsgeschwindigkeit. Elektromyographisch finden sich myopathie-typische Befunde wie Amplitudenminderung und Polyphasie. In der Muskelbiopsie zeigen sich bei allen Patienten Muskelfasernekrosen, bei manchen sind fast ausschließlich Typ-II-Fasern betroffen. Nur bei einem Teil der Betroffenen findet man entzündliche, dann überwiegend lymphozytäre Infiltrate. Das Virus konnte bislang nicht in Muskelfasern nachgewiesen werden.

Wichtigste Differentialdiagnose ist die AZT-assoziierte Myopathie. Myalgien sind eine häufige Nebenwirkung der AZT-Therapie (ca. 8% der mit AZT Behandelten klagen darüber), in Einzelfällen kommt es jedoch auch zu Myopathien mit schweren strukturellen Veränderungen (Bessen et al. 1988; Gorard et al. 1988). Bei Patienten, die unter einer AZT-Therapie eine Myopathie entwickeln, muß das Medikament daher abgesetzt werden. Gewöhnlich kommt es dann im Verlaufe weniger Wochen zu einer deutlichen Befundbesserung. Bleibt diese aus, so ist vermutlich nicht AZT, sondern die HIV-Infektion selbst der krankheitsauslösende Faktor.

Da es sich bei der HIV-assoziierten Myopathie wahrscheinlich um einen autoimmunologischen Prozeß handelt, ist – trotz der bereits oben erwähnten grundsätzlichen Bedenken – eine immunsuppressive Therapie mit Kortikosteroiden indiziert. In der Literatur sind deutliche Besserungen unter dieser Behandlung beschrieben, ohne daß die betroffenen Patienten darunter eine bemerkenswerte Verschlechterung ihres Immunstatus erfahren hätten. Gelegentlich kommt es auch spontan zum Stillstand oder gar zur Remission; nicht selten freilich wird der weitere Krankheitsverlauf des Patienten durch das Auftreten letal endender opportunistischer Infektionen bestimmt.

Literatur

Ackermann R, Nekic M, Jürgens R (1986) Locally synthesized antibodies in cerebrospinal fluid of patients with AIDS. J Neurol 233: 140–141

Albert ML, Feldmann RG, Willis AL (1974) The „subcortical dementia“ of progressive supranuclear palsy. J Neurol Neurosurg Psychiatry 37:121–130

Appleman ME, Marshall DW, Brey RL et al. (1988) Cerebrospinal fluid abnormalities in patients without AIDS who are seropositive for the human immunodeficiency virus. J Infect Dis 158:193–199

Barnes DM (1987) Solo action of AIDS virus coat. Science 237:971–973

Bennett JE, Dismukes WE, Duma RJ et al. (1979) A comparison of amphotericine B alone and combined with flucytosine in the treatment of cryptococcal meningitis. N Engl J Med 301:126–131

Berger JR, Kaszovitz B, Post JD, Dickinson G (1987) Progressive multifocal leukoencephalopathy associated with human immunodeficiency virus infection. Ann Int Med 107:78–87

Berger JR, Moskowitz L, Fischl M, Kelley RE (1987) Neurologic disease as the presenting manifestation of acquired immunodeficiency syndrome. South Med J 80:683–686

Bessen LJ, Greene JF, Louie E, Seitzman P, Weinberg H (1988) Severe polymyositis-like syndrome associated with zidovudine therapy of AIDS and ARC. N Engl J Med 318:708

Biniek R, Bartholome M, Schulz M, Lehmann HJ, Gesemann H, Scheiermann N (1988) Intrathecal production of HIV antibodies in suspected AIDS encephalopathy. J Neurol 235:131–135

Bredesen DE, Levy RM, Rosenblum ML (1988) The neurology of human immunodeficiency virus infection. Quart J Med 68:665–677

Budka H, Constanzi G, Cristina S, Lechi A, Parravicini C, Trabattoni R, Vago L (1987) Brain pathology induced by infection with the human immunodeficiency virus (HIV). Acta Neuropathol 75:185–198

Carne CA, Tedder RS, Smith A et al. (1985) Acute encephalopathy coincident with seroconversion for anti-HTLV-III. Lancet II: 1206–1208

Centers for Disease Control, Atlanta (1987) Revision of the CDC surveillance case definition for acquired immunodeficiency syndrome. MMW 36 [Suppl 1]:1–15

Chiodi F, Norkrans G, Hagberg L et al. (1988) Human immunodeficiency virus infection of the brain. II. Detection of intrathecally synthesized antibodies by enzyme linked immunosorbent assay and imprint immunofixation. J Neurol Sci 87:37–48

Cornblath DR (1988) Treatment of the neuromuscular complications of human immunodeficiency virus infection. Ann Neurol 23 [Suppl]:88–91

Diederich NA, Karenberg A, Peters UH (1988) Psychopathologische Bilder bei der HIV-Infektion: AIDS-Lethargie und AIDS-Demenz. Fortschr Neurol Psychiatr 56:173–185

Drew WL (1988) Cytomegalovirus infection in patients with AIDS. J Infect Dis 158:449–456

Einhäupl KM, Pfister HW, Matuschke A et al. (1988) Die Bedeutung verschiedener Liquorsyndrome und neurologischer Befunde für die Diagnose der HIV-Enzephalopathie. Vortrag auf dem I. Deutschen AIDS-Kongreß, München 1988

Elovaara I, Seppälä I, Poutiainen E, Suni J, Valle SL (1988) Intrathecal humoral immunologic response in neurologically symptomatic and asymptomatic patients with human immunodeficiency virus infection. Neurology 308: 1451–1456

Engstrom J, Lowenstein DH, Bredesen DE

(1988) Stroke and transient neurologic deficits associated with AIDS. Neurology (American Academy of Neurology Newsletter) 1988

Enzensberger W, Fischer PA (1987) Zentralnervöse Befunde bei 140 Frankfurter Patienten mit HIV-Infektion. In: Fischer PA, Schlote W (Hrsg) AIDS und Nervensystem. Springer, Berlin Heidelberg New York Tokyo, S 54–63

Enzensberger W, Fischer PA (1987) Neurological complications in AIDS. J Neurol 234: 269–279

Goudsmit E, Wolters EC, Bakker M et al. (1986) Intrathecal synthesis of antibodies to HTLV-III in patients without AIDS or AIDS related complex. Br Med J 292:1231–1234

Fenton TW (1987) AIDS-related psychiatric disorder. Br J Psychiatry 151:579–588

Goethe KE, Mitchell JE, Marshall DW et al. (1989) Neuropsychological and neurological function of human immunodeficiency virus seropositive asymptomatic individuals. Arch Neurol 46:129–133

Gold JE, Jimenez E, Zalusky R (1988) Human immunodeficiency virus-related lymphoreticular malignancies and peripheral neurologic disease. Cancer 61:2318–2324

Gorard DA, Henry K, Guiloff RF (1988) Necrotising myopathy and zidovudine. Lancet I:1050

Gottlieb MS, Schroff R, Schanker HM, Weisman JD, Fan PT, Wolf RA, Saxon A (1981) Pneumocystis carinii pneumonia and mucosal candidiasis in previously healthy homosexual men. N Engl J Med 305:1425–1431

Goudsmit J, de Wolf F, Paul DA et al. (1986) Expression of human immunodeficiency virus antigen (HIV-Ag) in serum and cerebrospinal fluid during acute and chronic infection. Lancet II:177–180

Gray F, Gherardi R, Scaravilli F (1988) The neuropathology of the acquired immune deficiency syndrome (AIDS). Brain 111:245–266

Hartung HP, Heininger K, Toyka KV (1988) Neuromuskuläre Manifestationen der HIV-1- und HTLV-I-Infektionen. Dtsch Med Wochenschr 113:1975–1981

Haverkos TE and the TE Study Group (1987) Assessment of therapy for toxoplasma encephalitis. Am J Med 82:907–914

Helbert M, Robinson D, Peddle B, Mann J, Gore D, Stoneham C, Pinching A (1988) Treatment of patients with AIDS and AIDS-related complex with zidovudine. IVth International Conference on AIDS. Stockholm 1988

Helweg-Larsen S, Jakobsen J, Boesen F et al. (1988) Myelopathy in AIDS. A clinical and electrophysiological study of 23 Danish patients. Acta Neurol Scand 77:64–73

Hicks CB, Benson PM, Lupton GP, Tramont EC (1987) Seronegative secondary syphilis in a patient infected with the human immunodeficiency virus (HIV) with Kaposi sarcoma. Ann Int Med 107:492–495

Ho DD, Rota RT, Schooley RT et al. (1985) Isolation of HTLV-III from cerebrospinal fluid and neural tissues of patients with neurologic syndromes related to the acquired immunodeficiency syndrome. N Engl J Med 313: 1493–1497

Ho DD, Pomerantz RJ, Kaplan JC (1987) Pathogenesis of infection with human immunodeficiency virus. N Engl J Med 317:278–286

Hollander H, Levy JA (1987) Neurological abnormalities and recovery of human immunodeficiency virus from cerebrospinal fluid. Ann Int Med 106:692–695

Hollander H, Stringari S (1987) Human immunodeficiency virus-associated meningitis. Am J Med 83:813–816

Israelski DM, Tom C, Remington JS (1989) Zidovudine antagonizes the action of pyrimethamine in experimental infection with toxoplasma gondii. Antimicrob Agent Chemother 33:30–34

Jacome DE (1982) Neurogenic bladder, lumbosacral plexus neuropathy and drug-associated rhabdomyolysis. J Urol 127:994–995

Klecker RW, Collins JM, Yarchoan R, Thomas R, Jenkins JF, Broder S, Myers CE (1987) Plasma and cerebrospinal fluid pharmacokinetic of 3′-azido-3′-deoxythimidine: A novel pyrimidine analog with potential application for the treatment of patients with AIDS and related diseases. Clin Pharmacol Ther 41:407–412

Koenig S, Gendelman HE, Orenstein JM et al. (1986) Detection of AIDS virus in macrophages in brain tissue from AIDS patients with encephalopathy. Science 233:1089–1093

Kovacs JA, Kovacs AA, Polis M et al. (1985) Cryptococcosis in the acquired immunodeficiency syndrome. Ann Int Med 103:533–538

Lange DJ, Britton CB, Younger DS, Hay AP (1988) The neuromuscular manifestations of human immunodeficiency virus infections. Arch Neurol 45:1084–1088

Levy JA, Shimabukuro J, Hollander H, Mills J, Kaminsky L (1985) Isolation of AIDS-associated retroviruses from cerebrospinal fluid and brain of patients with neurological symptoms. Lancet II:586–588

Levy RM, Bredesen DE, Rosenblum ML (1985) Neurological manifestations of the acquired immunodeficiency syndrome: Experience at UCSF and review of the literature. J Neurosurg 62:475–495

Lohmöller G, Matuschke A, Goebel FD (1988) Autonome Neuropathie bei HIV-Infektion? I. Deutscher AIDS-Kongreß, München 1988

Lüer W, Poser S, Weber T, Jürgens S, Eichenlaub D, Pohle HD, Felgenhauer K (1988)

Chronic HIV-encephalitis – I. Cerebrospinal fluid diagnosis. Klin Wochenschr 66:21–28

Maccario M, Scharre D (1987) HIV and acute onset of psychosis. Lancet II:342

Marshall DW, Brey RL, Cahill WT, Houk RW, Zajac RA, Boswell RN (1988) Spectrum of cerebrospinal fluid findings in various stages of human immunodeficency virus infection. Arch Neurol 45:954–958

Matthes J, Walker LA, Watson JG, Bird AG (1988) AIDS encephalopathy with response to treatment. Arch Dis Child 63:545–547

Miller RF, Semple SJG (1987) Autonomic neuropathy in AIDS. Lancet II:343–344

Mizusawa H, Hirano A, Llena JF, Shintaku M (1988) Cerebrovascular lesions in acquired immunodeficiency syndrome (AIDS). Acta Neuropathol 76:451–457

Möller AA, Jäger H, Bremer D (1988) Paranoide Psychosen bei HIV-Infektion. Dtsch Med Wochenschr 113:1234–1235

Monte de la SM, Ho DD, Schooley RT, Hirsch MS, Richardson EP (1987) Subacute encephalomyelitis of AIDS and its relation to HTLV-III infection. Neurology 37:562–569

Morgello S, Chos ES, Nielsen S, Devinsky O, Petito CK (1987) Cytomegalovirus encephalitis in patients with acquired immunodeficiency syndrome: An autopsy study of 30 cases and a review of the literature. Hum Pathol 18:289–297

Naber D, Perro C, Schick U et al. (1989) Psychiatrische Symptome und neuropsychologische Auffälligkeiten bei HIV-Infizierten. Nervenarzt 60:80–85

Navia BA, Jordan BD, Price RW (1986) The AIDS dementia complex: I. Clinical features. Ann Neurol 19:517–524

Navia BA, Petito CK, Gold JWM, Cho ES, Jordan BD, Price RW (1986) Cerebral toxoplasmosis complicating the acquired immune deficiency syndrome: Clinical and neuropathological findings in 27 patients. Ann Neurol 19:224–238

Newsome DA, Green WR, Miller ED, Kiessling LA, Morgan B, Jabs DA, Polk BF (1984) Microvascular aspects of acquired immune deficiency syndrome retinopathy. Am J Ophthalmol 98:590–601

Petito CK, Navia BA, Cho ES, Jordan BD, George DC, Price RW (1985) Vacuolar myelopathy pathologically resembling subacute combined degeneration in patients with the acquired immunodeficiency syndrome. N Engl J Med 312:874–879

Pfister HW, Einhäupl KM, Büttner U, Goebel FD, Matuschke A, Schielke E, Fröschl M (1989) Dissociated nystagmus as a common sign of oculomotor disorders in HIV infected patients. Eur Neurol (in press)

Pizzo PA, Eddy J, Falloon J et al. (1988) Effect of continuous intravenous infusion of zidovudine in children with symptomatic HIV infection. N Engl J Med 319:889–896

Pohl P, Vogl G, Fill H, Rössler H, Zangerle R, Gerstenbrand F (1988) Single photon emission computed tomography in AIDS dementia complex. J Nucl Med 29:1382–1386

Post MJD, Kursunoglu SJ, Hensley GT, Chan JC, Moskowitz LB, Hoffman TA (1985) Cranial CT in acquired immunodeficiency syndrome: Spectrum of diseases and optimal contrast enhancement technique. AJR 145: 929–940

Poutiainen E, Iivanainen M, Elovaara I, Valle SL, Lähdevirta J (1988) Cognitive changes as early signs of HIV infection. Acta Neurol Scand 78:49–52

Price RW, Brew BJ (1988) The AIDS dementia complex. J Infect Dis 158:1079–1083

Przedborski S, Liesnard C, Voordecker P et al. (1988) Inflammatory demyelinating polyradiculoneuropathy associated with human immunodeficiency virus infection. J Neurol 235: 359–361

Pumarola-Sune T, Navia BA, Cordon-Cardo C, Cho ES, Price RW (1987) HIV antigen in the brains of patients with the AIDS dementia complex. Ann Neurol 21:490–496

Resnick L, di Marzo-Veronese F, Schüpback J et al. (1985) Intra-blood-brain-barrier synthesis of HTLV-III-specific IgG in patients with neurologic symptoms associated with AIDS or AIDS-related complex. N Engl J Med 313:1498–1504

Resnick L, Berger JR, Shapshak P, Tourtellotte WW (1988) Early penetration of the blood-brain-barrier by HIV. Neurology 38:9–14

Rosenblum LM, Levy RM, Bredesen DE, So YT, Wara W, Ziegler JL (1988) Primary central nervous system lymphomas in patients with AIDS. Ann Neurol 23 [Suppl]:13–16

Schielke E, Pfister HW, Einhäupl KM (1989) Peripheral facial nerve palsy associated with HIV infection. Lancet I:553–554

Schmitt FA, Bigley JW, McKinnis R, Logue PE, Evans RW, Drucker JL (1988) Neuropsychological outcome of zidovudine (AZT) treatment of patients with AIDS and AIDS-related complex. N Engl J Med 319:1573–1578

Shaw GM, Harper ME, Hahn BH et al. (1985) HTLV-III infection in brains of children and adults with encephalopathy. Science 227: 177–182

Smith T, Jakobsen J, Gaub J, Helweg-Larsen S, Trojaborg W (1988) Clinical and electrophysiological studies of human immunodeficiency virus-seropositive men without AIDS. Ann Neurol 23:295–297

Snider WD, Simpson DM, Nielsen S, Gold J, Metroka CE, Posner JB (1983) Neurological complications of acquired immune deficiency syndrome: Analysis of 50 patients. Ann Neurol 14:403–418

Simpson DM, Bender AN (1988) Human immunodeficiency virus-associated myopathy: Analysis of 11 patients. Ann Neurol 24:79–84

So YT, Beckstead JH, Davis RL (1986) Primary central nervous system lymphoma in acquired immune deficiency syndrome: A clinical and pathological study. Ann Neurol 20:566–572

Stern JJ, Hartman BJ, Sharkey P, Rowland V, Squires KE, Murray HW, Graybill JR (1988) Oral fluconazole therapy for patients with acquired immunodeficiency syndrome and cryptococcosis: Experience with 22 patients. Am J Med 85:477–480

Tervo T, Elovaara I, Karli H, Valle SL, Suni J, Lähdevirta J, Iivanainen M (1986) Abnormal ocular motility as early sign of CNS involvement in HIV infection. Lancet II:512

Vazeux R, Brousse N, Jarry A et al. (1987) AIDS subacute encephalitis. Identification of infected cells. Am J Pathol 126:403–410

Villa A, Foresti V, Confalonieri F (1987) Autonomic HIV infection and neuropathy. Lancet II:915

Vishnubakat M, Kaplan M, Farber B, Beresford HR (1988) Effect of azidothymidine (AZT) on peripheral neuropathy of HIV-infected patients: A prospective study. Neurology 38 [Suppl 1]:241

Wiley CA, Schrier RD, Nelson JA, Lampert PW, Oldstone MBA (1986) Cellular localization of human immunodeficiency virus infection within the brains of acquired immune deficiency syndrome patients. Proc Natl Acad Sci 83:7089–7093

Wong R, Carr G, Kaplan L (1988) Incidence of peripheral neuropathy in patients with group IV HIV infection on zidovudine therapy. IVth International Conference on AIDS. Stockholm 1988

Yarchoan R, Thomas RV, Grafman J et al. (1988) Longterm administration of 3′-azido-2′,3′-dideoxythmidine of patients with AIDS-related neurological disease. Ann Neurol 23 [Suppl]:82–87

Zuger A, Louie E, Holzman RS, Simberkoff MS, Rahal JJ (1986) Cryptococcal disease in patients with the acquired immunodeficiency syndrome. Ann Int Med 104:234–240

Rechtsprobleme der betroffenen weiblichen HIV-infizierten und AIDS-Patientinnen*

Wolfram H. Eberbach

Es gibt mehr spezifische Rechtsprobleme HIV-infizierter und AIDS-kranker Frauen, als man bei oberflächlicher Betrachtung vielleicht erwarten würde. Nur diese Fragen sollen im folgenden erörtert werden[1].

Familienplanung

Absolut wie relativ steigt die Zahl HIV-infizierter Frauen. Rund 70% von ihnen befinden sich im „reproduktionsfähigen" Alter[2]. Dies rechtfertigt, Fragen der Familienplanung[3] voranzustellen.

HIV-Diagnostik bei Kinderwunsch

a) Am 11. Dezember 1987 veröffentlichte die *Bundesärztekammer* Empfehlungen zur „Bedeutung des Nachweises einer HIV-Infektion bei Erwachsenen". Ziffer 6.6 lautet:

„HIV-infizierten Frauen ist wegen der zu erwartenden Erregerübertragung auf das Kind und wegen der möglichen Verschlechterung ihres eigenen Befindens infolge der graviditätsbedingten physiologischen Immunschwäche nachdrücklich von einer Schwangerschaft abzuraten"[4].

Diese Empfehlung setzt indessen voraus, daß die HIV-Infektion dem zur Beratung über die Familienplanung hinzugezogenen Arzt bekannt ist. Um dieses Wissen zu erlangen, forderte der *Nationale AIDS-Beirat* in einem Votum vom 29. September 1987:

„... Insbesondere bei Kinderwunsch sollte die Durchführung eines HIV-Antikörper-Tests erwogen werden. Bei jedem Test muß eine Beratung angeboten werden"[5].

Für den Arzt wie für die Frau ist hierbei aus rechtlicher Sicht wegen denkbarer Schadensersatzforderungen entscheidend, ob dem Arzt ein entsprechender Hinweis auf den Test lediglich *nahegelegt* wird, oder ob eine aus dem Arztvertrag abgeleitete *Rechtspflicht* gegenüber der Patientin besteht, die HIV-Diagnostik anzubieten[6].

b) Die medizinische und die rechtliche Beurteilung fallen hier nicht völlig zusammen. *Medizinisch* ist es wohl *immer* sinnvoll, bei Kinderwunsch vorsorglich den Test anzubieten.

Rechtlich wäre es dagegen eine Überdehnung der ärztlichen Pflicht, in *jedem* Fall so verfahren zu *müssen*. Dies setzte den Arzt – theoretisch – auch in jedem Fall Schadensersatz- und Schmerzensgeldansprüchen (vgl. Abschn. „Schadensersatz bei mangelhafter ärztlicher Beratung", S. 64) aus. Um rechtlich auf der sicheren Seite zu stehen, genügt es statt dessen, danach zu unterscheiden, ob es sich um die Beratung einer im Hinblick auf eine HIV-Infektion „unauffälligen" Frau – bzw. bei der Besprechung mit beiden Partnern: um ein „unauffälliges" Paar – handelt, oder ob Indikatoren für das Vorliegen einer solchen Infektion erkennbar sind.

Fehlen besondere Anhaltspunkte – sie können sich vornehmlich aus erhobenen *Befunden* ergeben, aber auch aus *sozialen Umständen* oder *geschlechtlichen Neigungen* des Patienten, die dem Arzt bekannt ge-

* Die nachstehenden Ausführungen geben die persönliche Ansicht des Verfassers wieder.

worden sind, wie früherer intravenöser Drogenkonsum, frühere Prostitution oder Bisexualität – kann nicht von einer *Rechtspflicht* ausgegangen werden, der Patientin bzw. den beiden Partnern, die sich ein Kind wünschen, zur HIV-Diagnostik zu raten.

Weiß der Arzt dagegen etwa von Lebensumständen oder -gewohnheiten der Patientin (deren Partner), die ein gegenüber der Allgemeinbevölkerung erhöhtes HIV-Risiko signalisieren, ist von einer *vertraglichen Pflicht* des Arztes auszugehen, ihr (und/oder ihm) diese diagnostische Untersuchung zu empfehlen[7].

c) Ebenfalls von einer solchen Rechtspflicht sollte der beratende Arzt bei einer *Sterilitätsbehandlung* durch künstliche Befruchtung (Insemination oder In-vitro-Fertilisation) ausgehen. Eine rechtliche Pflicht des Arztes zum Angebot der HIV-Diagnostik anzunehmen, folgt hier aus zwei Gründen:

– Der Arzt ist bei der Sterilitätsbehandlung mit seinem aktiven ärztlichen Handeln in die Entstehung neuen Lebens involviert. Dies erlegt ihm eine gesteigerte Verantwortlichkeit auf. Sie besteht unmittelbar gegenüber dem behandelten Paar; angesichts des prä- und perinatalen Ansteckungsrisikos für das Kind im Mutterleib (vgl. Abschn. „Bedenken bezüglich der embryopathischen Indikation", S. 65) aber auch, gemäß der rechtlichen Konstruktion eines „Vertrages mit Schutzwirkung für Dritte", gegenüber der mit Hilfe seines ärztlichen Eingreifens erzeugten Leibesfrucht.
– Darüber hinaus wird von *medizinischer* Seite darauf verwiesen, die Sterilität könne u.a. mit einem in bezug auf die HIV-Infektion erhöhten Risikoverhalten im Zusammenhang stehen. Vor allem könne bei der Frau ein stark promiskes Sexualleben, über vermehrte Entzündungen im Genitaltrakt, eine solche Steriliät herbeiführen. Sie stellt damit einen jener „medizinischen Anhaltspunkte" dar, die den Arzt in jedem Fall und ohne Ansehung der Person *rechtlich* verpflichtet, die HIV-Diagnostik anzubieten[8].

Schadensersatz bei mangelhafter ärztlicher Beratung

Kommt der Arzt der rechtlichen Pflicht zum Angebot des Tests nicht nach, setzt er sich vertraglichen und deliktsrechtlichen Schadensersatz- und Schmerzensgeldansprüchen aus[9]. Wird wegen dieses ärztlichen Beratungsfehlers und aus ihr folgender Sorglosigkeit der Eltern ein HIV-infiziertes Kind geboren, muß der Arzt im Fall eines Rechtsstreits damit rechnen, zur Schadensersatzzahlung in Höhe des gesamten für das Kind anfallenden *Unterhalts* verurteilt zu werden[10] und darüber hinaus zu einem *Schmerzensgeld,* dessen Bemessungszeitraum die ganze Schwangerschaft umfaßt[11].

Den Schadensersatzanspruch kann im übrigen nicht nur die Frau, sondern auch der (Ehe-)Mann geltend machen[12].

Ärztliche Beratung während der Schwangerschaft

HIV-Diagnostik

Ähnlich wie im Fall des Kinderwunsches votierte der *Nationale AIDS-Beirat* am 29. September 1987 bezüglich der Schwangerschaft:

„Der Nationale AIDS-Beirat empfiehlt, den HIV-Antikörper-Test auf freiwilliger Basis zum Bestandteil der Schwangeren-Vorsorge in der Frühphase (im Zusammenhang mit der Röteln-Untersuchung) zu machen"[13].

Über diese bloße Empfehlung hinaus ist der Arzt, wie bereits zur Kinderwunsch-Beratung ausgeführt, sogar *rechtlich verpflichtet,* den Test anzubieten, wenn medizinische oder soziale Indikatoren für ein erhöhtes HIV-Risiko sprechen. Da diese diagnostische Maßnahme seit 1987 in die *Mutterschaftsrichtlinien*[14] aufgenommen wurde, ist auch die Kostenfrage geklärt.

Unterläßt es der Arzt trotz bestehender Rechtspflicht, auf die Notwendigkeit des Tests hinzuweisen, riskiert er auch in diesem Fall eine Verurteilung zum gesamten Unterhalt für das mit einer HIV-Infektion geborene Kind. Darüber hinaus kann die Frau Schmerzensgeldansprüche für die während der Schwangerschaft aufgetretenen, speziell mit der HIV-Infektion des Kindes verbundenen Beeinträchtigungen und Komplikationen geltend machen[15].

Beratung über einen Schwangerschaftsabbruch

Es entspricht der allgemeinen Auffassung, daß der Arzt der Schwangeren nicht nur die HIV-Diagnostik empfehlen solle bzw. in bestimmten Fällen anraten muß, sondern daß er bei positivem Befund aufgrund des Arztvertrages auch *verpflichtet* sei, die Schwangere über die Möglichkeiten einer straflosen Abtreibung im Sinn des § 218a StGB zu informieren. Unterläßt er diese Aufklärung und kann die Frau plausibel[16] darlegen, daß sie bei entsprechender Information die Schwangerschaft abgebrochen hätte, treffen den Arzt die bereits dargestellten Haftungsrisiken.

Nach herrschender Ansicht kommen im Hinblick auf § 218a StGB je nach konkreter Fallgestaltung die *medizinische Indikation* des § 218a Abs. 1 Nr. 2 StGB, auf jeden Fall aber die „kindliche", *„embryopathische" Indikation* des § 218a Abs. 2 Nr. 1 StGB in Betracht[17].

Bedenken bezüglich der embryopathischen Indikation

Sicherlich ist dem Arzt beim derzeitigen Diskussionsstand zu empfehlen, die Beratung in dem eben beschriebenen Sinn vorzunehmen. Indessen möchte ich nicht verhehlen, daß mich Zweifel gegenüber dieser bisher auch von mir vertretenen Auffassung ergriffen haben. Sie richten sich nicht gegen die medizinische, sondern gegen die embryopathische Indikation. Zwei Entwicklungen lassen mir, sollten sie sich mit gleicher Tendenz fortsetzen, diese herrschende Meinung zunehmend als fragwürdig erscheinen:

- Zum einen: Neuere Untersuchungen belegen, daß das Risiko einer pränatalen vertikalen HIV-Übertragung, d.h. von der Mutter auf das Kind, wesentlich geringer ist als die ca. 40–60%, die noch vor gar nicht allzu langer Zeit angenommen wurden[18]. Statt dessen wird nunmehr von einer Transmissionsrate von ca. 24–30% ausgegangen[19]. Diese Übertragungswahrscheinlichkeit nähert sich indessen jener Grenze, unterhalb welcher maßgebliche juristische Kommentatoren nicht mehr bereit sind, einen straflosen Schwangerschaftsabbruch aus embryopathischer Indikation zu akzeptieren, weil andernfalls die weit überwiegende Zahl der abgetriebenen Feten tatsächlich gesund gewesen wäre[20].
- Zum anderen: Eine beachtliche Zahl der betroffenen Kinder überlebt trotz HIV-Infektion mehrere Jahre – und dies oft ohne schwere Symptomatik. Einzelne Studien belegen eine Überlebensfrist bis zu 6 Jahren[21]. Indessen liegt die Vermutung nahe, diese Begrenzung ergebe sich nur aus dem bisherigen Beobachtungszeitraum. Eine längere Überlebenszeit erscheint deshalb wahrscheinlich.

Damit besteht gegenüber jenen Erkrankungen, bei denen derzeit in der Praxis ein Schwangerschaftsabbruch wegen embryopathischer Indikation erfolgt – vorrangig Chromosomenanomalien und Stoffwechselstörungen –, ein grundsätzlicher Unterschied: Diese führen in der Regel zu (schwerwiegenden) Beeinträchtigungen bereits *ab der Geburt*. Bedenkt man ferner, daß die Überlebensspanne HIV-infizierter Kinder durch entsprechende Medikamente vermutlich in absehbarer Zeit noch zu erweitern ist, wird immer deutlicher, daß AIDS im Rahmen der Abtreibungsdiskussion eine *Frage von neuer Qualität* aufwirft. Zu fragen ist nicht mehr nur – obwohl auch dies letztlich nie beantwortet werden konnte – welche Lebens*qualität*, sondern auch, welche (statistisch absehbare) Lebens*quantität* des Kindes, d.h. *welche ihm zugemessene Lebensspanne*, die Mutter im Sinn des § 218a Abs. 2 Nr. 1 StGB unzumutbar belastet und damit eine Abtreibung ermöglicht[22].

Daß sich eine Beantwortung nach der Zahl der Jahre schnell als gefährliche Gefällstrecke erweisen kann, ist angesichts von Erbkrankheiten, die erst nach Jahren oder gar Jahrzehnten zum Ausbruch kommen (Beispiel: Veitstanz) offenkundig. Ebenso unverkennbar ist, daß die Rechtspraxis uns zwingen wird, auch dieses an sich unlösbare Problem justitiabel zu machen.

Ich muß jedoch eingestehen, daß mir bis jetzt die Maßstäbe für eine angemessene Lösung fehlen.

Entschädigung beim Verbot der Prostitution

Die weibliche – und ebenso die männliche – Prostitution enthalten im Zusammenhang mit HIV und AIDS neben einem zu jeglicher politischer Agitation tauglichen Diffamierungspotential auch die verschiedensten, vor allem straf- und seuchenrechtlichen Probleme. Nicht immer scheinen dabei die vertretenen Rechtsansichten frei von der „Infizierung" durch die persönliche Moral des Beurteilenden.

Aus dem Bereich des *Seuchenrechts* möchte ich eine spezielle Frage herausgreifen: die Entschädigungszahlung beim Verbot der Prostitution.

Das Bundes-Seuchengesetz (BSeuchG) enthält mit § 38 eine besondere Vorschrift, die ausdrücklich ermöglicht, eine „berufliche" Tätigkeit ganz oder teilweise zu versagen. Obwohl es naheliegt, gegenüber einer HIV-infizierten Prostituierten auf diese spezielle Vorschrift zurückzugreifen, wird bestritten, daß die Prostitution unter § 38 BSeuchG falle – denn er gelte nur für „ordentliche" (bürgerliche?) Berufe. Ein Tätigkeitsverbot gegenüber Prostituierten könne deshalb allein auf die Vorschrift des § 34 BSeuchG gestützt werden, der die zuständigen Behörden ganz allgemein ermächtigt, „die notwendigen Schutzmaßnahmen" zur Bekämpfung der weiteren Verbreitung einer Seuche zu ergreifen[23].

Diese unterschiedliche Bewertung der „käuflichen Liebe" ist indessen keineswegs belanglos. Sie führt vielmehr zu unterschiedlichen *Rechtsfolgen:* Der Verstoß gegen die Berufsuntersagung im Sinn des § 38 BSeuchG ist eine *Straftat,* vgl. § 64 Abs. 2 Nr. 5 BSeuchG, die Zuwiderhandlung gegen ein Tätigkeitsverbot lediglich eine *Ordnungswidrigkeit,* § 69 Abs. 1 Nr. 4 BSeuchG. Darüber hinaus wird nach herrschender Meinung[24] nur das Verbot eines „ordentlichen", nicht dagegen eines „unordentlichen" Berufs durch die in § 49 BSeuchG vorgesehene *Entschädigungsregelung* abgemildert. Dies ist aber durchaus von praktischer Bedeutung, weil nach fast allgemeiner gesundheitspolitischer Ansicht dem schlichten Verbot der Prostitution kaum Erfolg beschieden ist. Die (oder der) Prostituierte, vor die Alternative gestellt, Sozialhilfe zu beziehen oder sich weiterhin sexuell feilzubieten, dürfte in der Regel letzteres bevorzugen. Erfolgreich könnte ein Tätigkeitsverbot dagegen sein, wenn es von flankierenden Maßnahmen der *Ausstiegshilfe* aus dem „Milieu" begleitet wird. Entschädigungszahlungen nach § 49 BSeuchG könnten hierbei eine unterstützende Rolle spielen.

Zu Recht hat sich deshalb am 17./18. November 1988 in Berlin die 10:1-Mehrheit der 59. Gesundheitsministerkonferenz in einer rechtlichen Stellungnahme der Auffassung angeschlossen, der Begriff „Beruf" umfasse zumindest für den Geltungsbereich des Bundes-Seuchengesetzes – wie im übrigen auch im Geschlechtskrankheitengesetz – die Tätigkeit der Prostitution. Die Gesundheitsminister und -senatoren haben damit den Weg zu entsprechenden, den Ausstieg aus der Prostitution erleichternden Entschädigungszahlungen eröffnet.

Einwilligung in den ungeschützten Geschlechtsverkehr

Durch Urteil des Amtsgerichts[25] und das Berufungsurteil des Landgerichts Kempten[26] ist die Frage der rechtlichen Bedeutung einer Einwilligung in den ungeschützten Geschlechtsverkehr mit einer HIV-infizierten Person in das öffentliche Bewußtsein getreten[27]. Wie nahezu alle Aspekte von AIDS hat auch diese Problematik ein zwiespältiges und vor allem polemisches Echo gefunden.

Es soll hier nicht der Ausgangsfall – das längerfristige Liebesverhältnis eines HIV-infizierten Italieners zu einer am Anfang dieser Beziehung noch 16jährigen Schülerin, in dessen Verlauf es, obwohl sie seine Infektiosität kannte, auf *ihr* ausdrückliches Drängen und mit ihrer Einwilligung mehrfach zum ungeschützten Geschlechtsverkehr gekommen war – kommentiert werden. Am Ergebnis – der grundsätzlichen Straflosigkeit ungeschützter geschlechtlicher Beziehungen zwischen HIV-Infizierten und anderen, die in Kenntnis dieses Umstandes und in freier, verständiger Selbstverantwortung einwilligen – kann kaum ein Zweifel bestehen[28]. Statt dessen möchte ich, um das Gewicht solcher Fälle plastisch darzustellen, die Vielzahl der juristischen Fragen skizzieren, die der Erörterung bedürften[29]:

- Ist der oder die HIV-Infizierte schon deshalb straflos, weil er (sie) gar nicht allein das Geschehen bestimmt, d.h. die sog. *Tatherrschaft* über das Geschehen ausübt, sondern beim Geschlechtsverkehr, so sinnbildlich wie selten, in der Regel ein *gemeinsames Handeln* vorliegt?
- Oder folgt die Straflosigkeit aus der rechtfertigenden Kraft der *Einwilligung* in die drohende Verletzung der Gesundheit und des Lebens?
- Oder ist diese Einwilligung ihrerseits ohne Belang, weil die Tat, wie § 226a StGB formuliert, „trotz der Einwilligung gegen die guten Sitten verstößt"?
- Welche Bedeutung kommt dem *Alter* des „Opfers", d.h. des oder der Einwilligenden zu?
- Kann es eine Rolle spielen, ob es sich um den ungeschützten Geschlechtsverkehr etwa der Ehefrau eines Bluters handelt, der durch Blutfaktorenpräparate mit HIV infiziert wurde, und damit wohl um die „Annahme eines gemeinsamen Schicksals" – oder um die Einwilligung einer Heranwachsenden, die vielleicht in einer spätpubertären „Wegwerfmentalität" bezüglich des eigenen Lebens begründet ist?
- Gibt es in diesem Zusammenhang, wie es in der rechtswissenschaftlichen Literatur (allerdings weniger pointiert) formuliert wurde, für die Wirksamkeit der Einwilligung tatsächlich ein „Monopol der Ehe?"[30]
  Ein kaum hinnehmbarer Nebeneffekt dieser Beurteilung wäre, daß hierdurch selbst der lange Jahre andauernden nichtehelichen Lebensgemeinschaft der Stempel der Sittenwidrigkeit aufgedrückt würde – oder ist diese Folge sogar erwünscht?

Ungeklärte Rechtsprobleme

Schon die wenigen angeführten Beispiele belegen, daß von HIV und AIDS aufgeworfene Rechtsprobleme häufig bis an die Wurzeln unserer gesellschaftlichen Wertvorstellungen reichen. Und immer weitere Fragen tauchen auf; etwa:

- Wie groß und gewichtig ist die Gefahr einer vertikalen, das heißt einer Mutter-Kind-Übertragung beim *Stillen?*[31] Ist sie so geringfügig, daß sie durch die Vorteile der natürlichen Muttermilchernährung überwogen wird? Oder ist das Risiko so groß, daß die Mutter sich evtl. sogar strafbar macht, wenn sie das Kind stillt und infiziert[32]? Und wie soll sich die Frau zwischen womöglich widersprüchlich erscheinenden wissenschaftlichen und rechtlichen Auskünften orientieren?

– Wenn die auf Aufklärung beruhende Einwilligung der Frau in den ungeschützten Geschlechtsverkehr mit einem HIV-infizierten Mann zur Straflosigkeit führt – gilt dies ebenso, wenn sie schwanger ist, und damit nicht nur sich, sondern auch das Kind an Leben und Gesundheit gefährdet[33]?

– Wie lange kann, bei sinkendem Infektionsrisiko und sich verlängernder Überlebensfrist, das Vorliegen einer embryopathischen Indikation im Sinn des § 218a Abs. 2 Nr. 1 StGB bejaht werden?

Viele dieser Fragen lassen uns ratlos zurück.

Anmerkungen

1 Allgemein zu (straf- und zivilrechtlichen) Rechtsproblemen bei HIV und AIDS *Eberbach W.* Rechtsprobleme der HTLV-III-Infektion (AIDS). Berlin, Heidelberg, New York: Springer, 1986; sowie die Beiträge in *Schünemann B, Pfeiffer G* (Hrsg). Die Rechtsprobleme von AIDS. Baden-Baden: Nomos, 1988.

Die Zahl der zu den verschiedenen rechtlichen Aspekten von HIV und AIDS erschienenen Publikationen ist in den letzten 2–3 Jahren bis zur Unüberschaubarkeit angewachsen.

2 *Hartmann L, Halberstadt E, Siebentopf H-G, Rübsamen-Waigmann H.* AIDS und Frauen – Gynäkologische und geburtshilfliche Aspekte der HIV-Infektion. Gynäkologie 1989; 2: 53, 54. Siehe ferner die Zahlenangaben des Bundesgesundheitsamtes (Stand: 31. März 1989). AIFO 1989; 4: 224, Tabelle 3.

3 Ausführlich hierzu, mit weiteren Nachweisen, *Eberbach WH.* Arztrecht. In: *Jäger H* (Hrsg). AIDS und HIV-Infektionen. Landsberg: ecomed, 1988, Kapitel IX-2.2.4.

4 Bedeutung des Nachweises einer HIV-Infektion bei Erwachsenen. Düsseldorf: Deutsche Krankenhausgesellschaft: 1988; S. 26, 31; ebenfalls veröffentlicht in: Deutsches Ärzteblatt 1988; 85: B-122, 124.

5 Zu den Voten des *Nationalen AIDS-Beirates* vgl. *Osterheld F.* Der Nationale AIDS-Beirat. Bundesgesundheitsblatt 1988; 31: 358–360.

6 Diese Unterscheidung wird in den von *Medizinern* ausgesprochenen Empfehlungen – verständlicherweise – selten getroffen, vgl. neben dem zitierten Votum etwa *Deinhardt F, Maas G.* AIDS – Nachweis einer HIV-Infektion bei Schwangeren und anläßlich von Beratungsgesprächen zur Empfängnisregelung. Der Frauenarzt 1987; Nr. 2: 58, sub 3. Differenzierter dagegen *Küng Z, Hässig L.* Besondere Probleme betroffener Frauen, in: *Jäger H,* wie Fußn. 3, Kapitel VIII-4, S. 5.

Zum folgenden *Eberbach WH,* wie Fußn. 3, S. 2 ff.

7 So auch *Laufs R, Laufs A.* AIDS und Arztrecht, NJW 1987; 40: 2257, 2264.

8 Ebenso *Hiller KF, Stauber M.* Geburtshilfe/Gynäkologie. In: *Jäger H,* wie Fußn. 3, Kapitel V-5, S. 5.

9 *Eberbach WH,* wie Fußn. 1, S. 43 ff.; *ders.* wie Fußn. 3, S. 6 ff, jeweils mit weiteren Nachweisen.

10 Bundesgerichtshof (BGH); JZ 1983; 38: 447, 448, mit Anmerkung *Deutsch E.* BGH, JZ 1984; 39: 886, 887, mit Anmerkung *Deutsch E.*

11 *Eberbach WH.* Juristische Probleme der HTLV-III-Infektion (AIDS) – unter besonderer Berücksichtigung arztrechtlicher Fragen. JR 1986; 40: 230, 234.

12 BGH, JZ 1983; 38: 447, 448. *Gießen D.* Recht und medizinischer Fortschritt. JR 1984; 38: 221, 223.

13 Vgl. die Angaben in Fußn. 5. Diese Empfehlung stimmt mit der allgemeinen Auffassung überein, siehe etwa *Hiller KF, Stauber M.* Geburtshilfe/Gynäkologie. In: *Jäger H,* wie Fußn. 3, Kapitel V-5, S. 3 f.

14 Bundesanzeiger vom 25. August 1987, Nr. 156a, S. 8.

15 Mit ausführlicher Begründung *Eberbach WH,* wie Fußn. 3, S. 6 f.

16 Dieses Erfordernis ergibt sich aus einem Vergleich mit der Rechtsprechung zu anderen Fällen ärztlicher Beratungsfehler. Die Plausibilität der Behauptung, bei richtiger Aufklärung anders gehandelt zu haben, ersetzt in den Fällen der unterlassenen Aufklärung den – objektiv nicht erbringbaren – vollen Kausalitätsbeweis. Vgl. hierzu mit weiteren Nachweisen zur Rechtsprechung *Eberbach WH,* wie Fußn. 3, S. 6 f.

17 *Laufs R, Laufs A.* AIDS und Arztrecht. NJW 1987; 40: 2257, 2264. *Eberbach WH,* wie Fußn. 1, S. 13 ff. *Hartmann L, Halberstadt E, Siedentopf H-G, Rübsamen-Waigmann H,* wie Fußn. 2, S. 55. *Tröndle H.* Kommentar zum StGB. München: Beck, 44. Aufl., 1988, § 218a, Rdnr. 15. *Eser A.* In: *Schönke A, Schröder H.* Kommentar zum StGB. München: Beck, 23. Aufl., 1988, § 218a, Rdnr. 15. *Hiller KF, Stauber M.* Geburtshilfe/Gynäkologie. In: *Jäger H,* wie Fußn. 3, Kapitel V-5, S. 6.

Nach einem Bericht des Bremer Drogenbeauftragten haben bisher alle ihm bekannt gewordenen Fälle drogensüchtiger Frauen, die zugleich HIV-infiziert waren, die Schwangerschaft abgebrochen, vgl. *Pörksen T.* AIDS- und Drogen-Suchtarbeit in Bremen. Suchtreport 1988; Nr. 1: 8, 11. Jedoch wird auch von anderen Erfahrungen berichtet, siehe etwa *Schäfer A.* HIV-Infektion und Schwangerschaft. AIDS-Forschung an der Freien Universität Berlin, 1988, S. 78, 79 f.

[18] *Laufs R, Laufs A.* AIDS und Arztrecht. NJW 1987; 40: 2257, 2260. *Eberbach WH.* Arztrechtliche Aspekte bei AIDS. AIFO 1987; 2: 281, 287 – jeweils mit weiteren Nachweisen zur medizinischen Literatur. Vgl. ferner etwa *Deinhardt F, Maas G.* AIDS – Nachweis einer HIV-Infektion bei Schwangeren und anläßlich von Beratungsgesprächen zur Empfängnisregelung. Frauenarzt 1987; Nr. 2: 58.

[19] So etwa die European Collaborative Study „Mother-to-child transmission of HIV infection". The Lancet 1988; Vol II: 1039 ff. Italien Multicentre Study „Epidemiology, clinical features, and prognostic factors of paediatric HIV infection". The Lancet 1988; Vol II: 1043 ff. Vgl. ferner die Empfehlung des Wissenschaftlichen Beirates der *Bundesärztekammer.* Die Bedeutung des Nachweises einer HIV-Infektion bei Kindern. Deutsches Ärzteblatt 1988; 85: C-1707.

[20] *Tröndle H,* wie Fußn. 17, Rdnr. 16. Vgl. hierzu ferner *Eser A,* wie Fußn. 17, Rdnr. 24.

Zum Beispiel bedeute ein Risiko von 30%, daß 70 von 100 abgetriebenen Feten nicht infiziert gewesen seien.

[21] *Auger I, Thomas P, Gruttola V.* Incubation periods for paediatric AIDS patients. Nature 1988; Vol 336: 575 ff. Siehe ferner *Grösch-Werner I.* Prospektive Verlaufsüberwachung bei HIV-Antikörper-positiven Neugeborenen. AIDS-Forschung der Freien Universität Berlin, 1988, S. 92 ff. Zur Symptomlosigkeit bzw. Symptomarmut solcher Fälle vgl. auch die Italien Multicentre Study, wie Fußn. 19.

[22] Diese Überlegungen hat der Verfasser erstmals bei der 40. Therapiewoche in Karlsruhe, 1988, vorgetragen, vgl. *Eberbach WH.* Rechtsfragen bei HIV und AIDS. Therapie-Woche 1989, sub III.4. (im Druck). Vermehrt wird sich diese Problematik indessen bei fortentwickelter *pränataler Diagnostik* insbesondere mittels der *Genomanalyse* stellen. Hierzu – und ebenfalls zur Verknüpfung mit der Abtreibungsproblematik – *Eberbach WH.* Pränatale Diagnostik – Fetaltherapie – selektive Abtreibung: Angriffe auf § 218a Abs. 2 Nr. 1 StGB (embryopathische Indikation). Ein streitbarer Beitrag zur Abtreibungsdiskussion. JR 1989 (im Druck), sub A.II.

[23] So etwa *Bachmann W.* HIV-Infektion und Seuchenrecht. MedR 1987; 5: 275, 278, in Fußn. 22. Hierzu auch *Schumacher W, Meyn E.* Kommentar zum Bundes-Seuchengesetz. Köln, Stuttgart, Berlin etc.: Deutscher Gemeindeverlag und Kohlhammer, 3. Aufl., 1987, Erläuterungen zu §§ 34 und 38.

[24] *Eberbach WH.* Rechtliche Rahmenbedingungen für die Krankheit AIDS in der Bundesrepublik Deutschland 1988. Öff. Gesundh. Wes. 1988; 50: 456, 459 f. Ebenso das Rechtsgutachten der 59. Gesundheitsministerkonferenz vom 17./18. November 1988, Berlin. AIFO 1989; 4: 208, 214.

[25] AG Kempten, Urteil vom 1. Juli 1988, Ls 11 Js 393/88 = NJW 1988; 41: 2313 ff. = AIFO 1988; 3: 640 ff.

[26] LG Kempten, Urteil vom 20. Januar 1989 = AIFO 1989; 4: 256 ff.

[27] Zu den *fachlichen* Stellungnahmen vgl. etwa *Helgerth R.* AIDS – Einwilligung in infektiösen Geschlechtsverkehr. NStZ 1988; 8: 261 ff. *Schünemann B.* Die Rechtsprobleme der AIDS-Eindämmung – Eine Zwischenbilanz. In: *Schünemann B, Pfeiffer G* (Hrsg), wie Fußn. 1, S. 373, 476 ff. *Bottke W.* Die Immission infektiösen Ejakulats bei ungeschütztem Geschlechtsverkehr zwischen HIV-Infizierten und minderjährigen Jugendlichen. AIFO 1988; 3: 628 ff. *Prittwitz C.* Strafbarkeit des HIV-Virusträgers trotz Aufklärung des Sexualpartners? NJW 1988; 41: 2942 f.

[28] Zu dieser Auffassung gelangten auch die Sachverständigen bei der öffentlichen Anhörung der Enquête-Kommission des 11. Deutschen Bundestages „Gefahren von AIDS und wirksame Wege zu ihrer Eindämmung" zum Thema „AIDS und Strafrecht" am 11. Januar 1989.

[29] Zum folgenden *Eberbach WH.* Rechtsfragen bei HIV und AIDS. Therapie-Woche 1989; sub I (im Druck).

[30] *Helgerth R.* AIDS – Einwilligung in infektiösen Geschlechtsverkehr. NStZ 1988; 8: 261, 263.

[31] Vgl. nur etwa die Erörterungen in der Zeitschrift The Lancet: „HIV infection, breastfeeding, and human milk banking". The Lancet 1988; Vol I: 143 ff. Italien Multicentre Study, wie Fußn. 19, S. 1045. „Breastfeeding and transmission of HIV". The Lancet 1988; Vol II: 1487. „HIV infection, breastfeeding, and human milk banking". The Lancet 1988; Vol II: 452 f. „Breastfeeding and HIV". The Lancet 1989; Vol I: 333.

[32] Siehe § 35b der Gesetzesinitiative des Freistaates Bayern zur Änderung des Bundes-Seuchengesetzes, Bundesrats-Drucksache 294/87. Ein Verstoß hiergegen soll, unabhängig von einer erfolgten HIV-Übertragung, gemäß § 69 Abs. 1 Nr. 4a des Entwurfs eine Ordnungswidrigkeit sein. Im Falle einer tatsächlich erfolgten Virusübertragung von der HIV-infizierten Frau auf das Kind wäre indessen auch eine fahrlässige Körperverletzung, § 230 StGB, in Betracht zu ziehen.

[33] Diese Problematik wurde bisher kaum erörtert.

Ein Lösungsversuch findet sich bei *Eberbach WH,* wie Fußn. 1, S. 18 ff. und 20 ff. Zu weit geht allerdings *Helgerth R,* wenn er verlangt, daß nicht nur das Lebens- und Gesundheitsinteresse eines bereits *gezeugten* Kindes beachtet werden, sondern schon „die Gefahr der *Zeugung* eines infizierten Kindes ausgeschlossen sein" müsse, *Helgerth R.* AIDS – Einwilligung in infektiösen Geschlechtsverkehr. NStZ 1988; 8: 261, 263, sub VIII. Gegen ein solches – sodann schadensersatzbewehrtes – „Verbot der Fortpflanzung" bereits *Eberbach WH,* aaO, S. 27 f.

Psychosoziale AIDS-Forschung – Fragen, Probleme und Chancen*

Otmar Seidl und Michael Ermann

Notwendigkeit psychosozialer AIDS-Forschung

Mit dem Auftreten des HIV/AIDS-Problems in Europa zu Beginn der 80er Jahre war von Anfang an deutlich, daß es sich um ein Problem mit weitreichenden psychosozialen und psychosomatischen Konsequenzen handelt:

1. Die HIV-Infektion tritt bis heute zahlenmäßig am häufigsten bei Personen auf, die chronisch in psychischem und sozialem Streß stehen: Homosexuelle, Drogenabhängige und Hämophile. Dabei stand von Anfang an zur Diskussion, daß die vorbestehenden psychosozialen Belastungen den Krankheitsverlauf ungünstig beeinflussen können.
2. Vor diesem Hintergrund ist die Unterstützung der Krankheitsbewältigung ein wichtiges soziales und psychologisches Problem. Vorurteile gegenüber „Risikogruppen", irrationale Ängste und Tendenzen zur Isolation verstärken noch den psychosozialen Druck.
3. Die von der HIV-Infektion Betroffenen werden häufig sozial isoliert. Familiäre Beziehungen und Freundschaften, sonst wichtige Stützen bei der Krankheitsbewältigung, zerbrechen aus Angst vor sozialer Isolierung. Die Infizierten selbst ziehen sich mit Schuldgefühlen und Ängsten zurück, statt die Möglichkeiten psychosozialer Unterstützung und professioneller Hilfe, z.B. in Beratungsstellen, wahrzunehmen. Greifbare Nachteile und Diskriminierung verstärken die Ängste der einzelnen und der Familien. All dies bewirkt, daß die spontanen Bewältigungsmöglichkeiten, die sonst bei lebensbedrohlichen und schweren Krankheiten zum Tragen kommen, nachdrücklich eingeschränkt und behindert werden.
4. Da mittelfristig die Entwicklung eines Impfstoffes und einer kurativen Therapie wohl nicht zu erwarten ist, richtet sich das Interesse an der Verhinderung der Verbreitung der HIV-Infektion weitgehend auf primäre Prävention, vor allem auf die Änderung von risikobehaftetem Sexualverhalten. Es scheint, daß dies durch den gesellschaftlichen Umgang mit dem AIDS-Problem eher erschwert als erleichtert wird. Dadurch, daß Homosexuelle zu Risikoträgern schlechthin gemacht werden, wird der wichtige Unterschied zwischen „Risikogruppe" und „Risikoverhalten" nivelliert und das Risikoverhalten der Heterosexuellen verharmlost oder verleugnet. Zudem bewirkt Fokussierung des Interesse am Sexualverhalten von homosexuellen Männern, daß der gesamte Problembereich von „Frauen und AIDS" lange Zeit nicht in das sozialpolitische und wissenschaftliche Blickfeld geriet.

Vor allem diese vier Problemfelder waren es, welche die psychosoziale Dimension des AIDS-Problems mehr und mehr ins öffentliche Bewußtsein treten ließen; folgerichtig wurde sowohl von wissenschaftlicher als auch von politischer Seite von Anfang an gefordert, AIDS-Programme mit psychosozialer und psychosomatischer Beratung und Forschung zu verknüpfen. Blicken wir aber auf die letzten 5 Jahre zurück, dann

* gefördert aus Mitteln des BMJFFG

stehen wir vor der Tatsache, daß sich die psychosoziale und psychosomatische AIDS-Forschung noch in den Anfängen befindet, vermutlich auch wegen der riesigen methodischen und praktischen Probleme auf dem Gebiet. Wir können heute feststellen, daß wir über die psychosozialen Zusammenhänge bei der HIV-Infektion und bei AIDS noch sehr wenig wissen. Entgegen einer unüberschaubaren Zahl von Verlautbarungen im Sinne der „Grauen Literatur" ist die empirische psychosoziale Forschung in der Bundesrepublik Deutschland noch wenig entwickelt. Auf dem Internationalen AIDS-Kongreß in Stockholm (1988) gab es von etwa 1000 Titeln, die den psychosozialen Bereich zum Thema hatten, nur 8 aus der Bundesrepublik, 5 davon aus München.

Besonderheiten psychosozialer AIDS-Forschung

Bei künftiger psychosomatischer AIDS-Forschung wird man von vier Vorüberlegungen ausgehen müssen:

1. Die in anderen Ländern, vornehmlich den USA, gewonnenen Ergebnisse lassen sich nicht unbesehen auf die Verhältnisse in der Bundesrepublik übertragen. Dies ist um so bedauerlicher, weil in den USA wegen des zeitlichen „Vorsprungs" der Krankheit schon zahlreiche Untersuchungen durchgeführt worden sind, die hier erst geplant werden, und weil dort mit viel höheren Fallzahlen gearbeitet werden kann. (Daß sich hierin nicht nur die höhere Zahl von HIV-Infizierten niederschlägt, sondern auch die durch das Gesundheitssystem geförderte Bereitschaft zur Teilnahme an Forschungsprojekten mit kostenfreier Untersuchung und Behandlung, sei im Hinblick auf mögliche Selektionseffekte erwähnt.) Die stärkere soziale Integration der Homosexuellen in den Großstädten (z.B. in San Francisco), die ethnische Vielfalt der Bevölkerung, die unterschiedlichen Gesundheits- und sozialpolitischen Systeme erschweren die Übertragbarkeit der Forschungsergebnisse von den USA auf die BRD.
2. Die psychosoziale Problematik im Zusammenhang mit der HIV-Infektion und AIDS ist nur bedingt vergleichbar mit derjenigen anderer lebensbedrohlicher und chronischer Krankheiten. Die HIV-Infektion ist in ihrer Verknüpfung von Lebensbedrohung und Sexualität, in ihrem Bezug zu besonderen Lebensstilen bzw. Sexualformen einschließlich deren diskriminierender gesellschaftlicher Bewertung eine „neue" Krankheit. Wir können deshalb andere gut untersuchte lebensbedrohliche und chronische Krankheiten nicht unbesehen als orientierendes Modell für die psychosoziale und sozialmedizinische AIDS-Forschung verwenden. In methodischer und paradigmatischer Hinsicht ist jedoch Forschung auf die bewährten Konzepte angewiesen, die für andere Krankheiten erarbeitet worden sind. Modellhaft für die Zusammenhänge von Krankheitsbewältigung, „social support" und Krankheitsverlauf werden die Konzepte, Methoden und Ergebnisse der Psychoonkologie bzw. Psychoimmunologie, der Copingforschung und der psychoanalytischen Abwehrlehre zugrundegelegt. Für den Bereich der Forschung zur Primärprävention (insbesondere Vermeidung von risikoreichem Sexualverhalten) werden Konzepte der gesundheitsorientierten Prävention (am weitesten fortentwickelt in der Herz-Kreislauf-Forschung), der Gesundheitsförderung im sozialen Feld, der Risikoforschung (entwickelt im Zusammenhang mit neuen Technologien; Wenzel 1983), der Wissenssoziologie (Verhältnis von Wissen und Handeln, Umsetzung von Spezialwissen in Alltagswissen; Berger u. Luckmann 1969), der Kontrollüberzeugung u.a. (Kristiansen u. Eiser 1986; Lohaus et al. 1988) angewendet. Problematisch wird die unreflektierte Verwendung dieser Konzepte in der Forschung immer, wenn sie sich einem neuen Gebiet zuwendet und wenn im Falle der Primär-

prävention zwei verschiedene Verhaltensweisen, Sexualverhalten und Gesundheitsverhalten, mit einem gemeinsamen Konzept der Prävention bzw. Risikoforschung untersucht werden. Nicht nur könnte dies zu einer prinzipiellen Einengung des Forschungsgegenstandes „Sexualverhalten", sondern auch zu einem Verlust an Praxisrelevanz führen.

3. Weil AIDS im psychosozialen Bereich viele neue, unvorhersehbare, weitgehend praxisorientierte Fragen aufwirft, ist es sinnvoll, daß sich gegenwärtig die Forschung aus der Praxis entwickelt, praxisbezogen bleibt und Hypothesen von nur kurzer bis mittlerer Reichweite aufstellt und überprüft. Die Komplexität des Forschungsgegenstandes macht eine interdisziplinäre Zusammenarbeit notwendig, auch wenn gegenwärtig ein Auseinanderdriften von Medizin und Sozialwissenschaften zu beobachten ist. Zusammenarbeit kann dabei nicht bedeuten, daß dem biologischen Ansatz soziale und psychologische Variablen hinzugefügt werden, sondern daß ein neues allgemeines Konzept erarbeitet wird, innerhalb dessen interdisziplinär die Forschungsfragen beantwortet werden können.
4. Die Unterschiede der Lebensform und der Sexualität zwischen Homosexuellen, Drogennehmern, Blutern und Bluttransfusionsempfängern sind oft größer als die Gemeinsamkeit einer schweren lebensbedrohlichen Krankheit. Untersuchungen müssen diesen Unterschieden gerecht werden und notwendigerweise differenzieren. Man sollte sich deshalb davor hüten, daß die zahlenmäßig am meisten betroffene Gruppe der Homosexuellen beispielhaft von der psychosozialen AIDS-Forschung als Bezugsgruppe genommen wird, so daß andere Gruppen nur als eine Modifikation davon untersucht werden. Etwas anderes dürfte die Ausdifferenzierung der Gruppe „Frauen und AIDS" sein. In praktischer und wissenschaftlicher Hinsicht ist der „frauenspezifische Ansatz" gerade unter psychosozialer Perspektive von erheblicher Relevanz. Diesen Ansatz gilt es aber erst noch zu erarbeiten.

Forschungsschwerpunkte

Der wichtigste Bereich psychosozialer Forschung ist zunächst die Bewältigung der klinischen Problematik, also die Betreuung und Begleitung der Patienten, die Unterstützung der Partner und Familien und die Beratung von Behandlungsteams, die mit der Pflege der oft schwerkranken Patienten betraut und durch vielfältige Ängste belastet sind. Für die empirische Forschung ergeben sich neben dieser praxisorientierten Fragestellung fünf weitere Schwerpunkte (vgl. Ermann 1988):

Der erste Schwerpunkt ist die Erforschung der psychosozialen Kofaktoren und der protektiven Faktoren im Krankheitsverlauf und bei der Manifestation von AIDS. Der Grundgedanke kreist um die Frage, warum nicht alle Betroffenen mit einem bestimmten Risikoverhalten seropositiv sind und warum einige Seropositive schneller manifest erkranken als andere. Die wesentliche Annahme besagt, daß neben biologischen auch psychologische Faktoren wirksam sind und auf das Immunsystem einwirken. Forschung auf diesem Gebiet ist Grundlagenforschung mit dem Thema Sekundärprävention. Noch fehlen ausreichende Kenntnisse über spezifische Auslösefaktoren und Mediatoren. Vorbild der Forschung mag hierbei die Krebsforschung im Sinne der Psychoonkologie sein, vor allem, wenn es um die Formulierung plausibler Hypothesen geht. In diesem Zusammenhang ist es weiterhin nötig, das Streßkonzept zu differenzieren und gezielt den Einfluß der Faktoren soziale Isolierung, soziale Angst und Mangel an sozialer Unterstützung, aber auch den Einfluß politischer Maßnahmen auf das Erleben der HIV-Infizierten zu untersuchen. Diese Forschungen können eine Basis liefern für soziale und psychotherapeutische Interventionen. Der Versuch unter den zahlreichen psychosozialen Faktoren nach Prädiktoren zu suchen, wie z.B. Hoffnungslosigkeit, Hilflosigkeit, Aggressivität, Angst, Depression, Ich-Schwäche, für einen ungünstigen Verlauf der Infektion, könnte forschungsleitend sein. In dieselbe Richtung zielen Fragen nach der Bedeutung von vorbestehenden neurotischen Konflikten, nach dem Einfluß von Copingstrategie und Abwehrstruktur im Hinblick auf die Verarbeitung der traumatisch erlebten HIV-Infektion. Aus psychodynamischer Sicht ist es erforderlich, persönlichkeitsspezifische Konflikte als „Risikofaktoren" zu untersuchen, aus verhaltensmedizinischer Sicht den Einfluß des sozialen Lernens auf immunologische Vorgänge. Zu verläßlichen Ergebnissen können Untersuchungen zu diesen Fragestellungen allerdings nur kommen, wenn sie als Verlaufsstudien einen längeren Zeitraum umfassen. Da dies erfahrungsgemäß aus vielen Gründen nur schwer möglich sein wird, werden auch Ex-post-Studien durchgeführt werden müssen.

Der zweite Forschungsschwerpunkt betrifft die Krankheitsbewältigung. Hier kann uns die schon weitgehend ausdifferenzierte Copingforschung grundlegende Konzepte liefern (Lazarus 1966; Brüderl et al. 1988). Gut validierte Untersuchungsmethoden bieten im deutschsprachigen Raum Heim et al. (1988) und Muthny (1988) an. Der wesentliche Gedanke dabei ist, daß der Umgang mit der Tatsache, infiziert oder AIDS-krank zu sein, einen Einfluß auf den Krankheitsverlauf (z.B. Latenzzeit bis zur Manifestation der Immunschwäche oder Überlebenszeit) oder/und auf das subjektive Wohlbefinden, die Lebensqualität, hat. Die psychosoziale Forschung versucht neben einer Beschreibung (Lexikalisierung) von Copingmechanismen, einschließlich der Häufigkeit von deren Anwendung und Veränderung im zeitlichen Verlauf der Krankheit (Copingrepertoir und Verlaufsstruktur), Beurteilungskriterien in günstiges („good coping") und ungünstiges („poor coping") Coping (Heim 1987) in Abhängigkeit von der jeweiligen Lebens- und Krankheitssituation zu finden (Namir et al. 1986; Schorberger 1987; Weingart-Jesse et al. 1989; Temoshok et al. 1988). Copingverhalten mag hierbei sowohl als Indikator als auch als Kofaktor für unterschiedliche Infektionsverläufe gelten.

Dieses Konzept bedarf zweier wichtiger Ergänzungen: Die Diagnosemitteilung, HIV-positiv bzw. AIDS-krank zu sein, bedeutet eine massive Traumatisierung für die Betroffenen, die neben der Mobilisierung von Bewältigungsmechanismen (Coping) auch viele unbewußte Abwehrprozesse in Gang setzt (Seidl u. Goebel 1987; Canaris 1988). Diese lassen sich nur in einem psychodynamischen Ansatz unter Zuhilfenahme der psychoanalytischen Abwehrlehre untersuchen. Die Notwendigkeit, auch diese Abwehrprozesse bei der Untersuchung der Verarbeitung der Krankheit zu berücksichtigen, führt zu nicht unerheblichen methodischen und paradigmatischen Problemen. Es ist bis heute nicht gelungen, Coping und Abwehr in einem einheitlichen Konzept zu untersuchen. Ältere (Haan 1977) und jüngere Versuche (Kächele u. Steffens 1988) sind noch unbefriedigend.

Die zweite notwendige Ergänzung betrifft die Einbeziehung von sozialer Unterstützung („social support") in das System der Krankheitsbewältigung. Wieweit soziale Hilfe in Anspruch genommen werden kann, hängt nicht nur von ihrem Vorhandensein ab, sondern auch von der Fähigkeit, diese zu suchen und aufnehmen zu können (Caplan 1974; Cassel 1974). Der Zusammenhang zwischen Bewältigungsverhalten und sozialer Unterstützung kann nur in einem einheitlichen Konzept untersucht werden (Thoits 1982).

Der dritte Schwerpunkt ist die Evaluation psychosozialer und psychotherapeutischer Interventionen. Dabei ist entscheidend, wie objektiv die Wirkung verschiedener Interventionsstrategien auf das Verhalten, auf das psychische Befinden und auf den Krankheitsverlauf erfaßt werden kann. Es wäre höchst bedeutsam, wenn ein spezifischer Einfluß psychotherapeutischer Interventionen auf den körperlichen Krankheitsverlauf nachgewiesen werden könnte, ob z.B. Psychotherapie im Hinblick auf eine neurotische Persönlichkeitsstruktur oder auf die Lösung neurotischer Konflikte den Ausbruch von AIDS bei Infizierten oder die Überlebenszeit beeinflussen kann.

Der vierte Forschungsschwerpunkt gilt der Frage, welche praktischen und sozialpsychologischen Interventionen das Sexualverhalten im Hinblick auf eine Neuinfektion (Primärprävention) beeinflussen können. Dieser Forschungsbereich umfaßt neben einer dringend notwendigen aktuellen repräsentativen Erhebung über das Sexualverhalten der Deutschen vergleichende Untersuchungen über die Effektivität von Aufklärungskampagnen von unterschiedlichen Institutionen (Floto et al. 1987, 1988a). Erste Repräsentativbefragungen in der BRD lassen vermuten, daß sich im Hinblick auf AIDS Wissen, Einstellungen und Verhalten verändert haben (BZgA 1987; FORSA 1987; MAGS 1987; Runkel 1987). Zur Relevanz der Laientheorien über Übertragungswege der HIV-Infektion siehe Wellings (1988) und Warwick et al. (1988). Es ist wichtig, daß wir mehr über die Hintergründe erfahren, warum Information angenommen oder abgelehnt wird. Wir müssen zu klären versuchen, wodurch Vertrauen entsteht und ob angstgeleitete Präventionsmaßnahmen eher zu Erfolgen führen. Eine Forschung über die „Psychologie des Risikoverhaltens" (vor allem risikobehaftetes Sexualverhalten), differenziert nach verschiedenen Personengruppen, kann Grundlagen für die Präventionsprogramme liefern. Hier könnte man modellhaft und konzeptuell von der Risikofaktorforschung in bezug auf Herzinfarkt (Bengel u. Stößel 1988) ausgehen sowie von sozialpsychologischen Modellen, die gesundheitliches Risikoverhalten erklären können: von dem Health Belief Model (Bengel u. Stößel 1988) oder von dessen Weiterentwicklung mit der „Protection Motivation Theory" (Rogers 1983), von der Theorie der Risikowahrnehmung (Weinstein 1982; Verres 1986; Slovic 1987; Perloff 1987), der Theorie der „Kontrollüberzeugung" (Lohaus et al. 1988) und der Theorie von Ajzen u. Fishbein (1980), in der Verhalten als Folge von Einstellungen und subjektiven Normen erklärt wird.

Der fünfte Schwerpunkt ist eine genuin soziologische Fragestellung: Der Einfluß von „AIDS" auf die Gesellschaft als soziales System, auf die Sexualität insbesondere von Jugendlichen und von Frauen, einschließlich der psychosexuellen Entwicklung. Ein weiteres notwendiges Thema ist der gesellschaftliche Umgang mit Infizierten, einschließlich der Diskriminierungs- und Minoritätenproblematik (Siegel 1986; Herek u. Glunt 1988).

Aktueller Diskussionsstand der Forschung

Trotz des hohen Bedarfs an psychosozialer AIDS-Forschung haben im Gegensatz zur Medizin die Sozialwissenschaften bisher kein konsistentes Wissensgebäude erarbeiten können. Das liegt z.T. darin begründet, daß bei einem sozialwissenschaftlichen Ansatz im Unterschied zur Medizin mit einer Vielzahl von Variablen, die im einzelnen nicht genau zu definieren sind, gearbeitet wird. Vom sozialwissenschaftlichen „Forschungsstand" zu sprechen, ist deshalb heutzutage übertrieben. Gegenwärtig können wir eher Fragen stellen und Hypothesen ausarbeiten als Antworten geben.

Im folgenden soll versucht werden, einige Fragen, Methoden und Ergebnisse psychosozialer AIDS-Forschung darzustellen. Dabei ist eine umfassende und systematische Darstellung nicht beabsichtigt. Vielmehr erfolgt eine Auswahl von Forschungsthemen, die durch das Interesse der Autoren dieses Artikels bestimmt wird.

Medizin als Handlungs- und Wissenssystem

J. Mann, der Vorsitzende des AIDS-Programms der WHO, stellte auf der Eröffnung des AIDS-Kongresses in Montreal (1989) die Fragen: „Who will provide the intensive health care and counselling for the increasing number of AIDS patients?" und „Who will care for the care givers, many of whom are vulnerable to battle fatigue?" (The New York Times, 5. 6. 1989). Diese Fragen gelten dem medizinischen Versorgungssystem als Ganzes im Hinblick auf künftige Entwicklungen. Wegen der zu erwartenden zunehmenden Zahl von AIDS-Kranken werden immer mehr Ärzte, Krankenschwestern, Pfleger und andere, am medizinischen Versorgungssystem Beteiligte in unmittelbare und mittelbare Beziehung zu HIV-Infizierten und AIDS-Kranken treten. Die Behandlung und Betreuung wird dabei notwendigerweise zunehmend dezentralisiert werden. Zieht man in Betracht, daß auch immer mehr AIDS-Kranke ambulant und solange wie möglich zu Hause behandelt werden möchten, steht das medizinische Versorgungssystem im Hinblick auf die Behandlung von AIDS-Patienten vor einer Umorientierung, auf die es sich vorbereiten muß. Ob hierzu das medizinische Versorgungssystem in seiner Struktur nur einer Modifizierung bedarf, oder ob die notwendige Zusammenarbeit von Sozialarbeitern, Medizinern und Psychologen (Stille u. Helm 1987) eine Neuorientierung induzieren wird, ist ungeklärt und sollte Thema medizinsoziologischer Forschung werden.

Dabei könnten einige Erfahrungsberichte zugrundegelegt werden, z.B. was die Zusammenarbeit von Kliniken mit niedergelassenen Ärzten (Orman 1989; Zieseniss u. Bettels 1988; Zeschel u. Meyer-Glauner 1989), die Versorgung der AIDS-Kranken zu Hause (Zieseniss u. Bettels 1988) und das Erleben von Kranken im medizinischen System (Heil 1987) betrifft. Auch wenn ärztliche Versorgung und psychosoziale Betreuung innerhalb einer spezialisierten Behandlungseinheit von den AIDS-Patienten als gut bezeichnet werden (Satzinger u. Jäger 1989), bleibt zu fragen, wieweit diese Versorgungsmodelle generalisierungsfähig sind.

Im Hinblick auf die zunehmende Zahl von AIDS-Kranken, die innerhalb des medizinischen Versorgungssystems betreut werden müssen, ist die Frage nach dem Wissensstand der Ärzte von nicht unerheblicher Bedeutung (Hammel u. Jäger 1989). Dabei ist zu berücksichtigen, daß die AIDS-Patienten zu den über ihre Krankheit Bestinformierten gehören, und daß ihr Vertrauen zum Arzt auch davon geprägt wird, wie sehr dieser zu erkennen gibt, daß er sich um AIDS-bezogene Fortbildung bemüht. Welch wichtige Funktion in der Wissensvermittlung Ärzte haben, kann aus den Untersuchungen von Bochow (1988) abgeleitet werden. So gaben 20% der Befragten an, daß sie ihre Informationen zum Thema AIDS von ihrem Arzt oder aus einer medizinischen Einrichtung bekommen haben.

Der Konflikt der Patienten, zwar lieber zu Hause von niedergelassenen Ärzten betreut werden zu wollen, aber in die Kliniken mit ihren Ambulanzen gehen zu müssen, weil man dort einen höheren medizinischen Wissensstand vermutet, soll ebenso untersucht werden wie die Frage, ob die häufig negativen Affekte der Ärzte AIDS-Patienten gegenüber auch aus ihrem geringen Wissensstand über die Möglichkeiten der Behandlung der Erkrankung resultieren. Untersuchungen hierzu wurden von Hammel u. Jäger (1989) auf dem 2. Deutschen AIDS-Kongreß vorgestellt. 35% der befragten Ärzte wollen einen AIDS-Patienten lieber nicht in ihrer Praxis behandeln.

Erste Untersuchungen zur Bereitschaft von Ärzten zu AIDS-bezogener Fortbildung wurden von Kreuzer et al. (1989) veröffentlicht. Es ist bemerkenswert, daß bei der Auswertung von 448 Teilnehmerfragen auf 22 Fortbildungsveranstaltungen die psychosoziale Problematik und Beratung mit nur 5% den geringsten Anteil aller Fragen zur ärztlichen AIDS-Problematik einnahm.

Das starke Angebundensein der meist jungen AIDS-Kranken, die bisher noch selten im Patientenstatus waren, an das medizinische System kann als ein Problem der Abhängigkeit untersucht werden. Das gilt vor allem für Homosexuelle, die nicht selten eine kritische Haltung zum medizinischen Versorgungssystem einnehmen, welches ihre Homosexualität als deviantes Sexualverhalten „medikalisiert". Die Macht, die der Medizin angesichts von AIDS zugewachsen ist, könnte von den Patienten als Bedrohung, von den Ärzten als Stimulierung ihrer Omnipotenzgefühle und -phantasien (Grönfors u. Stalström 1987) erlebt werden.

Ausgehend von diesen Überlegungen könnte man nach dem Einfluß des medizinischen Systems als Ganzes auf die Möglichkeiten der Behandlung und Betreuung von HIV-Infizierten und AIDS-Kranken fragen. Das medizinische Wissens- und Handlungssystem kommt aufgrund des organbiologischen und seuchenmedizinischen Ansatzes notwendigerweise zu bestimmten Erklärungen von AIDS und zu therapeutischen Konzepten. Ob dadurch die Medizin „kontraproduktiv" wird durch Biologismus, Ideologisierung, Medikalisierung und Stigmatisierung (Rosenbrock 1984), Mystifizierung im Verbund mit Professionalisierung (Göckenjahn 1987) und zur Entwicklung eines Gesundheits-Überwachungsstaates (Schmacke 1987) beiträgt, wird kritisch immer wieder vorgebracht, jedoch nicht empirisch untersucht. Interessant wäre z.B., wieweit davon die unmittelbare Arzt-Patienten-Beziehung betroffen ist, sei es im Hinblick auf eine besondere Patientenkarriere oder auf verhaltensprägende Motive des Arztes. Erste Ergebnisse einer von uns durchgeführten Studie lassen die These formulieren, daß der Arzt sein medizinisches Handeln und seine unmittelbare Beziehung zum AIDS-Patienten unabhängig davon gestaltet, welche gesundheitspolitischen Vorstellungen er selber hat und vertritt (Seidl 1989). Eine andere Fragestellung wäre die nach dem Einfluß des medizinischen Systems auf das Selbstverständnis der Betroffenen als Infizierte, auf deren Selbstdefinition ihrer Krankheit, auf die „Selbststigmatisierung" (Rosenbrock 1984; Kaplan et al. 1987; Höchli u. Jäger-Collet 1987).

Beziehung von Ärzten und Pflegekräften zu ihren AIDS-Patienten

Neben der Forschung, die sich mit der Medizin als Wissens- und Handlungssystem beschäftigt, gewinnen die mikrosoziologischen und sozialpsychologischen Aspekte der Interaktion von Ärzten und Krankenschwestern mit AIDS-Kranken zunehmend an Bedeutung. Der richtige Umgang mit den HIV-Infizierten dürfte einen erheblichen Einfluß auf deren Möglichkeiten der Krankheitsbewältigung, auf das subjektive Befinden sowie die Lebensqualität und damit möglicherweise auf den Verlauf der Krankheit haben. Bei der erheblichen psychischen Belastung der Betreuer, mit der Neigung zum „burn out", ist es notwendig, auch deren Rolle im Beziehungsprozeß zu berücksichtigen. Modellhaft wurde dies bisher auf onkologischen Stationen untersucht. Die Erkenntnisse dieser Untersuchungen lassen sich für die vorliegende Fragestellung fruchtbar machen (Kleeberg 1986; Köhle et al. 1986; Meerwein 1976; Reimer u. Kurthen 1985; Silberfarb u. Levine 1980; Ullrich 1987).

Für die Untersuchung der Arzt-Patienten-Beziehung verwendet die Soziologie zwei alternative Modelle, die mit dem Namen Talcott Parsons (Parson 1951a, 1951b, 1964, 1975) und Erving Goffman (Goffman 1959, 1961, 1963) verbunden sind. Parsons betrachtet die Arzt-Patienten-Beziehung als ein soziales System mit komplementärer Rollenverteilung, während Goffmans interaktionistisches Konzept von einem situationsbezogenen Aushandeln von rollenbezogenen Interessen ausgeht. Dabei hat das Verhalten von Arzt und Patient den Modus einer aufeinander bezogenen Selbstdarstellung, die sich an unterschiedlichen Interaktionszielen orientiert. In beiden Modellen sind implizit schon weitgehende und unterschiedliche inhaltliche Aussagen enthalten, so daß es problematisch ist, sich konzeptuell vorab einem der beiden Modelle zu verpflichten. Die beiden Modelle gehen von bestimmten Interaktionsformen aus, die sie eigentlich erst untersuchen bzw. nachweisen wollen. Es wäre interessant zu fragen, ob das Parsonssche Modell der professionellen Rollenbeziehung gerade deshalb für die Beziehung von Ärzten zu ihren AIDS-Patienten charakteristisch ist, weil es eine als notwendig empfundene Distanzierung zum Patienten erlaubt. Die Untersuchungen der Arzt-Patienten-Beziehung sollten deshalb beim gegenwärtigen Wissensstand so offen wie möglich angelegt werden und nicht durch eine vorschnelle Festlegung auf ein theoretisches Modell wichtige Zusammenhänge aus dem Blickfeld verschwinden lassen. Die Fruchtbarkeit eines „fallanalytischen Ansatzes" hat U. Gerhard konzeptuell (1985) und inhaltlich (1986) eindrucksvoll dargelegt.

Empirische Untersuchungen zur Beziehung von Ärzten und Krankenschwestern zu AIDS-Kranken sind selten. Im deutschsprachigen Raum beschäftigt sich unsere Forschungsgruppe intensiv mit diesem Thema. Dabei sollen in einem ersten Schritt Ärzte, die vornehmlich AIDS-Patienten behandeln, mittels eines Fragebogens befragt werden (Waldvogel et al. 1989). Weil hierdurch nur die relativ bewußtseinsnahen Beziehungsaspekte und Belastungen erfaßt werden können, greift dieser Ansatz zu kurz und ermöglicht nur relativ oberflächliche Aussagen.

Eine mehr auf die unbewußte Beziehungsdynamik ausgerichtete Forschung steht allerdings vor erheblichen Schwierigkeiten. Ein möglicher Zugang wäre ein „Tiefeninterview", welches Abwehrprozesse erfassen könnte. Denkbar wären auch Untersuchungen im Sinne der „teilnehmenden Beobachtung" des Interaktionsprozesses. Wir selbst entschieden uns für die wissenschaftliche Beforschung von Balint-Gruppen mit Ärzten und Krankenschwestern, die AIDS-Patienten betreuen. Zu diesem Verfahren ermutigten uns inhaltlich eigene Voruntersuchungen mit einer Balint-Gruppe mit Krankenschwestern (Seidl 1987a, 1989) methodisch die Arbeiten von Alberti (1988), Argelander (1988), Rosin u. Heigl-Evers (1988). Als wesentliche Problemkomplexe, welche die Beziehungsdynamik beeinflußten und prägten, fanden wir die unbewußte Mobilisierung von Ängsten, sowohl vor der Infektion als auch vor dem Tod (Kane u. Hogan 1985), Resignation angesichts der geringen therapeutischen Möglichkeiten, Abwehr von Ängsten mit der Folge von Überaktivität und Überidentifikation mit der Berufsrolle und den Patienten bzw. überstarker Distanzierung von ihnen, mehr oder weniger verleugnete Aggressionen gegenüber den Patienten. Es zeigte sich, daß auch professionelle Kräfte, ähnlich wie die Bevölkerung, tendenziell zu Schuldzuweisungen und zu einer moralisierenden Interpretation der Krankheit neigten. Dadurch entstanden Konflikte mit der Berufsrolle als wertneutraler Arzt oder als Krankenschwester. Diesem Konflikt versuchten beide Berufsgruppen reaktiv durch entsprechendes Verhalten zu entgehen, die Krankenschwestern durch vermehrten persönlichen Einsatz, oft mit dem Ergebnis Erschöpfung („burn out"), Ärzte durch „Verwissenschaftlichung" des „Falles" und damit einer Distanzierung von der eigenen Problematik. Unsere Ergebnisse werden abgestützt und ergänzt durch die Überlegungen und Erfahrungen von anderen Autoren (Becker 1987; Bräutigam 1987).

Daß die Beziehungsdynamik auch davon geprägt wird, zu welcher Risikogruppe der Patient gehört, haben Schneider et al. (1989a) eindrucksvoll am Beispiel der Hämophilen aufgezeigt. So waren bei den Ärzten Schuldgefühle in besonderem Maße gegenüber den Hämophilen vorhanden, weil durch die ärztliche Verordnung von Gerinnungspräparaten, die den Patienten zunächst ein „normales" Leben ermöglicht hatten, die Infektion verursacht worden war. Angesichts von AIDS fühlten sich die Ärzte (mehr oder weniger bewußt) als unheilvolle, infektionsbringende Therapeuten. Zu der spezifischen Beziehungsdynamik von Ärzten zu ihren homosexuellen Patienten siehe Seidl (1989), Gonsiorek (1982) und Krajeski (1986).

Die wenigen Untersuchungen in Deutschland zur Arzt-Krankenschwester- und -Patienten-Beziehung genügen, um die dringende Forderung nach Balint-Gruppen (Kreuzer et al. 1989; Seidl 1989; Waldvogel et al. 1989) bzw. Supervision für alle an der Betreuung von AIDS-Patienten Beteiligten zu begründen. Hierbei geht es im wesentlichen um die Bewußtmachung der häufig verdrängten unbewußten Beziehungsanteile (Kreuzer et al. 1989; Moeller 1987), um die Fähigkeit zur Selbstkritik und zur Bereitschaft, eigene Ängste zuzulassen (Becker 1987). Nach unseren ersten Untersuchungen zur Arzt-Patienten-Beziehung mittels einer Balint-Gruppe (Seidl 1989) spielt die moralische Bewertung des Patienten bzw. die Schuldzuweisung durch den Arzt eine wichtige, allerdings weitgehend unbewußte Rolle im Interaktionsgeschehen. Es ist zu vermuten, daß dies zwar nicht das medizinische Handeln beeinflußt, aber die Beziehungsmodalitäten stark prägt, so daß es für den Arzt schwer wird, auf die psychischen Probleme des Patienten einzugehen. Gleiches gilt für Krankenschwestern.

Dieser Rückzug auf die professionelle ärztliche und pflegerische Rolle unter Vermeidung einer mehr persönlich-empathischen Beziehung könnte eine Erklärung für das ungewöhnlich starke Bedürfnis von Ärzten und Krankenschwestern nach professioneller psychosomatischer Betreuung ihrer Patienten sein, sei es durch den psychosomatischen Konsiliarius oder durch externe Einrichtungen (Waldvogel et al. 1989). Man kann vermuten, daß sich Ärzte unter (unbewußter) Berufung auf ihr geringes Wissen von AIDS (Hammel u. Jäger 1989) von der Betreuung von AIDS-Patienten entpflichten.

Es gibt einige Hinweise darauf, daß die Beziehung der Ärzte zu ihren AIDS-Patienten mehr von deren Zuordnung zu einer der „Risikogruppen" geprägt ist als durch die gemeinsame Krankheit AIDS. Die Forschung zur AIDS-Patienten-Beziehung muß deshalb zwischen den einzelnen Gruppen von vornherein differenzieren: Schuldzuweisungen, Stigmatisierung, Diskriminierungstendenzen, Identifizierung mit den Patienten hängen für die Ärzte und Krankenschwestern erheblich davon ab, wie die Krankheit erworben wurde. Es ergibt sich daraus eine jeweils andere Beziehungsdynamik. In der Beziehung zu AIDS-Kranken wird außerdem deutlich, daß nicht nur die Patienten, sondern auch Ärzte und Krankenschwestern unabhängig und neben ihrem medizinischen Krankheitsverständnis von „subjektiven Krankheitstheorien" beeinflußt werden (Mechanic 1968; Stimson u. Webb 1975). Insbesondere gilt dies für die Schuld-Sühne-Thematik, die wir aus dem Umgang mit Patienten bei allen lebensbedrohlichen Krankheiten kennen (Altman 1987; Sontag 1977, 1988). Sorgfältige Untersuchungen dazu gibt es aus dem Bereich der Onkologie (Meerwein 1985).

Aus unserem nicht abgeschlossenen, vom „Bundesministerium für Jugend, Familie, Frauen und Gesundheit" geförderten Forschungsprojekt zum Thema „Arzt-Patienten-Beziehung" sollen zusammenfassend im Hinblick auf die Schuldthematik drei uns wichtig erscheinende Anmerkungen gemacht werden:

1. Die Beziehungsdynamik wird zu einem großen Teil von unbewußten Motiven beherrscht. Die Abhängigkeit der Ärzte und Krankenschwestern von „subjektiven Krankheitstheorien", die Schuldzuweisung und Diskriminierungstendenzen sind mit dem beruflichen Ich-Ideal nur schwer vereinbar und müssen deshalb bewußtseinsfern bleiben. (So hat es eine Berliner Klinik abgelehnt, einen Fragebogen von uns zu beantworten, in dem danach gefragt wurde, ob es für Ärzte oder Schwestern einen Unterschied mache, zu welcher „Risikogruppe" der Patient gehört. Allein diese Frage wurde als eine Zumutung empfunden.)
2. Solange Arzt und Krankenschwester die Schuldthematik verdrängen, ist es beiden nicht möglich, die Schuldgefühle des Patienten anzusprechen und mit ihm zu bearbeiten. Die Notwendigkeit hierzu läßt sich aus den Untersuchungen von Moulton et al. (1987) und mit der dort entwickelten „Blame-These" begründen. Je weniger Infektion und Homosexualität von den Betroffenen als schuldhaft erlebt werden, desto besser ist ihr immunologischer Zustand (s. auch Kaplan et al. 1987).
3. Mehr oder weniger ausgeprägt erlebt fast jeder Patient seine Erkrankung im Zusammenhang mit Schuld und Sühne. Dies gilt für die Homosexuellen ebenso wie für die Bluter, Bluttransfusionsempfänger und Drogennutzer. Die Schuldgefühle werden auf unterschiedlicher Ebene abgewehrt, durch Fatalismus, Projektion, Reaktionsbildung, u.a. Diese Abwehrprozesse haben auch Einfluß auf das Copingverhalten.

Unsere Untersuchungen (Seidl 1989) lassen vermuten, daß der Umgang von Ärzten und Krankenschwestern mit AIDS-Patienten auch zu einer „Selbststigmatisation" führt, als „AIDS-Arzt oder „AIDS-Schwester" zu gelten. Es fällt ihnen z.B. schwer, im Alltag über ihre Arbeit zu sprechen. Sie fühlen sich durch ihre berufliche Exposition als potentielle Virusträger und erleben entsprechende Reaktionen der Umwelt. Anders ist es schwer zu erklären, warum Ärzte ihr berufliches Infektionsrisiko jenseits bekannter Wahrscheinlichkeiten zwischen 0% und 10% einschätzen (Waldvogel et al. 1989). Eine „Lösung" dieser Problematik besteht in der Ausdifferenzierung in ein medizinisches System „AIDS", ähnlich der Ausdifferenzierung in die Fachdisziplin „Haut- und Geschlechtskrankheiten", „Neurologie" und „Psychiatrie".

Untersuchungen über die Psychodynamik der Arzt-Patienten-Beziehung unter Berücksichtigung auch der unbewußten Dynamik gibt es nur wenige (Dunkel u. Hatfield 1986; Hinrichs 1988; Reiche 1988; Ermann et al. 1988). Weitere Ergebnisse aus laufenden Forschungen sind von Becker und Clement, Weimer sowie Weinel zu erwarten, die in diesem Jahr in der Zeitschrift Psyche zu veröffentlichen beabsichtigen. Daß sich die Arzt-Patienten-Beziehung mit der psychoanalytischen Begrifflichkeit von Übertragung und Gegenübertragung beschreiben und fruchtbar untersuchen läßt, haben einige Autoren demonstriert (Dunkel u. Hatfield 1986; Seidl 1989).

Untersuchungen, über die in der englischsprachigen Literatur berichtet wird, sind weitgehend kognitiv ausgerichtet. Es ergeben sich drei Themenbereiche:

1. Untersuchungen zur Arzt-Patienten-Beziehung und zur Einstellung von Ärzten gegenüber HIV-Infizierten, insbesondere Homosexuellen (Kelly et al. 1987b; Douglas et al. 1985; Richardson et al. 1987; Royse u. Birge 1987; McKusick et al. 1986). Tiefenpsychologisch ausgerichtete Untersuchungen finden sich bei Dunkel u. Hatfield (1986) sowie Stevens u. Muskin (1987).
2. Einstellungen von Medizinstudenten zu HIV-Infizierten, insbesondere zu Homosexuellen, und Erarbeitung von Lehrprogrammen (Goldman 1987; Kelly et al. 1987c; Clift u. Stears 1988; Wachter 1986).
3. Beziehungen des medizinischen Personals, insbesondere von Krankenschwestern, zu HIV-Infizierten, unter besonderer Berücksichtigung des „burn out" (Kelly et al. 1987a; Amchin u. Polan 1986; Bor u. Miller 1988; Wertz et al. 1988; O'Donnel et al. 1987; Ross u. Seeger 1988; Pomerance u. Shields 1988; Wolcott et al. 1985; Rosner et al. 1985; Massie u. Barbuto 1984; Batten 1983).

Psychotherapie von HIV-Infizierten

Trotz einer Vielzahl von Angeboten unterschiedlicher psychotherapeutischer Verfahren für HIV-Infizierte und AIDS-Kranke gibt es kaum Untersuchungen über Indikation, Ziele und Wirksamkeit. Die verschiedenen psychotherapeutischen Ansätze lassen sich den folgenden Gruppen zuordnen:

Als weitgehend unspezifische Therapie werden allgemein stärkende Maßnahmen wie gesundheitsbewußtes Leben, gute Ernährung und Sport angeboten. Die Autoren, welche HIV-Infizierten Sport empfehlen (Jäger 1987; Pfäffl 1987; Ramloch-Sohl u. Wiederkehr 1986), berufen sich auf seine angst- und streßreduzierende und psychisch stabilisierende Funktion und auf seinen fördernden Einfluß auf das Immunsystem (Kraus 1985).

Ein weiterer, noch relativ allgemeiner therapeutischer Ansatz hat zum Ziel eine allgemeine Streßreduktion durch Techniken der Entspannung, der Meditation und der Hypnose. Dabei können sich die Therapieprogramme auf gut dokumentierte und relevante psychophysiologische Untersuchungen berufen (Glaser et al. 1985b, 1987; Kiecolt-Glaser et al. 1985, 1986; Tecoma u. Leighton 1985; Rudgers et al. 1979; Locke et al. 1984). Es werden Techniken der Hypnose (Hall 1982), der Imagination (Simonton et al. 1982) mit ihrer Wirkung auf das Immunsystem (Achterberg 1987) in die therapeutischen Programme für HIV-Infizierte einbezogen, außerdem Programme zur Förderung der sozialen Unterstützung bzw. der Bereitschaft, diese in Anspruch zu nehmen (Böhnke u. Kretschmer-Flemming 1988). Hilfen gelten auch Partnern und Angehörigen (Kelly u. Sykes 1988; Geis et al. 1986; Bor et al. 1988, 1989; Walker 1988; Belfer et al. 1988).

Es ist die Tendenz zu beobachten, verschiedene therapeutische Methoden, deren positiver Einfluß auf das Immunsystem oder auf den Verlauf anderer Krankheiten bekannt ist, zu einem einheitlichen Therapieprogramm zusammenzufassen in der Vorstellung, daß sich die therapeutischen Effekte summieren ließen. Dies hat u.a. zur Folge, daß der spezielle therapeutische Nutzen der einzelnen Therapieansätze für die HIV-Infektion nicht mehr überprüfbar ist. Die den evaluativen Studien zugrundegelegten Parameter sind unterschiedlich. Untersuchungen, die als Interventionsstudien geplant sind, beziehen sich gern auf immunologische Parameter und sehen in deren Besserung und Stabilisierung den Sinn der Therapie. Andere Ansätze richten sich auf die zeitlichen Zusammenhänge (Verlängerung der Latenzzeit, Verlängerung der Überlebenszeit) oder auf das subjektive Wohlbefinden.

In der Literatur über Beratung und Psychotherapie von HIV-Infizierten überwiegen Erfahrungsberichte, die Auflistung von Problemfeldern und Themen sowie die Beschreibung von Schwierigkeiten in der therapeutischen Situation. Dabei wird häufig zwischen Counselling und Psychotherapie nicht unterschieden. Die spezifischen Therapieansätze richten sich vor allem auf die Unterstützung bei der Bewältigung (Coping) der HIV-Infektion im Zusammenhang mit der Homosexualität, der Drogenabhängigkeit und der Hämophilie (Coates et al. 1984; Schwartz 1987; Schneider et al. 1989a). Grundsätzliche Überlegungen zum Interventionsziel einer Stützung des Copingsverhaltens werden von Koch (1986) und Beutel (1988) formuliert. Psychotherapie betrifft meist Personen mit AIDS, seltener symptomlose Infizierte (Holland u. Tross 1987; Lopez u. Getzel 1984; Morin et al. 1984; Macks u. Turner 1986; Namir 1986; Nichols 1986; Shearer u. McKusick 1986; Price et al. 1986; Cohen u. Stein 1986; Gold et al. 1986). Beachtenswert sind die Studien von George (1988), der nach einem „helpful counselling“ im Rahmen einer Langzeitstudie fragt, und von Kelly u. Lawrence (1988), die den Einfluß psychologischer Interventionen auf die Lebensqualität von asymptomatischen HIV-Positiven und AIDS-Kranken untersuchen. In einem Übersichtsartikel haben Barrows u. Halgin (1988) die wesentlichen Themen einer stützenden Psychotherapie bei symptomlosen HIV-infizierten Homosexuellen dargestellt. Dabei werden nicht nur die unmittelbar Betroffenen, sondern auch die Angehörigen und deren Betreuer (Stewart et al. 1984) berücksichtigt. Die Autoren diskutieren sechs Ziele für die Psychotherapie:

a) to develop a positive gay identity,
b) to reevaluate their patterns of socializing,
c) to learn safe sex techniques and develop positive attitudes toward them,
d) to learn new styles of intimacy,
e) to understand the human immunodeficiency virus (HIV) antibody test and the implications of testing, and
f) to develop coping strategies for dealing with the loss of loved ones and acquaintances“ (Barrows u. Halgin 1988).

Der Artikel macht deutlich, wie wichtig im Umgang mit homosexuellen Patienten die Einstellung der Berater und Therapeuten zur Homosexualität ist (Krajeski 1986; Gonsiorek 1982; Martin u. Vance 1984; Silverberg 1984). Über Psychotherapie mit Blutern berichten Schneider et al. (1989), Agle et al. (1987), mit Drogenabhängigen Greif u. Porembski (1987) sowie Garwers et al. (1988).

Die kognitionspsychologische und verhaltenstherapeutische Ausrichtung der amerikanischen Psychologie bringt es notwendigerweise mit sich, daß psychoanalytisch orientierte Therapiekonzepte bisher nicht dargestellt wurden. Auch im deutschsprachigen Raum gibt es wenig Literatur darüber. Die Untersuchungen von Hinrichs (1988) belegen eher die Schwierigkeiten, psychotherapeutische Gruppen mit HIV-Infizierten zu bilden, als daß sie Aussagen über den therapeutischen Ansatz und die psychischen Veränderungen bei den Betroffenen erlauben. Einige Hinweise finden sich bei Seidl (1989).

Das wichtigste Thema empirischer Forschung über psychoanalytische Psychotherapie bei HIV-Infizierten dürfte der therapeutische Umgang mit der Abwehr des Patienten (im Zusammenhang mit der Krankheitsbewältigung) sein, mit der Gefahr einer Destabilisierung durch „aufdeckende“ Psychotherapie. Das weitgehend ungelöste Problem spiegelt sich auf paradigmatischer Ebene in dem ungeklärten Verhältnis der Konzepte von Coping und Abwehr wider. Ein weiteres Thema ist die Vereinbarkeit des prinzipiellen psychoanalytischen Therapieziels, die Entwicklung einer autonomen Persönlichkeit in relativer Freiheit von unbewußt neurotischen Fixierungen neben dem Ziel der Krankheitsbewältigung nach innen und außen im Sinne eines sozial akzeptierten und verantwortlichen Verhaltens. Im letzten Falle mußte sich der Therapeut auch mit gesellschaftlichen Forderungen bzw. dem sozialen Über-Ich des Patienten verbünden und gelegentlich die Abwehrprozesse, insbesondere die Verleugnung, eher bestärken als aufdecken. Ein weiteres spezielles Problem ist der Umgang des Therapeuten mit der Homosexualität innerhalb seiner psychoanalytischen Praxis. Betrachtet er z.B. Homosexualität als ein neurotisches Sexualverhalten und damit grundsätzlich als „Thema" der Psychoanalyse, so gerät er in Konflikt mit der für die Krankheitsbewältigung immer wieder geforderten Bestärkung der Akzeptanz der Homosexualität im Sinne sexueller Identität.

Eng damit zusammenhängend sind die oft schwierigen Prozesse der Übertragung und Gegenübertragung (Seidl 1989; Dunkel u. Hatfield 1986).

Unsere Ausführungen zur Therapieforschung lassen sich folgendermaßen zusammenfassen:

1. Es herrscht weitgehend ein Empirismus mit der Tendenz zur Beschreibung und Lexikalisierung von therapeutischen Methoden und Zielen.
2. Evaluationsforschung zur Überprüfung verschiedener Therapieformen, einschließlich Interventionsstudien, sind notwendig, aber bislang kaum durchgeführt worden.
3. Eine Untersuchung verschiedener Therapieformen (kognitionspsychologische, verhaltenstherapeutische und psychodynamische Konzepte) sollte mehr den Gesichtspunkt der Indikation berücksichtigen. Dies gilt auch für die Indikation zur Gruppen- oder Einzeltherapie. Nach unseren Erfahrungen gibt es hierbei Unterschiede zwischen symptomlosen Infizierten und AIDS-Kranken.
4. Das Problem des Verhältnisses von Therapie und Forschung, Forschung und Betreuung, Forscher und Therapeut ist bisher kaum ins Blickfeld gekommen.
5. Ungeklärt ist die Frage der unterschiedlichen therapeutischen Zielrichtung: mehr auf individuelle (Persönlichkeits-) Faktoren oder mehr auf externe soziale Faktoren, mehr auf die Unterstützung der Abwehr angstvoll erlebter Prozesse im Zusammenhang mit der Infektion oder auf deren Bewußtmachung und Bearbeitung. Dies gilt besonders für den therapeutischen Umgang mit der Verleugnung des Patienten.
6. Der Nutzen und das Verhältnis von selbsthilfebezogener und professioneller Therapie sollte differenziert nach den Gruppen der Betroffenen und den Stadien des Krankheitsverlaufs untersucht werden.
7. Die Abwehr vieler symptomloser HIV-Infizierter gegenüber Psychotherapie ist auch ein Problem des Widerstandes gegen eine „Psychiatrisierung" bzw. gegenüber ihrer Definition als psychotherapiebedürftig. Vielleicht ist dies ein Grund dafür, warum psychotherapeutische Gruppen mit HIV-Infizierten so selten zustande kommen und warum familientherapeutische Interventionen oft abgelehnt werden. Möglicherweise hängt dies aber auch mit der Angst der Betroffenen vor Destabilisierung durch zunehmende Auflockerung ihrer Abwehrstruktur zusammen. Hier hat die Therapieforschung einen sehr differenzierten und methodisch schwierigen Aufgabenbereich, der noch kaum bearbeitet worden ist.

Zur Psychoimmunologie

Solomon u. Temoshok (1987) beziehen sich bei ihrem psychoimmunologischen Ansatz auf das „biopsychosoziale Modell" der Krankheit von Engel (1960), der mit seinem multifaktoriellen Ansatz die Beziehung von genetischen, biologischen, emotionalen, verhaltensmäßigen und situativen sowie kulturellen Faktoren bei der Pathogenese einer jeden Krankheit berücksichtigt. Die Psychoneuroimmunologie (Ader 1981) liefert hierfür das umfassende erklärende Modell. Temoshok fordert nun eine „biopsychosoziale" Ausrichtung der AIDS-Forschung. Dabei kann Bezug genommen werden auf frühere Studien, die die Bedeutung psychologischer und immunologischer Variablen für den Krankheitsverlauf untersuchen (Glaser et al. 1985a, b; Kemcny et al. 1986; Levy et al. 1985a, b; Temoshok et al. 1985). Wie sinnvoll und notwendig für das Verständnis von Krankheitsprozeß und von therapeutischen Interventionen der Ansatz der Psychoimmunologie ist, haben Untersuchungen aus dem Bereich der Psychoonkologie eindrucksvoll belegt (Schulz u. Raeder 1986; Bovbjerg 1987; Temoshok u. Fox 1984; Temoshok et al. 1985a; Derogatis et al. 1979; Levy et al. 1985; Greer et al. 1979; Pettingale 1984).

Für die AIDS-Forschung sehen Solomon u. Temoshok (1987) u.a. vier wesentliche Schwierigkeiten:

1. der große Forschungsaufwand bei den immunologischen Untersuchungen, wobei die Relevanz der einzelnen Parameter oft nicht einmal geklärt ist,
2. die gegenwärtig noch ungeklärte Beziehung zwischen externen Stressoren, Verhalten und immunologischer Reaktion,
3. die ungeklärte kausale Verknüpfung von immunologischen Veränderungen mit Verlauf der Krankheit,
4. der große zeitliche Abstand zwischen psychologischer Datenerhebung und Nachweis des Einflusses der Variable auf den Verlauf der Krankheit.

In ihrem Übersichtsartikel werden sowohl die Ergebnisse der psychoimmunologischen Forschung im Hinblick auf AIDS dargestellt, als auch die Fragen künftiger psychoimmunologischer Forschung formuliert:

1. Der Zusammenhang von Immunologie mit Streß und/oder anderen psychosozialen Faktoren, welche die Bereitschaft zur HIV-Infektion bei gegebener Exposition erhöhen könnten. Die hierbei referierten Studien beziehen sich auf den Vergleich von Infizierten und Nichtinfizierten bei ähnlicher Exposition. Wir gehen in unserem eigenen Forschungsprojekt von einem Vergleich von positiven und negativen Blutern aus, unter Zugrundelegung der Annahme, daß bei vergleichbar großer Zufuhr von Gerinnungspräparaten im selben Zeitraum die Wahrscheinlichkeit sich zu infizieren für beide Gruppen gleich groß war (Schneider 1987).
2. Die Berechtigung der Annahme eine „immunosuppression-prone personality", vergleichbar dem Persönlichkeitstypen in der Herzinfarktforschung. Eng damit zusammenhängend ist die Frage, ob eine vorexistierende Immundepression ein notwendiger oder wichtiger Kofaktor für die Infektion ist.
3. Der Einfluß psychosozialer Faktoren, insbesondere Streß, auf die Länge der Latenzzeit und auf die Progression der Krankheit. Damit zusammenhängend wird die Frage gestellt, ob psychosoziale Variablen mit spezifischen immunologischen Funktionsparametern korreliert werden können. Hierzu gibt es zahlreiche Untersuchungen, die jedoch den Wert einer statistischen Korrelation und nicht einen kausalen Zusammenhang aufweisen können.
4. Der Einfluß psychosozialer Faktoren bei gegebener immunologischer Funktion auf das Auftreten und den Verlauf von opportunistischen Infektionen.
5. Der Einfluß von psychologischen Interventionen auf den Krankheitsverlauf.

Neben diesen Fragen gibt es weitere grundsätzliche Probleme psychoimmunologischer AIDS-Forschung:

1. Die Psychoimmunologie ist eine junge Wissenschaft und noch weit entfernt von einem konsistenten Wissensgebäude. Über die immunologischen Zusammenhänge im Verlauf der HIV-Infektion und AIDS wissen wir ebenfalls nur sehr wenig, auch von der Bedeutung der einzelnen immunologischen Parameter. Die Verwendung des psychoimmunologischen Ansatzes in der HIV-Forschung ist deshalb mit einer Unzahl von unbekannten Faktoren behaftet, deren Existenz bzw. Stellenwert wir nicht kennen.
2. Die bisherigen Untersuchungen zur Psychoimmunologie sind entweder an Gesunden durchgeführt worden, um den Einfluß von Belastungsfaktoren (z.B. Streß) und Verarbeitungsstrategien (z.B. Persönlichkeitsfaktoren, Copingmechanismen, Abwehrstruktur) auf einzelne Immunparameter zu untersuchen, oder an Krankheiten, von denen man annehmen kann, daß sie das gesamte immunologische System einschließlich seiner Regulation nicht angreifen. Vom HI-Virus wissen wir aber, daß es sowohl die immunologisch relevanten Zellsysteme befällt als auch, daß es neurotop ist und erhebliche Veränderungen im zentralen Nervensystem bewirken kann (Rubinow et al. 1988). Es ist deshalb nicht unwahrscheinlich, daß HIV nicht nur immunologisch kompetente Zellen zerstört, sondern auch das psycho-neuro-endokrinologische Regulationssystem der Immunabwehr.
3. Die Gabe von Medikamenten zur Stabilisierung des Krankheitsverlaufs hat zugleich einen Einfluß auf den Immunstatus und muß als eine zuzügliche Variable betrachtet werden.
4. Der Einfluß von externen Belastungsfaktoren und internen Bearbeitungsstrategien auf den Verlauf der Krankheit läßt sich nur dann sorgfältig untersuchen, wenn nicht gleichzeitig eine HIV-Enzephalitis die psychoemotionale Situation des Betroffenen grundlegend verändert.
5. Wir wissen nicht, welche immunologischen Parameter wir als verbindliche Prüfgrößen für die psychoimmunologischen Zusammenhänge verwenden sollen. Erschwerend kommt hinzu, daß sich die immunologischen Parameter in relativ kurzen Zeiträumen ändern können und erheblichen Schwankungen unterliegen. Legt man die Latenzzeit oder die Überlebenszeit der Beurteilung zugrunde, so steht man vor dem Problem, die einzelnen Zeitpunkte genau definieren zu müssen. Dahinter steht die Vorstellung, daß es keinen kontinuierlichen Verlauf in der HIV-Infektion gibt. Dies wird jedoch zunehmend in Zweifel gezogen. Legt man den Untersuchungen die Meßgröße Lebensqualität bzw. subjektive Befindlichkeit zugrunde, so lassen sich diese nur schwer objektivieren, auch wenn einige Untersuchungsinstrumente dafür entwickelt worden sind.

Geht man von immunologischen Parameter aus, so wird eine positive Korrelation mit geringerem Ausmaß von Depressivität (Temoshok et al. 1988; Franke et al. 1988) und von geringerem Angstniveau (Temoshok et al. 1988a; Franke et al. 1988) gefunden.

Den Zusammenhang von sozialer Unterstützung und Immunstatus untersuchten Temoshok et al. (1988a, b), Schiefer-Hofmann u. Jäger (1989).

Der Einfluß psychosozialer Faktoren auf die immunologischen Parameter, die als Indikatoren für den Krankheitsverlauf genommen werden, ließe sich am besten demonstrieren durch den Erfolg von psychosozialen Interventionen. Hierzu liegen einige Untersuchungen vor (Kiecolt-Glaser u. Glaser 1988; Coates et al. 1988; Bliemeister u. Meyer-Evers 1988). Soziale Untersuchungen über den Zusammenhang von sozialer Unterstützung und immunologischen Befunden finden sich bei Klein u. Fletcher (1988) sowie Walker (1987).

Ein einheitliches Modell, innerhalb dessen der Zusammenhang von internen Faktoren der Krankheitsverarbeitung, der Persönlichkeits- und Abwehrstruktur, externen Faktoren in der sozialen Unterstützung und Belastung mit dem Krankheitsverlauf und den psychoimmunologischen Parametern zu untersuchen ist, haben wir gegenwärtig nicht. Die Modelle unterstellen häufig einen kausalen Zusammenhang, haben aber oft nur einen explanatorischen korrelationsstatistischen Wert.

Abschließende Bemerkungen

Es ist zu erwarten, daß durch die Vielzahl der Projekte psychosozialer AIDS-Forschung ein tieferes Verständnis der psychosozialen Zusammenhänge erreicht werden kann. Wieweit dies den unmittelbar Betroffenen zugute kommt, hängt von den Möglichkeiten und der Geschwindigkeit der Umsetzung von Forschungswissen in Handlungswissen ab. Daß es in der BRD wahrscheinlich mehr AIDS-Forscher gibt als AIDS-Kranke, braucht der Sache prinzipiell nicht zum Nachteil gereichen. Es zeichnet sich jedoch eine zunehmende Tendenz der „Überforschung" der Betroffenen ab, die zunehmend die universitären Institutionen meiden, um nicht in verschiedene Projekte einverleibt zu werden.

Nicht nur durch den Zwang zur Praxisnähe, sondern auch aus prinzipiellen ethischen Gesichtspunkten ist eine strenge Trennung von Forschung und Betreuung nicht vertretbar. Häufig führt das dazu, daß der Untersucher auch therapeutische Funktionen hat und umgekehrt. Dies kann für die psychosoziale Forschung von Vorteil sein, bringt jedoch andererseits erhebliche methodische Probleme mit sich.

In diesem Zusammenhang soll auch auf den Einfluß der Forschung auf das Erleben der Patienten hingewiesen werden. Ein Interview, welches die Krankheitsbewältigung erfassen will, rührt immer auch an die Abwehrstruktur des Untersuchten. Verdrängte Prozesse können bewußtseinsfähig werden und dem Patienten den Umgang mit der Krankheit und mit sich selbst erschweren.

Ein prinzipielles Problem ist die Auswahl der Untersuchungsteilnehmer. Wahrscheinlich kommt es in der psychosozialen Forschung zu einer einseitigen Selektion von gut motivierten und psychisch relativ stabilen Teilnehmern an den Programmen, so daß Aussagen z.B. über Krankheitsbewältigung, die Inanspruchnahme sozialer Hilfen oder über therapeutische Bedürfnisse nur bedingt generalisierungsfähig sind.

Mehr als sonst unterliegt die psychosoziale Forschung der Gefahr der Ideologisierung, sei es, daß die Forschung sich einspannen läßt in politische Auseinandersetzungen oder, daß sie – aus Angst vor möglichen Forschungsergebnissen und deren sozialpolitischer Relevanz – bestimmte Fragen ausklammert.

Die intensive psychosoziale AIDS-Forschung führt zugleich zu einem Wissenszuwachs für andere Forschungsgebiete und bewirkt vielleicht eine Veränderung des allgemeinen Verständnisses von Krankheit und Gesundheit. Zu erwarten ist eine Forschung und Weiterentwicklung der Psychosomatik im allgemeinen, im besonderen der Psychoimmunologie, der Copingforschung, die Forschung zur Arzt-Patienten-Beziehung und der Medizinsoziologie. Es rücken die Themen der Sexualität und der sexuellen Identitätsentwicklung, insbesondere bei Jugendlichen, in das wissenschaftliche Interesse. Die Forschungsförderung im Hinblick auf AIDS bedeutet deshalb auch Förderung und Weiterentwicklung anderer wichtiger Forschungsbereiche.

Zitierte und weiterführende Literatur

Achterberg J (1987) Die heilende Kraft der Imagination. Scherz, Bern

Ader R (ed) (1981) Psychoneuroimmunology. Academic Press, New York

Aggleton P, Homans H (eds) (1988) Social aspects of AIDS. Falmer Press, London

Agle D, Gluck H, Pierce FG (1987) The risk of AIDS: Psychological impact on the hemophilia population. Gen Hosp Psychiatry 9:11–17

Ajzen I (1988) Attitudes, personality and behavior. Open Univ. Press, Milton

Ajzen I, Fishbein M (1980) Understanding and predicting of social behavior. Prentice Hall, Eaglewood Cliffs NJ

Alberti L (1988) Wie kann Balint-Gruppenarbeit angemessen mit empirischen Forschungsansätzen untersucht werden? In: Schüffel W (Hrsg) Sich gesund fühlen im Jahre 2000. Springer, Berlin Heidelberg New York Tokyo

Amchin J, Polan HJ (1986) A longitudinal account of staff adaptation to AIDS patients on a Psychiatric Unit. Hospital Community Psychiatry 37:1235–1238

Argelander H (1988) Balint-Gruppen – ein Fortbildungs- und Forschungskonzept. In: Heigl-Evers A et al. (Hrsg) Die Balintgruppe in Klinik und Praxis, Bd 1. Springer, Berlin Heidelberg New York Tokyo

Backer TE, Batchelor WF, Jones JM, Mays VM (eds) (1988) Psychology and AIDS. Special Issue: Am Psychol 43:35–48

Badura B (1989) Pflegebedarf und Pflegepolitik im Wandel. Soz Fortschr 32:97–102

Badura B, Ferber C von (1981) Selbsthilfe und Selbstorganisation im Gesundheitswesen. Oldenbourg, München

Badura B, Ferber C von, Krüger J, Riedmüller B, Thiemeyer T, Trojan A (1981) Selbsthilfe und Selbstorganisation im Gesundheitswesen – Sozialpolitische Perspektiven. In: Badura B, Ferber C von (Hrsg) Selbsthilfe und Selbstorganisation im Gesundheitswesen. Oldenbourg, München

Bardeleben H, Reimann BW, Schmidt P (1988) Studenten, Sexualität und AIDS. Erste Ergebnisse einer empirischen Untersuchung an Gießener Studenten. In: Burkel E (Hrsg) Der AIDS-Komplex. Dimensionen einer Bedrohung. Frankfurt, S 166–195

Barrows PA, Halgin RP (1988) Current issues in psychotherapy with gay men: Impact of the AIDS phenomenon. Prof Psychol Res Pract 19:395–402

Bartrop RW, Luckhurst E, Lazarus L, Kiloh LG, Penny R (1977) Depressed lymphocyte function after bereavement. Lancet I:834–836

Batten CR (1983) Nursing the patient with AIDS. Cancer Nurse 79:19

Baum A, Grunberg NE, Singer JE (1982) The use of psychological and neuroendocrinological measurements in the study of stress. Health Psychol 1:217–236

Bausell RB (1985) The prevention index. A method of assessing the effects of a preventive lifestyle. Evaluat Health Prof 8:3–6

Becker S (1987) Der Arzt, der AIDS-Patient und die Sexualität. In: Sigusch V (Hrsg) AIDS als Risiko. Konkret Literatur Verlag, Hamburg

Becker S (1988) Die Krankheit AIDS in der Medizin. Über den Umgang mit Angst und Tabu. In: Sigusch V, Fliegel S (Hrsg) Aids. Ergebnisse des Kongresses für Klinische Psychologie und Psychotherapie, Tübinger Reihe 9, Tübingen, Deutsche Gesellschaft für Verhaltenstherapie

Behrendt JU et al. (1981) Selbsthilfegruppen vor der Vereinnahmung? Zur Verflechtung von Selbsthilfezusammenschlüssen mit staatlichen und professionellen Sozialsystemen. In: Badura B, Ferber C von (Hrsg) Selbsthilfe und Selbstorganisation im Gesundheitswesen. Oldenbourg, München, S 91–124

Belfer M, Krener PK, Miller FB (1988) AIDS in children and adolescents. J Am Acad Child Adolesc Psychiatry 27:147–151

Bengel J, Stößel U (1988) Gesundheitserziehung. In: Koch U et al. (Hrsg) Handbuch der Rehabilitationspsychologie. Springer, Berlin Heidelberg New York Tokyo, S 328–340

Bentler PM, Speckart G (1979) Models of attitude-behavior relations. Psychol Rev 86:452–464

Berger P, Luckmann P (1969) Strukturen der Lebenswelt. Fischer, Frankfurt

Beutel M (1988) Bewältigungsprozesse bei chronischen Erkrankungen. VCH Medizin, Weinheim

Bierhoff HW (1989) Liebesstile. Psychol Heute 16(2):16–17

Bliesener T, Jarchow R (1986) Angst und ihre Bewältigung. In: Dunde SR (Hrsg) AIDS – Was eine Krankheit verändert. Fischer, Frankfurt, S 17–26

Bliemeister A, Meyer-Evers M (1988) Die Auswirkungen von Psychotherapie auf den immunologischen Status HIV-infizierter Menschen. Vortrag auf dem 1. Internationalen Workshop „Psychoimmunologie und HIV-Infektion“ 24.–25. 6. 1988. Bonn: Deutsche AIDS-Stiftung „Positiv leben“

Bochow M (1987) Aufklärung über AIDS und ihre Wirkung auf das Sexualverhalten von homosexuellen Männern. In: Korporal J, Malouschek H (Hrsg) Leben mit AIDS – Mit AIDS leben. Riessen, Hamburg, S 160–173

Bochow M (1988) AIDS: Wie leben schwule

Männer heute? Bericht über eine Befragung im Auftrag der Deutschen AIDS-Hilfe. Deutsche AIDS-Hilfe, Berlin

Böhm A, Rohner R (1988) Sexualverhalten bei Studenten und AIDS. Technische Universität Berlin

Böhnke B, Kretschmer-Flemming B (1988) Die psycho-soziale Situation und Beratung von AIDS-Kranken und HIV-Positiven. Dtsch Krankenpflegezeitschr 3:181–183

Bor R, Miller R (1988) Managing staff stress from working with patients with AIDS/HIV. IV. International Conference on AIDS, Stockholm

Bor R, Miller R, Perry L (1988) AIDS counselling: Clinical applications and development of services. Br J Guidance Counselling 16:11–20

Bor R, Perry L, Miller R (1988) A systems approach to AIDS counselling. J Fam Ther 17:77–87

Bovbjerg D (1987) Psychoneuroimmunology: Implications for cancer? In: Holland JC et al. (eds) Current concepts in psycho-oncology and AIDS. Memorial Sloan Kettering Cancer Center, New York, pp 23–33

Bräutigam HH (1987) Ärzte und die Angst vor AIDS. Die Zeit, Nr 37, S 65

Brüderl L, Halsig N, Schröder A (1988) Historischer Hintergrund, Theorien und Entwicklungstendenzen der Bewältigungsforschung. In: Brüderl L (Hrsg) Theorien und Methoden der Bewältigungsforschung. Juventa, Weinheim, S 25–45

Bundeszentrale für gesundheitliche Aufklärung (BZgA) (1987) AIDS im öffentlichen Bewußtsein der Bundesrepublik: Ergebnisse einer Repräsentativbefragung. Köln

Calnan M (1987) Health and illness. The lay perspective. Tavistock, London

Canaris U (1988) Über unseren Umgang mit AIDS und den HIV-Infizierten. Dtsch Krankenpflegezeitschr 3:188–191

Caplan G (1974) Support systems and community mental health. Behavioral Publ., New York

Case P, Downing M, Fergusson B, Lorvick J, Sanchez L (1988) The social context of Aids risk behavior among intravenous drug using lesbianism. San Francisco. IV. International Conference on AIDS, Stockholm (Poster 8023)

Cassel JC (1974) Psychosocial process and stress: Theoretical formulations. Int J Health Serv 4:471–482

Chamberland M, Conley L, Dondero T (1988) Epidemiology and evolution of heterosexuality acquired AIDS – United States. IV. International Conference on AIDS, Stockholm (Poster 4017)

Chandrasekar PH, Matthews M, Chandrasekar MC (1988) Risk factors for HIV-infection among parenteral drug abusers (PDA) in an low prevalence area. IV. International Conference on AIDS, Stockholm (Poster 4511)

Christ GH, Wiener LS (1985) Psychosocial issues of AIDS. In: DeVita VT, Hellman S, Rosenberg SA (eds) AIDS – etiology, diagnosis, treatment, prevention. Lippincott, Philadelphia, pp 275–297

Clement U (1986) Sexualität im sozialen Wandel. Eine empirische Vergleichsstudie an Studenten 1966 und 1981. Thieme, Stuttgart

Cleary PD (1987) Why people take precautions against health risks. In: Weinstein ND (ed) Taking care. Understanding and encouraging selfprotective behavior. Cambridge University Press, Cambridge, pp 119–150

Clift SM, Stears DF (1988) Beliefs and attitudes regarding AIDS among British college students: A preliminary study of change between November 1986 and May 1987. Health Educat Res 3:75–88

Coates TJ, Temoshok L, Mandel J (1984) Psychosocial research is essential to understanding and treating AIDS. Am Psychol 39:1309–1314

Coates TJ, Morin S, McKusick L, Hoff C, Catania J, Kergeles S, Pollock L (1988) Long-term consequences of AIDS antibody testing on gay and bisexual men. IV. International Conference on AIDS, Stockholm (Poster-Abstract)

Cohen CJ, Stein TS (1986) Reconceptualizing individual psychotherapy with gay men and lesbians. In: Stein TS, Cohen CJ (eds) Contemporary perspectives on psychotherapy with lesbians and gay men. Plenum, New York, pp 27–54

Conrad J (1978) Zum Stand der Risikoforschung. Kritische Analyse der theoretischen Ansätze im Bereich des Risk Assessment. Batelle, Frankfurt

Cox T, MacKay C (1982) Psychosocial factors and psychophysiological mechanisms in the aetiology and development of cancers. Soc Sci Med 16:381–396

Dannecker M (1987) Repräsentativumfrage „Haben Sie Angst vor Aids?“ Sexualmedizin 16:294–298

Dannecker M, Reimut R (1974) Der gewöhnliche Homosexuelle. Eine soziologische Untersuchung über männliche Homosexuelle in der Bundesrepublik. Fischer, Frankfurt

Deininger S, Laukamm-Josten U, Flessenkämper S et al. (1989) HIV-Infektion, Sexualverhalten und serologische Befunde bei homosexuellen und bisexuellen Männern im Vergleich. 2. Deutscher AIDS-Kongreß. Berlin, Nr. 135

Derogatis LR, Abeloff MD, Melisaratos N (1979) Psychological coping mechanisms and survival time in metastatic breast cancer. JAMA 242:1504–1508

Dessaint AY, Kerby JL, McLean BE (eds) (1988)

AIDS: Abstracts of the psychological and behavioral literature, 1983–1988. American Psychological Association, Washington, DC

Deutsche AIDS-Hilfe (1986) Eine Stadt lebt mit AIDS. Hilfe und Selbsthilfe in San Francisco. Dirk-Nishen-Verlag, Berlin

Douglas CJ, Kalman CM, Kalman TP (1985) Homophobia among physicians and nurses: An empirical study. Hosp Community Psychiatry 36:1309–1311

Dunde SR (Hrsg) (1986) AIDS: Was eine Krankheit verändert. Fischer, Frankfurt

Dunde SR (1988) Positiv weiterleben. Seelische Selbsthilfe bei HIV-Infektion. Fischer, Frankfurt

Dunkel J, Hatfield S (1986) Countertransference issues in working with persons with AIDS. Social Work 31:114–117

Engel G (1960) A unified concept of health and disease. Perspect Med Biol 3:459–485

Ermann M (1988) Psychosocial and psychosomatic aspects of AIDS research. In: Öhman R et al. (eds) Interaction between mental and physical illness. Springer, Berlin Heidelberg New York Tokyo, pp 74–79

Ermann M, Garwers C, Hutner G, Scheil A, Schneider MM, Seidl O, Zippel S (1988) Psychosoziale HIV/AIDS-Betreuung. MMW 130:15–18

Evers A, Nowotny H (1987) Über den Umgang mit Unsicherheit. Die Entdeckung der Gestaltbarkeit von Gesellschaft. Suhrkamp, Frankfurt

Fischoff B, Lichtenstein S, Slovic P, Derby SL, Keeney RL (1981) Acceptable risk. Cambridge University Press, Cambridge

Fishbein M, Ajzen I (1975) Belief, attitude, intention and behavior: An introduction to theory and research. Addison-Wesley, Reading, MA

Floto C, Fassl H, Hettwer H (1988a) AIDS-Prävention und öffentlicher Gesundheitsdienst. Öffentl Gesundheitsw 50:641–646

Floto C, Hettwer H, Fassl H (1988b) AIDS-Prävention in der Bundesrepublik Deutschland. Ihre Relevanz für den hausärztlich tätigen niedergelassenen Arzt. Z Allgemeinmed 64: 72–79

Floto C, Wübker A, Hettwer H (1987) AIDS-Selbsthilfegruppen in der Bundesrepublik Deutschland. Z Allgemeinmed 63:1022–1024

FORSA (1987) Sexualität im Zeichen von AIDS

Franke G, Jäger H, Mayr C, Scheidegger C (1988) Psychometric evaluations in AIDS patients using standardized test procedures. Paper presented at the IV. International Conference on AIDS, Stockholm

Friedland G (1987) Fear of AIDS. NY State J Med 87:260–261

Friedmann SR et al. (1987) AIDS and self-organization among intravenous drug users. Int J Addict 22:201–219

Frings M (Hrsg) (1986) Dimensionen einer Krankheit: AIDS. Rowohlt, Reinbek

Fröschel M, Braun-Falco O (1987) Frauen und AIDS. In: Jäger H (Hrsg) AIDS – Psychosoziale Betreuung von AIDS- und AIDS-Vorfeldpatienten. Thieme, Stuttgart

Garwers C (1987) Der Faktor AIDS in der Drogenhilfe. Vorsicht, Nr. 10 (24. 5. 87)

Garwers C et al. (1988) Selbsthilfe bei AIDS und Drogen – Erfahrungen, Probleme und Perspektiven einer Münchner Selbsthilfeorganisation. Blätter Wohlfahrtspflege 5:118–120

Geis SB, Fuller RL, Rush J (1986) Lovers of AIDS victims: Psychosocial stresses and counseling needs. Death Studies 10:43–53

George H (1988) AIDS counselling: Factors identified as helpful by patients. IV. International Conference on AIDS. Stockholm (Poster-Abstract)

Gerhard U (1985) Erzähldaten und Hypothesenkonstruktion. Kölner Z Soziol Sozialpsychol 37:230–256

Gerhard U (1986) Patientenkarrieren. Eine medizinsoziologische Studie. Suhrkamp, Frankfurt

Gerhard U (1988) Zur Effektivität der konkurrierenden Programme der AIDS-Kontrolle. Medizinsoziologische Überlegungen. In: Schünemann B (Hrsg) Rechtsprobleme von AIDS. Nomos, Baden-Baden

Gerhards J (1988) Was hindert Menschen daran, risikoarmes Sexualverhalten zu praktizieren? Theoretische Überlegungen zu einem empirischen Projekt zum Thema AIDS. Vortrag 24. Deutscher Soziologentag 1988 in Zürich

Gibson DR, Sorensen JL, Lovelle-Drache J, Catania J, Kegeles S, Young M (1988) Psychosocial predictors of AIDS high-risk behaviors among intravenous drug users. IV. Internationale Conference on AIDS, Stockholm (Poster 8002)

Glaser RJ, Kiecolt-Glaser JK, Speicher CE, Holliday JE (1985a) Stress, loneliness and changes in herpes virus latency. J Behav Med 8:249–260

Glaser RJ, Kiecolt-Glaser JK, Stout JC, Tart KL, Speicher CE, Holliday JE (1985b) Stress-related immune supression. Health implications. Brain Behav Immun 1:7–20

Glaser RJ, Rice J, Sheridan J et al. (1987) Stress-related immune supression. Health implications. Brain Behav Immun 1:7–20

Goffman E (1959) The presentation of self in everyday life. Doubleday, New York

Goffman E (1961) Encounters. Bobbs Merrill, Indianapolis

Goffman E (1963) Stigma. The management of spoilt identity. Doubleday, New York

Goffman E (1968) Stigma (dt.) Suhrkamp, Frankfurt

Goffman E (1969) Strategic interaction. Blackwell, Oxford

Gold M, Seymour N, Sahl J (1986) Counseling HIV seropositives. In: McKusick L (ed) What to do about AIDS. University of California Press, Berkeley

Goldman JD (1987) An elective seminar to teach first-year students the social and medical aspects of AIDS. J Med Educat 62:557–561

Gonsiorek JC (ed) (1982) Homosexuality and psychotherapy. Haworth, New York

Gottschalk LA, Welch WB, Weiss J (1983) Major depressive disorder and phagozytic function. Psychother Psychosom 39:23–33

Göckenjan G (1987) AIDS-Politik. Medizin Mensch Gesellschaft 12:194–200

Götz J (1986) Strategien gegen die Angst. In: Schibber E (Hrsg) Werkstattwoche Wissenschaft. AIDS. Wirkungen – Nebenwirkungen. SFB und Nicolaische Verlagsbuchhandlung, Berlin

Greer S, Morris T, Pettingale KW (1979) Psychological response to breast cancer: Effect on outcome. Lancet 13:785–787

Greif GL, Porembski E (1987) Significant others of i.v. drug abusers with AIDS: New challenges for drug treatment programs. J Subst Abuse Treatm 4:151–155

Grönfors M, Stalström O (1987) Power, prestige, profit: AIDS and the oppression of homosexual people. Acta Sociol 30:53–66

Haan N (1963) Proposed model of ego functioning. Coping and defense mechanisms in relation to IQ change. Psychol Monogr 77:8

Haan N (1977) Coping and defending. Academic Press, New York

Haeberle EJ, Bedürftig A (Hrsg) (1987) AIDS: Beratung, Betreuung, Vorbeugung. De Gruyter, Berlin

Hagenberg U (1987) Selbsthilfegruppen für HIV-Positive. In: Jäger H (Hrsg) AIDS – Psychosoziale Betreuung von AIDS- und AIDS-Vorfeldpatienten. Thieme, Stuttgart

Hall NR (1982) Hypnosis and the immune system. A review with implications for cancer and the psychology of healing. J Clin Hypnosis 25:92–103

Hall NRS (1988) The virology of AIDS. Am Psychol 11:907–913

Hamill R, Wilson TD, Nisbett RE (1980) Insensitivity to sample bias: Generalizing from atypical cases. J Personal Soc Psychol 39:578–589

Hammel G, Jäger H (1989) Einstellung zur Krankheit AIDS bei niedergelassenen und Klinikärzten in Deutschland. Posterpräsentation auf dem 2. Deutschen AIDS-Kongreß, Berlin

Haynes RB, Taylor DW, Sackett DL (1982) Compliance-Handbuch. Oldenbourg, München

Heil HD (1987) Erfahrungen in der ambulanten Behandlung und Betreuung von Vorfeld- und AIDS-Patienten. In: Korporal J, Malouschek H (Hrsg) Leben mit AIDS – Mit AIDS leben. VSA, Hamburg, S 123–133

Heim E (1987) Evaluation of „Good and Bad" coping: A basis for intervention strategies. In: Dauwalder JP, Hobi V, Perrez M (eds) Annual series of European research in behavior therapy. Sets North America Inc.

Heim E et al. (1988) Erfassung der Krankheitsbewältigung: Die Berner Bewältigungsformen (BEFO). Psychiatrische Universitätspoliklinik, Bern

Herek GM, Glunt EK (1988) An epidemic of stigma: Public reactions to AIDS. Am Psychol 43:886–891

Hinrichs U (1988) Zur Akzeptanz klinischer Psychotherapie bei stationären HIV-positiven Patienten. AIFO 3:201–206

Hirsch D, Enlow R (1984) The effect of the acquired immune deficiency syndrome on gay lifestyle and the gay individual. Ann NY Acad Sci 437:273–282

Höchli D, Jäger-Collet B (1987) Erfahrungen in der psychologischen und psychiatrischen Praxis. In: Jäger H (Hrsg) AIDS. Psychosoziale Betreuung von AIDS- und AIDS-Vorfeldpatienten. Thieme, Stuttgart, S 151–158

Holland JC, Tross S (1987) AIDS and mental health. Harvard Medical School Mental Health Letter 4:4–5

Hutner G, Reisbeck G, Ermann M, Braun-Falco O (1989) Erfahrungen mit HIV-Infizierten und AIDS-Patienten in der psychosozialen Beratungsstelle der dermatologischen Universitätsklinik München. 2. Deutscher AIDS-Kongreß, Berlin 1989

Imagawa DR et al. (1989) Human immunodeficiency virus typ I infection in homosexual man who remain seronegative for prolonged periods. New Engl J Med 320:1458–1462

Irwin M, Daniels M, Smith TL, Bloom E, Weiner H (1987) Impaired natural killercell activity during bereavement. Brain Behav Immun 1:98–104

Jäger H (Hrsg) (1987b) AIDS. Psychosoziale Betreuung von AIDS- und AIDS-Vorfeldpatienten. Thieme, Stuttgart

Jäger H (Hrsg) (1988) AIDS-Phobie. Krankheitsbild und Behandlungsmöglichkeiten. Thieme, Stuttgart

Jäger H (1989) AIDS und HIV-Infektionen. Diagnostik, Klinik, Behandlung. Handbuch und Atlas für Klinik und Praxis. Ecomed, Landsberg München Zürich

Janisse MP (1988) Individual differences. Stress and health psychology. Springer, New York

Joseph JG, Emmons CA, Kessler RC, Wortman CB, O'Brien K, Hocker WT, Schaefer C

(1984) Coping with the threat of AIDS. Am Psychol 39:1297–1302

Joseph JG, Montgomery SB, Kessler RC, Ostrow DG, Wortman CB (1988) Determinants of high risk behavior and recidivism in gay men. IV. International Conference on AIDS, Stockholm (Poster 4074)

Jungermann H, Slovic P (1988) Die Psychologie der Kognition und Evaluation von Risiko. In: Bechmann A (Hrsg) Risiko und Gesellschaft. Westdeutscher Verlag, Opladen

Kächele H, Steffens W (Hrsg) (1988) Bewältigung und Abwehr. Springer, Berlin Heidelberg New York Tokyo

Kane AC, Hogan JD (1985) Death anxiety in physicians: Defensive style, medical specialty, and exposure to death. Omega 16:11–22

Kaplan HB, Johnson RJ, Bailey CA, Simon W (1987) The sociological study of AIDS: A critical review of the literature and suggested research agenda. J Health Soc Behav 28: 140–157

Kelly JA, Lawrence JS (1988) AIDS prevention and treatment: Psychology's role in the health crisis. Clin Psychol Rev 8:255–284

Kelly JA, Sykes P (1988) Helping the helpers: A support group for caretakers of persons with AIDS. IV. International Conference on AIDS, Stockholm (Poster-Abstract)

Kelly JA, Lawrence JSS, Hood HH, Smith S, Cook DJ (1987a) Nurses attitudes toward AIDS. J Contin Educat Nurs 19:78–83

Kelly JA, Lawrence JSS, Smith S, Hood HH, Cook DJ (1987b) Stigmatization of AIDS patients by physicians. Am J Publ Health 77:789–791

Kelly JA, Lawrence JSS, Smith S, Hood HH, Cook DJ (1987c) Medical student's attitudes toward AIDS and homosexual patients. J Med Educat 62:449–556

Kemeney M, Cohen F, Zegans LS (1986) Stress, mood, immunity and genital herpes recurrence. Poster presented at the Second International Workshop on Psychoneuroimmunomodulation. Dubrovnik, Yugoslavia

Kickbusch I (1986) Lifestyles and Health. Soc Sci Med 22:117–124

Kiecolt-Glaser K, Glaser R (1988) Psychological influences of immunity. Implications for AIDS. Am Psychol 43(11):892–898

Kiecolt-Glaser K, Glaser R, Strain E, Stout J, Turt K, Holliday J, Speicher C (1986) Modulation of cellular immunity in medical students. J Behav Med 9:5–21

Kiecolt-Glaser K, Glaser R, Willinger D et al. (1985) Psychological enhencement of immunocompetence in a geriatric population. Health Psychol 4:25–41

Kindermann W (1987) Individuelle Bewältigungsformen gegenüber der AIDS-Bedrohung bei Drogenabhängigen. Jugendwohl – Z Kinder Jugendpflege 68:254–267

Kleeberg UR (1986) Die Rolle des Onkologen bei der psychosozialen Betreuung seiner Patienten. Psychother Psychosom Med Psychol 36:130–135

Klein SJ, Fletcher W (1988) The nonprofessional caregiver; a key resource for the AIDS treatment team. IV. International Conference on AIDS, Stockholm (Poster-Abstract)

Kobasa SC (1972) Stressful life events, personality and health: An inquiry into hardiness. J Personal Soc Psychol 37:1–11

Koch A (1989) Jeder dritte junge Erwachsene ändert sein Sexualverhalten aus Sorge vor Ansteckung; Informationsdienst soziale Indikatoren; ZUMA 1/1989; Mannheim

Koch MG (1988) AIDS: Vom Molekül zur Pandemie. Spektrum der Wissenschaft, Heidelberg

Koch U (1986) Verhaltensmedizin chronischer Erkrankungen. In: Brengelmann JC, Bühringer G (Hrsg) Therapieforschung für die Praxis. Röttger, München, S 27–50

Köhle K, Simons C, Hubanek B (1986) Zum Umgang mit unheilbar Kranken. In: Uexküll T von (Hrsg) Psychosomatische Medizin. Urban & Schwarzenberg, München, S 1203–1251

Krajeski JP (1986) Psychotherapy with gay men and lesbians: A history of controversy. In: Stein TS, Cohen CJ (eds) Contemporary perspectives on psychotherapy with lesbians and gay men. Plenum, New York, pp 9–25

Krampen G (1986) Zur Spezifität von Kontrollüberzeugungen für Problemlösen in verschiedenen Realitätsbereichen. Schweiz Z Psychol Anwend 45:67–85

Kreuzer MD, Schaefer OP, Weydt PG (1989) Ärztefortbildung und Praxisbegleitung in Sachen AIDS – ein Hessisches Projekt. Hessisches Ärztebl 4:209–217

Krieger I (1988) An approach to coping with anxiety about AIDS. Soc Work 33:263–264

Kristiansen CM, Eiser JR (1986) Predicting health-related intentions from attitudes and normative beliefs: The role of health locus of control. Br J Soc Psychol 25:67–70

Laaser U, Sassen G, Murza G, Sabo P (Hrsg) (1987) Prävention und Gesundheitserziehung. Springer, Berlin Heidelberg New York Tokyo

Lazarus RS (1966) Psychological stress and the coping process. McGraw-Hill, New York

Lazarus RS, Folkman S (1984a) Stress, appraisal and coping. Springer, Berlin Heidelberg New York Tokyo

Lazarus RS, Folkman S (1984b) Coping and adaption. In: Gentry WD (ed) Handbook of behavioral medicine. Guilford Press, New York, pp 282–325

Leiberich P, Harrer T, Hunzelmann N, Kalden

JR, Engeter M, Olbrich E (1989) Stile der Problembewältigung bei HIV-Infizierten. 2. Deutscher AIDS-Kongreß, Berlin 1989, Nr. 138

Letzel H, Fuger J, Goebel F-D (1989) Sexualverhalten in der Bevölkerung: Ergebnisse einer Pilotstudie an Münchner Studenten. 2. Deutscher AIDS-Kongreß, Berlin 1989, Nr. 247

Levy RM, Bredesen DE, Rosenblum ML (1985a) Neurological manifestations of the acquired immune deficiency syndrome (AIDS): Experience at UCSF and review of the literature. J Neurosurg 62:475–495

Levy SM (1985a) Behavior as biological response modifier: The psychoimmunoendocrine network and tumor immunology. Behav Med 6:1–4

Levy SM, Herberman RB, Maluish AM, Schlien B, Lippman M (1985b) Prognostic risk assessment in primary breast cancer by behavioral and immunological parameters. Health Psychol 4:99–113

Lichtenstein S, Slovic P, Fischoff B, Layman M, Combs B (1978) Judged frequency of lethal events. J Exp Psychol 4:551–578

Locke SE, Krauss L, Leserman J, Hurst MW, Hersel JS, Williams RM (1984) Life change stress, psychiatric symptoms and natural killer cell activity. Psychosom Med 45:441–453

Lohaus A, Gaidatzi C, Hagenbrock M (1988) Kontrollüberzeugungen und AIDS-Prophylaxe. Z Klin Psychol 17:106–118

Lohaus A, Schmitt GM (1989) Kontrollüberzeugung zu Krankheit und Gesundheit (KKG): Bericht über die Entwicklung eines Testverfahrens. Diagnostica 35:59–72

Lopez DJ, Getzel GS (1984) Helping gay AIDS patients in crisis. Soc Casework 65:387–394

Macks J, Turner D (1986) Mental health issues of persons with AIDS. In: McKusick L (ed) What to do about AIDS. University of California Press, Berkeley, pp 111–124

Malyon AK (1982) Psychotherapeutic implications of internalized homophobia in gay men. In: Gonsiorek JC (ed) Homosexuality and psychotherapy. Haworth, New York, pp 59–69

Martin A (1982) Some issues in the treatment of gay and lesbian patients. Psychother Theory Res Pract 19:341–348

Martin JL, Vance CS (1984) Behavioral and psychological factors in AIDS. Am Psychol 39:1303–1308

Massie MJ, Barbuto J (1984) Medical staff responses to AIDS and management issues. Presented at symposium: „Update on psychological issues in AIDS". American Psychiatric Association Annual Meeting, Los Angeles, 5. 10. 1984

McCarthy PK, Schietinger H, Fitzhugh ZA (1988) AIDS education and training for health care providers. Health Educat Res 3:97–103

McKusick L. Abrams D, Coats T, Horstman W (1986) The impact of AIDS on primary practice physicians. II. International Conference on AIDS. Paris 1986

Mechanic D (1968) Medical Sociology. Free Press, New York

Meerwein F, Kauf S, Schneider G (1976) Bemerkungen zur Arzt-Patienten-Beziehung bei Krebskranken. Z Psychosom Med Psychoanal 22:278–300

Meerwein F (1985) Einführung in die Psycho-Onkologie. Huber, Bern

Ministerium für Arbeit, Gesundheit und Soziales des Landes NRW (MAGS) (1987) Wissen und Einstellungen zu AIDS: 1987 und 1988

Moeller ML (1986) Das Leben kann den Tod nicht besiegen. In: Sigusch V, Gremliza HL (Hrsg) Operation AIDS. Sexualität Konkret 7:66–69

Moeller ML (1987) Das Leben kann den Tod nicht beseitigen. In: Sigusch V (Hrsg) AIDS als Risiko. Konkret Literatur Verlag, Hamburg

Morin SF, Charles KA, Malyon AK (1984) The psychological impact of AIDS on gay men. Am Psychol 39:1288–1293

Moulton JM, Sweet DM, Temoshok L, Mandel J (1987) Attributions of blame and responsibility in relation to distress and health behavior change in people with AIDS and AIDS-related complex. J Appl Soc Psychol 17:493–506

Muthny FA (1988) Manual zum Freiburger Fragebogen zur Krankheitsverarbeitung (FKV). Beltz, Weinheim

Namir S (1986) Treatment issues concerning persons with AIDS. In: McKusick L (ed) What to do about AIDS. University of California Press, Berkeley, pp 87–94

National Academy of Sciences (1986) Confronting AIDS: Directions for public health, health care, and research. National Academy Press, Washington, DC

Neubauer G (1987) Jugend und Sexualität. Jugendsexualität und Sexualpädagogik im Zeitalter von Aids. In: Neubauer G (Hrsg) Clique – Mädchen – Arbeit. Weinheim

Nichols SE (1986) Psychotherapy and AIDS. In: Stein TS, Cohen CJ (eds) Contemporary perspectives on psychotherapy with lesbians and gay men. Plenum, New York, pp 209–239

Nietzold U, Novak P (1988) Homosexuelle Männer unter der Bedrohung durch AIDS. Einstellungen und Verhaltensformen. MMW 130: 346–349

Noack H (1988) Einstellung und Gesundheitsverhalten. In: Schäfer B, Petermann F (Hrsg) Vorurteile und Einstellungen. Deutscher Instituts-Verlag, Köln, S 413–444

Nüssel E, Lamm G (Hrsg) (1983) Prävention im Gemeinderahmen. Zuckschwerdt, München

O'Donnell L, O'Donnell CR, Pleck JH, Snarey J,

Rose RM (1987) Psychosocial response of hospital workers to AIDS. J Appl Soc Psychol 17:269–285

Orman W (1989) Erfahrungen im Umgang mit HIV-Infektionen abseits der Hochburgen. 2. Deutscher AIDS-Kongreß, Berlin 1989, Nr. 238

Pacharzina K (Hrsg) (1986) AIDS und unsere Angst. Rowohlt, Reinbek

Parsons T (1951a) The social system. Free Press, Glencoe/III

Parsons T (1951b) Illness and the role of the physician. Am J Orthopsychiatry 21:452–460

Parsons T (1964) Definitions of health and illness in light of American values and social structure. In: Parsons T (ed) Social structure and personality. RKP, London, pp 257–291

Parsons T (1975) The sick role and the role of the physician reconsidered. Milbank Memorial Fund Health Society 53:257–278

Perloff L (1987) Social comparison and the illusion of invulnerability to negative life events. In: Snyder CR, Ford CE (eds) Coping with negative events. New York, pp 217–241

Perro C, Schick U, Naber D et al. (1989) Zusammenhänge zwischen neurologischen Befunden und psychiatrischen Symptomen bei HIV-Infizierten. II. Deutscher AIDS-Kongreß, Berlin 1989 (Abstract)

Pettingale KW (1984) Coping and cancer prognosis. J Psychosom Res 28:363–364

Pfäffl W (1987) Medizinische Grundlagen. In: Jäger H (Hrsg) AIDS. Psychosoziale Betreuung von AIDS- und AIDS-Vorfeldpatienten. Thieme, Stuttgart, S 19–44

Polanyi M (1985) Implizites Wissen. Suhrkamp, Frankfurt

Pollak M (1987) Risikomanagement unter widersprüchlichen Zwängen. Reaktionen und Verhaltensänderungen unter französischen Homosexuellen. J Sozialforsch 27:329–345

Pomerance LM, Shields JJ (1988) Hospital workers and AIDS: Understanding the importance of contact, transmission, knowledge, death anxiety, and homophobic attitudes. IV. International Conference on AIDS, Stockholm

Price RE, Omizo MM, Hammell UL (1986) Counseling clients with AIDS. J Counseling Developm 65:96–97

Prieur A (1988) A psycho-social description of some gay men with a high-risk behavior. IV. International Conference on AIDS, Stockholm (Poster 4083)

Ramloch-Sohl M, Wiederkehr P (1986) Zur AIDS-Problematik im Drogenbereich: konzeptionelle Überlegungen zur Selbsthilfe. AIDS-Forschung 6:328–335

Reiche R (1988) Aids im individuellen und kollektiven Unbewußten. Z Sexualforsch 1:113–122

Reimer C, Kurthen B (1985) Zur Beziehungsproblematik zwischen Ärzten und Krebspatienten. Psychother Med Psychol 35:86–94

Reuband KH (1989) Über gesellschaftlichen Wandel, AIDS und die Beurteilung der Homosexualität als moralisches Vergehen. Eine Trendanalyse von Bevölkerungsumfragen der Jahre 1970 bis 1987. Z Soziol 18:65–73

Richardson JL, Lochner T, McGuigan K, Levine AM (1987) Physician attitudes and experience regarding the care of patients with AIDS and related disorders (ARC). Med Care 25: 675–685

Rogers RW (1983) Cognitive and physiological processes in fear appeals and attitude change: A revised theory of protection motivation. In: Cacioppo JR, Petty RE (eds) Social psychology: A sourcebook. Guilford Press, New York, pp 153–176

Rosenbrock R (1984) AIDS kann schnell besiegt werden – Gesundheitspolitik am Beispiel einer Infektionskrankheit. VSA, Hamburg

Rosenbrock R (1987a) AIDS kann schneller besiegt werden. Gesundheitspolitik am Beispiel einer Infektionskrankheit. VSA, Hamburg

Rosenbrock R (1987b) Soziale, medizinische und sozialwissenschaftliche Voraussetzungen der Prävention und Bekämpfung von AIDS. Veröffentlichungsreihe des Internationalen Instituts für Vergleichende Gesellschaftsforschung/ Arbeitsmarktpolitik des Wissenschaftszentrums Berlin

Rosenbrock R (1987c) Prävention von Aids – Herausforderung an die Gesundheitswissenschaften. Prävention 3:67–71

Rosin U, Heigl-Evers A (1988) Empirisches Erforschen von Balintgruppen: Methoden und Ergebnisse. In: Heigl-Evers A et al. (Hrsg) Die Balintgruppe in Klinik und Praxis, Heft 1. Springer, Berlin Heidelberg New York Tokyo

Rosner F, Shapiro S, Bernato L, Howard F (1985) Psychosocial care team for patients with AIDS in a municipal hospital. JAMA 253: 2361

Ross M, Seeger V (1988) Determinants of reported burnout in health professionals associated with the care of patients with AIDS. AIDS 2:395–397

Rowe WD (1977) An anatomy of risk. Wiley, New York

Royse D, Birge B (1987) Homophobia and attitudes towards AIDS patients among medical, nursing, and paramedical students. Psychol Rep 61:867–870

Rubinow DR, Berrettine CH, Brouwers P, Lane HC (1988) Neuropsychiatric consequences of AIDS. Ann Neurol 23 [Suppl]:24–26

Rudgers MP, Dubey D, Reich P (1979) The influence of the psyche and the brain on immunity and disease susceptability. A critical review. Psychosom Med 41:147–164

Rühmann F (1985) AIDS: Eine Krankheit und ihre Folgen, 2. Aufl. Campus, Frankfurt

Runkel G (1987) AIDS als soziale Herausforderung. Mensch Med Gesellsch 12:171–182

Samuels AH (1988) AIDS anxiety. Aust NZ J Psychiatry 22:135–136

Satzinger W, Jäger H (1989) Bekanntheit, Nutzung und Bewertung ambulanter AIDS-Versorgung in einer deutschen Großstadt: Das Beispiel München. Erste Ergebnisse einer Patientenbefragung. 2. Deutscher AIDS-Kongreß, Berlin (Posterpräsentation)

Schaefer H, Schipperges H, Wagner G (Hrsg) (1987) Präventive Medizin. Aspekte und Perspektiven einer vorbeugenden Medizin. Springer, Berlin Heidelberg New York Tokyo

Schiefer-Hofmann E (1986) Die Bedeutung psychologischer, psychosozialer und psychosomatischer Co-Faktoren für den Verlauf der HTLV-3-Infektion. Diplomarbeit an der TU Darmstadt 1986

Schiefer-Hofmann E, Jäger H (1989) Psychoimmunologische Aspekte der HIV-Infektion. In: Jäger H (Hrsg) AIDS und HIV-Infektionen. Ecomed, Landsberg

Schmacke N (1987) Reichweite seuchenhygienischer und gesetzlicher Maßnahmen zur Begrenzung von HIV-Infektionen. In: Jäger H (Hrsg) AIDS. Psychosoziale Betreuung von AIDS- und AIDS-Vorfeldpatienten. Thieme, Stuttgart

Schneider J, Smith CW, Whitcher S (1983) The relationship of mental imagery to white blood cell (neutrophil) function. Experimental studies of normal subjects. Michigan State University, Coll. of Med.

Schneider MM (1987) Psychologische Aspekte der Hämophilie, insbesondere im Zusammenhang mit einer HIV-Infektion: erste Mitteilung aus einem Forschungsprojekt. 2. Darmstädter Seminar zu psychosozialen Problemen hämophiler Kinder und Jugendlicher, Darmstadt (Verhandlungsbericht)

Schneider MM, Ermann M, Schramm W (1989a) Psychosoziale Probleme bei Hämophilen mit HIV-Infektion. In: Klußmann R, Goebel FD (Hrsg) Zur Klinik und Praxis der AIDS-Krankheit. Springer, Berlin Heidelberg New York Tokyo

Schneider MM, Ermann M, Schramm W (1989b) Auswirkungen medienvermittelter Informationen auf Hämophile mit HIV-Infektion. 4. Darmstädter Gespräche zu psychosozialen Problemen Hämophiler (Verhandlungsber.)

Schneider MM, Ermann M, Seidl O, Pohlmann H, Schramm W (1989) Coping und Trauma am Beispiel von HIV-infizierten Hämophilen. Posterpräsentation auf dem 2. Deutschen AIDS-Kongreß, Berlin 1989

Schulz KH, Raeder A (1986) Tumorimmunologie und Psychoimmunologie als Grundlagen für die Psychoonkologie. Psychother Med Psychol 36:114–129

Schwartz M (1987) Research on the psychosocial aspects of AIDS: A review. In: Leukefeld IG, Fimbres M (eds) Responding to AIDS. National Association of Social Workers, Silverspring, pp 14–24

Searle ES (1987) Knowledge, attitudes, and behavior of health professionals in relation to AIDS. Lancet I:26–28

Seidl O (1987a) Psychische Probleme der Betreuer. AIDS-Seminar. MMW 129:53–54

Seidl O (1987b) Die Begleitung sterbender Patienten. AIDS-Seminar. MMW 129:47

Seidl O (1989) Der AIDS-Patient und seine Betreuer. In: Klußmann R, Goebel FD (Hrsg) Zur Klinik und Praxis der AIDS-Krankheit. Springer, Berlin Heidelberg New York Tokyo

Seidl O, Goebel FD (1987) Psychosomatische Reaktionen von Homosexuellen und Drogenabhängigen auf die Mitteilung eines positiven HIV-Testergebnisses. AIDS-Forschung 4: 81–87

Shearer P, McKusick L (1986) Counseling survivors. In: McKusick L (ed) What to do about AIDS. University of California Press, Berkeley, pp 163–169

Siegel K (1986) AIDS: The social dimension. Psychiatric Ann 16:168–172

Silberfarb PM, Levine PM (1980) Psychosocial aspects of neoplastic disease: III. Group support for the oncology nurse. Gen Hosp Psychiatry 3:192–197

Silverberg RA (1984) Being gay: Helping clients cope. J Psychosoc Nurs 22(2):19–25

Simonton OC, Matthews-Simonton S, Creighton J (1982) Wieder gesund werden. Eine Anleitung zur Aktivierung der Selbstheilungskräfte für Krebspatienten und ihre Angehörigen. Rowohlt, Reinbek

Singer JL, Pope KS (1986) Imaginative Verfahren in der Psychotherapie. Junfermann, Paderborn

Skidmore CA, Robertson JR, Galloway WBF, Foster K (1988) Risk factors for HIV infection and seronegative IVDU. IV. International Conference on AIDS, Stockholm (Poster 4508)

Slovic P (1987) Perceptions of risk. Science 2:280–285

Snyder M, Simpson JA, Gangestad S (1986) Personality and sexual relations. J Pers Soc Psychol 51:181–190

Solomon GF (1985) The emerging field of psychoneuroimmunology with a special note on AIDS. Advances 2:6–19

Solomon GF, Moos RH (1964) Emotions, immunity and disease: A speculative theoretical integration. Arch Gen Psychiatry 11:657–764

Solomon GF, Moos RH (1965) The relationship of personality to the presence of rheumatoid factor in asymptomatic relatives of patients with rheumatoid arthritis. Psychosom Med 27:350–360

Solomon GF, Temoshok L (1987) A psychoneuroimmunologic perspective on AIDS research: Questions, preliminary findings, and suggestions. J Appl Psychol 17:286–308

Solomon GF, Benton D, Morley J (1986) Psychoimmunologic, neuroendocrine, and endorphin function in the aged (funded grant). Veterans Administration, Washington, DC

Solomon GF, Levine S, Kraft JK (1968) Early experience and immunity. Nature 220:821–822

Solomon GF, Temoshok L, O'Leary A, Zich J (1989) An intensive psychoimmunologic study of long-surviving persons with AIDS: Pilot work, background studies, hypotheses, and methods. Ann NY Acad Sci (im Druck)

Sontag S (1978) Krankheit als Metapher. Hanser München

Sontag S (1989) Aids und seine Metaphern. Hanser, München

Staszewski S, Odenwald J, Göbel D, Helm EB (1989a) Entwicklung der Patientenzahlen seit 1982 in der Infektions-Ambulanz der Universitätsklinik Frankfurt/Main. 2. Deutscher AIDS-Kongreß, Berlin 1989, Nr. 186

Staszewski S, Rehmet S, Helm EB, Stille W (1989b) Kofaktoren der heterosexuellen Übertragung von HIV in Deutschland. 2. Deutscher AIDS-Kongreß, Berlin 1989, Nr. 240

Stevens LA, Muskin PR (1987) Techniques for reversing the failure of empathy towards AIDS patients. J Am Acad Psychoanal 15:539–551

Stewart J, Feigal J, Silverberg RA, Whiting DE (1984) What non-gay therapists need to know to work with gay and lesbian clients. Pract Dig 7(1):28–31

Stille W, Helm EB (1987) Memorandum 3: Management der AIDS-Problematik. Zit. in: Koch MG: AIDS. Vom Molekül zur Pandemie. Spektrum der Wissenschaft, Heidelberg, S 231–232

Strickland BR (1978) Internal-external expectancies and health-related behaviors. J Consult Clin Psychol 46:1192–1211

Tecoma ES, Leighton VH (1985) Psychic distress and the immune response. Life Sci 36: 1799–1812

Temoshok L (1983) A longitudinal psychosocial (psychoimmunologic) study of AIDS (ARC) (funded grant). National Institute of Mental Health, Bethesda, MD

Temoshok L (1987) Psychoimmunology and AIDS. Clin Immunol Newsletter 8(8): 113–116

Temoshok L, Fox BH (1984) Coping styles and other psychosocial factors related to medical status and to prognosis in patients with cutaneous malignant melanoma. In: Fox BH, Newberry BH (eds) Impact of psychoendocrine systems in cancer and immunity. C. J. Hogrefe, Toronto

Temoshok L, Solomon GF (1985) An intensive psychoimmunologic study of long-term survivors of AIDS (funded grant). Kroc Foundation, Los Angeles

Temoshok L, Heller BW, Sagebiel RW, Blois MS, Sweet DM, DiClemente RJ, Gold ML (1985a) The relationship of psychosocial factors to prognostic indicators in cutaneous malignant melanoma. J Psychosom Res 29: 139–153

Temoshok L, Canick J, Moultin JM, Sweet DM, Zich J, Straits K, Pivar I (1988a) Distress, coping and neuropsychological status in men with ARC: Longitudinal studies. IV. Inernational Conference on AIDS, Stockholm (Poster-Abstract)

Temoshok L et al. (1988b) Psychoimmunologic studies of men with AIDS and ARC. IV. International Conference on AIDS, Stockholm

Temoshok L, Ziche J, Solomon GF, Stites DP (1987) An intensive psychoimmunologic study of man with AIDS, Positionspapier III. Internationale AIDS-Konferenz, Washington, DC

Thoits PA (1982) Conceptual, methodological, and theoretical problems in studying social support as buffer against stress. J Health Soc Behav 23:145–192

Thompson SC (1981) Will it hurt less if I can control it? A complex answer to a simple question. Psychol Bull 90:89–101

Ullrich A (1987) Krebsstation: Belastungen der Helfer. Peter Lang, Bern

Verres R (1986) Krebs und Angst. Springer, Berlin Heidelberg New York Tokyo

Vlek CA, Stallen PJ (1980) Rational and personal aspects of risk. Acta Psychol 45:273–300

Vogt K (1983) Frauen als Objekte der Medizin: Das Frauensyndrom. Leviathan 11:161–199

Wachter RM (1986) The inpact of the acquired immunodeficiency syndrome on medical residency training. N Engl J Med 314:177–180

Waldvogel B, Seidl O, Ermann M (1989) Probleme und Belastungen von Ärzten bei der Betreuung von Patienten mit AIDS. Posterpräsentation auf dem 2. Deutschen AIDS-Kongreß, Berlin

Walker A (1987) What comforts AIDS families. The New York Times Magazine, June 21, 1987, New York, pp 16–23

Walker G (1988) An AIDS-Journal. Family Ther Networker 81:20–43

Warwick I, Aggelton P, Homans H (1988) Constructing commonsense – young people's beliefs about AIDS. Sociol Health Illness 10:213–233

Weingart-Jesse B, Schäfer A, Stauber M (1989) Zur psychischen Verarbeitung der HIV-Infektion bei Patientinnen aus der Geburtshilfe und Gynäkologie. 2. Deutscher AIDS-Kongreß. Berlin 1989, Ner. 203

Weinstein ND (1982) Unrealistic optimism about suspectibility to health problems. J Behav Med 5:441–460

Wellings K (1988) Perceptions of risk – Media treatments of AIDS. In: Aggelton PJ, Homans H (eds) Social aspects of AIDS. Falmer Press, Basingstoke

Wenzel E (1983) Risikoverhalten. Einige Bemerkungen zu einem alltäglichen Phänomen. In: Wambach M (Hrsg) Der Mensch als Risiko. Zur Logik von Prävention und Früherkennung. Frankfurt, S 199–213

Wertz DC, Sorenson JR, Liebling L, Kessler L, Heeren TC (1988) Caring for persons with AIDS: Knowledge and attitudes of 1047 health care workers attending AIDS Action Committee Educational Programs. J Prim Prev 8: 109–124

William DC (1984) The prevention of AIDS by modifying sexual behavior. Ann NY Acad Sci 437:283–285

Wolcott DL, Fawzy J, Pasnau R (1985) Acquired immune deficiency syndrom (AIDS) and consultation – liaison psychiatry. Gen Hosp Psychiatry 7:280–292

Wübker A (1987) Struktur und Bedeutung der AIDS-Hilfsorganisationen in der Bundesrepublik Deutschland. Eigendruck der DÄH, Osnabrück

Wurtele SK, Britcher JC, Saslawsky DA (1985) Relationships between locus of control, health value and preventive health behaviors among women. J Res Personal 19:271–278

Zeschel A, Meyer-Glauner M (1989) HIV-Prävalenz unter Patienten einer westdeutschen Allgemeinmedizinischen Großstadt-Praxis. 2. Deutscher AIDS-Kongreß, Berlin 1989, Nr. 239

Zich J, Temoshok L (1986) Perceptions of social support in persons with AIDS and ARC. Manuscript submitted for publication

Zieseniss K, Bettels G (1988) Repräsentative HIV-AIDS-Studie. Humane Verantwortung und Präsenz der Hausärzte bestätigt. Dtsch Ärztebl 85:21–23

Zola I (1972) Studying the decision to see a doctor: Review, critique, corrective. Adv Psychosom Med 8:216–236

Zur Situation der Partnerinnen von bisexuellen Männern

Bernadette Jäger-Collet

Einführung

Im Rahmen meiner Praxisarbeit habe ich einige Frauen kennengelernt, die mit AIDS-kranken bisexuellen Männern verheiratet sind. Sie haben eine Beratung gesucht, um mit Problemen innerhalb ihrer Ehe besser fertigzuwerden. Manche Frauen wurden durch die AIDS-Diagnose traumatisch mit dem Doppelleben ihres Mannes konfrontiert, während andere sich wiederum bewußt für ihren Mann entschieden haben, wohl wissend von seinen homosexuellen Tendenzen, sogar von seiner Erkrankung.

Die Partnerwahl und die Lebenssituation dieser Frauen bringt uns das Phänomen der Bisexualität verstärkt zum Bewußtsein. Ich möchte in diesem Beitrag die Lebenssituation von verheirateten bisexuellen Männern und ihren Frauen etwas beleuchten und Aufmerksamkeit auf die damit verbundenen besonderen Schwierigkeiten lenken.

Was ist Bisexualität?

Schon die Studien von Kinsey et al. (1948) hatten ergeben, daß 50% der Männer ausschließlich heterosexuell sind und 4% ausschließlich homosexuell. Nach diesen Zahlen fallen 46% der Männer in die Kategorie „sowohl als auch", d.h. in die Kategorie bisexuell.

Die Zahlen variieren allerdings zwischen 46 und 10%, je nachdem, welche Altersgruppe zugrundegelegt und wie Bisexualität verstanden wird.

Das in der Wissenschaft am stärksten verbreitete Verständnis der Bisexualität beruht auf einem „Konfliktmodell", d.h. auf der Annahme, daß bisexuelle Männer eigentlich verkappte Homosexuelle sind, die in einer Transitionsphase leben, in der sie sich noch nicht zu ihrer Homosexualität bekennen oder sich nicht entscheiden können (Zinik 1985).

Dem liegt die „Ein-Tropfen-Theorie" zugrunde, wonach ein „bißchen Homosexualität" den Beweis für eine grundlegende homosexuelle Neigung darstellt.

Die Prädominanz von homosexuellen Phantasien bei bisexuellen Männern und der Entwicklungstrend der untersuchten Probanden über ihre gesamte Lebensspanne scheinen diese Theorie zu bestätigen.

Das Konfliktmodell ist ein „Entweder-oder-Konzept", wodurch eine sexuelle Orientierung die andere ausschließt. Diese theoretische Annahme wird von manchen Autoren als „Unomanie" abgetan (Jay 1985).

Demgegenüber beruht das „Flexibilitätsmodell" auf der Annahme, daß Bisexuelle Lebenskünstler sind, die fähig sind, die Eigenschaften beider Geschlechter zu erfahren und zu genießen (Zinik 1985). Wie Chamäleons bewegen sie sich zwischen beiden Welten und fühlen sich in beiden wohl. Das Verständnis der Bisexualität sozusagen als höhere Entwicklungsstufe findet ihr Echo in der verstärkten Bereitschaft bekannter Zeitgeistpersönlichkeiten, sich dazu öffentlich zu bekennen.

Tabelle 1. Klein's Raster für sexuelle Neigungen

Variable	Vergangenheit	Gegenwart	Ideal
1. erotische Anziehung			
2. sexuelles Verhalten			
3. erotische Phantasien			
4. emotioneller Bezug			
5. soziale Bindung			
6. Selbstbild			
7. Szene			

In den leeren Feldern ist jeweils vom Betreffenden die Zahl 1 bis 7 einzusetzen, die einer bestimmten Stufe auf dem heterosexuellen-homosexuellen Kontinuum entspricht.

1 = ausschließlich mit dem anderen Geschlecht
2 = weitgehend mit dem anderen Geschlecht
3 = etwas mehr mit dem anderen Geschlecht
4 = gleich viel mit beiden Geschlechtern
5 = etwas mehr mit dem gleichen Geschlecht
6 = weitgehend mit dem gleichen Geschlecht
7 = ausschließlich mit dem gleichen Geschlecht

Beide Modelle lassen die Vermutung zu, daß sexuelle Orientierung und Identität während des erwachsenen Lebens eines Individuums sich erheblich verändern und weiterentwickeln können: von der Homosexualität zur Bisexualität – von der Heterosexualität über Bisexualität zur Homosexualität –, und daß diese Entwicklung durch soziales Lernen beeinflußt wird (Klein et al. 1985).

Bisexuelle erotisieren beide Geschlechter, aber favorisieren meistens ein Geschlecht – mit einer 60/40- oder 70/30-Verteilung.

Die Erkenntnis bisexuell zu sein, scheint kaum zu korrelieren mit der realen Menge und Kombination von heterosexuellem und homosexuellem Verhalten im wirklichen Leben. Sie kommt einem Glaubensbekenntnis zur Nicht-Monogamie sehr nahe und ist in der Lage, bei betroffenen Partnern, bei Forschern und Klienten eine angstbesetzte Reaktion auszulösen (Hansen u. Evans 1985). Jedoch wird die Validität der Bisexualität als möglicher Neigung und als Lebensstil nach und nach auch in akademischen Kreisen anerkannt.

Tabelle 2. Hürden bei der Erfassung der Bisexualität

- Sexuelle Identität und Orientierung können sich mehrmals während eines Lebens wandeln
- Sexualität ist zu jedem Untersuchungszeitpunkt ein multivariables Phänomen
- Selbstbekenntnis zur Bisexualität korreliert wenig mit dem realen Verhalten
- Verständnis der Bisexualität ist von ideologischen Prämissen abhängig
- Bisexualität wird häufig geheim gelebt

In ihrer Bemühung, die Bisexualität genauer zu erfassen, versuchen neuere amerikanische Studien den multivariablen Aspekten der Sexualität Rechnung zu tragen. Neben der Verhaltenskomponente, in der Vergangenheit – in der Gegenwart – und als Idealvorstellung, werden auch andere Variablen berücksichtigt:
Anziehung – Phantasien – emotioneller Bezug – Lebensstil – Selbstbild (Klein 1980) (Tabelle 1).

Dank dieses verfeinerten Rasters konnte unter anderem Zinik (1983) eine interessante Entdeckung machen. Seine 138 männlichen und weiblichen Probanden empfinden eine vergleichbare sexuelle Erregung bei männlichen und weiblichen Partnern. Jedoch sowohl Männer wie Frauen erfahren eine größere emotionelle Befriedigung bei Frauen und verlieben sich häufiger in Frauen.

Da die Forschungsansätze zu diesem Thema sehr neu – und durch AIDS z.T. erst richtig in Gang gesetzt – sind sowie häufig von ideologisch besetzten Arbeitsgruppen – oft Schwulen oder Lesbenminoritäten – vorgetragen werden und die Auswahl der Probanden häufig keine zufällige Selektion darstellt, lassen sich bis jetzt vor allem die Hürden erkennen, die ein eindeutiges Erfassen der Bisexualität erschweren (Tabelle 2).

Die Ehe der bisexuellen Männer ist besser als ihr Ruf

Zum Zeitpunkt der Eheschließung sind sich die meisten Männer ihrer homosexuellen Tendenzen latent bewußt. Viele haben sie schon ausgelebt. Trotzdem identifizieren sie sich selbst nicht als Homosexuelle. Sowohl die Männer als auch ihre Partnerinnen glauben oder hoffen zu diesem Zeitpunkt, daß ihre Liebe die homosexuellen Impulse überflüssig machen wird, daß eine monogame Ehe möglich ist. Sie verlieben sich und heiraten aus den gleichen Gründen wie heterosexuelle Paare: Freundschaft, erotische Anziehung, emotionale Bindung, gemeinsame intellektuelle Interessen, Kinderwunsch, wirtschaftliche Vorteile (Wolf 1985). Die Motivation für die Ehe scheint weitgehend positiv zu sein. Bei einigen ist der Mangel an emotionaler Nähe in der homosexuellen Szene eine mögliche resignative Motivation. Nach einigen Jahren tauchen die homosexuellen Impulse wieder auf, dies um so intensiver, wenn sie vor der Ehe wenig exploriert wurden (Wolf 1985).

Coleman (1985) unterscheidet hier drei Phasen:

Die erste Phase ist gekennzeichnet durch Vermeidung der homosexuellen Impulse, Rückzug vom Partner und damit verbundene Schuldgefühle.

Die zweite Phase des Aufdeckens ist gekennzeichnet durch die Mitteilung und eine damit verbundene Krise. Das Aufdecken ist ein Prozeß, der sich meistens über viele Jahre und viele einzelne Ereignisse erstreckt, bis die fortschreitende Bewußtwerdung dazu führt zu erkennen, was dies für jeden persönlich bedeutet (Gochros 1985).

Die dritte Phase des Lösungsprozesses ermöglicht vielen Paaren durch die kreative Konfrontation eine stabile und zufriedene Ehegemeinschaft. Ross (1971) beschreibt dabei drei verschiedene Lösungen:

- die platonische Ehe, in der auf sexuelle Betätigung innerhalb der Ehe verzichtet wird und vor allem emotionelle Befriedigung aus dem Familienleben gezogen wird;
- die Doppelstandard-Ehe, in der nur dem Mann außereheliche Aktivitäten zugestanden werden,
- die offene Ehe, in der beiden Partnern sexuelle Freiheit zugestanden wird.

Welche Lösung auch von den Ehepartnern bevorzugt wird, sie wird von Spannungen und Konflikten begleitet. Trotz allem bescheinigen durchweg alle Autoren diesen Eheformen gute Chancen, vorausgesetzt, die Partner gehen mit Respekt, Liebe, Engagement und Offenheit miteinander um.

Trotz der vorhandenen Spannungen sind viele dieser Paare (70%) mit ihrer Beziehung zufrieden und wollen ihre Ehe aus einer positiven Motivation heraus aufrechterhalten: 62% der Männer und 77% der Frauen nennen Freundschaft mit dem Partner als ersten Grund, um die Ehe fortzusetzen (Wolf 1985) (Tabelle 3).

Sexualität in der Ehe ist bei 78% der Paare ein konstanter Bestandteil der Beziehung. Wolf (1985) stellt fest, daß die Aufrechterhaltung der Sexualität in der Ehe ein Indikator ist für die selbsteingeschätzte Qualität der Beziehung. Obwohl die Män-

Tabelle 3. Dominanz von positiver Motivation für bisexuelle Ehen – während der ganzen Dauer

- positive Gründe, um die Ehe einzugehen
- positive Gründe, um die Ehe aufrechtzuerhalten
- gleiche Bedingungen für erfolgreiche Ehe wie bei heterosexuellen Paaren

ner sexuell aktiv in der Ehe sind, ist die homosexuelle Tendenz dominant, sowohl auf der Verhaltens- als auf der Anziehungs- und Phantasieebene. In der Emotionalität, in ihren Sozialkontakten und ihrem Lebensstil kommen sie der bisexuellen Norm – ausgewogenes Interesse für beide Geschlechter – nahe (Tabelle 4).

Tabelle 4. Indikatoren für eine glückliche Ehe mit einem bisexuellen Mann

- Selbsterkenntnis des Mannes als Bisexueller (statt Homosexueller)
- Sexualität in der Ehe
- Offenheit in der Ehe

Die Partnerinnen von bisexuellen Männern

Die betroffenen Frauen laufen Gefahr, von vornherein als neurotisch bezeichnet zu werden, weil sie sich „keinen richtigen Mann" aussuchen, die homosexuellen Tendenzen ihrer Partner nicht erkennen oder verdrängen, oder sich des Helfersyndroms verdächtig machen, wenn sie einen HIV-infizierten oder AIDS-erkrankten Bisexuellen heiraten.

Manche der vorhandenen Untersuchungen bescheinigen ihnen jedoch ein hohes Bildungsniveau, Intelligenz und Selbstbewußtsein sowie eine Vorliebe für nichtsexistische Männer und zumindest eine gewisse sexuelle Naivität zum Zeitpunkt der Eheschließung (Gochros 1985). Andere Studien beschreiben sie als abhängig (Wolf 1985).

Während etwa 38% der betroffenen Frauen im vollen Bewußtsein der Bisexualität ihres Partners heiraten, gehen die meisten Frauen – sowie ihre Männer – durch einen Bewußtwerdungsprozeß, der sich über viele Jahre hinzieht. Die Ehefrauen/Partnerinnen werden dabei mit drei Problemen konfrontiert, die emotional negativ beladen sind: die Bisexualität an sich, die Untreue und in manchen Fällen der Vertrauensbruch (Matteson 1985). Depressionen und dramatischer Selbstwertverlust sind als Reaktion nicht selten.

Aggressive oder selbstdestruktive Reaktionen, wenn sie stattfinden, werden nicht durch die Entdeckung der Bisexualität an sich ausgelöst, sondern durch die traumatische Abwendung und den Vertrauensbruch des Mannes (Gochros 1985).

Betroffene Frauen berichten, daß sie sich sehr isoliert fühlen. Sie kämen sich vor, „als ob sie die einzigen auf der Welt in dieser Situation wären". Sie übernehmen die Schuld für ihre Partnerwahl, indem sie davon ausgehen, daß die Wahl eines bisexuellen Mannes über sie selbst etwas aussagt. Sie fragen sich, was bei ihnen nicht stimmen könnte. Wenn sie mit Bekannten und Freunden das Gespräch suchen, erfahren sie häufig Ablehnung und Diskriminierung. Man gibt ihnen die Schuld, in der Annahme, sie seien neurotisch oder masochistisch.

Aus Scham- und Schuldgefühl möchten sie lieber nicht zugeben, da sie der Selbsteinschätzung zufolge in ihrer Beziehung mit Männern versagen und vermeiden nicht selten Beratungsstellen und Therapeuten (Gochros 1985).

Coleman (1985) beschreibt, daß Familienmitglieder einen ähnlichen Prozeß des Coming-out durchmachen wie die Homosexuellen selbst.

Während die betroffenen Frauen sich um ein neues inneres Gleichgewicht bemühen, verstört sie die Dissonanz zwischen dem alten und dem neuen Bild ihres Partners. Vor allem leiden sie an einer kognitiven Verwirrung (Gochros 1985). Es gibt für sie kaum Modelle und anerkannt richtiges Verhalten. Wenn sie sich auf eine offene Ehe einlassen, ist das Passivität oder Flexibilität? Wenn sie diese offene Ehe ablehnen, ist das Selbstbewußtsein oder Rigidität? Was ist ein Zeichen von Selbstvertrauen? Worin liegt die Selbstaufgabe? Wenn sie versuchen, ihre negativen Gefühle zu verstecken, werden sie der Verdrängung bezichtigt. Wenn sie ihren Ärger oder ihre Trauer ausdrücken, werden sie als manipulativ verurteilt. Schlimmer noch als der Verlust eines geliebten Mannes ist der Verlust des Vertrauens in die eigene Urteilsfähigkeit (Gochros 1985) (Tabelle 5).

In dem Versuch des Paares, einen neuen Modus vivendi zu finden, der für beide akzeptabel ist, werden häufig Verhaltensregeln aufgestellt (Coleman 1985), z.B.

- die Ehe hat Priorität vor allen anderen Beziehungen,
- emotionales Engagement ist bei den männlichen Sexualpartnern zu vermeiden,
- Ehefrau und Kinder sollen nicht unter den homosexuellen Aktivitäten leiden,
- Vorsicht ist bei sexuell übertragbaren Krankheiten geboten,
- nachts gehört der Ehemann nach Hause.

Das gemeinsame Erarbeiten solcher Regeln kann die Solidarität der Partner untereinander verstärken und der Hilflosigkeit der Ehefrau entgegenwirken. Wichtig für die Ehefrau ist, daß sie bereit ist, ihre Bedürfnisse und ihre Toleranzgrenzen mitzuteilen. Darüber hinaus ist ihr psychisches Wohl deutlich davon abhängig, ob sie ihr Selbstwertgefühl und ihre Erfüllung auch außerhalb der Ehe – unabhängig von ihrem Mann – bestätigt findet, ob sie als eigenständiges, getrenntes Wesen für sich sorgen kann, finanziell und emotionell (Tabelle 6).

Tabelle 5. Spezifische Probleme der Partnerinnen/Ehefrauen von bisexuellen Männern

- Isolation
- Diskriminierung
- Coming-out
- Gefühl des Versagens als Frau
- Zweifel an der Urteilsfähigkeit
- Mangel an Modellen
- kognitive Verwirrung

Tabelle 6. Bedingungen für lebensfähige Partnerschaften mit bisexuellen Männern

- Engagement für die Beziehung
- Offenheit und Kommunikation
- Wenig Verurteilung und Groll
- Körperliche Nähe
- Selbstwertgefühl auch außerhalb der Beziehung

Die Partnerinnen von HIV-infizierten oder AIDS-kranken bisexuellen Männern

Eine Patientin wird nach einem Selbstmordversuch zu einer Psychotherapie überwiesen. Sie hat vor einem halben Jahr einen HIV-positiven Mann geheiratet. Inzwischen ist er erkrankt, und sie verzweifelt wegen seines scheinbaren Liebesentzuges. „Warum macht er mich so fertig? Er braucht mich doch! Soll denn alles umsonst gewesen sein? Ich hatte mir unsere Ehe anders vorgestellt. Ich darf ihn pflegen und versorgen, während er das Schöne mit anderen teilt."

Durch ihre Hilfeleistungen glaubt sie, sich seine Liebe sichern zu können. Ihre Liebesbedürftigkeit und seine Pflegebedürftigkeit ketten die beiden aneinander. Seine Abwehr ist heftig. Ausgerechnet die hohen Erwartungen an den Partner und die gegenseitige Abhängigkeit gefährden die Beziehung.

Eine andere Patientin kommt in die Therapie, weil sie sich in einer Sackgasse empfindet. Drei Monate nach der Hochzeit eröffnet ihr ihr Mann, er sei HIV-positiv. Inzwischen ist er erkrankt, und sie wird mit ihren Gefühlen nicht fertig. „Hat er es nicht schon früher gewußt? Hat er mich geheiratet, um an eine billige Pflegekraft zu kommen?" Sie fühlt sich verraten, und ihr Groll vergiftet ihr Leben. Außerdem erscheint ihr Opfer sinnlos, weil der Partner „sowieso sterben wird". „Wozu soll das Ganze gut sein? Wozu habe ich ihn bloß geheiratet?" Selbstverständlich kann sie nicht mit ihren Eltern und Bekannten darüber sprechen. Sie hat ihrem Mann versprochen, daß keiner die Wahrheit erfahren soll. Sie selbst erfährt kein Verständnis und keine Unterstützung. Im Zweifelsfall ergreifen sowieso alle seine Partei (Tabelle 7).

Tabelle 7. Partnerinnen von HIV-infizierten bisexuellen Männern (Versuch einer ersten Hypothesenbildung)

- oft jung und relativ unerfahren
- abhängig
- heiraten einen älteren, erfahrenen Mann
- geben schnell und viel für ihn auf
- finden sich oft erst liebenswert nach erbrachter Leistung

Durch den höheren Einsatz – Toleranz der Bisexualität und Pflege des Kranken bei weitgehendem Verzicht auf eigene Bedürfnisbefriedigung – ist für die betroffenen Frauen die Enttäuschungsgefahr viel größer. Wenn die erwarteten Freuden des Zusammenlebens ausbleiben, sind sie gezwungen, für diesen Lebensabschnitt einen neuen Sinn zu finden. Es müssen die inneren und äußeren Voraussetzungen dafür geschaffen werden, die ein scheinbar sinnloses Opfer in eine sinnvolle und vielleicht glückliche Zeit verwandeln.

Zur AIDS-Prävention ist zu sagen, daß es den betroffenen Frauen häufig schwerfällt, ihren Partner/Ehemann von Safer-Sex-Maßnahmen zu überzeugen. Hierbei brauchen sie oft die Unterstützung des Arztes. Die Einbindung in einer Gruppe von ebenfalls Betroffenen kann das Selbstwertgefühl stärken und damit auch das Selbstbewußtsein, das nötig ist, um AIDS-präventives Verhalten beim Partner durchsetzen zu können. In einer Kohortenstudie hat Nancy Padian (Persönliche Mitteilung 1989) in San Francisco festgestellt, daß 20% der Partnerinnen von bisexuellen Männern selbst infiziert sind und daß sie häufig erst durch die eigene Infektion von der Bisexualität des Partners erfahren. Diese Zahlen beweisen die Brisanz des Problems.

Literatur

Brauckmann J. Bisexualität. Die vergessene Wirklichkeit. München: 1982 (Dissertation)

Coleman E. Integration of male bisexuality and marriage. J Homosexual 1985; 11:189–206

Gochros J. Wives reactions to learning that their husbands are bisexual. J Homosexual 1985; 11:101–116

Hansen CE. Evans A. Bisexuality reconsidered. An idea in pursuit of a definition. J Homosexual 1985; 11:1–7

Jay P. Bisexuality – reassessing our paradigms of sexuality. J Homosexual 1985; 11:21–32

Kinsey AC, Pomeroy WB, Martin CE, Gebhard PE. Sexual behavior in the human male. Philadelphia, Saunders: 1948

Klein F, Sepekoff B, Wolf T. Sexual orientation. A multivariable dynamic process. J Homosexual 1985; 11:35–49

Klein F. Are you sure you are heterosexual? Or homosexual? or even bisexual? Forum Magazine 1980; 12:41–45

Klein F. The bisexual option. New York: Arbor House, 1978

Matteson D. Bisexual men in marriage. J Homosexual 1985; 11:149–170

Ross HL. Modes of adjustment of married homosexuals. Soc Probl 1971; 18:385–393

Wolf T. Marriages of bisexual men. J Homosexual 1985; 11:135–148

Zinik G. The sexual orientation inventory. Santa Barbara: University of California, 1983 (unpublished)

Zinik G. Identity conflict or adaptive flexibility? Bisexuality reconsidered. J Homosexual 1985; 11:7–19

Zur spezifischen Situation drogenabhängiger Frauen

Anja Dobler-Mikola und Dagmar Zimmer-Höfler

Einleitung

Die spezifische Situation drogenabhängiger[1] Frauen wurde im deutschsprachigen Raum – in politischer und wissenschaftlicher Hinsicht – lange Zeit vernachlässigt. Die Drogenabhängigkeit schien in der Vorstellung der Öffentlichkeit geschlechtsneutral zu sein, und da die überwiegende Mehrzahl der Drogenabhängigen männlich ist, haben die bisherigen wissenschaftlichen Befunde in erster Linie für Männer Gültigkeit. Die Vernachlässigung des geschlechtsspezifischen Aspektes erstaunt um so mehr, als sich dieses Wissen im Bereich der psychiatrischen Epidemiologie (Dohrenwend u. Dohrenwend 1976; Gove u. Herb 1974; Dobler-Mikola et al. 1989) schon seit Jahren durchgesetzt hat. Das in den 80er Jahren aufkommende Interesse für die spezifische Situation der drogenabhängigen Frauen entspringt u.a. dem Problembereich HIV und AIDS: In der Diskussion um die HIV-Problematik sind die drogenabhängigen Frauen mehrfach exponiert:

1. Die gemeinsame Benutzung desselben Spritzbestecks beinhaltet (für Frauen wie Männer) das Risiko, vom HI-Virus angesteckt zu werden.
2. Die meisten drogenabhängigen Frauen sind im gebärfähigen Alter. Bei einer Schwangerschaft ist auch das ungeborene Kind, das angesteckt werden kann, gefährdet.
3. Schließlich finanzieren die drogenabhängigen Frauen häufiger als die drogenabhängigen Männer ihre Sucht durch Prostitution. Da zu ihrer Kundschaft (auch) die „ganz gewöhnlichen" Männer gehören, wird die Beschaffungsprostitution von einigen Autoren als eine der wichtigsten Quellen der HIV-Übertragung auf die heterosexuelle Allgemeinbevölkerung betrachtet (Bornemann et al. 1988). Die sich prostituierenden Drogenabhängigen sind aber auch ihrerseits machtlos gegen die HIV-Ansteckung durch den Freier, da sie in der Hierarchie der Prostituiertenszene zuunterst stehen und deshalb die Forderung nach „Safersex" meist nicht durchsetzen können (Bleibtreu-Ehrenberg 1987).

Diese 3fache Exponiertheit hat dazu beigetragen, daß drogenabhängige Frauen ins Zentrum des sozialpolitischen Interesses gerückt sind.

Wer sind sie nun aber, die drogenabhängigen Frauen? Wie unterscheiden sie sich von ihren nichtsüchtigen Geschlechtsgenossinnen und von den drogenabhängigen Männern?

Von einem soziologischen Standpunkt aus werden evtl. geschlechtsspezifische Differenzen, ausgehend von den männlichen und weiblichen Geschlechterrollen, die mit unterschiedlichen gesellschaftlichen Ressourcen und Anforderungen einhergehen, erklärt. Betrachten wir die in der wissenschaftlichen Diskussion dargestellten Rollenstereotype, gehören sachbezogenes Handeln, Leistungsdenken, Außenorientiertheit, Autonomie und Selbstvertrauen zum idealtypischen Bild des Mannes. In-

[1] Im vorliegenden Text bedeuten die Bezeichnungen „drogenabhängig" und „süchtig" immer eine Abhängigkeit von illegalen Drogen, insbesondere Opiaten.

strumentalität kennzeichnet somit die männliche Rolle. Für die weibliche Rolle dagegen ist die Expressivität zentral. Die Frau wird auf eine innenorientierte und gefühlsbetonte Rollenausübung hin sozialisiert. Dies geht mit der Erziehung der Unselbständigkeit und Anpassungsfähigkeit, aber auch mit der Erlaubnis, sich selbst als schwach darzustellen, einher (de Beauvoir 1968; Holter 1973; Morf-Rohr 1984; Schmerl 1982; Gilligan 1982).

Aus diesen durch Sozialisation in der Persönlichkeit verankerten Verhaltensunterschieden werden Fähigkeits- und Eignungsunterschiede abgeleitet, die die geschlechtsspezifische Arbeitsteilung in Familie und Gesellschaft legitimieren. Gemäß der traditionellen Rollenaufteilung in der Familie leistet der Mann Lohnerwerbsarbeit und ist für Außenbeziehungen und materielle Sicherheit verantwortlich. Die Frau leistet Hausarbeit und ist für die innerfamiliären Beziehungen und die emotional-kommunikativen Aufgaben zuständig. Als Folge dieser Arbeitsteilung zeichnen sich Männer und Frauen durch unterschiedliche Normalbiographien aus (Held u. Levy 1974; Borkowsky et al. 1985). Die Männerbiographie ist im allgemeinen gradlinig: Von der Schule bis zur Pensionierung hat der Mann ein kontinuierliches Ziel, seine berufliche Laufbahn. Die Familiengründung durchkreuzt diese Pläne keineswegs. Im Gegenteil, sie hat eine seiner Karriere zuträgliche Funktion, da sie ihn emotional aber auch reproduzierend stützt. Das Ziel „berufliche Karriere“ hat den Vorteil, daß es vom Verhalten der Mitmenschen relativ unabhängig ist und eng mit der persönlichen Leistung zusammenhängt. Frauen weisen im Gegensatz zu Männern häufig eine vielfach gebrochene Biographie auf mit den Phasen „Ledigsein“, „Heirat“, „Kinder“ und „Nachkinderphase“. Die qualitativ unterschiedlichen Phasen erzwingen jeweils eine Umorientierung und Verlagerung des Lebensinhaltes auf einen neuen Bereich. Die Sinngebung der weiblichen Normalbiographie ist generell eng mit zwischenmenschlichen Beziehungen verbunden. Die persönliche Unabhängigkeit und die Stabilisierung einer eigenen Identität lassen sich daher nur schwer verwirklichen.

So weit also zu den traditionellen Rollenbildern von Mann und Frau. Deckt sich nun das Wissen über Heroinabhängige mit diesen Bildern, oder stellen wir da Verschiebungen fest? Die Geschichte der Opiatabhängigkeit in den USA legt die Vermutung nahe, daß die oben beschriebenen Geschlechtsrollen-Stereotype auch für die typischen Ausdrucksformen eines süchtigen Verhaltens von Bedeutung sind. Bis 1914, als Opiate völlig legal erworben werden konnten und Opiatabhängigkeit daher eine unsichtbare Sucht war, waren vorwiegend Frauen süchtig (vgl. Platt 1986; Maglin 1974). Erst die Illegalität des Heroins (seit 1914) änderte diese Situation. In der Folge sank der Frauenanteil unter den Opiatabhängigen bis auf 15% im Jahre 1954. Heute wird er auf 25–30% geschätzt. Über die Hintergründe, weshalb Frauen unter den Bedingungen der Illegalität weniger häufig Heroin konsumieren, kann nur spekuliert werden. Maglin (1974) schlägt die Hypothese vor, daß Frauen im Alter zwischen 13 und 18 Jahren weniger unter Druck sind als Männer und außerdem ein anderes Sozialverhalten haben. Frauen sind mehr zu Hause, während sich die jungen Männer öfter mit ihrer Peergruppe auseinandersetzen und in diesem Zusammenhang eher in experimentierfreudige Situationen, die auch das „Probieren“ von Drogen begünstigen, geraten. In einer zweiten Hypothese wird postuliert, daß die Bedrohung der Sucht für Frauen schlimmer erscheint als für Männer, da eine drogenabhängige Frau rasch ihr soziales Ansehen verliert. Sie wird als Prostituierte angesehen, während ein junger Mann in derselben Situation eher als Out-Law, Dieb oder Revolutionär gelten kann (vgl. dazu auch O'Donnell 1980).

Angloamerikanische Untersuchungen, die die sozialen Merkmale der drogenabhängigen Männer und Frauen verglichen haben, zeigen eine Reihe von Einzelergebnissen, wonach die „typische“ drogenabhängige Frau häufig aus einer Arbeiterfamilie stammt, eine gestörte Mutterbeziehung, hingegen aber eine enge Vaterbeziehung hat und eine etwas höhere Schulbildung als die männlichen Opiatabhängigen aufweist (Prather u. Fidell 1978). In einer Untersuchung über Werthaltungen zeigen Miller et al. (1973), wie die unterschiedlichen Werthierarchien bei drogenabhängigen Männern und Frauen den oben beschriebenen Geschlechtsrollen-Stereotypen entsprechen: Männer heben ihr Interesse, cool, strategisch, logisch, kontrolliert und dominant mit ihrer Umwelt umzugehen, hervor. Frauen dagegen rangieren generell höher als Männer in den Werten Sauberkeit, Verzeihen, Glück, innere Harmonie, Selbstachtung und wahre Freundschaft.

Zwei Stichproben: Heroinabhängige und Normgruppe

Zu drei Befragungszeitpunkten (1978, 1980 und 1985) wurden 248 Heroinabhängige aus der deutschsprachigen Schweiz auf ihre soziale Integration, ihre Lebenssituation, ihre Einstellungen und Wahrnehmungen untersucht. Zum Zeitpunkt der Erstbefragung befanden sich alle Befragten in einer stationären (therapeutischen Wohngemeinschaft, Gefängnis) oder ambulanten (Methadonprogramm) Institution. Weitere Einzelheiten der Studie sind in früheren Publikationen ausführlich dargestellt worden (Zimmer 1979; Zimmer-Höfler 1985; Uchtenhagen u. Zimmer-Höfler 1985; Zimmer-Höfler u. Meyer-Fehr 1984; Zimmer-Höfler u. Tschopp 1986, Zimmer-Höfler et al. 1987). Das Institut für praxisorentierte Sozialforschung (IPSO) führte parallel zu dieser Untersuchung eine Normgruppenuntersuchung über die soziale Integration junger Schweizer Erwachsener durch (Blancpain et al. 1983). Wir hatten die Möglichkeit, aus dieser Normgruppe eine parallelisierte Stichprobe – gematcht nach Alter und Geschlecht – als Kontrollgruppe anzuwenden. Das Verfahren zur Parallelisierung und die beiden Stichproben sind bei Zimmer-Höfler (1985) beschrieben. Anzahl der Probanden und Geschlechtsverteilung sind in der Abb. 1 dargestellt.

Fragestellung: Besonderheiten der weiblichen Drogenkarriere

Im folgenden sind wir – ausgehend von den oben beschriebenen Stichproben – der Frage nach der spezifischen Situation der drogenabhängigen Frauen auf zwei Ebenen empirisch nachgegangen:

1. Wie lassen sich die drogenabhängigen Frauen durch soziodemographische oder biographische Merkmale charakterisieren? Inwiefern unterscheiden sie sich bezüglich ihrer Biographie und der sozialen

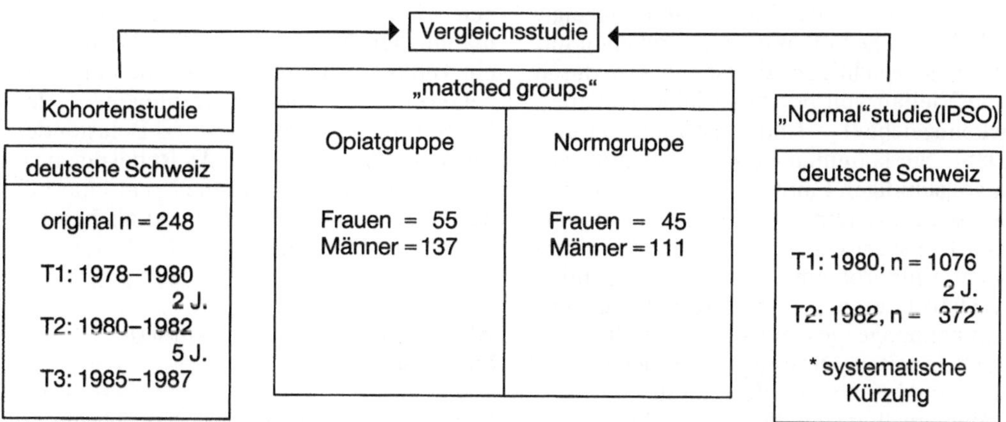

Abb. 1. Beschreibung der Studie

Integration von ihren „normalen" Altersgenossen und/oder von den süchtigen gleichaltrigen Männern?
2. Unterscheiden sich drogenabhängige Frauen von süchtigen Männern bezüglich der Drogenkarriere? Können wir hier frauenspezifische Muster identifizieren?

Biographische Merkmale und aktuelle Integration drogenabhängiger Frauen im Vergleich mit ihren „normalen" Altersgenossen und den süchtigen gleichaltrigen Männern

Soziale Herkunft

Nach gängigen Vorstellungen stammen die Drogenabhängigen besonders häufig aus der sozialen Unterschicht. Betrachten wir den Zusammenhang zwischen sozialer Herkunft und Drogenabhängigkeit in unseren Stichproben, kann diese Hypothese für süchtige Frauen nicht bestätigt werden.

Im Gegensatz zu den männlichen Drogenabhängigen verteilen sie sich auf die einzelnen Kategorien der sozialen Schichtung – gemessen an der sozialen Stellung ihrer Herkunftsfamilie – gleich wie ihre „normalen" Geschlechtsgenossinnen (Tabelle 1). Sie stammen aber überdurchschnittlich häufig aus großstädtischer Umgebung: nur 12% von unserer weiblichen Opiatgruppe sind in einer Kleinstadt oder auf dem Lande aufgewachsen, während dieser Anteil bei drogenabhängigen Männern 28% beträgt und bei der Normgruppe ca. 75%.

Psychosoziale Belastungen in der Herkunftsfamilie

In früheren Arbeiten haben wir aufgezeigt, daß die Drogenabhängigen, verglichen mit ihren nichtsüchtigen Altersgenossen, durch eine Vielfalt von psychosozialen Defiziten gekennzeichnet sind (Zimmer-Höfler 1985). Sie stammen besonders häufig aus unvollständigen Familien, und auch ihr nahes Bezugssystem zeigt anamnestisch vermehrt psychische Schwierigkeiten und Suchtmittelprobleme. In der folgenden Analyse interessiert, inwiefern solche Zusammenhänge geschlechtsspezifische Muster beinhalten. Die entsprechenden Ergebnisse sind in Tabelle 2 dargestellt.

Wie erwähnt sind die Drogenabhängigen deutlich häufiger als ihre normalen Altersgenossen in unvollständigen Familien aufgewachsen. Betrachten wir aber diesen Zusammenhang genauer, sehen wir, daß bei Frauen häufiger beide Eltern gefehlt haben, während die Männer eher in Familien mit nur einem Elternteil aufgewachsen sind. Diese Muster stützen die Annahme eines Zusammenhanges zwischen psychosexueller Identität und Drogenabhängigkeit und die Bedeutung des gleichgeschlechtlichen Elternteils für die Entwicklung einer ungestörten psychosexuellen Identität. Der abwesende Elternteil bei „Ein-Eltern-Familien", die wir häufiger bei Männern finden, ist in der Regel der Vater. Für Frauen bedeutet erst das Fehlen beider Eltern den Wegfall des gleichgeschlechtlichen Elternteils, der Mutter.

Ebenfalls in die Richtung einer erhöhten Vorbelastung bei Frauen weist der Befund einer überdurchschnittlich hohen Suizidalität in ihrer näheren Umgebung. Die Hälfte der drogenabhängigen Frauen in unserer Stichprobe berichtet über Suizide bei nahen Bezugspersonen, während dieser Anteil bei den „normalen" Frauen bei 16% liegt. Der entsprechende Anteil bei süchtigen Männern beträgt 28% und bei der männlichen Normgruppe 8%. Auch wenn ein Teil dieser Unterschiede eine Folge des besseren Erinnerungsvermögens der Frauen für Konflikthaftes und Belastendes sein mag (Angst et al. 1984), ist bei den drogenabhängigen Frauen auch real eine höhere Belastung zu verzeichnen als bei den süchtigen Männern.

Abweichungen von der „Normalbiographie"

Von der Kindheit bis zum Erwachsensein sind der Schul- und Berufsabschluß, der

Tabelle 1. Sozialer Hintergrund

	Frauen		Männer	
	Opiatgruppe [%]	Normgruppe [%]	Opiatgruppe [%]	Normgruppe [%]
Herkunftsschicht				
Unterschicht	22	26	36	25
Untere Mittelschicht	42	33	43	38
Obere Mittel-/Oberschicht	36	40	21	39
	Cramer's V = 0,10, ns		Cramer's V = 0,21**	
Wohnort während der Jugend				
Großstadt/Agglomeration	88	24	72	30
Kleinstadt	4	31	7	25
Land	8	47	21	45
	Cramer's V = 0,68***		Cramer's V = 0,43***	

***: $p \leq 0{,}001$; **: $p \leq 0{,}01$; *: $p \leq 0{,}05$. (Diese Notation gilt für alle Tabellen und Abbildungen)

Auszug aus dem Elternhaus und die Gründung einer eigenen Familie Marksteine, welche eine Normalbiographie ausmachen.

Im Gegensatz zu den drogenabhängigen Männern unterscheiden sich die süchtigen Frauen bezüglich ihres Schulabschlusses nicht von ihren nichtsüchtigen Geschlechtsgenossinnen (Tabelle 3). In der Phase der Berufslehre jedoch hört diese strukturelle Normalität bei den Frauen auf: sie brechen ihre Lehre gleich häufig ab wie ihre männlichen drogenabhängigen Kollegen. In beiden Normgruppen kommen Lehrabbrüche dagegen nur selten vor.

Betrachten wir das Alter, in welchem das Elternhaus verlassen wird, zeigen sich zwischen den Drogenabhängigen und ihren „normalen" Altersgenossen deutliche geschlechtsspezifische Unterschiede: die weiblichen Drogenabhängigen sind häufiger als die nicht abhängigen Frauen vor dem 16. Lebensjahr von den Eltern weggezogen, oder sie wohnen im Alter von über 20 Jahren immer noch bei den Eltern. Vergleichen wir die beiden Frauengruppen in unserer Analyse mit der jeweils entsprechenden Männergruppe, zeigen sich unterschiedliche Tendenzen. Während die nichtdrogenabhängigen Männer noch im Alter von über 20 Jahren signifikant häufiger bei den Eltern wohnen als die nichtdrogenabhängigen Frauen, ist dieser Zusammenhang bei den beiden drogenabhängigen Gruppen anders: Die drogenabhängigen Männer haben häufiger das Elternhaus schon früher verlassen als die drogenabhängigen Frauen.

Bezüglich der Eheerfahrung gibt es zwischen den drogenabhängigen Frauen und ihren nichtsüchtigen Geschlechtsgenossinnen weitere deutliche Unterschiede: ein Viertel der nichtabhängigen Frauen war zum Zeitpunkt der Erstbefragung verheiratet, während dieser Anteil nur 4% bei den weiblichen Drogenabhängigen betrug. Die

Tabelle 2. Psychosoziale Belastungen in der nahen Umgebung

	Frauen		Männer	
	Opiatgruppe [%]	Normgruppe [%]	Opiatgruppe [%]	Normgruppe [%]
Familienvollständigkeit				
Beide Eltern fehlten	31	2	21	4
1 Elternteil fehlte	15	4	34	1
	Cramer's V = 0,44***		Cramer's V = 0,54***	
Suizid bei Bezugspersonen				
Ja	50	16	28	8
	Cramer's V = 0,38***		Cramer's V = 0,26***	

Tabelle 3. Normalbiographie

	Frauen		Männer	
	Opiatgruppe [%]	Normgruppe [%]	Opiatgruppe [%]	Normgruppe [%]
Schulabschluß				
primär, real	46	38	58	31
sekundär, Gymnasium	54	62	42	69
	Cramer's V = 0,07, ns		Cramer's V = 0,28***	
Lehrabschluß				
noch in der Lehre	–	13	–	8
Lehre abgeschlossen	36	76	35	87
Lehre abgebrochen	64	11	65	6
	Cramer's V = 0,57***		Cramer's V = 0,62***	
Trennung von Eltern (Alter)				
unter 16 Jahre	29	2	18	–
16–19 Jahre	37	36	35	16
20 und mehr Jahre	–	39	18	33
wohnt noch bei den Eltern	35	23	29	51
	Cramer's V = 0,59***		Cramer's V = 0,41***	
Zivilstand				
ledig	86	73	94	87
verheiratet	4	24	5	13
getrennt/geschieden	10	1	1	–
	Cramer's V = 0,35**		Cramer's V = 0,14, ns	

weiblichen Drogenabhängigen scheinen seltener zu heiraten als ihre „normalen" Geschlechtsgenossinnen, und falls sie heiraten, erfolgen Trennung oder Scheidung häufig innerhalb kürzester Zeit. Verglichen mit den drogenabhängigen Männern heiraten drogenabhängige Frauen häufiger. Dies bedeutet allerdings auch häufigere Trennungen und Scheidungen (vgl. auch Zimmer u. Uchtenhagen 1982).

Integration innerhalb der Gruppen von Gleichaltrigen

In einer weiteren Analyse haben wir die drogenabhängigen Frauen bezüglich der Struktur ihres Freundeskreises und ihres persönlichen Engagements innerhalb des Freundeskreises mit ihren süchtigen und nichtsüchtigen männlichen und nichtsüchtigen weiblichen Altersgenossen verglichen. Dabei interessierte uns die Frage, inwiefern sich die spezifische Situation der drogenabhängigen Frauen durch typische Muster in den Freundschaftsbeziehungen charakterisieren läßt. Nicht aber nur die Struktur des Freundeskreises ist von Interesse, sondern auch die Frage, inwiefern sich die drogenabhängigen Frauen um ihre Freundschaftskontakte bemühen und inwiefern sie die erwünschten Kontakte wirklich haben.

Die Annahme, daß drogenabhängige Jugendliche häufig vorwiegend ältere Freunde haben, wird in unserer Stichprobe für beide Geschlechter unterstützt (Tabelle 4). Besonders deutlich ist dies bei weiblichen Drogenabhängigen: nur 19% dieser Gruppe geben gleichaltrige Freunde an, während 44% mehrheitlich mit älteren Freunden zusammen sind. Die entsprechenden Prozentanteile für die nichtdrogenabhängigen Frauen sind 49% bzw. 31%.

Betrachten wir die Geschlechtsverteilung im vorhandenen Freundeskreis, weisen drogenabhängige Frauen erwartungsgemäß überdurchschnittlich häufig vorwiegend männliche Freunde auf. Dieses Resultat bedeutet aber nicht notwendigerweise, daß die drogenabhängigen Frauen ihr eigenes Geschlecht in besonderem Ausmaße ablehnen. Vielmehr scheinen die Geschlechtergrenzen bei Freundschaften in der Drogenszene verwischter zu sein als dies bei „nor-

Tabelle 4. Freundeskreis: Strukturelle Merkmale

	Frauen		Männer	
	Opiatgruppe [%]	Normgruppe [%]	Opiatgruppe [%]	Normgruppe [%]
Freunde sind überwiegend				
gleichaltrig	19	49	37	57
älter	44	31	30	10
jünger	6	–	5	5
unterschiedlich	32	20	29	29
	Cramer's V = 0,35***		Cramer's V = 0,26***	
gleiches Geschlecht	15	9	30	34
anderes Geschlecht	39	13	17	4
unterschiedlich	46	78	52	62
	Cramer's V = 0,33*		Cramer's V = 0,22**	

malen" jungen Erwachsenen der Fall ist: Auch die drogenabhängigen Männer geben häufiger als ihre nichtsüchtigen Geschlechtsgenossen an, einen mehrheitlich weiblichen Freundeskreis zu haben.

Wie stabil sind nun diese Freundschaften, und wie fest bemühen sich die Drogenabhängigen um Freundschaften, verglichen mit ihren nichtsüchtigen Altersgenossen?

Während sich die drogenabhängigen Männer deutlich weniger als ihre „normalen" Geschlechtsgenossen für Freunde interessieren, unterscheiden sich die süchtigen Frauen nicht von ihren nichtsüchtigen Geschlechtsgenossinnen (Tabelle 5). Trotz ihrer Bemühungen sind sie aber weniger häufig mit ihren Freundschaften zufrieden: 30% der süchtigen Frauen gegenüber 2% der Frauen in der Normgruppe geben an, nicht die erwünschten Kontakte zu haben.

Abweichendes Verhalten vor der Drogenkarriere

Bezüglich Suizidalität weisen die drogenabhängigen Frauen im Vergleich zu ihren Altersgenossen schon vor Beginn der Drogenkarriere deutlich andere Muster auf.

Tabelle 5. Freundeskreis: Engagement

	Frauen		Männer	
	Opiatgruppe [%]	Normgruppe [%]	Opiatgruppe [%]	Normgruppe [%]
Kontakt zu alten Bekannten				
regelmäßig	53	69	51	66
gelegentlich	38	24	28	30
zufällig, kaum	8	6	21	4
	Cramer's V = 0,20, ns		Cramer's V = 0,28***	
Bemühen um Kontakte				
sehr	40	38	21	33
nur wenig	56	58	56	65
nein	4	4	23	2
	Cramer's V = 0,02, ns		Cramer's V = 0,32*	
erwünschte Kontakte vorhanden				
ja	69	76	55	68
unterschiedlich	2	22	11	25
nein	30	2	34	7
	Cramer's V = 0,45***		Cramer's V = 0,34***	

Tabelle 6. Abweichendes Verhalten vor der Drogenkarriere

	Frauen		Männer	
	Opiatgruppe [%]	Normgruppe [%]	Opiatgruppe [%]	Normgruppe [%]
Eigene Suizidalität				
Suizidgedanken	16	18	15	14
Suizidversuch	27	4	10	3
	Cramer's V = 0,30*		Cramer's V = 0,14, ns	
Delinquenz				
ohne Folgen	20	9	20	24
mit Folgen	18	2	39	5
	Cramer's V = 0,32**		Cramer's V = 0,40***	

Suizidgedanken kommen in allen vier Untersuchungsgruppen etwa gleich häufig vor (Tabelle 6): Ein knappes Fünftel der Befragten gibt jeweils an, schon einmal daran gedacht zu haben, sich selber etwas anzutun. Deutlich häufiger aber als die andern drei untersuchten Gruppen (je ca 4%) sagen drogenabhängige Frauen (27%), daß sie schon einen oder mehrere Suizidversuche unternommen haben.

Betrachten wir die Delinquenz vor Beginn der Drogenkarriere, zeigt sich, daß die drogenabhängigen Frauen am ehesten mit nichtdrogenabhängigen Männern verglichen werden können: 38% der drogenabhängigen Frauen haben schon vor Beginn der illegalen Drogen mit der Polizei zu tun gehabt. In der männlichen Normgruppe liegt dieser Anteil bei 30%. Drogenabhängige Frauen delinquieren aber signifikant seltener vor Beginn mit harten Drogen als ihre männlichen Kollegen: 59% der drogenabhängigen Männer berichten über Polizeikontakte vor Beginn der Drogenkarriere.

Geschlechtsspezifische Unterschiede in der Drogenkarriere

Einstieg in die Drogenkarriere

Die Frauen unserer Stichprobe sind im Durchschnitt 2 Jahre jünger als ihre männlichen süchtigen Kollegen, haben aber auch früher mit Drogen angefangen (Tabelle 7). Der frühere Einstieg in die Drogen bei Frauen kann mit der früheren Pubertät bei Mädchen in Zusammenhang gebracht werden. Kein Unterschied besteht dagegen wider Erwarten zwischen „aktiver Suche" bzw. „passiver Verführung" beim ersten Heroinkonsum. Frauen wie Männer nennen zu je 50% den einen oder anderen Einstieg.

Eindrücklich ist, wieviele Probanden sich an ein spezielles Ereignis erinnern, das für den Einstieg in den Opiatkonsum auslösend war. Geschlechtsspezifisch unterschiedlich ist aber, daß Frauen häufiger ein solches Ereignis nennen als Männer. Dieser Unterschied bestätigt, wie bereits erwähnt, die in epidemiologischen Untersuchungen mehrfach festgestellte Annahme eines besseren

Tabelle 7. Geschlechtsspezifische Unterschiede im Durchschnittsalter beim Beginn mit Drogen

Drogen	Frauen	Männer	ETA	p
legale	15,71	17,24	0,20	**
nur Tabletten	17,42	20,11	0,33	***
illegale, keine Opiate	14,76	15,73	0,19	**
Opiate	17,50	19,10	0,24	***

Gedächtnisses bei Frauen (Angst et al. 1984). Insgesamt haben 204 Befragte von Einstiegserlebnissen berichtet. Für die Analyse sind diese Ereignisse zu drei Konzepten zusammengefaßt:
- emotionale Gründe,
- relationale Gründe,
- reaktives Verhalten.

Innerhalb dieser Konzepte wurden jeweils Kategorien entsprechend der in den Aussagen dominierenden Gefühle, Beziehungen oder Reaktionen gebildet.

Die Abb. 2 zeigt die geschlechtsspezifischen Unterschiede bezüglich der so kategorisierten Einstiegserlebnisse.

Wir erwarten, daß beim emotionalen Konzept Männer eher als Frauen „sensation seeking" angeben würden. Wir finden jedoch keine solchen Unterschiede. Männer lokalisieren dagegen häufiger ihre Einstiegsmotivation im Bereich der Gefühle von Unsicherheit und Ohnmacht als Frauen, während diese häufiger traurige und bedrückende Gefühle als Einstiegsgründe anführen.

Bei den relationalen Gründen zeigt sich, daß Frauen als Grund für den Beginn mit Opiaten häufiger „Probleme mit nahestehenden Bezugspersonen" anführen und Männer eher spezielle Gegebenheiten und Situationen sachlicher Art als Auslöser sehen. Kein Geschlechtsunterschied findet sich hinsichtlich der mit der eigenen Person verbundenen Probleme.

Die Analyse der reaktiven Gründe ergibt ähnliche Resultate: Als Grund für den Beginn mit illegalen Drogen geben Frauen häufiger Reaktionen auf zwischenmenschliche Interaktionen und Männer auf situative Umstände an.

Prostitution und Abhängigkeit vom anderen Geschlecht

Für beide Geschlechter wurde der erste Kontakt mit harten Drogen durch Gleichaltrige vermittelt, für Frauen jedoch war dies häufiger der Partner, für Männer ein Freund.

Dieses Abhängigkeitsverhältnis bei Frauen bleibt auch weiter bestehen (Abb. 3): Frauen erhalten ihre Drogen häufiger von ihrem Partner als dies bei den Männern der Fall ist. Auch Prostitution wird von Frauen signifikant häufiger als von Männern als Ressource für Drogen und/oder für die Finanzierung des Lebensunterhaltes angegeben. Dabei ist aber zu vermerken, daß in unserer Stichprobe nur 30% der Frauen auf die Prostitution zurückgegriffen haben, während die landläufige Meinung die ist, daß alle drogenabhängigen Frauen auch Prostituierte seien.

	♀	♂	Phi
Emotionale Gründe: Gefühle wie...	↑ verloren, traurig	↑ machtlos, unsicher	0,19*
Relationale Gründe: in Beziehung mit...	↑ engen Bezugspersonen	↑ Personen in entfernterer Umgebung	0,18*
Reaktive Gründe: Reaktion auf...	↑ zwischenmenschliche Beziehungen	↑ andere, mehr situative Umstände	0,16*

Abb. 2. Geschlechtsspezifische Unterschiede in den Einstiegsgründen ins Heroin

Anm. zu Abb. 2–4:
↑ = Bezeichnete Kategorie ist in der entsprechenden Gruppe deutlich stärker ausgeprägt.

	♀	♂	Cramer's V resp. Phi
Herkunft von Drogen	↑ Drogen vom Partner		0,38***
Prostitution	↑ nur für Lebensunterhalt		0,30**
	↑ nur für Drogen		0,30***
	↑ für beides		0,32**

Abb. 3. Geschlechtsspezifische Unterschiede in Abhängigkeit von Partner und Prostitution

	♀	♂	Cramer's V
Gerichtsurteile vom Beginn mit Drogen bis T1	–	–	
T1 bis T2	–	↑	0,22**
letzte 3 Jahre vor T3	–	–	
Heroinrückfall T1 bis T2		↑	
	(55%)	(70%)	0,20*
T2 bis T3	–	–	

Abb. 4. Geschlechtsspezifische Unterschiede in der Delinquenz und im Heroinrückfall kennzeichnet den Untersuchungszeitpunkt (siehe Abb. 1)

Delinquenz und Rückfälligkeit im Längsschnitt

Wie schon im Vergleich mit der Normgruppe aufgezeigt wurde, werden Frauen vor Beginn der Opiatkarriere seltener verurteilt als Männer. Bezüglich gerichtlicher Verurteilungen nach Opiatbeginn zeigt sich dagegen kein Unterschied mehr zwischen den Geschlechtern. Zwei Jahre später (T2), nach den zum Zeitpunkt der Erstbefragung (T1) gemachten institutionellen Erfahrungen, finden wir, daß Frauen in der Zeit zwischen Erst- und Zweitbefragung seltener verurteilt worden sind als Männer, während sie 7 Jahre nach der Erstbefragung (T3) im Vergleich zu den Männern keinen Unterschied mehr aufweisen (Abb. 4).

Betrachten wir die Drogenabstinenz bzw. den Heroinrückfall im Längsschnitt, so sehen wir hier ein ähnliches Muster: Nach 2 Jahren haben die Frauen eine deutlich niedrigere Rückfallrate als die Männer. Sieben Jahre später zeigt sich kein geschlechtsspezifischer Unterschied mehr.

Diskussion

Anhand von zwei Stichproben – Heroinabhängigen und Normgruppe – haben wir untersucht, inwiefern sich drogensüchtige Frauen von ihren „normalen" Altersgenossen und den süchtigen gleichaltrigen Männern unterscheiden. Da es den Rahmen des vorliegenden Beitrags sprengen würde, die umfassenden Resultate in ihrer ganzen Komplexität darzustellen, sind wir ausschließlich auf Resultate, die geschlechtsspezifische Unterschiede bei Drogenabhängigen aufzeigen, eingegangen. Die entsprechenden Ergebnisse lassen einige Tendenzen zur spezifischen Situation drogenabhängiger Frauen erkennen. Diese werden im folgenden kurz zusammengefaßt.

Die in den meisten Untersuchungen beschriebenen strukturellen Defizite bei Drogenabhängigen finden wir nur bei Männern. In unserer Stichprobe weisen Frauen aus der unteren sozialen Schicht und/oder mit niedriger Schulbildung kein erhöhtes Risiko auf, drogenabhängig zu werden. Die psychosozialen Defizite in der Herkunftsfamilie dagegen sind bei den Frauen ein starker Risikofaktor. Gehen wir von der Annahme aus, daß Drogenabhängigkeit als Mittel angesehen werden kann, unerträglichen sozialen Situationen zu entkommen, scheint sich somit das, was als unerträglich erlebt wird, geschlechtsspezifisch unterschiedlich auszudrücken. Von den Männern wird in unserer Gesellschaft individuelle Leistung erwartet. Sie erleben strukturelle Barrieren darum besonders frustrierend. Frauen dagegen sind stärker durch Verluste emotioneller Sicherheiten betroffen, da zwischenmenschliche Beziehungen in der weiblichen Sozialisation eine zentrale Bedeutung haben.

Viele Untersuchungen berichten bei Frauen über einen Zusammenhang zwischen sexuellem Mißbrauch in der Kindheit und Drogenabhängigkeit (Hanel 1989; Maglin 1974). Der Frage, inwiefern psychosoziale Defizite in unserer Stichprobe mit einem inzestuösen Trauma einhergehen, konnte im Rahmen der vorliegenden Studie nicht nachgegangen werden. Aus der – sowohl gegenüber den drogenabhängigen Männern als auch gegenüber den gleichaltrigen nichtsüchtigen Geschlechtsgenossinnen – ausgeprägteren Suizidalität kann aber geschlossen werden, daß ein großer Teil der drogenabhängigen Frauen schon vor Beginn mit illegalen Drogen unter einem besonders großen emotionalen Leidensdruck gestanden hat. Die schon vor der Drogenkarriere im Vergleich zu nichtsüchtigen Frauen ausgeprägtere Delinquenz ist ein Indiz dafür, daß ein Teil der drogenabhängigen Frauen mit Auflehnung gegen die ihnen zugeschriebene (Geschlechts-)Rolle auf ihr psychosoziales Leiden zu reagieren versucht.

Verschiedene Autoren (Winnick 1962; Lindesmith u. Gagnau 1964; Maglin 1974; O'Donnell 1980) vertreten die Meinung, daß Drogenabhängigkeit ein Ausdruck oppositioneller nonkonformer Haltung sei, die eher ins männliche Rollenstereotyp passe. Sie führen denn auch den geringen Anteil heroinabhängiger Frauen seit 1914 auf die größere Anpassungsbereitschaft von Frauen zurück. In diesem Bezugsrahmen kann die illegale Sucht bei Frauen als Protest gegen ihre passive weibliche Rolle verstanden werden. Der Vorstellung von drogenabhängigen Frauen als Rebellinnen gegen traditionelle Werte widersprechen dagegen die Ergebnisse von Miller et al. (1973): Die Autoren konnten bei Drogenabhängigen Wertorientierungen aufzeigen, die mit den verbreiteten Rollenstereotypen übereinstimmen. Beides muß keinen Widerspruch bedeuten, denn die Rebellion kann sich auch gegen die eigene subjektiv wahrgenommene Unfähigkeit wenden, diesem Rollenstereotyp zu entsprechen.

Versuchen wir, frauenspezifische Charakteristika der Drogenkarriere in unserer Stichprobe zu eruieren, zeigt sich, daß Frauen früher mit harten Drogen beginnen als Männer. Dies stimmt mit den Befunden von Hanel (1988) überein, während in früheren amerikanischen Studien von keinem Altersunterschied berichtet wird (Eldred u. Washington 1975). An die Beweggründe für den Opiatbeginn erinnern sich die Frauen in unserer Stichprobe besser als die Männer. Die berichteten Auslöser stehen bei ihnen häufiger mit nahen Bezugspersonen in Zusammenhang, während Männer von mehr situationalen Auslösern berichten. Dieses Resultat steht im Einklang mit den in der Einleitung beschriebenen traditionellen Rollenstereotypen. Analog ist auch einleuchtend, weshalb der Freundeskreis für die Frauen unserer Stichprobe eine wichtige Rolle spielt. Sie bemühen sich mehr als die heroinabhängigen Männer um soziale Beziehungen, sind aber mit dem Resultat unzufriedener. Ob dies einer ausgeprägteren sozialen Isolation entspricht (vgl. Rhoads 1983; Tucker 1979) oder eine größere Empfindlichkeit der Frauen sozialen Situationen gegenüber ausdrückt, können wir nicht unterscheiden. Ähnliche geschlechtsspezifische Unterschiede wurden auch in der psychiatrischen Epidemiologie gefunden, wonach der Krankheitsverlauf bei Frauen häufiger im Zusammenhang mit nahen Bezugspersonen steht als bei den Männern (Dohrenwend u. Dohrenwend 1976).

Mit dem Eintritt in die Drogenkarriere verwischen sich die geschlechtsspezifischen Unterschiede. Die drogenabhängigen Frauen unserer Stichprobe zeigen in ihrer aktuellen Befindlichkeit, ihren aktuellen Beziehungen und Einstellungen überraschenderweise keinen Unterschied im Vergleich zu den Männern (vgl. Zimmer-Höfler et al. 1989). Dies gilt auch für die Suizidalität. In der Suchtphase finden wir bei Männern und Frauen erhöhte Suizidalität und keinen Unterschied zwischen den Geschlechtern. Diese Resultate entsprechen Ergebnissen aus epidemiologischen Studien, die Drogenabhängige mit normalen Jugendlichen vergleichen (Dobler-Mikola u. Angst 1986). Trotz dieser Gleichheit aber ist die drogenabhängige Frau in einem wichtigen Punkt in einer schwächeren Position als der drogenabhängige Mann. Auch in der Sucht ist sie vermehrt in traditioneller Abhängigkeit: Sie bezieht ihre Drogen öfter von ihrem Sexualpartner als Männer und/oder prostituiert sich häufiger, um ihre Sucht zu finanzieren.

Was wir nun unter Zusammenfassung aller Befunde feststellen, weist in Richtung einer weniger klaren Rollenstruktur in den sozialen Mustern beider Geschlechter bei Opiatabhängigen im Vergleich zu ihren nichtsüchtigen Altersgenossen. Auch amerikanische Autoren (Ellinwood et al. 1966) kommen zu einem ähnlichen Ergebnis: Ihre Daten zeigen mehr Uniformität zwischen männlichen und weiblichen Heroinabhängigen als aufgrund klinischer Eindrücke erwartet wurde. Dies gilt insbesondere für die aktuelle Situation. „Die Droge ist ein großer Gleichmacher“ sagen sie, „der viel von der Uniformität produziert, die bei Drogenabhängigen beobachtet wird“.

Literatur

Angst J, Dobler-Mikola A, Binder J. The Zurich Study – A Prospective Epidemiological Study of Depressive, Neurotic and Psychosomatic Syndromes – I Problem, Methodology. Eur Arch Psychiatry Neurol Sci 1984; 234:13–20

Blancpain R, Zeugin P, Häuselmann E. Erwachsen werden. Ergebnisse und Folgerungen aus einer Repräsentativbefragung. Bern, Stuttgart: Paul Haupt, 1983

Beauvoir de S. Das andere Geschlecht. Sitte und Sexus der Frau. Reinbek: Rowohlt, 1968

Bleibtreu-Ehrenberg G. AIDS aus der Nadel. In: Walter M (Hrsg) Ach, wär's doch nur ein böser Traum, S 109–118. Freiburg i.Br.: Kore-Verlag, 1987

Borkowsky A, Kaestli E, Ley K, Streckeisen U. Zwei Welten – ein Leben. Berichte und Anregungen für Frauen zwischen Familie und Beruf. Zürich, Unionsverlag: 1985

Bornemann R, Bschor F, Kalinna V. AIDS- und HIV-Progression 1982–1987 bei i.v. Drogengebrauchern und -abhängigen in Europa. AIDS-Forum D.A.H., AIDS und Drogen, Bd 1, S 35–126. Deutsche AIDS-Hilfe e.V., 1988

Dobler-Mikola A, Angst J. Suizidgedanken bei jungen Erwachsenen: Klinische und soziale Aspekte. In: Specht F, Schmidtke A (Hrsg) Selbstmordhandlungen bei Kindern und Jugendlichen, S 83–96. S. Roderer Verlag, 1986

Dobler-Mikola A, Binder J, Angst J. Soziale Netzwerke und Krankheitsverhalten: Eine Analyse des Umgangs mit psychischen und psychosomatischen Störungen bei jungen Erwachsenen. In: Angermeyer MC, Klusmann D (Hrsg) Soziales Netzwerk. Ein neues Konzept für die Psychiatrie, S 165–176. Berlin, Heidelberg, New York, Tokyo: Springer, 1989

Dohrenwend BP, Dohrenwend BS. Sex Differences and Psychiatric Disorder. AJS 1976; 81:1337–1354

Eldred CA, Washington MN. Female Heroin Addicts in a City Treatment Program: the forgotten Minority. Psychiatrie 1975; 38:75–85

Ellinwood EH, Sunter WG, Vaillant GE. Narcotic Addiction in Males and Females: a Comparison. Int J Addict 1966; 1:3345

Gilligan C. In a different Voice. Cambridge, MA, Harvard Univ. Press, 1982

Gove WR, Herb TR. Stress and Mental Illness among the Young: a Comparison of the Sexes. Social Forces 1974; 53:256–263

Hanel E. Drogenabhängigkeit und Therapieverlauf bei Frauen in stationärer Entwöhnungsbehandlung. In: Feuerlein W, Bühringer G, Wille R (Hrsg) Therapieverläufe bei Drogenabhängigen. Kann es eine Lehrmeinung geben? S 148–169. Berlin, Heidelberg, New York, Tokyo: Springer, 1989

Held T, Levy R. Die Stellung der Frau in Familie und Gesellschaft: Eine soziologische Analyse am Beispiel der Schweiz. Reihe: Soziologie in der Schweiz, Nr. 1. Frauenfeld: Huber Verlag, 1974

Holter H. Sex Roles and Social Structure. Oslo: Universitetsforlaget, 1973

Lindesmith AR, Gagnau JH. Anomie und Drugaddiction. In: Clinard MB (Ed) Anomie and deviant Behavior, pp 158–188. Free Press of Glencoe: New York, 1964

Maglin A. Sex Role differences in Heroin Addiction. Soc Casework 1974; 3:160–167

Miller JS, Sensening J, Stocker RB, Campbell R. Value Patterns of Drug Addicts as a foundation of Race and Sex. Int J Addict 1973, 8(4):589–598

Morf-Rohr U. Zur Frau geboren – zur Frau erzogen. In: Köppel C, Sommerauer R (Hrsg) Frau – Realität und Utopie, S 27–45. Zürich: Verlag der Fachvereine an den Schweizerischen Hochschulen und Techniken, 1984

O'Donnell CHM. Careers in Heroin: a female-male Comparison. Dissertation Abstracts International 1980; 40:5619–A

Platt JJ. Heroin Addiction. Mlabar, Florida: Krüger, 1986

Prather JE, Fidell LS. Drug Use and Abuse among Women: an Overview. Int J Addict 1978; 13(6):863–885

Rhoads DL. A longitudinal Study of Life Stress and Social Support among Drug Abusers. Int J Addict 1983; 18:195–222

Schmerl C. Einige Gedanken zur Sozialisation der Frau. In: Mohr/Rummel/Rückert (Hrsg) Frauen. Psychologische Beiträge zur Arbeits- und Lebenssituation, S 20–37. München: Urban & Schwarzenberg, 1982

Tucker MB. A descriptive and comparative Analysis of the Social Support Structure of Heroin Addicted Women. In: Addicted Women: Family dynamics, Self Perception, and Support Systems. Services Research Monograph Series. DHEW Publication No. ADM-80-782. Rockville, MD: National Institute on Drug Abuse, 1979

Uchtenhagen A, Zimmer-Höfler D. Heroinabhängige und ihre „normalen" Altersgenossen. Herkunft, Lebenssituation, Zweijahresverlauf im Quervergleich. Bern, Stuttgart: Paul Haupt 1985

Winnick C. Maturing out of Narcotic Addiction Bull. Narcot 1962; 14:1–7

Zimmer D. Karriereverlauf und Maßnahmenevaluation bei devianten Jugendlichen. Soz Präventivmed 1979; 24:300–302

Zimmer D, Uchtenhagen A. Fixerehen – Fixerpaare – Theoretische, empirische und therapeutische Anmerkungen zur Partnerschaft Opiatabhängiger. In: Stierlin H, Duss-von Werdt J (Hrsg) Familiendynamik, Bd 7; S 211–227. Stuttgart: Klett-Cotta, 1982

Zimmer-Höfler D. Vergleichsstudie zwischen Opiatabhängigen und einer Kontrollgruppe. In: Uchtenhagen A, Zimmer-Höfler D (Hrsg) Heroinabhängige und ihre „normalen" Altersgenossen. Bern, Stuttgart: Paul Haupt, 1985

Zimmer-Höfler D, Dobler-Mikola A, Uchtenhagen A. The Female Swiss Heroin Addict. Gender Differences in a Cohort Study. Im Druck, 1989

Zimmer-Höfler D, Meyer-Fehr P. Forschung in der therapeutischen Praxis mit Opiatabhängigen. In: Ladewig D (Hrsg) Drogen und Alkohol, Bd 3, S 10–29. Basel: Karger, 1984

Zimmer-Höfler D, Tschopp A, Institutionen für Heroinabhängige aus der Sicht der Klienten. Ergebnisse einer empirischen Verlaufsuntersuchung. In: Ladewig D (Hrsg) Drogen und Alkohol, S 24–57. Lausanne: ISPA-Press, 1986

Zimmer-Höfler D, Uchtenhagen A, Dobler-Mikola A, Harte B. Heroinabhängige – 7-Jahreskatamnese. Soziale Integration Heroinabhängiger 7 Jahre nach institutioneller Intervention. Bericht an den Schweizerischen Nationalfonds, 1987

Drogenabhängige Prostituierte und ihre Freier

Beate Leopold

Im Bereich der Überschneidung von Prostitution und Drogenabhängigkeit erscheint die HIV-/AIDS-Prävention besonders dringlich, da hier einerseits bereits Fälle von HIV-Infektionen bei Frauen bekannt geworden sind und andererseits am ehesten ein ungeschützter Geschlechtsverkehr stattfindet. Um eine gezieltere Aufklärung und Kondompropagierung leisten zu können, wurde 1988 durch das Sozialpädagogische Institut Berlin die Untersuchung „Drogenabhängige Prostituierte und ihre Freier“ durchgeführt.

Ausgangspunkt war die Annahme, daß es sich bei den Freiern drogenabhängiger Frauen um eine bestimmte Gruppe bzw. besondere Gruppen von Männern handelt. Es sollten nähere Kenntnisse über deren soziale Lage und psychische Struktur, Verhaltensweisen und Häufigkeit bestimmter anderer Merkmale gewonnen werden.

HIV-/AIDS-Prävention sollte jedoch über Aufklärungskampagnen hinausgehen. Langfristig wirksame Prävention heißt auch, die HIV-/AIDS-begünstigenden Bedingungszusammenhänge entsprechend zu verändern. So muß zwar bei sich prostituierenden drogenabhängigen Frauen ebenfalls an HIV-/AIDS-präventive Verhaltensweisen appelliert werden, die ursächlichen Hintergründe ihres erhöhten Infektionsrisikos bleiben davon jedoch unberührt.

Auch aufgrund ihres hohen HIV Risikos ist die Therapiebereitschaft drogenabhängiger Frauen gestiegen. Die Therapieangebote sind jedoch größtenteils an den Bedürfnissen männlicher Drogenabhängiger orientiert. Die (Nicht)Berücksichtigung spezifisch weiblicher Lebenszusammenhänge kann für Frauen einen entscheidenden Anteil am Erfolg bzw. Nichterfolg einer Drogentherapie haben. So spielt neben der Bewältigung der Drogenabhängigkeit auch die emotionale Verarbeitung der oft damit verbundenen Notprostitution für die psychische Stabilisierung der Frauen eine große Rolle.

Daher wurde in der hier vorgestellten Untersuchung auch der Frage nachgegangen, ob und in welcher Art die Prostitutionserfahrungen drogenabhängiger Frauen in der jeweiligen Beratungs- und/oder Therapiesituation berücksichtigt werden.

Die Untersuchung wurde mittels Tiefeninterviews mit MitarbeiterInnen Berliner (Drogen)Beratungs- und Therapieeinrichtungen und prostitutionserfahrenen Ex-Userinnen geführt. Insgesamt fanden 20 Gespräche mit 28 MitarbeiterInnen 18 verschiedener psychosozialer Einrichtungen, hauptsächlich des Drogenbereiches, und 6 Gespräche mit 9 Ex-Userinnen statt. Der anschließenden inhaltsanalytischen Auswertung lagen 26 Gesprächsprotokolle zugrunde.

An dieser Stelle werden vorrangig Aussagen zur Situation sich prostituierender drogenabhängiger Frauen dargestellt und punktuell einzelne Interviewpassagen angeführt. Freierbezogene Ergebnisse werden dem thematischen Schwerpunkt dieses Buches entsprechend nur kurz zusammengefaßt. Sie können dem dieser Darstellung zugrundeliegenden Abschlußbericht „Drogenabhängige Prostituierte und ihre Freier“ (Gersch et al. 1988) entnommen werden.

Abhängigkeitsmuster

Bei drogenabhängigen Frauen scheinen neben den bekannten stofflichen auch besonders starke personenbezogene Abhängigkeiten zu bestehen.

„Was mir immer wieder auffällt, speziell bei den abhängigen Frauen, daß sie nicht nur von einem Suchtmittel abhängig sind, sondern noch in einer Vielzahl von Abhängigkeiten drinstecken, speziell jetzt Abhängigkeiten vom Partner ... Das erlebe ich auch im Unterschied zu drogenabhängigen Männern".

Diese Aussage der Mitarbeiterin einer Drogenberatungsstelle steht exemplarisch für viele. Häufig wurde erwähnt, daß drogenabhängige Frauen im besonderen Maße von anderen Personen psychisch abhängig sind. So kann eine Beziehung z.B. auch die Droge ersetzen bzw. als Legitimation für den Drogenkonsum herangezogen werden.

Die Abhängigkeit lediglich als eine rein stoffliche Drogenabhängigkeit zu verstehen, greift daher zu kurz. Vielmehr müssen in der Arbeit mit drogenabhängigen Frauen sowohl die stofflichen als auch die personenbezogenen Abhängigkeitsmuster gleichermaßen berücksichtigt werden.

Sexuelle Mißbrauchserfahrungen

Es scheint einen Zusammenhang zwischen Mißbrauchserfahrungen in der Kindheit/Jugend, dem späteren Drogenmißbrauch und der Prostitution zu geben. Obwohl sexuelle Mißbrauchserfahrungen drogenabhängiger Frauen nicht explizit abgefragt wurden, enthalten 16 Gesprächsprotokolle entsprechende Äußerungen. Die Einschätzung der InterviewpartnerInnen geht dahin, daß sich prostituierende drogenabhängige Frauen zu 90% in ihrer Kindheit und/oder Jugend von einem engen Familienangehörigen, in der Regel dem Vater, sexuell mißbraucht worden sind.

Der Drogenkonsum erscheint oft als einziger Ausweg, um mit den Mißbrauchserfahrungen leben zu können. Eine vorhandene negative Selbsteinschätzung wird einerseits weggedrückt, durch Medikamente überlagert und/oder mit Alkohol runtergeschluckt. Andererseits erhöht die Drogenabhängigkeit das Gefühl der eigenen Wertlosigkeit, was wiederum mittels Drogen bekämpft wird.

„Die eigene Wertschätzung, weißt Du, ich bin ja eh' der letzte Dreck, die durch die Drogenabhängigkeit noch mehr verstärkt wird, weil, so ganz tief im Inneren ... empfindest Du Dich dann als den letzten Dreck. Auch wenn Du es nach außen hin nicht zugibst, eine aggressive Mauer aufbaust oder powerst oder nach innen gehst, das ist unterschiedlich, aber das gehört für mich auch dazu".

Suchtfinanzierung durch Prostitution

Ab einem gewissen Abhängigkeitsstadium kann die Sucht nicht mehr regulär finanziert werden. Sei es, daß aufgrund des körperlichen Zustandes einer bisherigen regelmäßigen Tätigkeit nicht mehr nachgegangen und/oder die Menge der benötigten Drogen nicht mehr entsprechend finanziert werden kann. Oder das bisher funktionierende Versorgungssystem bricht zusammen, d.h. die Versorgung mit Stoff und/oder Geld durch andere ist nicht mehr gewährleistet. Die Prostitution stellt sich vielen Frauen dann als schnelle und einfache Form der Geldbeschaffung dar.

Weit verbreitet ist auch eine Art Arbeitsteilung zur Drogenfinanzierung bzw. gegenseitig wechselnde Versorgung bei abhängigen Paaren. Der Mann steuert seinen Teil durch Einbrüche, Dealereien etc. bei, die Frau ihren entweder durchgängig oder sporadisch durch Prostitution.

Beschaffungsprostitution stellt *die* weibliche Drogenfinanzierungsform dar. Es kann davon ausgegangen werden, daß bis zu 80% der drogenabhängigen Frauen zumindest zeitweise als letzte Möglichkeit ihren Drogenbedarf durch Prostitution finanzieren.

Die überwiegende Prostitutionsform scheint die Straßenprostitution zu sein. Der Einstieg geht schnell und einfach, die Einnahmen verbleiben zu 100% bei der Frau, die Arbeitszeiten können flexibel dem jeweiligen Geldbedarf angepaßt werden, das Prostitutionsgeschäft ist unmittelbarer und erfordert weniger persönliches Eingehen auf den Freier als in einem Club oder Bordell.

„Und als mein Freund damals eingefahren ist, da habe ich dann 'ne junge Frau kennengelernt, die das halt gemacht hat, und die sagte dann zu mir, willst du das nicht auch einmal probieren, das wäre gar nicht schlimm. Na ja, da hab' ich mich mal hingestellt und hab's probiert ... ... also wie lange stehen oder so, das ist unterschiedlich, je nach dem, meistens hab ich so Schluß gemacht, wenn ich so 200,– DM gehabt hatte. Und manchmal war einer ... der 200,– DM gegeben hat, dann konnte ich aufhören nach einer halben Stunde oder manchmal hast Du auch wirklich 5, 6, 7 oder 8 Stunden gestanden, um das Geld erstmal zu haben".

Die Straßenprostitution scheint also auf den ersten Blick für viele Frauen eine handhabbare Art darzustellen, das nötige Geld für Drogen anzuschaffen.

Die Höhe der benötigten Summe richtet sich nach der Höhe der Drogendosierung und danach, ob lediglich der Eigenbedarf oder auch noch der des Partners mitfinanziert werden muß. Je nach Höhe der Dosierung schwankt die ausschließlich für den eigenen Drogenbedarf benötigte Summe zwischen 100,– bis 200,– DM täglich.

Individuelle Prostitutionsbewältigung

Die durch die Prostitution erlebte krasse Form der Reduzierung auf einen reinen Sexualobjektstatus ist ohne die Entwicklung jeweils unterschiedlichster Bewältigungsmechanismen auf Dauer scheinbar nicht auszuhalten.

Eine gängige Bewältigungsstrategie stellt der Drogenkonsum dar. Die Prostitution wird nur durch die Droge erträglich, zu deren Beschaffung wiederum die Prostitution notwendig ist. Der Teufelskreis ist perfekt.

Um psychische Belastungen der Prostitutionstätigkeit besser aushalten zu können, werden unterschiedlichste Verdrängungsmechanismen entwickelt. Sei es, daß eine indirekte Prostitution nicht als Prostitution verstanden und scharf gegen Frauen auf dem Drogenstrich abgegrenzt wird oder die eigene Tätigkeit in Clubs als etwas besseres angesehen und dadurch das Selbstbild aufgewertet wird. Weiterhin kann das „so Tun, als ob es Spaß macht", eine Form der Verdrängung von negativ erlebten Momenten sein.

Eine weitere Form der Bewältigung ist das Rauslassen aufgestauter Wut gegen Männer und ihre Beschimpfungen als Schweine. Um sich von *„diesen Schweinen"* abgrenzen zu können, werden körperliche Tabuzonen geschaffen. Bestimmte Körperteile werden den Freiern also nicht zur Verfügung gestellt.

Die Umkehrung der Verhältnisse dahingehend, sich als Subjekt und die Freier als Objekt zu begreifen, erfolgt in den unterschiedlichsten Ausprägungen. Sei es durch offensives auf die Männer Zugehen oder durch die Ablehnung von Kunden. Ebenso ist das Gefühl, alles in der Hand zu haben, die Situation bestimmen und den Freier ablinken zu können, wichtig zur eigenen Subjektdefinierung.

Welche Bewältigungsstrategie in welcher Situation zur Anwendung kommt, ist individuell unterschiedlich. Es scheint jedoch nötig zu sein, mehrere Mechanismen zur Verfügung zu haben, um sie der jeweiligen Situation und individuellen Verfassung entsprechend einsetzen zu können.

„Also es gab Tage, da bin ich mir vorgekommen wie der letzte Dreck, dann hab ich so gedacht, och, was ist das alles übel. Und dann hab ich so Tage gehabt, wo ich gedacht hab, also ihr armen Würmer. Aber ich denke, daß man da generell so eine Haltung hat ..., daß Du generell so drüberstehst. Also ich hab zwischendurch Phasen gehabt, da kriegte ich den Geruch nicht weg ... dieser Geruch, den Du Dir vielleicht auch nur einbildest oder wie auch immer, also ich konnte den nicht wegwaschen, ich konnte den nicht wegduschen, also es war einfach furchtbar. Es ist auch, glaube ich, etwas, was man also nie vergißt. Obwohl, wie ich schon sagte, es ist irgendwie so wie zwei Menschen, so, als wenn's mir nicht passiert wäre, mehr so ...".

Besonderheiten des Drogenstrichs

Auffällig ist das unterschiedliche Erscheinungsbild professioneller und drogenabhängiger Prostituierter. Drogenabhängige Frauen sind in der Regel erheblich jünger als professionelle Prostituierte und aufgrund ihres mit dem i.v. Drogenmißbrauch zusammenhängenden Lebensstils dünner. Sie zeigen ein eher mädchenhaftes Erscheinungsbild und entsprechen insgesamt nicht dem gängigen Klischee einer Prostituierten. Vielmehr versuchen sie, einen möglichst *„normalen anständigen Eindruck"* zu machen, sich sauber und adrett anzuziehen. Zwar gibt es auch heruntergekommene drogenabhängige Frauen auf dem Straßenstrich, dies kann jedoch auch Ausdruck einer momentanen Suchtphase sein.

Professionelle Prostituierte kennen die Bedingungen auf dem Strich und ihren eigenen Wert. Extraleistungen müssen bei ihnen auch extra bezahlt werden und spezielle Praktiken werden in der Regel nur von Spezialistinnen ausgeführt.

Sich prostituierende Drogenabhängige definieren sich häufig nicht als Prostituierte, zeigen vielmehr Unverständnis gegenüber professionellen Prostituierten. Aufgrund ihres Selbstbildes als Nicht-Prostituierte und durch ihre Drogenabhängigkeit bedingt, reagieren sie auf dem Strich in der Regel nicht professionell.

Durch die HIV-/AIDS-Problematik hat sich die schon immer bestehende Konkurrenzsituation auf dem Strich weiter verschärft. Die angesichts einer drohenden HIV-Infizierung längst überfällige Übereinkunft, daß grundsätzlich jede anschaffende Frau prinzipiell nur noch mit Gummi arbeitet, bleibt vorerst Theorie. Der Kampf um den Kunden führt vielmehr zu einer größeren Konkurrenz sowohl zwischen professionellen und drogenabhängigen Prostituierten als auch zwischen den Drogenabhängigen untereinander.

Der Vorwurf, drogenabhängige Frauen würden ohne Gummi arbeiten und die Preise verderben, ist kein neuer. Er gewinnt jedoch eine neue Aktualität und Qualität angesichts der HIV-/AIDS-Problematik. Keine Frau arbeitet freiwillig ohne Gummi. Kondomangebote auf der Szene werden von den Frauen jedenfalls gern in Anspruch genommen.

Der Konkurrenzkampf zwischen Professionellen und Drogenabhängigen war schon immer hart. Drogenabhängige Frauen konnten sich z.B. nicht dorthin stellen, wo sie wollten, vielmehr wurden ihnen von Profi-Prostituierten und/oder deren Zuhältern entsprechende Plätze zugewiesen. Die Folge ist eine Konzentration drogenabhängiger Frauen auf bestimmte Gebiete. Durch die Existenz eines allgemein bekannten Drogenstrichs wird die Konkurrenzsituation jedoch nicht aufgehoben, sondern lediglich verlagert und z.T. noch verschärft. Profi- und Drogenstrich kann so von Freiern besser miteinander verglichen und eher gegeneinander ausgespielt werden.

„Und jetzt wollte ich nochmal was sagen, daß die Drogenabhängigen das ohne Gummi vorantreiben oder so, also das finde ich nicht, das sind auch viel die Freier, die das untereinander schüren. Also viele Freier sind auch zu mir gekommen und haben gesagt, wetten, du machst das ohne Gummi, deine Kollegin da vorne macht das doch auch, und das stimmte überhaupt nicht".

Bei drogenabhängigen Frauen herrscht oft Unwissenheit über das allgemein geltende Preis-Leistungs-Verhältnis auf dem Strich. Der Zwang, das notwendige Geld für den nächsten Druck zusammenkriegen zu müssen, erhöht die Bereitschaft zu Konzessionen gegenüber dem Freier, wodurch letztlich die Situation weiter verschärft wird.

Aufgrund des nichtprofessionellen Selbstbildes drogenabhängiger Frauen scheinen Schutzmechanismen auf dem Drogenstrich eher vereinzelte und individuelle Maßnahmen zu sein. Viele Freier wissen um die harte Konkurrenz sowie das mangelnde Schutzsystem der Frauen untereinander und nutzen diese Situation häufig aus. Das Erleben körperlicher Gewaltanwendung durch Freier gehört daher zum Alltag von Frauen auf dem Drogenstrich. Vergewaltigungen, Raub, Freiheitsberaubung, Androhung von Gewaltanwendung sowie die Konfrontation mit Sexualpraktiken, die den gängigen SM-Bereich überschreiten, sind scheinbar nichts Besonderes.

Gewaltanwendungen werden von den Frauen häufig nicht angezeigt. Durch ihre Drogenabhängigkeit sind sie vielfältig erpreßbar, und aufgrund früher Mißbrauchserfahrungen verfügen sie oft über eine höhere Gewaltakzeptanz als andere Frauen.

Die bei Sexualdelikten bestehende allgemeine Tendenz der Strafverfolgungsbehörden, dem Opfer mit Skepsis gegenüberzustehen, scheint sich zu potenzieren, wenn eine drogenabhängige Prostituierte Opfer einer (sexuellen) Gewalttat geworden ist. InterviewpartnerInnen berichten des öfteren von polizeilichen Reaktionen auf anzeigewillige drogenabhängige Frauen, die im krassen Widerspruch zum polizeilichen Aufgabengebiet stehen. Es scheint eine gängige Opferdiskriminierung zu sein, die Frau mit dem Hinweis auf ihren eigenen Verstoß gegen das Betäubungsmittelgesetz von einer Anzeigenerstattung wegen Vergewaltigung abhalten zu wollen. Entsprechende polizeiliche Reaktionen motivieren drogenabhängige Frauen jedenfalls nicht dazu, sich mittels Anzeigenerstattung gegen Gewalttaten zur Wehr zu setzen.

Gesundheitliche Risiken

Mittels gemeinsam benutzter und/oder unsauberer Spritzbestecke erhöht sich die Möglichkeit, übertragbare Erkrankungen wie z.B. Hepatitis oder HIV-Infektion zu akquirieren. Darüber hinaus trägt der häufig allgemeine schlechte körperliche Zustand vieler Fixerinnen zur generellen Infektanfälligkeit bei und kann im Fall der HIV-Infektion den Krankheitsverlauf beschleunigen.

Durch im Zusammenhang mit der Prostitution stehende Verhaltensweisen können weitere Gefährdungsmomente hinzukommen. Insbesondere ein Arbeiten ohne Kondom begünstigt sowohl eine HIV-Infizierung als auch die Übertragung traditioneller Geschlechtskrankheiten wie Tripper und Syphilis. Drogenabhängige Prostituierte sind in der Regel nicht bei den Gesundheitsämtern registriert, so daß die dort stattfindende medizinische Überwachung und Versorgung nicht greift. Auch unbürokratische Untersuchungsangebote werden von ihnen selten wahrgenommen. Bei durchgeführten Untersuchungen wurden häufig Unterleibsentzündungen, Trichomonaden, Tripper sowie Folgen von Genitalverletzungen festgestellt.

Die Wahrscheinlichkeit einer HIV-Infizierung ist durch das Zusammentreffen von Drogenabhängigkeit und Prostitution sehr hoch. InterviewpartnerInnen gehen davon aus, daß derzeit 50–80% sich prostituierender drogenabhängiger Frauen HIV-positiv sind. Diese Schätzung liegt deutlich über den Ergebnissen epidemiologischer Studien und weist auf die Existenz einer Extremgruppe hin.

Auch wenn beim Anschaffen grundsätzlich mit Gummi gearbeitet werden sollte, wird bei privaten Sexualkontakten häufig auf eine Kondombenutzung verzichtet. Mit Kondomen wird Prostitution assoziiert. Bei privaten Sexualkontakten wird die Echtheit von Gefühlen auch bei einer bekannten HIV-Infektion des Partners durch den Verzicht auf Kondome demonstriert. Selbst wenn die Frau im Privatbereich auf einen geschützten Sexualverkehr bestehen sollte, kann sie aufgrund personaler Abhängigkeiten den unterschiedlichsten Druckmechanismen erliegen und sich so der Gefahr einer HIV-Infizierung aussetzen.

Die Freier

Den typischen Drogenstrichkunden scheint es nicht zu geben. Von sozialstatistischen Merkmalen her entspricht der Freier sich prostituierender drogenabhängiger Frauen einem repräsentativen männlichen Bevölkerungsdurchschnitt ohne besondere Auffälligkeiten.

Das Gros der Kunden drogenabhängiger Prostituierter sind Männer, die öfter bis regelmäßig und offensichtlich bewußt bzw. von der Abhängigkeit der Frauen wissend den Drogenstrich aufsuchen.

Ihre sexuellen Wünsche unterscheiden sich dabei nicht wesentlich von den Wünschen der Kunden professioneller Prostituierter. Es werden hauptsächlich Sexualpraktiken gewünscht, die aus dem Rahmen der ehelichen Sexualität herausfallen. Straßenstrichspezifisch wird vorrangig Oralverkehr und fast durchgängig jeglicher Sexualkontakt ohne Kondom verlangt. Der Drogenstrichfreier bevorzugt offensichtlich einen mädchenhaften, unprofessionellen Frauentyp. Er will auf dem Strich möglichst wenig Geld ausgeben, erwartet jedoch optimale Leistungen. Ein Teil der Freier verspricht sich von drogenabhängigen Frauen scheinbar auch einen Hauch von Exotik und selbst nicht gelebtem Abenteuer.

Es kommt auf dem Drogenstrich offensichtlich häufig zu körperlicher Gewaltanwendung durch Freier. Sie wenden zur Durchsetzung ihrer Wünsche direkte sexuelle Gewalt an oder schaffen Situationen, in denen die Frau ihnen ausgeliefert ist. Auch nutzt ein Teil der Freier das unmittelbare Angewiesensein der drogenabhängigen Frauen auf das Geld dazu aus, um extreme Preisverhandlungen zu führen. Zur Durchsetzung ihrer Wünsche warten manche Freier auch scheinbar bewußt Entzugserscheinungen der Frau ab. Hin und wieder gibt es aber auch großzügige Kunden, die mehr bezahlen als verlangt wurde.

Die sog. Dauerfreier stellen eine besondere Gruppe von Freiern dar. Es sind in der Regel ältere, alleinstehende Männer, die sich eine junge, drogenabhängige Frau vom Strich holen, sie entweder als Privatprostituierte halten oder versuchen, mit ihr eine Form von Beziehung herzustellen, die ihren eigenen psychischen Ausprägungen und Bedürfnissen entgegenkommt. Relativ häufig sind hier Männer anzutreffen, die die Frau mit den verschiedensten Methoden (scheinbar) von der Drogenabhängigkeit und vom Strich retten wollen. Die sexuelle Begierde verbirgt sich hinter einer „Helfer"-Haltung. Die Beziehungsstrukturen dieser Verhältnisse sind häufig Ausdruck ambivalenter, gegenseitiger Abhängigkeitsmuster.

Trotz des Wissens um die Risiken einer HIV-Infizierung wünscht der Großteil der Drogenstrichkunden weiterhin einen ungeschützten Sexualverkehr. Dabei werden sich und anderen gegenüber die unterschiedlichsten Argumentationsketten entwickelt, um sich nicht mit der Möglichkeit einer eigenen Infizierung auseinandersetzen zu müssen. Viele Freier scheinen sich grundsätzlich für unverwundbar zu halten.

Präventionsmöglichkeiten

Freierbezogene HIV-Prävention müßte an z.T. uneingestandenen Motiven zum Besuch des Drogenstrichs anknüpfen sowie die unterschiedlichsten Mechanismen zur Verdrängung des Infektionsrisikos berücksichtigen. Eine allgemeine Enttabuisierung des sexuellen incl. des Prostitutionsbereiches könnte zur Akzeptanz eigener und fremder Sexualität beitragen. Die selbstverständliche Kondombenutzung beim bezahlten oder mit Risiken behafteten Geschlechtsverkehr sollte durch eine Positivbesetzung von Präservativen gefördert werden. Dauerhafte HIV-/AIDS-Prävention im Drogen(prostitutions)bereich ist ohne den quantitativen und qualitativen Ausbau von niedrigschwelligen Angeboten, Drogenberatungs- und Therapieeinrichtungen schwer vorstellbar. Auch müßten in den Beratungs- und Therapieeinrichtungen die spezifischen Bedürfnisse drogenabhängiger Frauen stärker berücksichtigt werden.

Durch die Veränderung von Aufnahmebedingungen für Frauen dahingehend, daß sie ihre Kinder mitbringen können sowie der Intensivierung frauenspezifischer Arbeitsansätze in gemischtgeschlechtlichen Therapieeinrichtungen kann der bisher niedrige Frauenanteil erheblich gesteigert werden. Existenz und Qualität eines frauenspezifischen Arbeitsansatzes in herkömmlichen Beratungs- und Therapieeinrichtungen hängt jedoch stark vom Engagement und der Zusammenarbeit der jeweiligen Mitarbeiterinnen ab.

„Wir haben zwei Ebenen gewählt. Die eine ist die Arbeit direkt mit den Frauen in der Gruppe und in der Frauentherapiegruppe sowie frauenspezifische Aktivitäten. Die andere Ebene ist, daß wir Frauen untereinander ein Frauenteam gegründet haben und uns alle 14 Tage zusammensetzen. Wo wir versuchen, die Probleme, die die Frauen haben, nochmal aus unserer Sicht zu besprechen und auch zu gucken, was sind da für frauenspezifische Hintergründe, nicht so an der Oberfläche die Frauen wahrzunehmen, sondern durchzudringen zu dem Wesen der Problematik. Zu hinterfragen, Hintergründe auch versuchen rauszukriegen, warum sich Frauen so oder so verhalten. Das ist der eine Teil im Frauenteam. Der andere ist, daß wir auch immer gucken, was können wir mit den Frauen machen, ... was gibt es für Aktivitäten für Frauen in der Stadt, können unsere Frauen daran teilnehmen? Und der dritte Teil ist unsere eigene Weiterbildung in der Form, daß wir uns Frauenleben angucken, ... die auch eine Vorbildfunktion haben können".

Der Frauenanteil in dieser Therapieeinrichtung beträgt mittlerweile 50%.

Dem frauenspezifischen Arbeitsansatz entsprechend werden in Frauenberatungs- und Therapieeinrichtungen die aktuellen Lebensbedingungen ratsuchender Frauen in die Arbeit miteinbezogen. Auf den Prostitutionsbereich bezogen beinhaltet dies in der Regel eine nichttabuisierende und akzeptierende Haltung.

„Ich rede immer ganz klar über Prostitution, gebe viel Information, indem ich eben manchmal auch einfach nur erzähle über Analverkehr, über andere Praktiken ... dann auch Frauen auf Ideen bringe, irgendwelche andere Sachen anzubieten ...".

Die psychischen Folgen der Prostitution werden in der Arbeit aufgegriffen und den Frauen soweit wie möglich geholfen, wieder eine eigene Identität zu entwickeln.

„Prostitution ist die absolute Grenzenlosigkeit. Der kann in alle Körperöffnungen rein ... und je abartiger, um so mehr Geld gibt es. Und je mehr Geld ich habe, um so schneller kann ich mir meine Drogen kaufen. Um so weniger Grenzen ich habe, um so augenscheinlich einfacher geht es. Deswegen ist so das Wichtigste, was wir machen, ganz langsam die Grenzen zu erweitern".

Eine wirksame HIV-/AIDS-Prävention im Drogen(prostitutions)bereich kann letztendlich nicht von einer umfassenden Drogenprävention abgetrennt werden. Dazu müssen die psychosozialen Versorgungseinrichtungen auch deutlich mehr als bisher auf die Bedürfnisse drogenabhängiger Frauen abgestellt werden.

Literatur

Gersch C, Heckmann W, Leopold B, Seyrer Y. Drogenabhängige Prostituierte und ihre Freier. Berlin: spi, 1988

Spezifische psychosoziale Probleme HIV-positiver Frauen – Ergebnisse psychometrischer Messungen

Gabriele H. Franke und Hans Jäger

Einleitung

Im Rahmen der klinisch-ambulanten Betreuungstätigkeit der Arbeitsgruppe AIDS im Schwabinger Krankenhaus stellten wir in den letzten Jahren einen kontinuierlichen Anstieg HIV-positiver Frauen fest.

Die frühe Berücksichtigung frauenspezifischer Probleme in der Arbeitsgruppe führte dazu, daß von staatlichen Stellen, anderen Krankenhäusern, gynäkologischen Abteilungen, Frauenhäusern, Selbsthilfegruppen aus dem Strafvollzug und aus Drogeneinrichtungen betroffene Frauen aus einem weiten geographischen Bereich an die Ambulanz überwiesen oder empfohlen werden.

Rund 70% der HIV-positiven Frauen waren oder sind i.v. drogenabhängig. Sie leiden nach Wille (1987) unter zwei lebensbedrohlichen Krankheiten: sie sind HIV-infiziert und drogenabhängig. Die zweitgrößte Gruppe von ca. 20% umfaßt HIV-positive Frauen, die durch heterosexuellen Geschlechtsverkehr infiziert wurden. 1987 wurde in zwei Studien (Fischl 1987; Steigbiegel 1987) nachgewiesen, daß in heterosexuellen Kontakten die Gefahr, sich mit HIV zu infizieren, für Männer und Frauen statistisch nicht signifikant unterschiedlich ist. Frauen, die durch Bluttransfusionen infiziert wurden, und Frauen, die ihren Infektionsweg nicht benennen können, bilden in der Ambulanz die kleinste Betroffenengruppe von ca. 10%.

Den empirisch ermittelten, in der täglichen Versorgung spürbaren Problemen steht eine meßbar größere psychosoziale Belastung der Frauen durch AIDS gegenüber. Ein eigenes Forschungsprojekt zu diesem Bereich (Franke et al. 1988) wurde im Juni 1988 auf der IV. Internationalen AIDS-Konferenz in Stockholm vorgestellt. Die Auswertung der mit standardisierten Testverfahren ermittelten Daten ergab, daß Frauen – im selben Stadium der Erkrankung wie heterosexuelle oder homosexuelle Männer – massiv höhere Belastungswerte für Angst, Depression und andere psychopathologische Faktoren aufweisen als Männer.

Im folgenden soll unsere psychometrische Untersuchung an HIV-positiven Frauen vorgestellt werden. Von Januar 1985 bis Februar 1989 untersuchten wir mit Hilfe standardisierter und halbstandardisierter Meßinstrumente die psychosoziale Situation seropositiver Frauen. Das Ziel unserer Forschungsanstrengungen ist es, die Behandlung und Betreuung HIV-positiver Frauen zu optimieren. Die vorgelegte Untersuchung ist als erste Bestandsaufnahme zu verstehen.

Der Anstieg betroffener Frauen in einer Ambulanz für Immunschwächeerkrankungen

Kurze statistische Übersicht

In der Zeit von Januar 1985 bis einschließlich Februar 1989 suchten 127 Frauen Kontakt zur Ambulanz für Immunschwächeerkrankungen im Schwabinger Krankenhaus. Es fanden sich 73,2% (93) seropositive und 26,8% (34) seronegative Frauen. Die ratsuchenden HIV-negativen Frauen setzen sich aus drei Gruppen zusammen. Oft suchen die Partnerinnen HIV-positiver Männer Rat. Weiterhin wurden Frauen überwiesen, die HIV-typische Krankheitssymptome aufwiesen, aber seronegativ waren. Einige wenige seronegative und hochängstliche Frauen sind dem Formenkreis der AIDS-Phobie (Jäger 1988) zuzurechnen.

Die Abb. 1 gibt einen Überblick über den Anstieg der Erstkontakte HIV-positiver Frauen zur Ambulanz von Januar 1985 bis einschließlich Februar 1989. Suchten 1985 noch sieben und 1986 acht seropositive Frauen Rat, so stieg die Anzahl von Erstkontakten im Jahr 1987 mit 26 Frauen deutlich an. Das Jahr 1988 brachte mit 45 weiteren HIV-positiven Frauen den vorläufigen Höhepunkt. Doch schon in den ersten 8 Wochen des Jahres 1989 suchten wiederum sieben seropositive Frauen die Ambulanz für einen Erstkontakt auf. Es ist somit zu erwarten, daß sich 1989 noch mehr HIV-positive Frauen als in den Vorjahren an die Ambulanz wenden.

Veränderung der Relation zwischen männlichen und weiblichen Patienten

Der Anteil von Frauen an den beim Bundesgesundheitsamt gemeldeten AIDS-Vollbild-Erkrankungen in der Bundesrepublik ist seit 1984 auf 7% im Jahre 1988 angestiegen (Bunikowski u. Koch 1988).

Die Schwabinger Ambulanz für Immunschwächeerkrankungen behandelt und betreut neben AIDS-kranken Menschen auch HIV-Positive in verschiedenen Stadien der HIV-Infektion. Sie ist somit ein empfindlicher Seismograph für die Zunahme HIV-positiver Frauen in allen Walter-Reed-Stufen (Redfield et al. 1986) bis hin zum Vollbild AIDS.

Heute sind 15–20% der durch die Immunambulanz versorgten HIV-Infizierten oder AIDS-Kranken Frauen. Das Verhältnis von Männern zu Frauen hat sich von ca. 13:1 auf ca. 6:1 über die letzten Jahre erhöht.

Es ist zu erwarten, daß in der Zukunft der Anteil HIV-positiver Frauen im Rahmen der Behandlung und Betreuung noch ansteigt.

Reaktion auf diese Veränderungen: Intensivierung der Betreuungsarbeit von HIV-positiven Frauen und Forschung zum Thema „Frauen und AIDS“

Schon 1987 – als sich abzeichnete, daß seropositive Frauen einen immer größeren Anteil der Patienten stellen – begannen die Diskussionen innerhalb der Arbeitsgruppe. Die Mitarbeiter sahen sich mit – bisher kaum aufgetretenen – psychosozialen Problemen konfrontiert. Wie kann die Betreuung HIV-positiver Frauen aussehen, wie die Beratung bei einer Schwangerschaft? Wie kann die Betreuung von Mutter und Kind gewährleistet werden? In der Folgezeit wurden daher die Kontakte zu Frauenärzten und gynäkologischen Abteilungen, zu Pädiatern und anderen Krankenhäusern intensiviert.

Die Betreuung HIV-positiver Frauen bezog bald auch den Partner mit ein. Es galt, ganze Familiensysteme zu beraten und zu betreuen.

Neben der Fort- und Weiterbildung der Mitarbeiter zu diesem Thema, schloß sich die Ambulanz in der Folgezeit dem vom BmJFFG geförderten Forschungsprojekt zu „Frauen und AIDS“ an.

Erstes Ergebnis dieser Bemühungen ist die vorliegende Untersuchung.

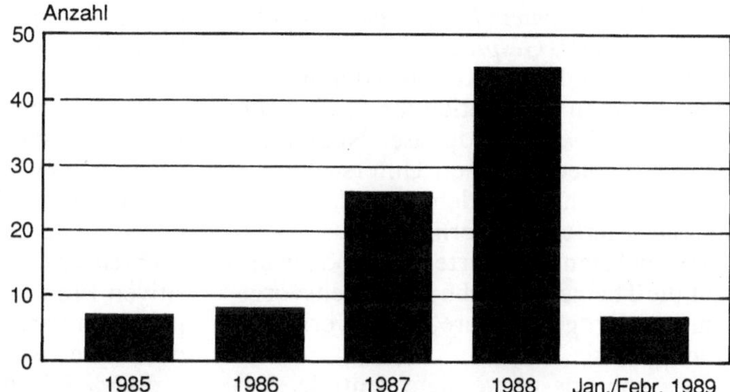

Abb. 1. Anzahl Erstkontakte HIV-positiver Frauen. Zeitlicher Überblick 1/85–2/89

Spezifische psychosoziale Problembereiche von HIV-positiven Frauen

Ein kurzer Blick in die Literatur

Im Februar 1986 stellten Fröschl u. Braun-Falco (1987) fest, daß das Bild von AIDS als „Männerkrankheit" nicht mehr aufrechtzuerhalten ist. Besondere psychosoziale Probleme seropositiver Frauen sind vor allem im Umfeld von Schwangerschaft und Geburt zu finden. Auch droht betroffenen Frauen im Vergleich zu Männern eine stärkere soziale Isolation.

Die Autorinnen Küng u. Hässig (1989) stellen klar, daß AIDS „alle sexuell aktiven Menschen betreffen kann, falls Risikoverhalten nicht bewußt ausgeschlossen werden kann". AIDS ist keine „gruppenspezifische Krankheit"; Frauen wie Männer sind von dieser sexuell übertragbaren Krankheit gleichermaßen betroffen. Küng u. Hässig diskutieren vor allem die spezifische biologische und soziale Realität von Frauen, die zum Verstehen der gesamten Lebenssituation HIV-positiver Frauen berücksichtigt werden muß.

Diane Richardson (1987) beschreibt ebenfalls unterschiedliche Verarbeitung krisenhafter Situationen durch seropositive Frauen. Frauen reagieren „auf körperlichen Verfall und Attraktivitätsverlust anders als Männer", analysiert sie. Weiterhin haben viele HIV-positive Frauen Angst davor, an einem Interview teilzunehmen, da sie sich durch AIDS mit einem „Makel" behaftet fühlen.

Schickhardt (1987) berichtet aus ihrer Beratungsarbeit seropositiver Gefangener von der irrationalen Angst der Bediensteten im Strafvollzug vor HIV-infizierten Gefangenen.

Bis heute fehlt es allerdings an empirischen psychosozialen Untersuchungen über seropositive Frauen.

Eigene Untersuchung zur psychischen Belastung von Frauen

Ausgangsfragen

Folgende Fragen bewegten uns zur Durchführung einer größer angelegten Studie:

– Wie sieht die psychische Belastung seropositiver Frauen aus?
– Gibt es Unterschiede in der psychischen Belastung zwischen den Betroffenengruppen?
– Lassen sich Unterschiede der Belastung in den drei Stadien der Infektion – WR 1+2, WR 3+4, WR 5+6 (Redfield et al. 1986) – finden?

Methodik

– *Untersuchungsstichprobe aus dem Zeitraum Januar 1985–Februar 1989*

In der Zeit von Januar 1985 bis einschließlich Februar 1989 suchten 93 seropositive Frauen Kontakt zur Ambulanz für Immunschwächeerkrankungen.

– *Meßinstrumente: Fragebögen, psychometrische Tests, Gespräche*

Im Verlauf des Erstkontakts durchlaufen alle Patienten und Patientinnen eine umfangreiche Evaluationsphase. Neben ausführlichen medizinischen Untersuchungen und Gesprächen werden auch halb- und standardisierte Daten erhoben.

Ein halbstandardisierter Fragebogen umfaßt die Themenbereiche Krankheitsvorgeschichte, Drogenkarriere, Sexualverhalten, Demographie.

Das von uns verwendete zentrale standardisierte psychometrische Untersuchungsverfahren ist die Symptom-Check-Liste von Derogatis (1981). Dieser 90 Fragen umfassende Test bietet die Möglichkeit, den aktuellen psychischen Distress auf neun verschiedenen psychologischen Skalen zu messen. Er wurde an einer US-amerikanischen Stichprobe von 1000 Menschen untersucht. Mit diesem Verfahren wurde bisher vor allem die psychische Belastung von Krebspatienten erforscht. Dieser Test wurde u.a. von Hirsch u. Dworkin (1985) zur Untersuchung HIV-positiver Patienten eingesetzt und kann als geeignetes und international vergleichbares Untersuchungsinstrument bewertet werden.

Die medizinischen Daten ermöglichen eine Klassifikation der seropositiven Frauen nach den Walter-Reed-Stadien (Jäger 1989).

Die Auswertung aller erhobenen Daten führt zur anschließenden epidemiologischen und demographischen Beschreibung der untersuchten HIV-positiven Frauen. Im Anschluß daran erfolgt die Auswertung der psychometrischen Untersuchung.

Epidemiologische Beschreibung von 93 seropositiven Frauen

– *Partnerschaft und Kinderwunsch*

Inwieweit ist der Partner der von uns untersuchten HIV-positiven Frauen auch seropositiv? Die Abb. 2 gibt einen Überblick über den Serostatus der Partner der untersuchten Frauen. 24,7% (23) der 93 seropositiven Frauen haben einen ebenfalls seropositiven Partner. Bei weiteren 24,7% (23) der Frauen ist der Partner seronegativ.

50,6% (47) der Frauen gaben keine Antwort auf diese Frage. Zum großen Teil hat diese Gruppe von 47 Frauen keinen Partner, oder der Partner hat sich bis zum Untersuchungszeitpunkt nicht auf HIV-Antikörper untersuchen lassen.

Rund ein Viertel (24,7%, 23) der von uns untersuchten seropositiven Frauen sind mit Fragestellungen aus dem Bereich der Schwangerschaft konfrontiert (Abb. 3). 12 Frauen entschlossen sich, ihre bestehende Schwangerschaft abbrechen zu lassen. Wir ermittelten zehn ausgetragene Kinder HIV-positiver Mütter. Drei von ihnen sind seronegativ und sieben zum Untersuchungszeitpunkt noch seropositiv.

– *Aufteilung auf die Betroffenengruppen*

Die Abb. 4 zeigt, daß 69,9% (65) der Patientinnen i.v. drogenabhängig waren oder sind. Die anderen Betroffenengruppen umfassen 20,4% (19) Frauen, die durch heterosexuelle Transmission infiziert wurden, 5,4% (5) Frauen, die ihren Infektionsweg nicht kennen, und 4,3% (4) Frauen, die durch Bluttransfusion infiziert wurden.

Aus der täglichen Arbeit mit seropositiven Patientinnen vermuteten wir, daß es

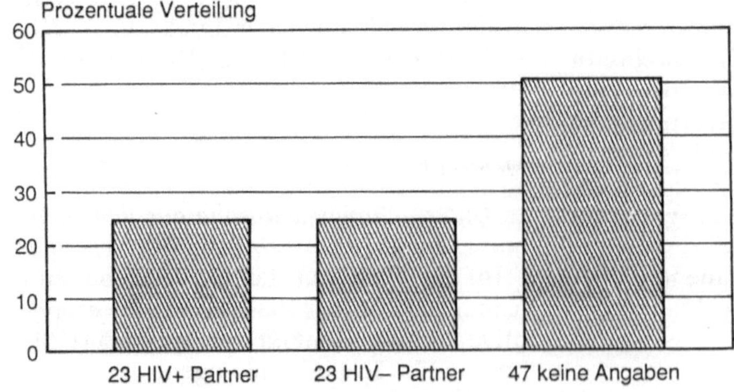

Abb. 2. Seropositive Partner bezogen auf 93 HIV-positive Frauen

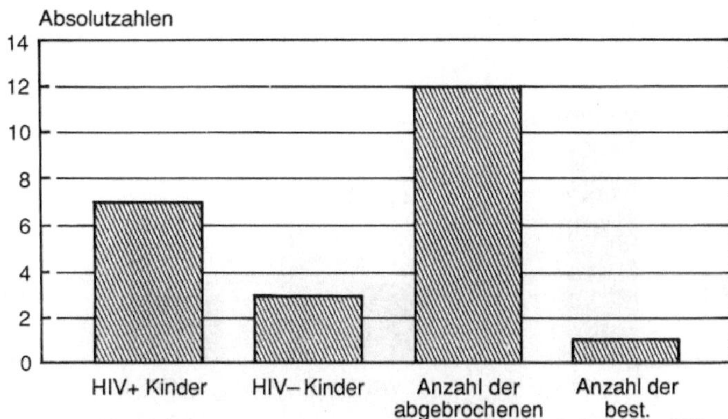

Abb. 3. Schwangerschaften bezogen auf 93 HIV-positive Frauen

zentrale Unterschiede zwischen i.v. drogenabhängigen Frauen und Frauen aus den anderen Betroffenengruppen gibt. Schon der unterschiedliche soziale Hintergrund der beiden Gruppen legt diese Vermutung nahe.

– *Durchschnittsalter*

Die 65 i.v. drogenabhängigen Frauen sind mit 28,21 Jahren (SD = 4,39) etwas jünger als die 28 anderen Betroffenen (x = 30,93, SD = 10,40). Alle 93 HIV-positiven Frauen zusammen haben ein Durchschnittsalter von 29,05 (SD = 6,87). Sie sind damit signifikant ($p < 0,05$) jünger als eine früher von uns untersuchte Vergleichsgruppe von 217 homo- oder bisexuellen Männern, die im Schnitt 35,72 Jahre (SD = 8,49) waren (Franke 1988).

– *Walter-Reed-Stadien*

Die Abb. 5 zeigt einen Überblick über die Walter-Reed-Klassifikation (Redfield et al. 1986) dieser beiden unterschiedlichen Frauengruppen. Intravenös drogenabhängige Frauen, die wir im Erstkontakt untersuchten, befinden sich zu 63,1% (41) im Stadium WR 1+2. Sie sind also entweder asymptomatisch oder haben Anzeichen eines Lymphadenopathiesyndroms. Dem stehen nur 42,8% (12) der Frauen aus anderen Betroffenengruppen gegenüber. Frauen aus anderen Betroffenengruppen befinden sich zu 46,4% (13) im Stadium WR 3+4, wenn sie zum ersten Mal in der Ambulanz behandelt werden. Die absolute Zahl der T-Helfer-Zellen ist unter 400 gesunken, und z.T. ist eine kutane Anergie zu finden. Drogenab-

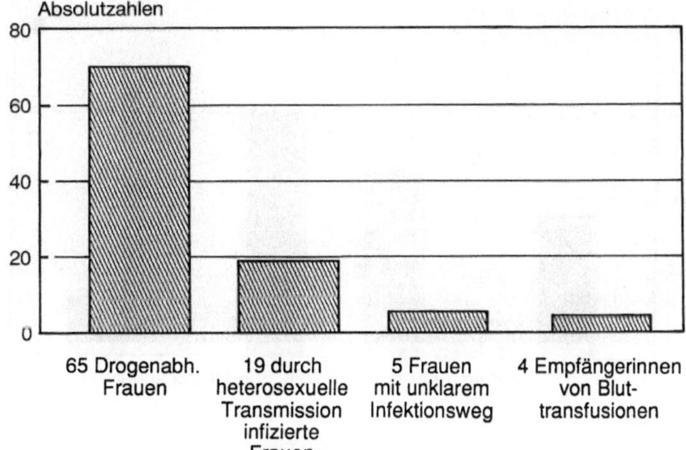

Abb. 4. Aufteilung der 93 HIV-positiven Frauen auf die Betroffenengruppen

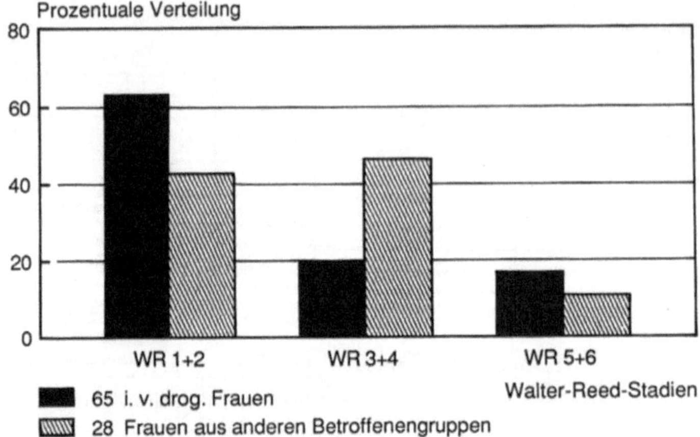

Abb. 5. Walter-Reed-Stufen, Verteilung der 93 HIV-positiven Frauen, getrennt nach Betroffenengruppen

hängige Frauen sind nur zu 20% (13) in dieses Stadium einzuklassifizieren. Im Stadium WR 5+6 waren 16,9% (11) der i.v. drogenabhängigen Frauen und 10,7% (3) der Frauen aus anderen Betroffenengruppen. Das Stadium WR 6 entspricht dem Vollbild AIDS. Auf der Stufe WR 5 haben die Patientinnen neben reduzierten T-Helfer-Zellen und einer absoluten kutanen Anergie oft einen oralen Pilzbefall. Da in der Stufe 5 nur wenige Frauen zu finden sind, haben wir WR 5+6 zusammengefaßt.

– *Zeitspanne zwischen dem ersten seropositivenTest und der Datenerhebung*

Frauen aus den kleinen Betroffenengruppen – also Frauen, die durch heterosexuelle Transmission infiziert wurden, Empfängerinnen von Bluttransfusionen und Frauen, die ihren Infektionsweg nicht benennen können – befinden sich in einer höheren WR-Stufe als i.v. drogenabhängige Frauen, wenn sie die Ambulanz zum ersten Mal aufsuchen. Wie lange liegt der Zeitpunkt der Mitteilung des HIV-positiven Testergebnisses für beide Gruppen von Frauen zurück? Die Abb. 6 zeigt die Zeitspanne, die zwischen der ersten Mitteilung einer Seropositivität und dem Erstkontakt zur Ambulanz liegt.

Es ist festzustellen, daß i.v. Drogenabhängige zu 46,2% (30) seit über einem Jahr von ihrer Seropositivität wissen, bevor sie uns kontaktieren. Andere betroffene Frauen kommen zu 60,7% (17) in den ersten 3 Monaten, nachdem sie erfahren haben, daß sie HIV-positiv sind. Auch hier finden sich also wichtige Unterschiede zwischen den beiden Gruppen von Frauen.

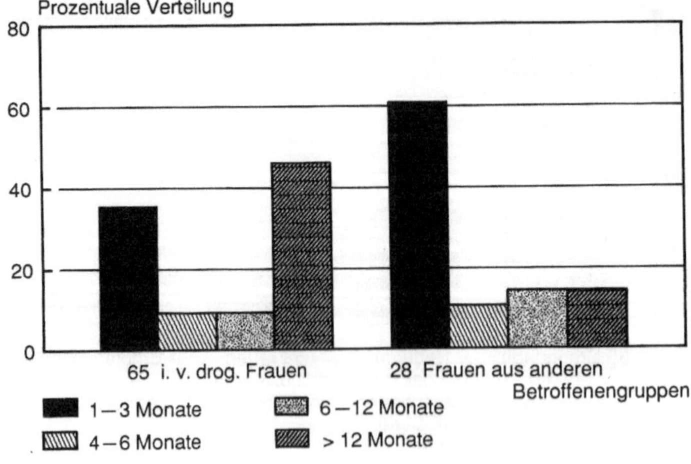

Abb. 6. Zeitspanne zwischen der Mitteilung des HIV-AK-positiven Testergebnisses und dem Erstkontakt zur Ambulanz, getrennt nach Betroffenengruppen

Intravenös drogenabhängige Frauen wissen zu fast 50% seit über einem Jahr von ihrer Seropositivität. Über 60% von ihnen befinden sich im Stadium des Lymphadenopathiesyndroms. Andere betroffene Frauen wissen zu über 60% erst seit maximal 3 Monaten, daß sie seropositiv sind. Gleichzeitig befinden sie sich eher in höheren WR-Stufen.

Demographische Beschreibung

76 seropositive Frauen nahmen an der Untersuchung durch halbstandardisierte und standardisierte Verfahren teil; 53 (69,7%) von ihnen sind i.v. drogenabhängig und 23 (30,3%) gehören den anderen Betroffenengruppen an. Die Quote von 18,3% (17) Fragebogen-Verweigerinnen ist gemäß klinischer Erfahrung eher niedrig. Vor allem einige i.v. drogenabhängige Frauen lehnten das Ausfüllen von Fragebögen ab (12 von 65). Sie waren insbesondere dagegen, daß ihre Daten verarbeitet werden würden. Diese Ängste HIV-positiver Frauen (und Männer) sind aufgrund der von ihnen erlebten gesellschaftlichen Diskriminierung verständlich. Wenn also Frauen (oder Männer) die Teilnahme an Untersuchungen verweigern, so wird dies von uns akzeptiert.

– *Demographie der 76 HIV-positiven Frauen*

Sowohl in bezug auf die Verteilung auf die Walter-Reed-Stufen als auch in bezug auf die Zeitspanne zwischen der Mitteilung des positiven Testergebnisses und dem Erstkontakt zur Ambulanz unterscheiden sich seropositive i.v. drogenabhängige Frauen von den anderen betroffenen Frauen. Daher untersuchen wir im folgenden die demographischen Daten, indem wir beide Frauengruppen getrennt betrachten:

– *Familienstand*

50,9% (27) der i.v. drogenabhängigen und 52,2% (12) der anderen betroffenen Frauen sind ledig (Abb. 7). 20,8% (11) der i.v. drogenabhängigen und 26,1% (6) der anderen betroffenen Frauen sind verheiratet. Intravenös drogenabhängige Frauen sind zu 26,4% (14) geschieden oder leben getrennt. Demgegenüber leben 21,7% (5) der anderen betroffenen Frauen in Trennung oder sind geschieden.

Eine Frau aus der Gruppe der i.v. Drogenabhängigen machte zu dieser Frage keine Angaben.

– *Wohnsituation*

Die Abb. 8 zeigt, daß i.v. drogenabhängige Frauen vor allem bei Freunden, Bekannten oder in einer Wohngemeinschaft (41,5%, 22) leben. 20,8% (11) von ihnen leben allein und 18,9% (10) in einer Ehe. Nur 5,7% (3) der drogenabhängigen Frauen leben noch bei ihren Eltern.

Im Gegensatz dazu leben Frauen aus anderen Betroffenengruppen eher allein (30,4%, 7). 26,1% (6) dieser Frauen leben bei Freunden, Bekannten oder in einer Wohngemeinschaft, 21,7% (5) leben in der Ehe, und 8,7% (2) leben noch bei den Eltern.

Keine Angaben machten sieben i.v. drogenabhängige Frauen (13,2%) und drei

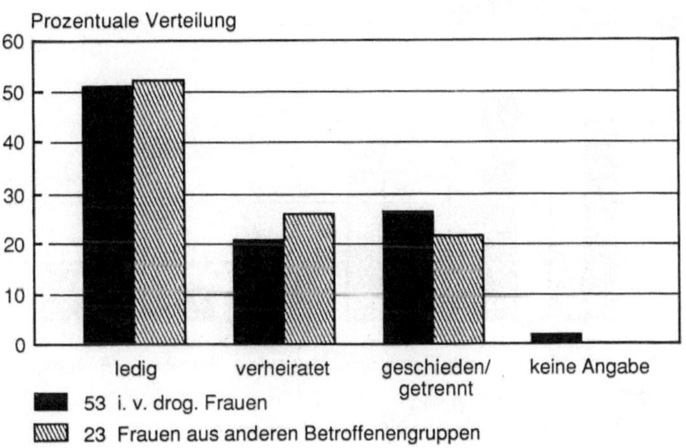

Abb. 7. Familienstand von 76 HIV-positiven Frauen, getrennt nach Betroffenengruppen

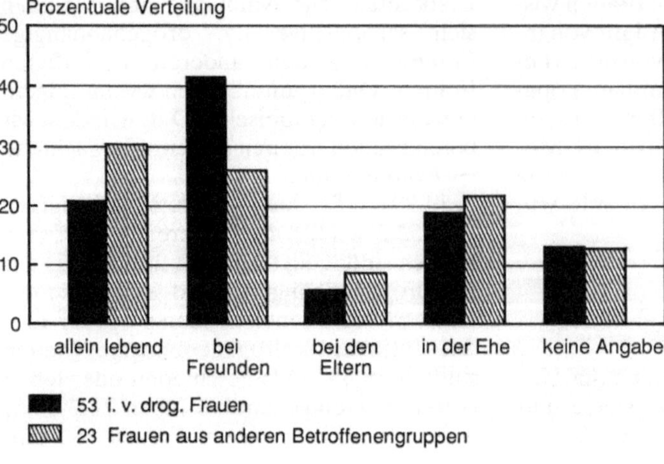

Abb. 8. Wohnsituation von 76 HIV-positiven Frauen, getrennt nach Betroffenengruppen

Frauen (13%) aus den anderen Betroffenengruppen.

– *Bildungsstand*

Intravenös drogenabhängige Frauen haben zu 34% (18) einen Haupt- und zu 37,7% (20) einen Realschulabschluß (Abb. 9). 11,3% (6) von ihnen besuchten ein Gymnasium, 7,5% (4) eine Fachhochschule und 5,7% (3) eine Universität. Demgegenüber finden wir bei den Frauen aus anderen Betroffenengruppen zu 21,7% (5) einen Haupt- und zu 30,4% (7) einen Realschulabschluß. 30,4% (7) dieser Frauen besuchten ein Gymnasium, 4,3% eine Fachhochschule und 4,3% eine Universität.

Keine Angaben machten zwei Frauen aus den anderen Betroffenengruppen und zwei i.v. drogenabhängige Frauen.

Der Bildungsstand der Frauen aus anderen Betroffenengruppen ist leicht höher als bei den i.v. drogenabhängigen Frauen.

– *Arbeitssituation*

Bei der Betrachtung der Abb. 10 zeigen sich die deutlichsten Unterschiede zwischen den Betroffenengruppen HIV-positiver Frauen. Intravenös drogenabhängige Frauen sind zu 43,4% (23) arbeitslos. 17,0% (9) von ihnen arbeiten ganztags und 11,3% (6) halbtags, 5,7% (3) dieser Frauen befinden sich noch in der Ausbildung. Die Frauen aus den anderen Betroffenengruppen sind zu 43,5% (10) voll und zu 8,7% (2) teilweise beschäftigt. Nur 8,7% (2) sind arbeitslos, und 17,4% (4) befinden sich noch in der Ausbildung.

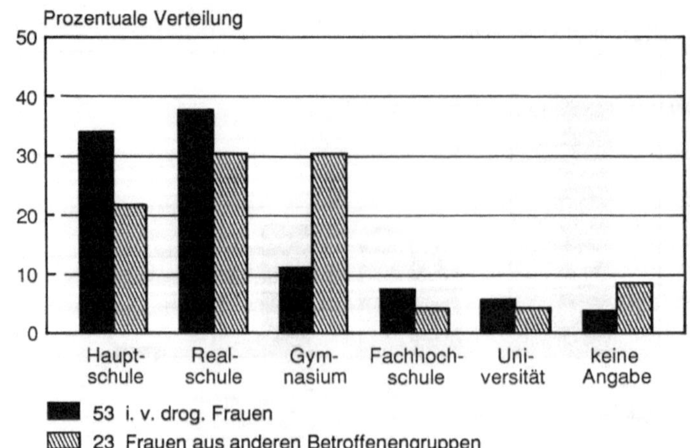

Abb. 9. Bildungsstand von 76 HIV-positiven Frauen, getrennt nach Betroffenengruppen

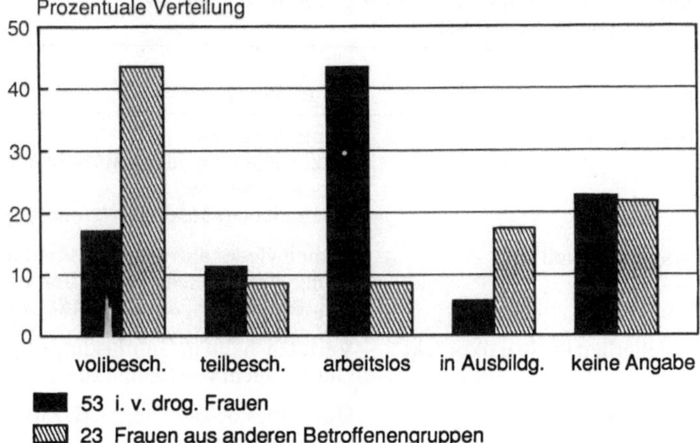

Abb. 10. Arbeitssituation von 76 HIV-positiven Frauen, getrennt nach Betroffenengruppen

12 (22,6%) i.v. Drogenabhängige und fünf (21,7%) Frauen aus den anderen Betroffenengruppen machten zu dieser Frage keine Angaben oder antworteten, daß sie als Hausfrauen arbeiten.

Intravenös drogenabhängige Frauen sind zu über 40% arbeitslos, andere betroffene Frauen sind zu über 40% voll beschäftigt. Hier zeigt sich der deutlichste Unterschied zwischen den unterschiedlichen betroffenen Gruppen von Frauen.

Übersicht über die Ergebnisse der psychometrischen Untersuchung

Im folgenden werden die wesentlichen Ergebnisse der psychometrischen Untersuchung dargestellt:

– *Körperliche Beschwerden, Ängste, Depressionen, Isolationsgefühle und tiefe Beunruhigung*

Die Tabelle 1 gibt einen Überblick über die Themenbereiche, die für HIV-positive Frauen besonders belastend sind.

Fast alle von uns zur psychosozialen Situation untersuchten 76 seropositiven Frauen fühlten sich verletzlich (90,9%) und waren beunruhigt darüber, daß mit ihrem Körper etwas nicht in Ordnung ist (87,0%). Tiefe Ängste beunruhigten über ⅔ der Frauen. Weiterhin leiden 80,5% der Frauen darunter, weinen zu müssen. Die HIV-positiven Frauen haben starke körperliche Beschwerden: 77,9% klagen über Kopfschmerzen und 71,4% über Hitzewallungen oder Kälteschauer. 81,8% der untersuchten Frauen machen sich Gedanken über den Tod und das Sterben, sie müssen immer wieder nachdenken und grübeln (84,4%) und haben Schlafstörungen (72,7%).

Auch Einsamkeitsgefühle (64,9%) und eine insgesamt tiefe Beunruhigung sind bei den 76 HIV-positiven Frauen zu finden.

– *Drogenabhängige Frauen sind höher belastet als Frauen aus anderen Betroffenengruppen*

Die Abb. 11 macht die höhere psychische Belastung i.v. drogenabhängiger Frauen (n = 33) im Vergleich zu 10 Frauen aus anderen Betroffenengruppen deutlich. Der Vergleich dieser beiden Gruppen erfolgt auf der Walter-Reed-Stufe 2, also dem Stadium des Lymphadenopathiesyndroms. Zum einen sind wir der Meinung, daß ein Vergleich zwischen verschiedenen Betroffenengruppen nur auf der gleichen Stufe der Krankheit zu relevanten Aussagen führen kann. Zum anderen haben wir die Stufe WR 2 gewählt, da sich über 50% der untersuchten Patientinnen in diesem Stadium befinden.

Signifikante Unterschiede ($p < 0,05$, zweiseitiger t-Test) zwischen den beiden betrachteten Betroffenengruppen finden sich auf drei Skalen des SCL-90-R. Zum einen fühlen sich i.v. drogenabhängige Frauen signifikant stärker körperlich belastet ($t = 74,45$) als Frauen aus anderen Betroffenengruppen ($t = 54,96$), die keinen Leidensdruck berichten. Weiterhin leiden i.v. drogenabhängige Frauen stärker unter Konzentrationsschwierigkeiten und belastenden Gedanken ($t = 70,44$) als die zweite Gruppe von Frauen ($t = 58,89$), die sich hier

Tabelle 1. Die psychische Belastung von 76 HIV-positiven Frauen im Überblick. Übersicht über zentrale Fragen des SCL-90-R

Skala	Frage (Item)	Zustimmung in %
Somatisierung	Kopfschmerzen	77,9
	Hitzewallungen oder Kälteschauer	71,4
	Kreuzschmerzen	66,2
	Übelkeit oder Magenverstimmung	61,0
Zwanghaftigkeit	Immer wieder auftauchende Gedanken	84,4
	Konzentrationsschwierigkeiten	76,6
	Schwierigkeiten, etwas anzufangen	76,6
Unsicherheit im Sozialkontakt	Verletzlichkeit in Gefühlsdingen	90,9
	Gefühl, nicht verstanden zu werden	64,9
Depressivität	Hoffnungslosigkeit anges. d. Zukunft	84,8
	Gefühl der Anstrengung	81,8
	Neigung zum Weinen	80,5
	Gefühl, sich Sorgen machen zu müssen	79,2
	Selbstvorwürfe	75,3
Ängstlichkeit	Nervosität, inneres Zittern	83,1
	Gefühl, aufgeregt zu sein	75,3
	Gefühl, daß etwas Schlimmes passiert	74,0
Aggressivität	Gefühl, leicht reizbar zu sein	77,9
	machtlos bei Gefühlsausbrüchen	63,6
Phobische Ängste	Abneigung gegen Menschenmenge	63,6
	nervös, wenn man allein gelassen wird	61,0
Paranoides Denken	Gefühl, den meisten Menschen nicht trauen zu können	66,2
	Gefühl, man könnte ausgenutzt werden	53,2
Isolationsgefühle	Gedanke, daß der Körper nicht in Ordnung ist	87,0
	Einsamkeit in Gesellschaft	64,9
	einer anderen Person nicht nahe sein können	51,9
Zusatzfragen	Gedanken an den Tod und das Sterben	81,8
	unruhiger, gestörter Schlaf	72,7
	Einschlafschwierigkeiten	70,1
	Schuldgefühle	59,7

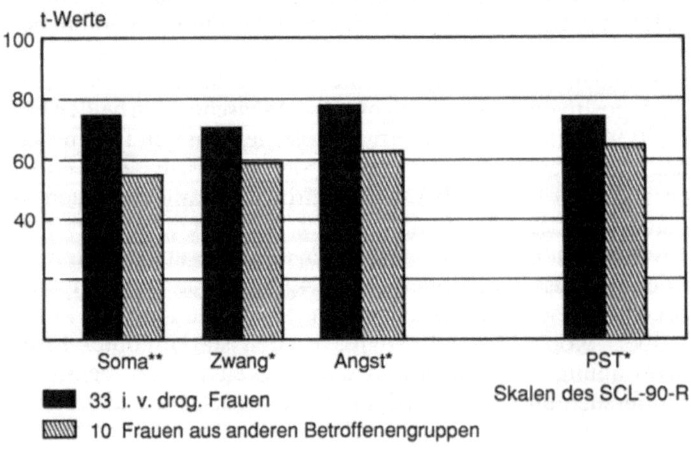

Abb. 11. Lymphadenopathiesyndrom. I.v. drogenabhängige Frauen sind psychisch höher belastet (* $p < 0,05$, ** $p < 0,01$, zweiseitiger t-Test) als auf anderen Wegen infizierte Frauen

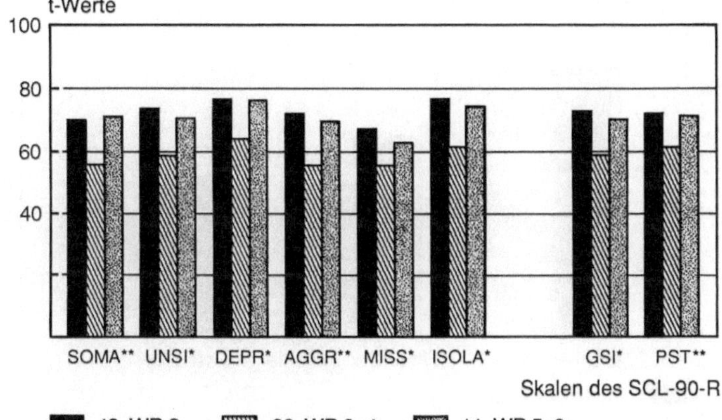

Abb. 12. Psychometrische Untersuchung, serielle Betrachtung bei 76 HIV-positiven Frauen (* $p < 0{,}05$, ** $p < 0{,}01$)

nicht belastet zeigt. Intravenös drogenabhängige Frauen berichten von starken Ängsten (t = 77,55). Frauen aus anderen Betroffenengruppen sind mit t = 62,40 niedriger belastet.

Weiterhin zeigen i.v. drogenabhängige Frauen grundsätzlich die Tendenz, bei mehr Fragen nach psychischem Distress zuzustimmen (t = 73,89) als Frauen aus anderen Betroffenengruppen (t = 64,54).

– *Serielle psychometrische Untersuchung: Frauen im Stadium WR 3+4 sind geringer belastet*

Die Abb. 12 zeigt das Ergebnis einer seriellen psychometrischen Betrachtung aller untersuchten 76 HIV-positiven Frauen. Die Patientinnen werden dabei in drei Gruppen WR 2 (43), WR 3+4 (22) und WR 5+6 (11) zusammengefaßt. Somit ergibt sich ein Überblick über die unterschiedliche Belastung seropositiver Frauen in unterschiedlichen Stadien der Infektion.

Frauen im Stadium des Lymphadenopathiesyndroms (WRZ) (n = 43) und Frauen im Stadium WR 5+6 (n = 11) zeigen die gleiche sehr hohe psychische Belastung. Allein Frauen in den Stufen WR 3+4 (n = 22) zeigen sich teilweise nicht belastet.

Frauen in den Stadien WR 3+4 zeigen z.T. weder körperliche Belastung (t = 55,77), und sie fühlen sich eher selbstsicher (t = 58,56). Sie zeigen keine aggressiven Gefühle (t = 55,57), auch können diese Frauen stärker Vertrauen zu anderen Menschen aufbauen (t = 55,39). Aber auch diese Gruppe seropositiver Frauen leidet unter Depressionen (t = 63,96) und Isolationsgefühlen (t = 61,31).

Die Frauen in den Stadien WR 3+4 zeigen einen z.T. signifikant niedrigeren Leidensdruck ($p < 0{,}05$) als Frauen in niedrigeren Stadien und Frauen in den Stufen WR 5+6.

Der seriell betrachtete Verlauf der psychischen Belastung HIV-positiver Frauen unterscheidet sich wesentlich vom Verlauf HIV-positiver homo- oder bisexueller Männer (n = 217) (Franke et al. 1988). Homo- oder bisexuelle Männer leiden gerade in den Stadien WR 3+4 unter starken Ängsten, Depressionen und Isolationsgefühlen. Im Stadium des LAS und im Vollbild AIDS zeigen homo- oder bisexuelle Männer eher eine geringere Belastung.

– *Isolationsgefühle: Zentrale Belastung seropositiver Frauen und Männer*

Anhand der neunten und für HIV-positive Menschen wahrscheinlich wichtigsten Skala des SCL-90-R soll nun eine Gemeinsamkeit zwischen seropositiven Frauen und Männern diskutiert werden. Die Abb. 13 zeigt die für HIV-positive Menschen zentrale Skala des SCL-90-R.

Seropositive Frauen zeigen i.allg. einen stärkeren Leidensdruck als seropositive Männer (Franke et al. 1988). In bezug auf die neunte Skala des SCL-90-R allerdings gleicht sich der Leidensdruck zwischen den betrachteten 73 HIV-positiven Frauen und 217 früher von uns untersuchten homo- oder bisexuellen Männern.

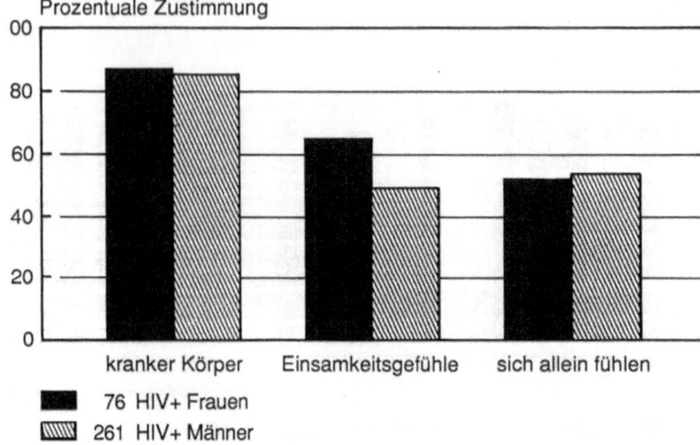

Abb. 13. Isolationsgefühle, HIV-positive Männer und HIV-positive Frauen sind belastet

In der deutschen Übersetzung (Derogatis 1981) des SCL-90-R wird vorgeschlagen, diese Skala mit dem Begriff „Psychotizismus" zu belegen. Betrachtet man die für die HIV-positiven Patienten relevanten Items dieser Skala, kommt man allerdings zu einem anderen Schluß. Die Patienten leiden unter dem Gedanken, daß ihr Körper nicht in Ordnung ist (87% der Frauen, 85,3% der Männer). Sie fühlen sich auch in Gesellschaft einsam (64,9% der Frauen, 49,4% der Männer) und können sich einer anderen Person nicht richtig nahe fühlen (51,9% der Frauen, 54% der Männer).

Seropositive Männer wie Frauen fühlen sich durch ihre HIV-Infektion vor allem isoliert und alleingelassen. Die Bezeichnung „Isolationsgefühle" für diese Skala erscheint sinnvoller.

Diskussion

Ist der Anteil von Frauen an den registrierten AIDS-Erkrankungen seit 1984 von 3,4% auf heute 7% gestiegen (Bunikowski und Koch 1988), so registriert die Schwabinger Immunambulanz in den vergangenen Jahren eine höhere Zunahme HIV-positiver Frauen in allen Stadien der HIV-Infektion. Heute sind 15–20% der durch die Ambulanz versorgten HIV-Infizierten und AIDS-Patienten Frauen. Das Verhältnis von männlichen zu weiblichen Patienten hat sich von ca. 13:1 auf ca. 6:1 über die letzten Jahre erhöht.

In der Zeit von Januar 1985 bis einschließlich Februar 1989 haben 93 seropositive Frauen die Immunambulanz für einen Erstkontakt aufgesucht. Rund ein Viertel (24,7%, 23) der von uns untersuchten HIV-positiven Frauen ist mit Fragestellungen aus dem Bereich der Schwangerschaft konfrontiert, die bereits Fröschl u. Braun-Falco (1987) als Brennpunkt psychosozialer Probleme HIV-positiver Frauen bezeichneten. Die Betreuung HIV-positiver Frauen bezog zunehmend auch den Partner mit ein, denn mindestens ein Viertel aller bei uns behandelten seropositiven Frauen hat einen ebenfalls infizierten Partner. Weiterhin galt es bald, ganze Familiensysteme zu betreuen. 12 HIV-positive Frauen entschlossen sich, ihre bestehende Schwangerschaft abbrechen zu lassen. Wir ermittelten zehn ausgetragene Kinder HIV-positiver Mütter. Drei von ihnen sind seronegativ und sieben zum Untersuchungszeitpunkt noch seropositiv. Gerade die Beratung und Betreuung von ganzen Familiensystemen stellt hohe Ansprüche an alle Mitarbeiter in der Ambulanz. Durch die Erforschung psychosozialer Problembereiche kann die Behandlung und Betreuung der Betroffenen optimiert werden.

69,9% (65) der 93 seropositiven Frauen, die in den letzten Jahren die Immunambulanz aufsuchten, waren oder sind i.v. drogenabhängig; das Durchschnittsalter dieser Frauen beträgt 28,21 Jahre. Neben dieser größten weiblichen Hauptbetroffenengruppe lassen sich die 30,1% (28) der anderen seropositiven Frauen wie folgt differenzieren: 20,4% (19) Frauen haben sich durch heterosexuellen Geschlechtsverkehr infiziert und bilden die zweitgrößte Gruppe. 5,4% (5) der Frauen kennen ihren Infektionsweg nicht, und 4,3% (4) der Frauen wurden durch Bluttransfusionen infiziert. Im folgenden werden die Frauen aus den kleineren Betroffenengruppen, die 30,1% aller Patientinnen ausmachen, zusammengefaßt betrachtet. Das Durchschnittsalter dieser Frauen ist mit 30,93 Jahren etwas höher als bei den i.v. drogenabhängigen Frauen.

Das Ergebnis, daß über zwei Drittel der von uns untersuchten HIV-positiven Frauen i.v. drogenabhängig waren oder sind, ist an einer relativ kleinen Stichprobe von 93 Frauen errechnet worden. Erst bei Untersuchungen an größeren Gruppen seropositiver Frauen können annähernd repräsentative Ergebnisse erwartet werden. Auch ist zu vermuten, daß der in dieser Studie ermittelte Anteil von 20,4% Frauen, die durch heterosexuellen Geschlechtsverkehr infiziert wurden, in der Zukunft noch steigen könnte. Um dies zu verhindern, ist eine zielgruppenspezifische Prävention erforderlich. Mit der Entwicklung frauenspezifischer Prävention wird in der Bundesrepublik gerade erst begonnen; diese Ansätze gilt es weiterzuführen (Buhrmann u. Huschka 1989).

Aus der täglichen Arbeit mit HIV-infizierten Frauen vermuteten wir zentrale Unterschiede zwischen i.v. drogenabhängigen Frauen und Frauen aus den anderen Betroffenengruppen. Diese Vermutungen konnten bestätigt werden. Intravenös drogenabhängige Frauen (65) wissen zu 46,2% seit über einem Jahr, daß sie seropositiv sind, wenn sie uns zum ersten Mal aufsuchen. Gleichzeitig befinden sie sich zu 63,1% im WR-Stadium 1+2, d.h. sie sind entweder asymptomatisch oder haben ein Lymphadenopathiesyndrom. Die anderen betroffenen Frauen (28) kommen zu 60,7% in den ersten 3 Monaten, nachdem sie erfahren haben, daß sie HIV-positiv sind, zu uns. Dann befinden sie sich aber bereits zu 46,4% in den Stadien WR 3+4, d.h. die absolute Anzahl ihrer T-Helfer-Zellen ist gesunken, und es besteht z.T. eine kutane Anergie.

Es ist zu vermuten, daß die Frauen aus den kleineren Betroffenengruppen aus einem konkreten Grund – z.B. somatische Beschwerden oder Test in der Frühschwangerschaft – einen HIV-AK-Test durchführen ließen. Intravenös drogenabhängige Frauen kommen eher in den Zwang, sich testen zu lassen. Viele Therapieeinrichtungen verlangen den HIV-AK-Test, und im Strafvollzug wird er wohl nicht immer ganz freiwillig durchgeführt. Weiterhin ist zu vermuten, daß die Frauen aus den anderen Betroffenengruppen den Test durchführen lassen, da sie an sich Veränderungen bemerken, die sie sich nicht erklären können. Diese Frauen haben dann im Erstkontakt zur Ambulanz auch eher ein abgeschwächtes Immunsystem als i.v. drogenabhängige Frauen.

Um demographische und psychosoziale Fragen zu beantworten, baten wir die 93 seropositiven Frauen um die Teilnahme an einer Untersuchung durch halb- und standardisierte Untersuchungsverfahren. Zentrales psychometrisches Untersuchungsinstrument war der SCL-90-R (Derogatis 1981), der als geeignetes und international vergleichbares Verfahren bewertet werden kann. 76 Frauen willigten in eine Untersuchung ein. Die Quote von 18,3% Verweigerinnen ist gemäß klinischer Erfahrung eher niedrig. Vor allem einige i.v. drogenabhängige Frauen weigerten sich, Fragebögen auszufüllen. Die Verweigerung der Teilnahme an Forschungsstudien ist aufgrund der erlebten Diskriminierung der Betroffenen verständlich und wird von uns akzeptiert.

Bei der Betrachtung der Demographie der 76 HIV-positiven Frauen finden sich zwischen den beiden HIV-positiven Frauengruppen einige Unterschiede. Intravenös drogenabhängige Frauen wohnen eher mit Freunden und Bekannten (41,5%) zusammen als die anderen betroffenen Frauen (21,7%). Der Bildungsstand der Frauen aus anderen Betroffenengruppen ist leicht höher als bei den i.v. drogenabhängigen Frauen. Vor allem aber sind i.v. drogenabhängige Frauen eher arbeitslos (43,4%) als die anderen betroffenen Frauen (8,7%). Diese demographischen Unterschiede weisen auf das spezifische soziale Umfeld Drogenabhängiger hin; die HIV-Infektion scheint in bezug auf die Demographie kein ausschlaggebender Faktor zu sein.

HIV-positive Frauen zeigen eine meßbare größere psychosoziale Belastung durch AIDS als seropositive Männer

(Franke et al. 1988). Die von uns untersuchten 76 seropositiven Frauen leiden unter körperlichen Beschwerden, sie sind ängstlich, depressiv und leiden unter ihrer Isolation und einer allgemeinen tiefen Beunruhigung. Es ist zu erwarten, daß sich dieses Ergebnis auch an einer größeren Gruppe von HIV-positiven Frauen reproduzieren läßt. Unter Verletzlichkeit litten mit 90,9% fast alle untersuchten Frauen, weiterhin klagen 87% der untersuchten Frauen unter tiefer Beunruhigung, und 81,8% machen sich Gedanken über den Tod und das Sterben.

Ein zentrales Ergebnis der vorliegenden Studie ist die höhere psychische Belastung i.v. drogenabhängiger Frauen im Vergleich zu den anderen betroffenen Frauen (10). Der Vergleich zwischen diesen beiden unterschiedlichen Betroffenengruppen erfolgt auf der Stufe WR 2.

Signifikante ($p < 0,05$) Unterschiede zwischen den 33 i.v. drogenabhängigen Frauen und den 10 anderen betroffenen Frauen im Stadium WR 2 finden ihren Ausdruck vor allem in stärkeren körperlichen Beschwerden, Konzentrationsschwierigkeiten und Ängsten der i.v. drogenabhängigen Frauen. Auch berichten die untersuchten i.v. drogenabhängigen Frauen allgemein von einem stärkeren Leidensdruck.

Die höhere Belastung i.v. drogenabhängiger Frauen könnte durch die Betrachtung ihrer psychosozialen Situation verständlich werden. Die HIV-Infektion kann zur Frage führen, ob es sich noch „lohnt, clean zu bleiben oder clean zu werden“ (Wille 1987). Auch der bei drogenabhängigen Frauen oft vorhandene Kinderwunsch und die damit verbundenen positiven Phantasien geraten durch die HIV-Infektion in Gefahr. Ebenso sind Arbeitslosigkeit und die fehlende finanzielle Sicherheit ein belastender Faktor für i.v. drogenabhängige Frauen. Eine differenzierte Betrachtung des Suchtbereichs und niedrigschwellige Angebote für i.v. Drogenabhängige scheinen für die größte Gruppe HIV-positiver Frauen angezeigt.

Der serielle Verlauf der psychischen Belastung aller 76 HIV-positiven Frauen unterscheidet sich wesentlich vom Verlauf HIV-positiver homo- oder bisexueller Männer. Homo- und bisexuelle Männer ($n = 217$) zeigen in den WR-Stadien 3+4 die höchste Belastung, sie sind vor allem ängstlich, depressiv und fühlen sich isoliert. Die von uns untersuchten Frauen dagegen zeigen in den Stufen WR 3+4 den geringsten Leidensdruck ($p < 0,05$). Hingegen zeigen sie im Stadium des LAS und auf den Stufen WR 5+6 eine durchgehende und tiefe Beunruhigung, körperliche Beschwerden, Ängste, Unsicherheiten, aggressive und mißtrauische Gedanken sowie Isolationsgefühle.

Es liegt nahe zu vermuten, daß Frauen ihre HIV-Infektion anders bewerten und verarbeiten als Männer (Küng u. Hässig 1989). An dieser Stelle können zur Erklärung der unterschiedlichen Belastung nur erste Ansätze geliefert werden. So scheinen Frauen die Beratung und Betreuung durch eine AIDS-Ambulanz anders zu bewerten als Männer. Arztbesuche und Informationen über ihren momentanen Gesundheitszustand scheinen für Frauen wichtiger zu sein. Jede vierte von uns untersuchte Frau ist mit Fragestellungen in bezug auf ihre bestehende Schwangerschaft konfrontiert. Weiterhin lebt jede vierte untersuchte Frau mit einem ebenfalls seropositiven Partner zusammen. Zur Sorge um die eigene Familie kommt oft die Sorge um die eigene Gesundheit. Ein weiterführender frauenspezifischer Forschungs- und Erklärungsansatz muß erst noch erarbeitet werden.

Die vorliegenden Ergebnisse erheben – auch wegen der geringen Stichprobengröße – keinen Anspruch auf Repräsentativität. Allerdings ist das Wissen um die hohe Belastung HIV-positiver Frauen allgemein und die nochmals höhere Belastung i.v. drogenabhängiger Patientinnen auch Ergebnis der praktischen Arbeit mit seropositiven Frauen.

Seropositive Frauen wie Männer fühlen sich durch ihre HIV-Infektion gleichermaßen isoliert und alleingelassen. Diese Isolation aufzubrechen und HIV-Positiven das Gefühl zu geben, solidarisch mit ihnen zu sein, sollte nicht nur Anliegen der Mitarbeiter und Mitarbeiterinnen im psychosozialen und medizinischen System sein.

Zusammenfassung

127 Frauen suchten in der Zeit vom Januar 1985 bis einschließlich Februar 1989 Kontakt zur Ambulanz für Immunschwächeerkrankungen im Schwabinger Krankenhaus. 73,2% von ihnen waren seropositiv und 26,8% seronegativ.

Das Verhältnis von männlichen zu weiblichen seropositiven Patienten hat sich im Verlauf der letzten Jahre in unserer Ambulanz von ca. 13:1 auf 6:1 erhöht, eine weitere Zunahme weiblicher Patienten ist zu erwarten.

Jede vierte untersuchte Frau ist mit Fragestellungen in bezug auf ihre bestehende Schwangerschaft konfrontiert. Weiterhin hat mindestens jede vierte Frau, die uns im Erstkontakt aufsuchte, einen ebenfalls seropositiven Partner. Folgerichtig bezog die Arbeit der Ambulanz in den vergangenen Jahren neben dem Partner bald auch ganze Familiensysteme ein.

69,9% der untersuchten Frauen gehören zur Betroffenengruppe der i.v. drogenabhängigen Frauen. Die verbleibenden 30,1% der Frauen differenzieren sich in 20,4% Frauen, die durch heterosexuellen Geschlechtsverkehr infiziert wurden, 5,4% Frauen, die ihren Infektionsweg nicht kennen, und 4,3% Frauen, die durch Bluttransfusionen infiziert wurden. Frauenspezifische Prävention könnte verhindern, daß der Anteil seropositiver Frauen, die durch heterosexuellen Geschlechtsverkehr infiziert wurden, steigt.

Es finden sich zentrale Unterschiede zwischen den untersuchten i.v. drogenabhängigen Frauen und Frauen aus den anderen Betroffenengruppen. Intravenös Drogenabhängige wissen zu 46,2% seit über einem Jahr von ihrer Seropositivität, wenn sie sich zum ersten Mal an uns wenden. Gleichzeitig befinden sie sich zu fast zwei Dritteln (63,1%) in den Stadien WR 1+2. Die anderen betroffenen Frauen kommen dagegen zu 60,7% in den ersten 3 Monaten nach der Mitteilung ihres Testergebnisses zu uns. Gleichzeitig befinden sich diese Frauen eher (zu 46,4%) in den höheren Stadien WR 3+4.

Die von uns untersuchten 76 seropositiven Frauen leiden unter körperlichen Beschwerden, Ängsten, Depressionen, Isolationsgefühlen und einer tiefen Beunruhigung durch die HIV-Infektion. Gleichzeitig sind die untersuchten i.v. drogenabhängigen Frauen (im selben Stadium der Infektion) z.T. signifikant ($p < 0,05$) höher belastet als die anderen betroffenen Frauen.

Bei der seriellen Betrachtung der 76 untersuchten HIV-positiven Frauen, die sich auf die Stadien WR 1+2, WR 3+4 und WR 5+6 verteilen, finden sich zentrale Unterschiede in der psychischen Belastung zwischen Männern und Frauen. 217 früher von uns untersuchte homo- oder bisexuelle Männer zeigen in den Stadien WR 3+4 den höchsten Leidensdruck. Die 76 untersuchten Frauen hingegen haben in den Stadien WR 1+2 und WR 5+6 die höchste psychische Belastung. Nur in den Stadien WR 3+4 zeigen sie sich z.T. signifikant ($p < 0,05$) niedriger belastet.

Seropositive Frauen wie Männer leiden vor allem unter dem Gefühl der Isolation. Diese Isolation gilt es aufzubrechen.

Diese erste Auswertung der seit 4 Jahren gesammelten Daten wurde auch durch Mittel aus dem Projekt „Frauen und AIDS" des Bundesministeriums für Jugend, Familie, Frauen und Gesundheit ermöglicht.

Literatur

Bortz J. Lehrbuch der Statistik. Berlin, Heidelberg, New York: Springer, 1977

Buhrmann K, Huschka H. AIDS-Prävention von Frauen. Unveröffentlichte Diplomarbeit. Braunschweig, 1989

Bunikowski R, Koch MA. AIDS-Inzidenz und -Prävalenz. Dtsch Ärtzebl. 1988; 85:34/35, 41

Derogatis LR. SCL 90. Manual I. Baltimore, MD: John Hopkins School of Medicine, 1977

Derogatis LR. SCL-90-R. In: CIPS Internationale Skalen der Psychiatrie. Weinheim: Beltz, 1981

Fischl MA, Dickinson GM, Segal A et al. Heterosexual transmission of human immunodeficiency virus (HIV): Relationsship of sexual practices to seroconversion. IIIrd International Conference on AIDS, Washington, 1987 (THP. 92)

Franke G, Jäger H, Mayr C, Scheidegger C. Psychometric evaluations in AIDS patients using standardized test procedures. IV. International Conference on AIDS, Stockholm, 1988 (8584)

Fröschl M, Braun-Falco O. Frauen und AIDS. In: Jäger H (Hrsg) Psychosoziale Betreuung von AIDS- und AIDS-Vorfeldpatienten. Stuttgart, New York: Thieme, 1987

Hirsch AR, Dworkin RH. Psychological distress and the acquired immune deficiency syndrome (AIDS). Meeting of the American Psychological Association, Los Angeles, 1985

Jäger H (Hrsg) AIDS-Phobie, Krankheitsbild und Behandlungsmöglichkeiten. Stuttgart, New York: Thieme, 1988

Jäger H. Die Klassifikation der HIV-Infektion. In: Jäger H (Hrsg) AIDS und HIV-Infektionen. Landsberg: ecomed-Verlag, 1989

Küng Z, Hässig L. Besondere Probleme betroffener Frauen. In: Jäger H (Hrsg) AIDS und HIV-Infektionen. Landsberg: ecomed-Verlag, 1989

Redfield RR, Wright DC, Tramont EC. The Walter Reed staging classification for HTLV-III/LAV infection. N Engl J Med 1986; 314:131

Richardson D. Frauen und die AIDS-Krise. Berlin: Orlanda-Frauenverlag, 1987

Schickhardt D. Organisation und Durchführung der Beratung und Betreuung HIV-infizierter weiblicher Gefangener. In: Schäfer KH, Sievering UO (Hrsg) AIDS und Strafvollzug. Frankfurt/M.: Haag & Herchen Verlag, 1987

Siegel S. Nichtparametrische Methoden. Frankfurt/M.: Fachbuchhandlung für Psychologie, Verlagsabteilung, 1976

Steigbiegel NH, Maude DW, Feiner CJ et al. Heterosexual transmission of infection and disease by the human immunodeficiency virus (HIV). IIIrd International Conference on AIDS, Washington, 1987 (W.2.5)

Wille R. AIDS und Drogenabhängigkeit. In: Jäger H (Hrsg) Psychosoziale Betreuung von AIDS- und AIDS-Vorfeldpatienten. Stuttgart, New York: Thieme, 1987

Maßnahmen der Bundesregierung zur Verbesserung der Beratung und Betreuung AIDS-betroffener Frauen

Xenia Scheil-Adlung

Die Betroffenheit von Frauen durch AIDS

Gemessen an der AIDS-Fallzahlstatistik des Bundesgesundheitsamtes stellt das Thema AIDS bei Frauen ein „Randproblem“ dar. Von insgesamt 2991 AIDS-Erkrankten waren am Stichtag 28. 2. 1989 214 Frauen betroffen. Die AIDS-Fallzahlstatistik ist allerdings kein geeigneter Indikator, um die Betroffenheit von Frauen durch AIDS wiederzugeben.

Frauen sind von AIDS in vielfältiger Weise betroffen:

- als Sexualpartnerin von Männern, die Treue nur von ihren Frauen erwarten;
- als Frauen, die häufig wechselnde Geschlechtspartner haben;
- als Schwangere, nicht nur dann, wenn sie in Not- und Konfliktsituationen sind, sondern auch, wenn sie das sexuelle Vorleben ihres Partners nicht kennen;
- als Partnerin infizierter oder erkrankter Männer;
- als Mutter betroffener Kinder;
- als Krankenschwestern, die AIDS-Patienten versorgen und z.T. erheblichen psychischen Druck von ihren (Ehe-) Partnern, Freunden und Nachbarn ertragen müssen;
- als Drogenabhängige;
- als Prostituierte und natürlich auch
- als Infizierte und Erkrankte.

Diese Betroffenheit von Frauen wird in der öffentlichen Diskussion unterschiedlich bewertet.

Trifft man bei der Mutter-Kind-Problematik im Zusammenhang mit AIDS fast immer auf das Verständnis einer breiten Bevölkerungsschicht, so gilt häufig das Gegenteil für den Bereich Prostitution und AIDS. Prostituierte, so scheint es, sind selbst schuld. Sie interessieren vielfach nur dann, wenn „rechtschaffene“ Männer infiziert werden könnten. Ohne auf die Thematik „Schuld und Krankheit“ näher eingehen zu wollen, möchte ich doch anmerken, daß

- weibliche Prostitution nur dort existiert, wo männliche Kundschaft anzutreffen ist – ob das „Übel“ bei dem einen oder anderen Geschlecht liegt, bleibt daher zumindest offen, und
- der „Verkehr mit Gummi“ wird von Freiern nicht gerade als Präventionsmaßnahme honoriert, sondern hat deutliche finanzielle Konsequenzen für verantwortungsbewußte Prostituierte. Auch insoweit stellt sich die „Schuldfrage“ differenzierter.

Ein Überblick über die Situation HIV-positiver, registrierter Prostituierter in der Bundesrepublik Deutschland ergibt sich aus einer Untersuchung, die Anfang 1988 an den Gesundheitsämtern Stuttgart und Köln sowie an den Geschlechtskrankenberatungsstellen in Berlin, Düsseldorf, Frankfurt, Hannover und München durchgeführt wurde.

Die wesentlichen Ergebnisse dieser Untersuchung sind:

1) Die Anzahl der registrierten Prostituierten beträgt in den genannten Städten jeweils 500–2000; über 2000 Prostituierte waren lediglich in Berlin und Frankfurt gemeldet; die Dunkelziffer der nichtregistrierten Prostitution entspricht noch einmal der Anzahl der registrierten Prostitution.

2) In allen Städten waren etwa 1% der Prostituierten HIV-positiv, wobei die absolute Zahl zwischen 5 und 15 Prostituierten schwankte. Frankfurt fiel mit 57 HIV-positiven Frauen aus dem Rahmen.
3) Bei etwa zwei Dritteln der HIV-positiven Frauen bestand Drogenkonsum.
4) Seit 1986 ist ein deutlicher Rückgang neuer positiver Befunde zu verzeichnen; 1987 blieb die Situation sogar stabil bzw. die Zahlen sanken. Dies kann als Ergebnis von Aufklärungsmaßnahmen gewertet werden.

Aus der Untersuchung wird deutlich, daß die Prostituierten bei der Ausbreitung von AIDS mit Sicherheit eine Rolle spielen, wenn auch keine wesentliche.

Welche Rolle spielt die Kundschaft von Prostituierten bei der Verbreitung von AIDS?

Erste Antworten hierauf liefert ein Untersuchung zum Sexualverhalten von „Freiern“ in New York, die von Wallace durchgeführt und anläßlich des Internationalen AIDS-Kongresses in Stockholm im Juni 1988 vorgestellt wurde. Joyce Wallace bot über Lokalpresse, Magazine und Fernsehshows allen Männern, die jemals die Dienste von weiblichen Prostituierten oder Callgirls in Anspruch genommen hatten, einen anonymen HIV-Antikörpertest an. Testungen wurden bei allen Probanden durchgeführt, auch wenn andere Risikofaktoren (z.B. Drogenmißbrauch) vorhanden waren: diese Probanden wurden jedoch in der Studie nicht berücksichtigt. Insgesamt konnten 340 Männer in die Studie aufgenommen werden.

In der Pilotstudie fand sich eine Rate von 0,9% HIV-infizierten Männern mit Sexualkontakten zu Prostituierten ohne sonstiges – bekanntes – Risikoverhalten. Das Durchschnittsalter lag bei 33 Jahren, die mittlere Anzahl von Sexualkontakten mit Prostituierten betrug 94. Sexualkontakte mit „Streetwalkers“ (Straßenprostitution) waren 4mal häufiger als Kontakte mit Prostituierten in Bordellen oder mit Hostessen, Callgirls etc. Nur 181 der 340 Freier (53%) gaben Kondomgebrauch an, dies jedoch auch nur unregelmäßig bei ca. ⅓ der Kontakte. Über Analverkehr berichteten 37% der Freier, Vaginalverkehr 80%, orale Sexualpraktiken 85%.

Das im Zusammenhang mit der Problematik „Frauen und AIDS“ in der Regel am wenigsten beachtete Problem sind die Sorgen und Nöte der Sexualpartnerinnen von „Freiern“ oder anderweitig sexuell freizügigen Männern. Sexuelle Ängste, die Angst, vom Partner verlassen zu werden, Daseinskonflikte durch Überanpassung und die Art und Weise der psychischen Verarbeitung der AIDS-Bedrohung, machen eine rationale Auseinandersetzung mit dem Thema AIDS bei diesen Frauen nahezu unmöglich. Dies ist zum einen sicherlich eine Folge der traditionellen Rollenverteilung zwischen Männern und Frauen, die auch in der Sexualität zu einseitigen Abhängigkeitsverhältnissen führt und im Hinblick auf AIDS als lebensbedrohend empfunden wird. Hinzu kommt, daß Frauen ihren Partnern die Verantwortung für sexuelles Handeln – z.B. im Bereich der Schwangerschaftsverhütung – weitgehend abgenommen haben. Eine Verantwortung und aktive Mitwirkung des Mannes, auf die bei der AIDS-Prävention jedoch nicht mehr verzichtet werden kann.

Die Reaktion von Frauen auf die AIDS-Problematik

Frauen sind nicht nur in anderer Weise als Männer von AIDS betroffen, sie reagieren auch unterschiedlich auf Probleme im Zusammenhang mit AIDS. So ist in allen Beratungsstellen, die im Rahmen von Modellen des Bundesministeriums für Jugend, Familie, Frauen und Gesundheit, gefördert werden, seit 1987 der Wunsch von Frauen nach mehr und differenzierterer Information über AIDS sowie der Wunsch, Beratung zu erhalten, stark angestiegen. Diese Tendenz wird durch eine repräsentative Umfrage (Gesellschaft für Sozialforschung und statistische Analysen, kurz FORSA, Dortmund

1988) bestätigt, nach der Frauen nicht nur erheblich mehr als Männer zusätzliche Informationen über Schutzmöglichkeiten, allgemeine Aufklärungsinhalte und Heilungschancen wünschen, sondern mit 10% der Befragten 1988 gegenüber 6% 1987 auch mehr Beratung in Anspruch genommen haben. Die gegenläufige Tendenz ist bei Männern festzustellen, die 1987 Beratung noch zu 13% erhalten haben, während dies 1988 nur noch 12% der Befragten waren.

Frauenspezifisches Sexualverhalten konnte auch im Bereich der Prävention festgestellt werden. So stimmen nach FORSA sehr viel weniger Frauen dem Geschlechtsverkehr ohne Kondom zu als Männer (Frauen: 7%, Männer: 19%). Emotionale Widerstände gegen die Benutzung von Kondomen sind bei Männern auch weiter verbreitet als bei Frauen (Männer: 38%, Frauen: 31%).

Welche konkreten Handlungsansätze ergeben sich für die Bundesregierung aus dem Problemfeld AIDS bei Frauen?

Frauenspezifische Maßnahmen der Bundesregierung

Neben den bereits ergriffenen Maßnahmen im Bereich der Aufklärung, Beratung und Betreuung sowie Forschung erscheint es zwingend, ein breitgefächertes Unterstützungsangebot für die Bewältigung verschiedener Lebensbereiche und Lebenssituationen von Frauen zu schaffen, die Probleme oder Fragen im Hinblick auf AIDS haben. Unterstützung in den Bereichen Sexualität, Schwangerschaft, Drogenabhängigkeit und Prostitution muß sowohl im medizinischen als auch im psychosozialen und psychotherapeutischen Bereich bereitgestellt werden. Neben der Klärung medizinisch-gynäkologischer Fragestellungen werden deshalb in einem bundesweit angelegten Modellprogramm „Frauen und AIDS“ konkrete Hilfen für betroffene Frauen angeboten und frauenspezifische Formen und Inhalte der AIDS-Prävention und Betreuung erarbeitet. In das Modell einbezogen wurden die (Universitäts-)Frauenkliniken Berlin, Düsseldorf, Frankfurt, Hamburg und München, die neben einem medizinischen Grundprogramm ein integriertes Programm psychosozialer Betreuung für Schwangere anbieten.

Frauenspezifische Beratungs- und Betreuungsangebote werden darüber hinaus an klinikintegrierten Ambulanzen in München und Berlin bereitgestellt.

Klinikunabhängige Unterstützungsangebote werden an Frauenhäusern, Schwangerenberatungsstellen und von verschiedenen freien Trägern bereitgestellt. Ein Schwerpunkt sind hierbei die sog. Ausstiegshilfen für Prostituierte. Hierzu gehören u.a. folgende Projekte:

– *Notwohnung für thailändische Frauen, Berlin*
Dieses Projekt wird von der Prostituiertenselbsthilfegruppe Hydra in Verbindung mit der Beratungsstelle für Geschlechtskrankheiten Charlottenburg durchgeführt. Es wendet sich an die Zielgruppe der ca. 2000 von Schleppern und Clubbesitzern illegal nach Berlin verschleppten thailändischen Frauen, die sich unter Androhung von Gewalt prostituieren müssen, da ihnen i.d.R. sowohl Geld, Pässe als auch Rückflugtikkets von ihren Zuhältern abgenommen werden.

– *Aufklärung und Beratung für besonders gefährdete Frauen im Randbereich der Prostitution*
Durch Unterstützung des (Prostituierten-Selbsthilfe-)Vereins Phönix sollen in Hannover und Braunschweig Ausstiegshilfen angeboten werden (Schuldnerberatung, Ausbildungsangebote, Vermittlung von Arbeitsplätzen etc.). Neben den registrierten Prostituierten werden mit dem Angebot Frauen und Mädchen aus den Randbereichen der Prostitution wie z.B. Peep-Shows, Diskotheken und Ausreißerinnen erreicht.

– *Werkstatt Frankfurt*
Umschulung bzw. Ausbildung für Prostituierte an eigens hierfür zur Verfügung stehenden Ausbildungs- und Arbeitsplätzen

(ca. 60) in Zusammenarbeit mit Wohlfahrtsverbänden und anderen Trägern. Die Maßnahmen werden flankiert durch Entschuldungsprogramme, Sozialhilfeberatung etc.

– *Präventionsprogramm „Frauen und AIDS", Nordrhein-Westfalen*
An verschiedenen Modellorten in Nordrhein-Westfalen werden unter der Trägerschaft von Gesundheitsämtern, Selbsthilfegruppen, Trägern der Freien Wohlfahrtsverbände u.ä. Ausstiegshilfen für Prostituierte durch aufsuchende Sozialarbeit, Entschuldungsprogramme, „Sleep-ins" usw. angeboten. Um den Prostituierten eine realistische, finanzielle Perspektive bieten zu können, wird die Deutsche AIDS-Stiftung „Positiv Leben" neben den staatlich gewährten Sozialhilfeleistungen finanzielle Mittel zur Einzelfallhilfe zur Verfügung stellen.

– *Übernachtungseinrichtung für drogenabhängige Prostituierte, Berlin*
Über das Angebot einer Übernachtungseinrichtung für drogenabhängige Prostituierte sollen die Erreichbarkeit für präventive Maßnahmen verbessert, die Erpreßbarkeit durch Freier reduziert, der Ausstiegswille entwickelt sowie realistische Lebensperspektiven dargelegt werden. Die Mitarbeiter des niedrigschwelligen Übernachtungsangebots arbeiten eng mit den Mitarbeitern des Prostituiertentreffpunkts Café Olga zusammen.

Das Modellprogramm „Frauen und AIDS" wird wissenschaftlich begleitet. Die wesentlichen Forschungsziele des gynäkologisch-medizinischen Teils sind

- Auswertung des HIV-Screenings in der Schwangerschaft,
- Analyse der heterosexuellen Übertragbarkeit von HIV,
- Klärung von Fragen zur Verhütung einer Infektion bei Schwangerschaft und Geburt,
- Klärung von Fragen der Schwangerschaftsverhütung HIV-infizierter Frauen.

Forschungsziele des psychosozialen bzw. -therapeutischen Bereichs sind

- die Ermittlung von Ausgestaltungsformen und Inhalten frauenspezifischer HIV-Prävention und Betreuung,
- die Analyse der Wirksamkeit frauenspezifischer HIV-Präventions- und Betreuungsmaßnahmen,
- die Analyse der Reichweite und Akzeptanz frauenspezifischer HIV-Präventions- und Betreuungsmaßnahmen.

Für das Programm werden jährlich ca. 3,6 Mio. DM zur Verfügung gestellt, die aus dem insgesamt jährlich 132 Mio. DM umfassenden Sofortprogramm der Bundesregierung zur Bekämpfung von AIDS entnommen werden.

Weitere Programme und Projekte der Bundesregierung mit psychosozialem Schwerpunkt

Im Rahmen dieses Sofortprogramms werden bereits seit 1987 weitere Modellprogramme und -projekte mit dem Schwerpunkt Beratung und Betreuung gefördert, die auch betroffenen Frauen offenstehen.

Diese Modellprogramme beschäftigen sich schwerpunktmäßig mit den Bereichen „Psychosoziale Beratung", „Streetwork" (aufsuchende Sozialarbeit), „Drogen", „Kinder", „AIDS-Bekämpfung durch Gesundheitsämter", „Ambulante Betreuung durch Sozialstationen" und „Fortbildung" (Tabelle 1).

Darüber hinaus bestehen zu einzelnen Fragestellungen spezielle Projekte, z.B. für besondere Fragen im Bereich der Sexualwissenschaften, im Bereich der psychosozialen Bewältigung von AIDS bei Infizierten und Kranken, aber auch bei Betreuungs-/Pflegepersonal sowie Familienangehörigen und für den Bereich AIDS und geistige Behinderung sowie AIDS und Justiz-

Tabelle 1. AIDS-Modellprogramme des Bundesministeriums für Jugend, Familie, Frauen und Gesundheit

Titel	Aufgaben	Zielgruppe	Geförderte Institutionen	Zahl der Mitarbeiter	Mittelbedarf pro Jahr in DM
1. Großmodell Gesundheitsämter	Beratende Tätigkeit, aufsuchende präventive Arbeit, Institutionenberatung	Allgemeinbevölkerung, Ratsuchende	Alle Gesundheitsämter in der Bundesrepublik Deutschland und Berlin	309	22,0 Mio.
2. Psychosoziale Beratungsmaßnahmen	Ermittlung von Formen, Inhalten und Bedarf an Beratung sowie der erforderlichen Beraterqualifikation	Allgemeinbevölkerung und Hauptbetroffenengruppen	Gesundheitsämter, AIDS-Hilfen u.a.	28	2,3 Mio.
3. Streetworker	Aufsuchende Sozialarbeit, Aufklärung, Beratung und Betreuung unmittelbar in der Szene der Hauptbetroffenen	Hauptbetroffenengruppen	Überwiegend Gesundheitsämter	47	3,4 Mio.
4. Frauen und AIDS	Frauenspezifische Prävention, medizinische, psychosoziale und -therapeutische Unterstützung, Ausstiegshilfen für Prostituierte	Ratsuchende, gefährdete, infizierte und kranke Frauen, Schwangere, Drogenabhängige, Prostituierte	(Univeristäts-) Frauenkliniken, klinikintegrierte Ambulanzen, freie Träger u.a., Drogenberatungsstellen, Selbsthilfegruppen	46	3,5 Mio.
5. AIDS und Kinder	Medizinische und psychosoziale Betreuung, Suche von Pflegeeltern	Betroffene Kinder und deren Angehörige, Beratung auch für einschlägig tätige Institutionen	Universitätskinder- und Frauen-Kliniken, Arbeitskreis Pflegeeltern e.V.	43	3,5 Mio.
6. Drogen und AIDS	Beratung und Betreuung Drogenabhängiger	Drogenabhängige, HIV-Gefährdete und -Infizierte	Drogenberatungsstellen	27	2,6 Mio.
7. Sozialstationenmodell	Beratung und ambulante Betreuung AIDS-Kranker	AIDS-Kranke	Unterschiedliche freie Träger, die u.a. Sozialstationen unterhalten	200	11,0 Mio.
8. Qualifizierungsprogramm	Berufs- und institutionenübergreifende Fortbildung für die AIDS-Fachkräfte der Bundesmodelle	ca. 700 Mitarbeiter der unter 1.–7. genannten Modellprogramme	Akademie für öffentliches Gesundheitswesen, Düsseldorf	5	1,5 Mio.

vollzug (Tabelle 2). Wie aus der Tabelle zu entnehmen ist, enthalten diese Projekte größtenteils auch frauenspezifische Aspekte, die Eingang in die Ausgestaltung künftiger Präventionsmaßnahmen finden werden.

In den Modellprogrammen, für die insgesamt rd. 700 AIDS-Fachkräfte tätig sind, wird interdisziplinär und institutionenübergreifend gearbeitet. So sind neben Ärzten, Psychologen, Theologen, Sozialarbeitern, Krankenschwestern u.a. in Kliniken, Gesundheitsämtern und AIDS-Hilfen tätig.

Erste Erfahrungen und Ergebnisse aus diesen Programmen und Projekten für den psychosozialen Bereich lassen sich wie folgt zusammenfassen:

Der Zugang zu den Betroffenen gestaltet sich z.T. besonders schwierig bei Personen aus den Hauptbetroffenengruppen (wie z.B. Drogenabhängige, Prostituierte). Sie sind zunächst nur über aufsuchende Sozialarbeit, d.h. Streetworker, anzusprechen. Beratung und Krisenintervention (mitunter auch medizinische Betreuung) müssen hier vor Ort in den Bars, Clubs, Saunas, Discos etc. stattfinden. Hohe Akzeptanz der Streetworker besteht durch deren „Szenennähe“, die letztendlich das Vertrauen für weitere Maßnahmen, z.B. Aufsuchen von

Tabelle 2. Sozial- und sexualwissenschaftliche AIDS-Forschungsprojekte des Bundesministeriums für Jugend, Familie, Frauen und Gesundheit

Titel	Forscher/Institution	Frauenspezifische Aspekte	Mittel in DM
1. Sexualverhalten und Lebensstil Homosexueller	Dr. Dannecker, Universität Frankfurt	–	300000,–
2. Repräsentative Untersuchung zum Sexualverhalten von Männern und Frauen in der Bundesrepublik Deutschland	Dr. Pacharzina, Medizinische Hochschule Hannover	u.a. Analyse weiblichen Sexualverhaltens und der Veränderungen im Zusammenhang mit AIDS	3,3 Mio.
3. Sozialpsychologische Aspekte von AIDS unter besonderer Berücksichtigung von Diskriminierung und Stigmatisierung	Prof. Richter, Universität Gießen	Geschlechtsneutrale Untersuchung	820000,–
4. Bewältigung psychischer und sozialer Probleme von AIDS	Prof. Ermann, Universität München	u.a. Analyse frauenspezifischer Bewältigungsformen	2,1 Mio.
5. Selbstheiler-Ausstiegsprozesse aus der Opiatabhängigkeit und Politoxikomanie	Prof. Happel, Fachhochschule, Frankfurt	Geschlechtsneutrale Untersuchung	79000,–
6. WHO-Szenario: Soziale und wirtschaftliche Folgen von AIDS	Prof. Schwefel, MEDIS-Institut, München	Geschlechtsneutrale Untersuchung	300000,–
7. AIDS und Jugend	Verschiedene Forschergruppen	u.a. Entwicklung mädchenspezifischer Präventionskonzepte und -maßnahmen	rd. 600000,–
8. AIDS-Prävention bei Mitbürgern aus der Türkei	Landesinstitut für Tropenmedizin, Berlin	u.a. spezifische Präventionskonzepte für türkische Mädchen und Frauen	170000,–
9. AIDS-Prävention für Behinderte	Werkstatt Bremen, Neuerkeröder Anstalten	u.a. Entwicklung geschlechtsspezifischer Präventionskonzepte	800000,–
10. AIDS und Justizvollzug	Justizvollzugsanstalten Bremen, Bremerhaven und Hannover	u.a. frauenspezifische Prävention	400000,–

örtlichen Beratungsstellen, Kliniken etc. schafft. Dies geschieht im Rahmen des Streetworker-Modells.

Eine Analyse der Beratungen, die im Rahmen der genannten Programme erteilt werden, hat ergeben, daß psychische Probleme unabhängig vom Geschlecht des Ratsuchenden vor allem aufgrund

- von Sexualitätskonflikten,
- Problemen im Zusammenhang mit Sterben, Tod, Moral, Schuld und dgl. (auch bei Kindern),
- Verdrängungsreaktionen bzw. z.T. zwanghafter Körperbeobachtung während der langen Inkubationszeit,
- befürchteter oder tatsächlicher Diskriminierung, Stigmatisierung und Ausgrenzung (auch familiär),
- irrationaler, neurotischer Ängste

entstehen.

Diese Probleme treten nicht nur bei Infizierten, Erkrankten oder Ratsuchenden auf. Vergleichbare Probleme wurden – wenn auch mit unterschiedlicher Gewichtung – bei den Beratern und Betreuern selbst sowie beim Pflegepersonal bekannt. Supervision für diesen Personenkreis scheint um so mehr erforderlich, je enger der persönliche Kontakt zu den Betroffenen ist.

Im Rahmen der Modelle werden vielfältige Angebote zur Bewältigung psychosozialer Probleme bereitgehalten. So wird z.B. im Rahmen des Modells „AIDS und Kinder“ neben der optimalen medizinischen Betreuung für Kinder und deren Mütter psychosoziale Begleitung angeboten. Aufgaben der Modellmitarbeiter sind dabei u.a. stützende Begleitung bei Lebensplanung und Problembewältigung sowie Hilfe in Not- und Krisenfällen. Darüber hinaus wird Information und Beratung von Jugendämtern, Pflegekinderdiensten, freien Verbänden und Selbsthilfegruppen zu Fragen der sozialpädagogischen Betreuung betroffener Kinder geleistet sowie bei der Vorbereitung von Betreuungspersonen, wie z.B. Pflegeeltern, Unterstützung geleistet. Außerdem wurde beim Arbeitskreis zur Förderung von Pflegekindern e.V. eine Consultingstelle in 1 Berlin 30, Geisbergstraße 30, eingerichtet, die allen Ratsuchenden Auskünfte zur Betreuung und Versorgung infizierter oder erkrankter Kinder gibt.

Zur Bewältigung psychosozialer Probleme bereits Erkrankter scheint in vielen Fällen die häusliche Unterbringung bedeutsam. Die frühzeitige Kontaktaufnahme mit ambulanten Betreuungseinrichtungen, wie z.B. Sozialstationen, ist hierzu notwendig. Im Rahmen des Modellprogramms „Sozialstationen“ werden neben ambulanter Betreuung und Sterbebegleitung auch neue Wohnformen, wie z.B. die Unterbringung Erkrankter in Wohngemeinschaften, erprobt. Erste Erfahrungen weisen auf positive Effekte dieser Unterstützung hin.

Neben den erwähnten Modellprogrammen, Forschungsvorhaben und Projekten stellt die Bundesregierung im Rahmen der Aufklärungskampagnen frauenspezifische Materialien bereit. So wurde eine Broschüre mit dem Titel „Treffpunkt Frauen“ erstellt, die u.a. auf Fragen im Zusammenhang mit Schwangerschaft, Kontrazeption und Infektionsrisiken u.a. eingeht. Die Broschüre ist kostenlos bei der Bundeszentrale für gesundheitliche Aufklärung, 5 Köln 91, Ostmerheimer Straße 200, erhältlich. Weitere Materialien werden derzeit erarbeitet.

Darüber hinaus haben zahlreiche Bundesländer und viele Kommunen ebenfalls frauenspezifische Maßnahmen zur AIDS-Bekämpfung entwickelt. Im Koordinierungsstab AIDS des Bundesministeriums für Jugend, Familie, Frauen und Gesundheit werden die verschiedenen Maßnahmen und Aktivitäten im Bereich der AIDS-Bekämpfung abgestimmt. Der Koordinierungsstab AIDS gliedert sich in vier Referate mit den Arbeitsgebieten „Aufklärung“, „Grundsatzangelegenheiten, Rechtsfragen“, „Modelle, Programme, sozialwissenschaftliche Forschung“ sowie „Information, Dokumentation, medizinische Forschung“.

Die Bundesregierung hat mit den beschriebenen Maßnahmen eine Strategie eingeschlagen, mit der bereits nach kurzer Zeit Fortschritte bei der AIDS-Bekämpfung – soweit dies ohne Heilmittel und Impfstoffe überhaupt möglich ist – erzielt werden konnten. Ausschlaggebend hierfür ist der hohe Grad an Zielgruppenspezifität und Orientierung an den Lebensweisen der Hauptbetroffenengruppen sowie die Freiwilligkeit, Anonymität und Stärkung der Eigenverantwortlichkeit Betroffener durch die einzelnen Maßnahmen. Diese müssen jedoch ständig weiterentwickelt und ggf. ergänzt werden, um neuen Erkenntnissen Rechnung zu tragen. Dies gilt auch für die Berücksichtigung der Belange von Frauen.

Literatur

Deutscher Bundestag, Enquête-Kommission. Gefahren von AIDS und wirksame Wege zu ihrer Eindämmung. Zwischenbericht, Bonn 1988

Faltermeier J, Senger I. AIDS und soziale Arbeit. Frankfurt DPWV, 1988

Fischer D. Untersuchung über die Situation HIV-positiver Prostituierter in der Bundesrepublik Deutschland (unveröffentlichtes Manuskript)

FORSA. AIDS im öffentlichen Bewußtsein der Bundesrepublik. Wiederholungsbefragung im Auftrag der Bundeszentrale für gesundheitliche Aufklärung, Dortmund, 1988

Häberle EJ, Bedürftig A. AIDS. Walter de Gruyter, Berlin, 1987

Jäger H. AIDS: Psychosoziale Betreuung von AIDS- und AIDS-Vorfeldpatienten. Thieme, Stuttgart, New York, 1987

Kerporal J, Malouschek H. Leben mit AIDS – mit AIDS leben. Hamburg, 1987

Kübler-Ross E. AIDS: Herausforderung zur Menschlichkeit. Kreuz-Verlag, Stuttgart, 1988
Rosenbrock R. AIDS kann schneller besiegt werden. Gesundheitspolitik am Beispiel einer Infektionskrankheit. Hamburg, 1987
Scheil-Adlung X. Die Politik der Bundesregierung zur Bekämpfung von AIDS. In: Sigusch V, Fliegel S (Hrsg) AIDS. Tübingen, 1988
Süssmuth R. AIDS – Wege aus der Angst. Hoffmann und Campe, Hamburg, 1987
Süssmuth R. (Hrsg) Positiv? Negativ? AIDS als Schicksal und Chance. Gütersloher Verlagshaus, Gütersloh, 1988

Die psychosoziale Betreuung HIV-positiver Frauen unter besonderer Berücksichtigung der Situation im ländlichen Raum

Siegfried Meuthen und Josef Davepon

Das Leben einer HIV-positiven Frau auf dem Lande wird nach unseren bisherigen Erfahrungen in den meisten Fällen noch zusätzlich von einer akuten Drogenproblematik überschattet. Es zeigt sich ein hochkomplexes Netzwerk von verhaltensrelevanten Variablen, das eine verkürzte Zielorientierung und Behandlungsfolge psychosozialer Hilfsangebote oft nicht zuläßt.

Das ganzheitliche Verständnis der Wechselbeziehungen zwischen Seele und Körper einerseits und Mensch und Umwelt andererseits ist unerläßlich, um vorhandene Probleme in ihrem lebensgeschichtlichen, personalen und situativen Kontext zu erfassen und demgemäß zu behandeln.

Fallbeispiel

Frau A. (33 J.) ist seit 5 Jahren in zweiter Ehe verheiratet mit Herrn A. (35 J.). Sie wohnen zusammen mit ihrem Sohn F. (3 J.) in einer Eigentumswohnung auf dem Lande. Herr A. kommt für den Lebensunterhalt der Familie auf.

Bei Geburt ihres Sohnes gab Frau A., die keinen Beruf erlernt hat, ihre Tätigkeit im Gaststättengewerbe auf, um sich ganz der Erziehung des Kindes und dem Haushalt zu widmen. Die Mutter von Frau A. lebt in einem anderen Bundesland, der Vater ist vor einem Jahr verstorben. Herr A. hat sein familiäres Bezugssystem im Landkreis. Im Laufe des vergangenen Jahres unterzog sich Frau A. im Rahmen einer Schwangerschaftsvorsorgeuntersuchung einem HIV-Antikörper-Test. Das Testergebnis war positiv. Den Eltern wurde daraufhin von ärztlicher Seite zu einem Schwangerschaftsabbruch geraten, dem Frau A. zustimmte.

Aufgrund der doppelten seelischen Belastung (positives Testergebnis und Schwangerschaftsabbruch) hatte Frau A. nach 5jähriger Drogenabstinenz von Heroin, die sie nach eigenen Worten durch „Selbstheilung“ erzielt hatte, einen Rückfall. Sowohl dieser Rückfall als auch die langjährige Drogenkarriere seiner Frau blieben Herrn A., der wie der gemeinsame Sohn F. HIV-Antikörper-negativ ist, verborgen. Der Kontakt zu uns wurde durch den behandelnden Arzt im Rahmen der Überlegungen einer L-Polamidonsubstitution für Frau A. hergestellt.

Aus der Lebensereignisforschung wissen wir, daß lebensverändernde Ereignisse (life-events) – und dazu zählt zweifelsohne die Mitteilung eines positiven HIV-Antikörper-Tests – ein derart hohes Streßpotential bedingen können, daß die nun zu bewältigenden Aufgaben die bisherigen Bewältigungstechniken überfordern. Krisenereignisse dieser Dimension haben wegen der unmittelbaren und außerordentlichen Veränderung zur Folge, daß normale Anpassungsmuster nicht ausreichen und der bisher erworbene Wissensvorrat keine angemessenen Lösungen mehr zuläßt. Aus den Schilderungen von Frau A. wird sehr deutlich, daß ihre Form der Anpassung an das Krisenereignis (Rückfall in den Drogengebrauch) durch innere und äußere Faktoren bedingt war. Zunächst handelt es sich bei ihr um ein Reaktionsmuster im Sinne eines Abwehrmechanismus, für den sie aufgrund einer langjährigen Drogenkarriere einen Erfahrungswert besitzt. Er beläßt ihr die aktuelle Handlungsfähigkeit und verhindert ein bedrohliches Anwachsen der Angst. Gleichzeitig bedingen häufig vollkommen fehlangepaßte Beziehungs- und Kommunikationsmuster von seiten der

Ärzte und des Ehemannes eine Situation, die subjektiv von ihr als Isolation und zusätzliche Verlustangst erlebt wird. Die HIV-Infektion erhält für Frau A. durch den Verlust ihres ungeborenen Kindes, den Verlust verläßlicher Beziehungsmuster und den Verlust der Kontrolle über ihr psychisches Bewältigungskontingent den Charakter akuter Bedrohung ihrer psychischen, physischen und sozialen Existenz.

Mangelnde Anpassungsleistungen an ein solches lebensveränderndes Ereignis machen neue Hilfsstrukturen notwendig, nämlich die Kombination von psychosozialer Betreuung und konkreten Hilfeleistungen. Wir bemühen uns deshalb, zusammen mit den Betroffenen herauszufinden, inwieweit ihr Streßerleben situations- und/oder persönlichkeitsbedingt ist, und ihnen dabei zu helfen, Anpassungspotentiale zu mobilisieren und zu stärken. Doch selbst bei optimaler Analyse ist nicht jedes Krisenereignis mit entsprechenden Anpassungshilfen in den Griff zu bekommen. Das ist vor allem bei AIDS-Patienten und unter diesen im besonderen bei HIV-positiven Frauen auf dem Lande der Fall, die zusätzlichem, spezifischem Streß unterliegen.

Die potentiell streßerzeugenden Ereignisse oder Prozesse sind generell:
- Angst vor dem Sterben,
- Angst vor dem Tod,
- Angst vor bzw. die Erfahrung von zunehmendem körperlichem und geistigem Funktionsverlust,
- Angst vor bzw. die Erfahrung von immer wieder neuen Belastungsmomenten,
- Angst vor Verlust von Sexualität,
- Angst vor bzw. die Erfahrung von Reaktionen ihrer Umwelt (Familie, Freunde, Nachbarn, Arbeitskollegen).

Sind diese Streßfaktoren zunächst unspezifisch für Frauen, so lassen sich zusätzlich noch spezifische Belastungen ausmachen. Frauen haben, insbesondere dann, wenn sie auf dem Lande wohnen, nur unzureichende oder gar keine psychosozialen Unterstützungssysteme. Im Rahmen eines Familiensystems, wie in unserem Fall bei Frau A., können durch die gleichzeitige Betroffenheit aller Familienmitglieder Streßsituationen auftreten, die allen Beteiligten enorme Anpassungsleistungen abfordern. Dies entwickelt sich oft zur Bewährungsprobe bezüglich des Erhalts der Familie, wenn im Rahmen des Bewältigungsversuches der Probleme durch und mit HIV alte, problematische, innerfamiliäre Konfliktmuster auftauchen, die unmittelbar wieder aktuell werden und auf Defizite in der Lösung und Bearbeitung früherer Konflikte deuten. Dies kann für die Frau, wie in unserem Fall für Frau A., die streßfördernde Erfahrung einer allzu engen und rigiden Rollendefinition als Hausfrau und Mutter von seiten des Ehemannes bedeuten. Dadurch werden Ängste mobilisiert, weil die betroffene Frau sich in ihrer Identität bedroht fühlt. Frauen sind in der Regel finanziell schlechter gestellt als Männer, zumal, wenn sie drogenabhängig sind.

Ein besonderes Moment der Belastung für Frauen ergibt sich durch das Frauenbild, wie es gerade auf dem Land aufgrund überkommener, festgefahrener und einengender Verkehrsformen geprägt ist. Hierin begründet sich die Angst vor der Entdeckung oder Veröffentlichung einer HIV-Infektion, da die Frau Bestandteil des Interaktions- und Kommunikationsnetzes ist, aus dem sie so ohne weiteres nicht entkommen kann. Auf Schutz in der Anonymität, wie sie in einer Stadt gegeben ist, kann sie nicht hoffen.

Psychosoziale Betreuung von HIV-positiven Frauen auf dem Lande bedeutet für Helfer und Betroffene, auf Bedingungen zu stoßen, die eine am Bedarf orientierte, umfassende Betreuung kaum oder gar nicht zulassen. Die psychosoziale Infrastruktur ist in den meisten Regionen entweder gar nicht, oder nur mangelhaft vorhanden. Aber selbst wenn sie vorhanden ist, muß die Frage nach der Problemkompetenz gestellt werden, die sich in den meisten Fällen als unzureichend erweist. Deshalb sind HIV-Positive im ländlichen Raum in der Regel auf sich allein gestellt. Um dieser Situation zu begegnen, ist es erforderlich, die Aufgeschlossenheit sozialer Dienste auf dem Lande wesentlich zu erhöhen. Dazu ist es zunächst notwendig, medizinische und psychosoziale Kompetenz in Form multiprofessioneller Teams herzustellen und vor Ort zu bündeln. Insbesondere eine kompetente medizinische Versorgung, die ja bei zunehmender Dauer einer HIV-Infektion notwendig wird, würde – wenn sie vor Ort angeboten werden kann – für den Betroffenen die zeitaufwendigen Prozeduren in den Großstädten – mit oft sehr langen Anfahrtswegen – und deren Kliniken und Ambulanzen auf das unbedingt notwendige Maß begrenzen.

Im Bemühen um ein psychosoziales/medizinisches Versorgungsnetz im ländlichen Raum entwickeln wir in Zusammenarbeit mit vielen Kollegen ein Versorgungsmodell, das kompetente Behandlung, ebenso wie bereits in der Stadt, auch auf dem Lande sicherstellt. Die Hauptaufgabe bei der psychosozialen Betreuung HIV-Positiver besteht vornehmlich darin, ihnen beim Durchleben von kritischen und streßbetonten Lebenssituationen zur Seite zu stehen. Gleichzeitig geht es darum, die Aufgeschlossenheit der Umwelt gegenüber den Bewältigungsbedürfnissen der Betroffenen zu erhöhen. Dazu sind, den Bedürfnissen der Betroffenen entsprechend, unterschiedliche Anforderungen an eine professionelle psychosoziale Betreuung zu stellen.

Die subjektive Erlebnisverarbeitung und Problemdefinition des Betroffenen erfordern die Stützung von Identität, Kompetenz und Selbstvertrauen. Der Betroffene braucht Unterstützung in seiner Motivation, die Streßherausforderung anzunehmen. Dazu ist eine psychologische Führung notwendig. Eine realitätsbezogene Klärung der Wahrnehmung des Betroffenen erfordert vom Betreuer die Bereitstellung und Vermittlung von Informationen, die der Persönlichkeit des Betroffenen angepaßt sind. Es ist wichtig, ihn weder zu unter- noch zu überfordern, damit ein wirksamer kognitiv-perzeptueller Vermittlungsprozeß in Gang kommen kann. Im sozialen Umfeld des Betroffenen werden Unterstützungsleistungen erforderlich, die vorhandene Hilfen im sozialen Netzwerk miteinbeziehen oder solche erst aufbauen. Dazu zählt die Initiierung einer Selbsthilfegruppe genauso, wie die Beratung über geeignete Therapieprogramme. In diesem Zusammenhang ist es insbesondere für Sozialarbeiter wichtig, im Interesse der Betroffenen und im Sinne einer ganzheitlichen Sichtweise von psychosozialen Problemlagen interdisziplinäre Arbeitsformen anzustreben. Am Beispiel der von uns praktizierten L-Polamidonverabreichung an Suchtkranke, die bereits AIDS-krank sind, wird deutlich, wie notwendig die kompetente Vermittlung psychosozialer Konzepte dem Arzt gegenüber ist. Denn um einen Betroffenen medizinisch optimal zu versorgen, muß der Arzt wissen, welches Maß an psychosozialer Betreuung sein Patient vom Sozialarbeiter erwarten kann.

Krankenschwester in der AIDS-Ambulanz – Erfahrungen bei der Betreuung von HIV-Infizierten und AIDS-Patientinnen

Mary Förtsch

Einleitung

Seit zwei Jahren arbeite ich als Krankenschwester in der Ambulanz für Immunschwächeerkrankungen des Städt. Krankenhauses München-Schwabing.

Im folgenden möchte ich zunächst den Tagesablauf schildern, anschließend anhand von 3 Fallbeispielen auf die Probleme für uns Krankenschwestern im täglichen Umgang mit HIV-infizierten Frauen aufmerksam machen. Am Schluß des Beitrages findet sich eine Aufstellung der Tätigkeiten, die im Pflegebereich der Ambulanz anfallen.

Zum klinischen Teil unseres Teams gehören 3 Ärzte, 3 Krankenschwestern, 1 Psychologe, 1 Sozialarbeitspraktikantin sowie 1 Kunsttherapeutin und Hospitanten.

Aufgaben der Krankenschwester in der Ambulanz

Der Erstkontakt erfolgt meist durch telefonischen Anruf des Patienten, wobei wir eine Kurzanamnese erheben. Wenn der Patient seinen Termin wahrnimmt, kommt es zu einem Arzt-Schwester-Patient-Gespräch. Hier versuchen wir gemeinsam, eine Vertrauenssituation zu schaffen und dem Patienten durch psychosoziale Betreuung eine Stütze zu sein.

Bei der medizinischen Versorgung übernehme ich die Prüfung der Vitalfunktionen und andere eigenständige medizinische Schritte sowie die Assistenz bei ärztlichen Tätigkeiten.

In meinen Aufgabenbereich fällt auch die Koordination unterschiedlicher Termine des Patienten (z.B. Konsile in der HNO-, Augen-, Röntgen- oder Derma-Abteilung) oder die Begleitung des Patienten zur Station, wenn er aufgenommen werden soll. Auch bei Gesprächen im Rahmen der Angehörigen- oder Freundesproblematik sind wir Krankenschwestern meist dabei.

Weiterhin überwache ich den Patienten bei der Versorgung durch Infusionen und Transfusionen und gebe fachliche Anleitung bei der Inhalationstherapie zur Prophylaxe einer PcP.

Zusätzlich besteht unsere Tätigkeit auch in der umfangreichen Vorbereitung zur Blutentnahme, im Anlegen von Patientenakten und Fragebögen, in Schreibtätigkeiten und sonstigen Routinearbeiten. Einen weiteren Teil unserer Zeit nehmen telefonische Beratungen sowie die Vergabe von Terminen ein.

Wir betreuen in der Ambulanz 85% Männer und 15% Frauen. Allein 1988 hatten wir über 3200 Patientenkontakte. Bei den 15% Frauen handelt es sich um 93 Frauen, die in unsere Ambulanz kommen und deren Verteilung auf die Betroffenengruppen wie folgt ist:

Drogenabhängige	65 Frauen (69,9%)
durch heterosexuelle Kontakte infizierte Frauen	19 Frauen (20,4%)
Empfängerinnen von Transfusionen	4 Frauen (4,3%)
Unklarer Infektionsweg	5 Frauen (5,4%)

Die aktuelle Situation hier und jetzt zeigt für Frauen das Grundproblem, nämlich draußen zuwenig Ansprechpartner und Anlaufstellen im Gegensatz zu den homosexuellen Männern zu haben, die sich miteinander gegen z.T. feindliche Teile der Gesellschaft gut verbündet wissen.

Da immer mehr Frauen in Zukunft HIV-positiv sein werden, ist entsprechende Hilfestellung dringend erforderlich. Ich möchte im ersten Fallbeispiel solch eine konkrete Situation schildern.

Fallbeispiel 1:
Frau D, Anfang 30, ehemalige langjährige Drogenabhängige, hat mit ihrem Partner ihren Kinderwunsch erfüllt. 4 Wochen vor der Geburt wurde dem Ehemann das positive Testergebnis seiner Frau mitgeteilt. Sie selbst erhielt erst nach der Geburt ihres Sohnes diese traurige Nachricht durch den Ehemann. Was in dieser Frau zusammenbrach, ist kaum vorstellbar. Der Gedanke, rückfällig zu werden, war sofort da.

Aus diesem Fallbeispiel lassen sich folgende Probleme, die für viele Frauen Gültigkeit haben, ableiten:

Die Erwartungen von Frau D. an uns Schwestern sind einerseits, für eine gute medizinische Versorgung zu garantieren, sie beinhalten aber auch viele Fragen konkret zu ihrer schwierigen Lebenssituation:

Wie ist meine Lebenserwartung?
Wie krank bzw. gesund bin ich?
Wie und wo finde ich Anschluß an andere betroffene Frauen?
Hinzu kommt die ständige Angst, daß das Kind infiziert sein könnte.
Fragen zum Sexualverhalten in der Partnerschaft.
Kann und will ich mit meinem Partner noch schlafen?
Was bedeutet das für die Beziehung?
Wie gehen Angehörige mit HIV um?
Bin ich jetzt aussätzig, ansteckend, ein halber Mensch?

Nach mehrmaligen Kontakten, Gesprächen, Zusammenbrüchen wird für uns klar, wie die Patientin mit der Krankheit umgeht. Verdrängung ist für sie eine gute Hilfe, eine Stütze mit der Krankheit umzugehen, jedoch muß sie täglich realisieren, daß ihre Belastbarkeit psychisch und physisch immer weiter abnimmt. Wir als Betreuende, die damit konfrontiert werden, versuchen durch Zuwendung, Unterstützung, Anteilnahme und Mitgefühl die Downs der Patientin mit aufzufangen, d.h. die Patientin in den Arm zu nehmen, zu trösten, weinen zu lassen, manchmal auch mit ihr zu weinen. Diese Form der Hilfeleistung ist für uns aufgrund der großen räumlichen Enge besonders erschwert. Oft müssen solche Gespräche im Warteraum unter Anwesenheit von anderen Patienten stattfinden.

In diesem Beispiel möchte ich hervorheben, daß die Patientin nach erfolgreicher Drogentherapie seit Jahren „clean" ist. Über ihrem Wunsch nach Familie und geordneten Verhältnissen liegt jetzt ein riesiger Schatten, denn von ihrer langjährigen Drogenabhängigkeit ist eines zurückgeblieben – Vollbild AIDS!

Fallbeispiel 2:
Mit einer ähnlichen Situation kam auch *Frau E.*, Anfang 20, zu uns. Sie lebt allein, ist wie Frau D. früher drogenabhängig gewesen und hat sich über diesen Weg mit HIV infiziert. Bei Frau E. steht das Alleinsein im Vordergrund, sie sucht nach einer Beziehung, um Halt und Geborgenheit zu finden. Mit dem Wissen um ihre Krankheit geht sie sehr diffus um. Sie engagiert sich sehr aktiv in der Öffentlichkeitsarbeit im Rahmen der Caritas und ist in kunsttherapeutischer Betreuung. Die Patientin reist viel, derzeit hält sie sich in Südamerika auf. Andererseits ist ihr Umgang mit HIV angstvoll. Sie steht ständig unter Zeitdruck, sobald sie in der Ambulanz erscheint. Für die Schwestern ist der Umgang mit Frau E. oft distanziert. Sie erträgt nur wenig Nähe, was für uns bedeutet: nicht ziehen, nicht schieben, sondern individuell auf ihre Person eingehen.

Fallbeispiel 3:
Im letzten Fallbeispiel handelt es sich um eine junge Frau, ich nenne sie *Frau F.,* die sich wahrscheinlich über heterosexuelle Kontakte infiziert hat. Die Patientin lebt mit ihrer Mutter allein in der Nähe von Ingolstadt.

Wie hilflos auch Eltern von Betroffenen mit der Problematik umgehen, zeigte die Reaktion und das Verhalten der Mutter, als die Patientin versuchte, sie mit ihrer Krankheit zu konfrontieren, um Halt und Unterstützung von ihrer Familie zu bekommen. Ablehnung und Bestrafung waren zunächst das Echo auf die Mitteilung des Testergebnisses. In dieser Zeit erlebten wir die Patientin als sehr unruhig, ständig nach Anerkennung und Aufmerksamkeit suchend. Um sich beweisen zu können, überforderte sie sich permanent durch Überaktivität, die sie sehr intensiv auslebte. Inzwischen hat sich der Mutter-Tochter-Konflikt entspannt. Kräftemäßig hat sich die Patientin verausgabt, und nach mehreren opportunistischen Infektionen ist ihr Körper geschwächt. Wir Schwestern haben ein enges Vertrauensverhältnis zu der Patientin aufgebaut und gehen liebevoll mit ihr um. Während ihrer stationären Aufenthalte wäre es für uns eine Unterlassungssünde, sie nicht zu besuchen.

Erfahrungen im täglichen Umgang mit AIDS-Patientinnen

Zum einen bewirkt die Einsamkeit und Isolation, mit der unsere Patientinnen zu kämpfen haben, daß wir in der Ambulanz oft zur Ersatzfamilie werden, d.h. wir ersetzen fehlende soziale Bindungen. Das begründet unsere Betreuungsarbeit, bei der wir bemüht sind, die Frauen emotional und mit Hinweisen auf soziale Hilfen aufzurichten. Zum anderen ist der Umgang mit der Krankheit an sich ein zentrales Thema, mit dem wir ständig konfrontiert sind. Für uns heißt dies auch, sich mit dem Lebenswunsch, der Suche nach Halt und Heilung auseinanderzusetzen.

Reisen, Esoterik, Partner, möglichst intensiv leben zu wollen, sind die Sehnsüchte der Frauen. Im Gegensatz zu homosexuellen Männern, die sozial oft gut eingebunden erscheinen, belasten uns Frauen um einiges mehr, weil wir uns mit ihnen stärker identifizieren und solidarisieren. Darin besteht ein Hauptteil unserer Belastung, denn wir spüren die Tragödie todkranker Menschen intensiv, können jedoch nur bedingt helfen. Es ist nicht möglich, als Schwester neben den anderen Anforderungen im engeren Sinn psychotherapeutisch mit den Patienten umzugehen. Das wäre eine klare Überforderung für uns und überschreitet unser Aufgabenfeld. Unsere Unterstützung spiegelt sich im Aushalten, präsent sein, einfach da sein, wider.

Es kommen täglich von 20–30 Patienten ungefähr 2–4 Frauen zu uns. Die Betreuung kann deswegen nicht ausschließlich frauenspezifisch sein. Im Gegensatz zur Stationsarbeit, wo Abgrenzung durch pflegerische Tätigkeiten leichter möglich ist, sind wir in der Ambulanz emotional oft wesentlich näher am Patienten.

Wir setzen uns gerne ein, vor allen Dingen für die Frauen, denn deren Probleme mit Identität, Abgrenzung und Verantwortung sind nicht erst durch HIV entstanden, sondern werden durch die Infektion dramatisch verstärkt und potenziert.

Wir setzen uns gerne ein, auch wenn wir manchmal nahe an der Grenze zum „burning out syndrome“ sind, wie es auf Neudeutsch so schön heißt.

Tätigkeiten der Krankenschwestern in der Ambulanz für Immunschwächeerkrankungen

1 Patientenkontakte

1.1 – Ersten Kontakt mit dem Patienten herstellen
- Psychosoziale Situation des Patienten erfragen
- Vertrauensbasis schaffen
- Versuch, sichtbare Ängste abzubauen
- Beobachten und Erfragen des körperlichen Zustandes
- Vorbereitung auf die medizinische Untersuchung und ärztliche Betreuung
- Aufklärung über die Art und den Verlauf der ambulanten Betreuung

1.2 – Durchführung und Dokumentation der Kurzanamnese sowie der Ergebnisse der körperlichen Untersuchung:
- Vitalfunktionen
- Größe, Gewicht
- Hautveränderungen
- körperlicher Gesamteindruck

1.3 – Nachsorge von körperlichen Untersuchungen und Blutabnahmen:
- Patientenliege frisch beziehen
- Thermometerdesinfektion
- Arbeitsplatz reinigen, entsorgen und mit neuem Material ausstatten

1.4 – Injektionen verabreichen

1.5 – Hautteste auf Reaktionen ablesen und dokumentieren (Multitest Mérieux)

1.6 – Medikamente verabreichen

1.7 – Blutsenkungsgeschwindigkeit bestimmen, ablesen, dokumentieren und entsorgen

1.8 – Zusammenarbeit mit den verschiedenen Stationen:
- Anmeldung der Patienten zum stationärenAufenthalt
- Weitergabe von notwendigen Informationen, Befunden etc.
- Psychische Weiterbetreuung der Patienten während des stationären Aufenthalts

2 Assistenz während ärztlicher Tätigkeiten

2.1 – Blutabnahmen bei ärztlichen Untersuchungen

2.2 – bei ärztlichen Gesprächen mit Patienten

2.3 – bei Gesprächen mit Angehörigen und Freunden der Patienten

3 Organisatorische Aufgaben

3.1 – Vorbereitung von Untersuchungen:
- Anträge für Blutabnahmen
- Röhrchen und Spritzen mit Heparin
- Fragebögen
- Untersuchungsbögen
- Konsilscheine
- Krankenakten
- Kodierung der Akten
- Ausfüllen von Versandtüten und Anträgen

3.2 – Telefonische Terminvergabe mit gleichzeitiger Kurzanamnese und Dokumentation

3.3 – Koordination sämtlicher Termine mit allen Patienten

3.4 – Vorbereitung der Rezepte

3.5 – Ausschreibung von Überweisungen

3.6 – Termine für Konsile (Derma, Endoskopie, Neurologie, Sonographie, Röntgen, Augen, HNO) telefonisch vereinbaren

3.7 – Dokumentation der Personalien und aufgewendeten Leistungen pro Patient für die Verwaltung

3.8 – Untersuchungsmaterial (Urin, Stuhl, Blut, Sputum etc.) sammeln und in die verschiedenen Labors bringen

3.9 – Untersuchungsbefunde abholen

3.10 – Untersuchungsbefunde sortieren und in die jeweiligen Krankenakten einordnen

3.11 – Krankenakten aus dem Archiv besorgen

3.12 – Röntgentüten aus dem Archiv besorgen

3.13 – Korrespondenz erledigen (Info-Material verschicken, Briefe beantworten, etc.)

3.14 – Fotokopien sämtlicher Fragebögen, Info-Material etc. laufend vervollständigen

3.15 – Botengänge erledigen (Poststelle, Verwaltung etc.)

3.16 – Apotheken- und Lagermaterial bestellen, abholen und versorgen

3.17 – Anlegen und Aufarbeiten von Krankenakten

4 Umfangreiche telefonische Beratungen und Auskünfte

5 Co-Therapeutische Arbeit und Zusammenarbeit mit dem Psychologen

5.1 – Planung und Durchführung von Gruppenarbeiten mit Patienten in den verschiedenen Stadien der HIV-Erkrankung

6 Teamgespräche

6.1 – Weitergabe von Informationen über die Patienten im Team

7 Anleitung und Mitbegleitung von Hospitanten und Praktikanten

8 Fortbildung (aktiv und passiv)

9 Supervision

10 Einführung in die EDV

11 Infusionsvorbereitung und Betreuung

12 Fachliche Anleitung bei Inhalationstherapie

Literatur

Jeorga I, Reisinger E, Vogel M (Hrsg) Leitfaden zur Pflege von AIDS-Patienten. Stuttgart: Hippokrates, 1988

Riedl C. Krankenpflegerische Aspekte. In: Jäger H (Hrsg) AIDS und HIV Infektionen. Landsberg: Ecomed Verlag, 1989

Präventive Strategien zur Verhinderung der HIV-Infektion bei der weiblichen Bevölkerung in der Schweiz

Regina Schär und Leena Hässig

Epidemiologie von AIDS und HIV-Infektion in der Schweiz

In der Schweiz werden Menschen mit AIDS und HIV-Infizierte seit 1985 vom Bundesamt für Gesundheitswesen (BAG) erfaßt. Im Dezember 1987 führte der Bund die anonyme Meldeverordnung (BAG 1987) ein, wodurch sich HIV-positive Testergebnisse nach Risikosituationen klassifizieren lassen.

AIDS-Erkrankungen

Während 1986 der weibliche Anteil an AIDS-Erkrankungen 12% betrug, stieg er bis Ende 1988 auf 17% (Tabelle 1).

HIV-Infektionen

Die Zahl der HIV-positiven Menschen in der Schweiz wird auf 20 000 bis 30 000 geschätzt (Tabelle 2).

Die oben angeführten Prozentangaben stützen sich auf diejenigen Labormeldungen, in denen das Geschlecht angegeben wurde. Seit der Einführung der anonymen Meldepflicht (Dezember 1987) sind Rückschlüsse über den Infektionsweg möglich (Tabelle 3 u. 4).

Wie die Statistik zeigt, haben sich im angeführten Zeitraum von den getesteten HIV-positiven Frauen 32% über heterosexuelle Kontakte infiziert. Im Vergleich dazu waren es bei den HIV-positiven Männern 11%. Die Statistik läßt keine Aussage zu, ob i.v. drogenkonsumierende Frauen sich durch Spritzentausch oder durch heterosexuelle Kontakte infiziert haben.

Tabelle 1. Statistik der AIDS-Erkrankungen 1986 und 1988/Schweiz

Gemeldete AIDS-Fälle (Stand 30. 9. 1986)			
Patientengruppe		männlich	weiblich
1. homo- und bisexuelle Männer		109	–
2. i.v. Drogensüchtige		12	6
3. Risiko 1. und 2.		7	–
4. Hämophiliepatienten		2	–
5. heterosexuelle Kontakte*		2	2
6. Bluttransfusionsempfänger		1	–
7. andere			
– geboren in Afrika/Karibik		11	3
– Kinder		–	5
– unklar/andere		6	4
Total	170	150	20
Gemeldete AIDS-Fälle (Stand 31. 12. 1988)			
Patientengruppe		männlich	weiblich
1. homo- und bisexuelle Männer		367	–
2. i.v. Drogensüchtige		131	65
3. Risiko 1. und 2.		17	–
4. Hämophiliepatienten		4	–
5. heterosexuelle Kontakte*		31	32
6. Bluttransfusionsempfänger		5	6
7. Kinder bis 15 Jahre		3	11
8. unklar/andere		23	7
Total	702	581	121

* Personen, die sexuellen Kontakt mit AIDS-Patienten oder mit Partnern mit erhöhtem AIDS-Risiko hatten, einschließlich Personen aus Ländern, in denen eine heterosexuelle Übertragung als vorherrschend angesehen wird.

Tabelle 2. Prozentualer Anteil von HIV-positiven Frauen seit 1985, per Testjahr (persönliche Angaben BAG, ZFA Engel 1989)

1985	27,5%
1986	27,9%
1987	31,4%
1988	32,3%

Tabelle 3. Prozentuale Verteilung nach Risikosituationen bei Frauen (Meldungen zwischen Dezember 1987 und März 1989, provisorische Angaben des BAG)

i.v. Drogenkonsum	59%
heterosexuelle Kontakte	32%
unklar/andere	4%
Transfusionsempfängerinnen	3%
Kinder	2%

Tabelle 4. Prozentuale Verteilung nach Risikosituationen bei Männern (Meldungen zwischen Dezember 1987 und März 1989, provisorische Angaben des BAG)

i.v. Drogenkonsum	43%
Homo- und Bisexualität	36%
i.v. Drogenkonsum und Homo- und Bisexualität	4%
heterosexuelle Kontakte	11%
unklar/andere	3%
Hämophilie	1%
Bluttransfusionsempfänger	1%
Kinder	1%

Schlußfolgerungen

Der weibliche Anteil an AIDS-Erkrankten und HIV-Infizierten nimmt stetig zu. Ein substantieller Anteil der Frauen steckte sich durch heterosexuelle Kontakte an.

Wir stellen in diesem Zusammenhang immer wieder fest, daß

- Frauen sich der heterosexuellen HIV-Übertragungsgefahr zuwenig bewußt sind – *in der Öffentlichkeit werden vor allem Schwule und Fixer als gefährdete Personen wahrgenommen;*
- Frauen keine Möglichkeit haben sich aktiv zu schützen – *der Kondomgebrauch ist den Männern vorbehalten;*
- die gesellschaftliche Stellung der Frauen es ihnen erschwert, ihr Schutzbedürfnis dem Partner gegenüber durchzusetzen – *sei es durch materielle Abhängigkeit vom Mann, durch fehlende Gleichberechtigung von Mann und Frau oder durch sexuelle Gewaltanwendung seitens der Männer oder andere Faktoren.*

Die Frage, welche uns im folgenden beschäftigen wird, ist: Wird der speziellen Gefährdung der Frauen mit den herkömmlichen präventiven Strategien genügend Rechnung getragen?

AIDS-Prävention

Seit dem Auftreten der Infektionskrankheit AIDS ist der Staat mit der Aufgabe konfrontiert, die Bevölkerung bezüglich der HIV-Übertragungsgefahr zu informieren. Die Gesellschaft, in ihren privaten und öffentlichen Strukturen muß so Anworten finden, wie sie als Organisation, Institution oder Behörde auf die AIDS-Problematik reagieren will (kann) – mit dem Ziel, daß sich Frauen und Männer in ihrem individuellen Lebensumfeld der Gefährdung bewußt werden und entsprechend reagieren können. AIDS-Prävention steuert somit einen gesellschaftlichen und einen individuellen Lernprozeß an (Rosenbrock 1986).

Dieses Lernen bedingt, daß

- alle Menschen richtig informiert werden, *damit die eigene Risikoeinschätzung möglich wird;*
- in den sozialen, politischen und kirchlichen Strukturen entsprechende Anpassungen erfolgen, damit die Informa-

tionsbotschaften individuell überhaupt umgesetzt werden könnten; *d.h. daß ein – auch moralisch – unbehinderter Zugang aller Menschen zu den Schutzmitteln gewährleistet ist;*

– ein repressionsfreies gesellschaftliches, politisches und kirchliches Klima herrscht, damit der notwendige Freiraum entstehen kann bzw. geschaffen wird, welcher die Suche nach individuell gangbaren Lösungsmöglichkeiten erst erlaubt; *d.h. breitgefächerte Beratungsangebote, keine Diskriminierung von HIV-Positiven/Menschen mit AIDS und von deren Angehörigen/Bekannten.*

Lernen ist kein statischer, sondern ein prozeßhafter Vorgang. Dies bedingt, daß

– die Bevölkerung wiederholt informiert wird, *damit neue Impulse den individuellen Lernprozeß stimulieren;*
– soziale, politische und kirchliche Strukturen immer wieder auf die Veränderungen der AIDS-Epidemie mitreagieren, *unter Berücksichtigung des individuellen Lernprozesses;*
– jede Person mit ihren Problemen rund um AIDS ernstgenommen werden muß. Dies bedeutet, daß generalisierende Maßnahmen wie Massenscreening, Berufsverbot für HIV-Positive oder Verurteilungen einzelner Menschen sowie das Präservativverbot der katholischen Kirche untaugliche Maßnahmen innerhalb der AIDS-Prävention darstellen; *weil sie den gesellschaftlichen wie den persönlichen Lernprozeß massiv beeinträchtigen, wenn nicht gar unmöglich machen.*

Die Stop-AIDS-Kampagne

Das BAG führt, in Zusammenarbeit mit der AIDS-Hilfe Schweiz (AHS), ein nationales AIDS-Präventionsprogramm durch, welches sich an die gesamte Bevölkerung richtet, namentlich: *die Stop-AIDS-Kampagne.*

Mit dieser Kampagne sollen Neuinfektionen verhindert und Solidarität mit Betroffenen aufgebaut werden. Sie bedient sich der Massenmedien (TV, Kino, Zeitungen, Fachpresse, Plakate und Inserate), um in wechselnden Formulierungen die Präventionsbotschaften kontinuierlich ans Publikum zu bringen (Tabelle 5).

Die Wirksamkeit der Kampagne wird laufend evaluiert, um den Realisationsgrad der Präventionsbotschaften zu messen. Die Weiterführung der präventiven Aktionen wird durch den Informationsstand und den Umsetzungsgrad in der Bevölkerung gesteuert. Die Stop-AIDS-Kampagne ist ein Instrument der Informationsvermittlung. Sie greift nicht direkt in die politische Dis-

Tabelle 5. Themen der Stop-AIDS-Kampagne

Phase	*1.* / Februar 1987	*2.* / Juni 1987	*3.* / Dezember 1987	*4.* / Sommer 1988
Grundbotschaften	Präservative schützen	Präservative schützen	Präservative schützen	Präservative schützen
		Treue schützt kein Spritzentausch	Treue schützt kein Spritzentausch	Treue schützt kein Spritzentausch
Themen			Was nicht ansteckt Klare Stellungnahmen zu medizinischen und gesellschaftlichen Aspekten	Was nicht ansteckt Klare Stellungnahmen zu medizinischen und gesellschaftlichen Aspekten
				Solidarität – mit AIDS-Kranken – mit HIV-Infizierten – mit Kindern infizierter Mütter

kussion ein. Ebensowenig kann sie die sozialen und politischen Strukturen hinsichtlich ihrer notwendigen Anpassungen an den Stand des individuellen Lernprozesses direkt beeinflussen.

Welche Informationen erreichen die Frauen?

Inhalte der Stop-AIDS-Kampagne richten sich an die gesamte Bevölkerung. Eine in der Schweiz lebende Frau erfährt so, daß

- Präservative und Treue schützen;
- unsteriles Injektionsmaterial eine HIV-Übertragungsgefahr beinhaltet;
- Küssen, Mückenstiche, soziale Kontakte usw. kein Risiko bergen;
- sie mit HIV-Positiven und Menschen mit AIDS solidarisch sein soll.

Falls eine Frau versucht, diese Präventionsbotschaften in ihrem Alltag umzusetzen (individueller Lernprozeß), tauchen für sie als Frau plötzlich Fragen auf, wie: *Was ist mit dem Menstruationsblut, welches nirgends erwähnt wird? Wie bringt sie ihren Kinderwunsch und die AIDS-Gefahr in Relation? Wie bringt sie ihren Partner dazu, Präservative zu benutzen? Wie setzt sie das Kondom bei sexueller Gewaltanwendung durch? usw.*

Aus den zahlreichen Artikeln, TV- und Radiosendungen, Informationsbroschüren und Diskussionen von Fachleuten bekommt sie auf ihre Fragen nur sehr selten Denkanstöße oder Argumentationshilfen, geschweige denn Antworten. Wenn frauenspezifische Aspekte zur Sprache kommen, dann sind diese reduziert auf die Mutterrolle. Seit 1985 hört sie stetig, AIDS betreffe Schwule, Fixer und Prostituierte. Die Frau schließt sich dadurch selbst oft als Gefährdete aus.

Diejenigen Informationen, welche Frauen erreichen, erlauben es nicht, die Schutzmaßnahmen in ihre eigene Lebenssituation zu übertragen. Im Gegenteil. Die erhaltenen Informationen lösen Fragen aus, die unbeantwortet bleiben. Diese Verunsicherung fördert die Verdrängung der eigenen Betroffenheit.

Wenn die Frau die AIDS-Prävention in ihre Sexualität und ihr Leben integrieren will, steht sie oft verwirrt und ziemlich hilflos da:

Sie kann sich selbst nicht aktiv schützen, sondern ist darauf angewiesen, daß der Partner handelt und Präservative benutzt. Mit den Schwierigkeiten, einen Mann, welcher von sich aus nicht will, vom Gebrauch des Präservatives zu überzeugen, bleibt sie allein. *Ihr bleiben zwei Möglichkeiten: Entweder sie schläft ohne Schutz mit ihm oder sie verweigert sich. In beiden Fällen fühlt sie sich schuldig:* Hat sie sich genau bei diesem Sexualkontakt mit HIV infiziert, ist sie selbst schuld. Hat sie durch ihre Verweigerung eine Beziehungskrise ausgelöst, ist sie schuld daran. Wählt sie die Treue als Alternative, weiß sie zwar, daß sie ihrem Partner treu ist. *Aber was tun, wenn er faktisch oder vermutet untreu ist? Was, wenn ihr der Mut fehlt, mit ihm darüber zu sprechen? Was, wenn er einfach nicht auf sie eingeht oder ihre Ängste nicht ernstnimmt? Was, wenn ihr als Fixerin nicht immer steriles Injektionsmaterial zur Verfügung steht und sie sich zudem auf dem Beschaffungsstrich das Geld für ihre Sucht verdienen muß? Was, wenn der Freier, ein Mann, welcher sich (und somit beide) aktiv schützen müßte, ihren Drogenbeschaffungsdruck ausnutzt und auf „Ohne-Service" beharrt?*

Es fehlen Antworten auf frauenspezifische Fragen. Die vermittelten Botschaften gehen weder auf die biologische weibliche Realität ein noch berücksichtigen sie die herrschenden geschlechtshierarchischen Unterschiede in unserer Gesellschaft.

Wieso fehlen frauenspezifische Aspekte in der AIDS-Prävention?

Daß zu Beginn der AIDS-Epidemie nicht von Frauen gesprochen wurde, läßt sich epidemiologisch erklären. Die homosexuellen Männer standen als die gefährdete Gruppierung im Zentrum. Trotz der veränderten epidemiologischen Lage bleiben die Frauen meist auf „Fixer", Prostituierte und Mütter reduziert. Dies kann nur als Ausdruck der fehlenden Mitbestimmung von Frauen innerhalb der maßgeblichen AIDS-Diskussion interpretiert werden.

Wegweisende Meinungen, Publikationen und Präventionsstrategien rund um

AIDS werden in interdisziplinären oder medizinischen Fachkreisen und auf behördlicher Ebene ausgehandelt. Darin sind Frauen nur vereinzelt oder überhaupt nicht vertreten. Je direkter der Zugang zu materiellen und immateriellen Ressourcen ist, desto geringer ist die weibliche Vertretung.

Wie oben dargestellt, wird die Lebenssituation der einzelnen Frau nicht mitberücksichtigt. Die Folge davon ist sichtbar: Bei Informationen zu den HIV-Übertragungswegen wird das Menstruationsblut „vergessen" und beim oralen Sex fehlt meist der Cunnilingus.

Die homosexuellen Männer nehmen für sich (zu Recht) in Anspruch, der Situation schwuler Männer gerecht werdende Präventionsprogramme entwickeln zu können. Von offiziellen Stellen wird dies respektiert und finanzielle Unterstützung sowie Einbezug in die entscheidenden Gremien gewährt.

Bei frauenspezifischer Prävention stehen dieser Einsicht zwei Aspekte im Wege:

1. In unserer Gesellschaft ist es selbstverständlich (und strukturell so ausgerichtet), daß Männer die Frauen in den Belangen von Politik, Wirtschaft, Arbeitswelt, öffentliche Gesundheit, Recht, Versicherungen, Bildung, Medien, Werbung usw. nicht nur einfach definieren, sondern zugleich mit einschließen. Als ob Frauen und Männer in unserer Gesellschaft dieselbe Lebenssituation hätten. Als Folge daraus werden die speziellen Realitäten von Frauen nicht wahrgenommen. Bezüglich AIDS-Prävention wird so eine Zielgruppe „vergessen".

2. Frauen werden nach sozialen Kriterien in Gruppen unterteilt (verheiratete Frau, Mutter, Fixerin, Prostituierte usw.). Die weibliche Sexualität existiert nicht als gemeinsames Merkmal. Es erfolgt immer eine Zuschreibung, unter welchen Rahmenbedingungen eine Frau auch sexuell ist (sein soll). Prävention ist dann ein taugliches Instrument, um der HIV-Gefährdung von Frauen zu begegnen, wenn weibliche Lust und Sexualität, unter Berücksichtigung der gesellschaftlichen Rahmenbedingungen der Frauen, dabei im Zentrum stehen. Präventionsstrategien sollten daher so konzipiert sein, daß von den Fragestellungen und der Problematik der Frauen ausgegangen wird. Dies wiederum ist nur dann möglich, wenn Frauen mit und für Frauen sich diese Fragen stellen und gangbare Wege suchen.

Frauenspezifische Prävention bedingt in unserer Gesellschaft einen Bewußtseinsbildungsprozeß beider Geschlechter: Frauen sind aufgefordert sich einzumischen, mitzudenken, mitzureden, mitzubestimmen. Männer sind aufgefordert zu erkennen, daß AIDS eine spezielle Betroffenheit für alle Frauen beinhaltet. Sie dürfen Frauen nicht auf die soziale Funktion der Mutterschaft, die berufliche Situation der Prostitution oder die Dazugehörigkeit zur Randgruppe „Fixer" reduzieren. Männer müssen Frauen zudem in die entscheidenden Gremien paritätisch einbeziehen und sie definieren lassen, wie und welche präventive Botschaften und Mittel entwickelt und wo sie eingesetzt werden.

Frau und AIDS-Arbeit in der Schweiz

Um nicht länger als Frau allein zu sein, mit Wissens- und Informationslücken, setzten sich Frauen aus verschiedenen geographischen und sprachlichen Regionen zusammen, um für sich offene Fragen zu beantworten. Damit die Informationen anderen Frauen zugänglich gemacht werden können, konstituierte sich im Herbst 1986 die Arbeitsgruppe Frau und AIDS, als ein Organ der AIDS-Hilfe Schweiz (AHS). Sie machte es sich zur Aufgabe, das erarbeitete Wissen weiterzugeben und konzipierte ein Präventionskonzept für die weibliche Bevölkerung.

Ziele des Präventionskonzeptes

- Entwickeln von frauenspezifischem Informations- und Präventionsmaterial, um den Frauen dasjenige Wissen zu vermitteln, welches sie zur individuellen

Auseinandersetzung mit der AIDS-Problematik benötigen.
- Sensibilisierung der Öffentlichkeit bezüglich der Frauenaspekte in der AIDS-Problematik.
- Frauenvereinigungen, -beratungsstellen und -organisationen befähigen, die Frauen in dem individuellen Lernprozeß zu unterstützen.
- Solidarität mit HIV-Positiven und Menschen mit AIDS.

Überlegungen zum Zielpublikum

Unser Zielpublikum ist die weibliche Bevölkerung mit dem gemeinsamen Merkmal ihrer Sexualität. Ohne bereits eine Spaltung vorzunehmen, in Form von heute speziell gefährdeten oder betroffenen Gruppen, wollen wir in erster Linie alle Frauen erreichen. Selbstverständlich anerkennen wir, daß z.B. i.v. drogenkonsumierende Frauen oder Partnerinnen von bisexuellen Männern im Moment direkter von HIV betroffen sind als eine Ehefrau in einer gegenseitig treuen, HIV-freien Beziehung. Unser Ansatz ist, daß alle informiert sein müssen. Eine Lebenssituation kann sich ändern. Zudem nehmen Frauen eine wichtige Aufgabe in der Erziehung und Aufklärung der Kinder einerseits, der Pflege und Betreuung von Familie und Nachbarschaft andererseits wahr. Die heute unmittelbarer betroffenen Frauen benötigen zusätzliche Informationen sowie Unterstützung und Solidarität, welche aufgebaut bzw. gefördert werden sollen.

Präventionsbotschaften

AIDS-Prävention läßt sich nicht durch ein Patentrezept bewerkstelligen. Deshalb zielen unsere Informationen darauf hin, soviel frauenspezifisches Wissen zu vermitteln wie die Frau benötigt, um in ihrer eigenen Lebenssituation eine gangbare Lösung zu finden. Frauenspezifisches Präventionsmaterial dient zur Unterstützung dieses Prozesses der Auseinandersetzung. Es soll ermutigen, Anstöße liefern und die Umsetzung auf der Handlungsebene erleichtern.

Erreichbarkeit der Frauen

Damit unsere präventiven Botschaften die Frau in ihrer Alltagssituation erreichen, versuchen wir die Frauenorganisationen, -vereinigungen und -beratungsstellen für die Thematik zu sensibilisieren. Dies geschieht einerseits durch direkte Kontaktaufnahme mit diesen Institutionen und andererseits durch die Animation von regionalen Frau-und-AIDS-Arbeitsgruppen, welche diese Aufgabe vor Ort wahrnehmen.

Frau-und-AIDS-Arbeit in der AHS

Die Gründerinnen der Arbeitsgruppe (AG) Frau und AIDS wählten für ihr Engagement bewußt eine Struktur innerhalb der AHS. Dadurch schien der Zugang zu den materiellen und immateriellen Ressourcen einfacher. Wir wurden jedoch nicht mit offenen Armen empfangen, sondern benötigten viel Energie, um den Bewußtseinsprozeß für Frau und AIDS innerhalb der AHS in Gang zu bringen. Erschwert wurde unsere Arbeit auch durch die Prioritätensetzung, welche sich auf die gerade aktuelle Situation beschränkte. Dies, obwohl Prävention, impliziert, bereits heute an die zukünftige Entwicklung zu denken. Seit einiger Zeit sind wir in der AHS besser integriert (Sitz im Vorstand, mehr Unterstützung in der AHS-Geschäftsstelle) und können uns daher vermehrt den präventiven Strategien widmen. Trotzdem bleibt ein Teil unserer Anstrengungen auf den Sensibilisierungsprozeß konzentriert.

Umsetzung des Präventionskonzeptes

Koordinationsstelle und Frau-und-AIDS-Broschüre

Ende 1986 wurde unser Präventionskonzept vom Vorstand der AHS und vom BAG bewilligt. Dies bedeutete grünes Licht für die Anstellung einer Koordinatorin für Frauenfragen innerhalb der AHS und den Druck der Broschüre „Frau und AIDS" (AG Frau und AIDS 1987). Im Mai 1987 nahmen zwei Frauen, im „job-sharing", ihre Arbeit auf. Das Ziel: in enger Zusammenarbeit mit der AG Frau und AIDS das Präventionskonzept in die Tat umzusetzen.

Weiterbildungsseminar

Bevor wir im Herbst die Broschüre der Öffentlichkeit vorstellten, luden wir Frauen regionaler AIDS-Hilfen zu einem Weiterbildungswochenende ein. Einerseits interessierte uns zu erfahren, mit welchen Problemen sie regional im Bereich Frau und AIDS konfrontiert werden. Andererseits wollten wir mit diesen Frauen die Palette der frauenspezifischen Aspekte rund um AIDS diskutieren. Aus diesem Seminar bildeten sich einige regionale Frau-und-AIDS-Arbeitsgruppen.

Fachtagungen

Geplant wurde je eine Fachtagung in der deutsch- und der französischsprachigen Schweiz für Mitarbeiterinnen des Sozial- und Gesundheitswesens. Das Interesse war dermaßen groß, daß wir beide Tagungen wiederholen mußten. Unser Ziel war, die bestehenden Institutionen für die Thematik zu sensibilisieren. Durch eine Tagungsdokumentation (Hrsg. AHS 1988) sprachen wir Fachleute über den Kreis der Teilnehmenden hinaus an.

Präventionsmaterial

Im Frühling 1988 versandten wir unser erstes frauenspezifisches Plakat an alle Beratungsstellen sowie an die Frauenorganisationen. Unser Ziel, Frauen zu ermuntern, dem Partner das Präservativ aktiv zuzuschieben (Plakataussage: Präs-er-vativ). Es folgten Kleber und Kleberkarten mit humorvollen Sujets, um die Frau zu motivieren, aktiv für sich und den Schutz zu sorgen bzw. vom Partner das Präservativ ganz selbstverständlich zu verlangen.

Präservativ-Gebrauchsanleitung in Comic-Form

Daß Präservative vor einer HIV-Übertragung schützen, war Mitte 1988 den meisten Menschen bekannt. Aber wie das Kondon richtig (rein technisch) anwenden? Vor allem auch junge Menschen stellte dies vor Probleme. Um diese Informationen zu vermitteln und Berührungsängste abzubauen, realisierten wir eine Präservativ-Gebrauchsanleitung in Comic-Form (Hrsg. AHS 1988).

Zweites Seminar

Ein Jahr nach dem ersten Zusammentreffen mit den Mitarbeiterinnen der regionalen AIDS-Hilfen organisierten wir ein zweites Seminar (wird alljährlich durchgeführt). Im Rahmen einer Zukunftswerkstatt zogen wir Bilanz und realisierten, daß noch sehr viel Arbeit auf uns wartet!

Neuauflage „Frau und AIDS"

In der Zwischenzeit konnten wir unsere Frau-und-AIDS-Broschüre neu auflegen. Selbstverständlich flossen unsere Erfahrungen aus vielen Gesprächen mit Frauen und der neueste Wissensstand in die Überarbeitung mit ein.

Safer-Sex-Faltblatt

Daß Präservative schützen, konnte nun als bekannt vorausgesetzt werden. Unklar blieb für viele Frauen (und Männer), welche Sexualpraktiken ein Risiko darstellen: ob z.B. der orale Sex nur mit Kondom (bzw. Latextüchlein) sicher ist, war eine sehr häufige Frage. Dazu nahmen wir in einem Safer-Sex-Faltblatt Stellung (Hrsg. AHS 1989).

Umsetzungsschwierigkeiten der Präventionsbotschaft

Es ist offensichtlich, daß viele Frauen in Risikosituationen den Kondomgebrauch beim Partner nicht durchsetzen können. Wir überlegten, wie wir den Frauen Mut machen könnten, nicht einfach klein beizugeben, sondern vom Partner konsequent den Schutz zu verlangen – oder sich zu verweigern. Dafür suchten wir nach einem geeigneten Symbol, welches den Frauen bei Präventionsaktionen, als Pendant zum Kondom, an die Hand gegeben werden könnte. Denn es entspricht nicht unserer Meinung, der Lernprozeß der Frauen bestehe darin, daß sie einfach immer Kondome mitführen. Denn das tollste Kondom nützt ihnen nichts, wenn die Partner sich weigern, es zu benutzen. Zu diesem Zweck

Abb. 1. Taschenspiegel mit Aufdruck

ließen wir Taschenspiegel anfertigen mit einem Aufdruck, wie ihn Abb. 1 zeigt.

Es ist offensichtlich, daß sich viele Männer nach wie vor kategorisch weigern, sich und ihre Partnerin zu schützen – d.h. Präservative nicht benutzen. Um diesem Widerstand ein wenig zu begegnen, mischten sich während der Fastnachtszeit (Karneval) Mitarbeiterinnen der regionalen AIDS-Hilfen unter die Menge. In mit Präventionssujets versehenen Overalls verteilten sie Kondome an Männer.

Solche Aktionen sind wichtig. Gerade in der heutigen Zeit, wo alle wissen, was zu tun wäre ... aber die Umsetzung auf der Handlungsebene dem Wissen (noch) nicht entspricht.

Immer wieder ...

- verfaßten wir Artikel in der Tages- und Fachpresse,
- nahmen wir in TV- und Radiosendungen Stellung zu Frau und AIDS,
- mischten wir uns in die AIDS-Diskussion ein,
- suchten wir den Kontakt zu Meinungsbildnerinnen und Entscheidungsträgern,
- stellten wir die Frau-und-AIDS-Arbeit vor,
- begründeten wir die spezielle Betroffenheit der Frauen,
- führten wir Informationsveranstaltungen durch,
- ließen wir uns neue Sujets einfallen (vgl. z.B. Abb. 2a und b).

Abb. 2a und 2b. „Butterfly“ und „Für eine sichere Landung“

Die schematische Darstellung des Frau-und-AIDS-Präventionskonzeptes der AHS findet sich in der Abbildung 3.

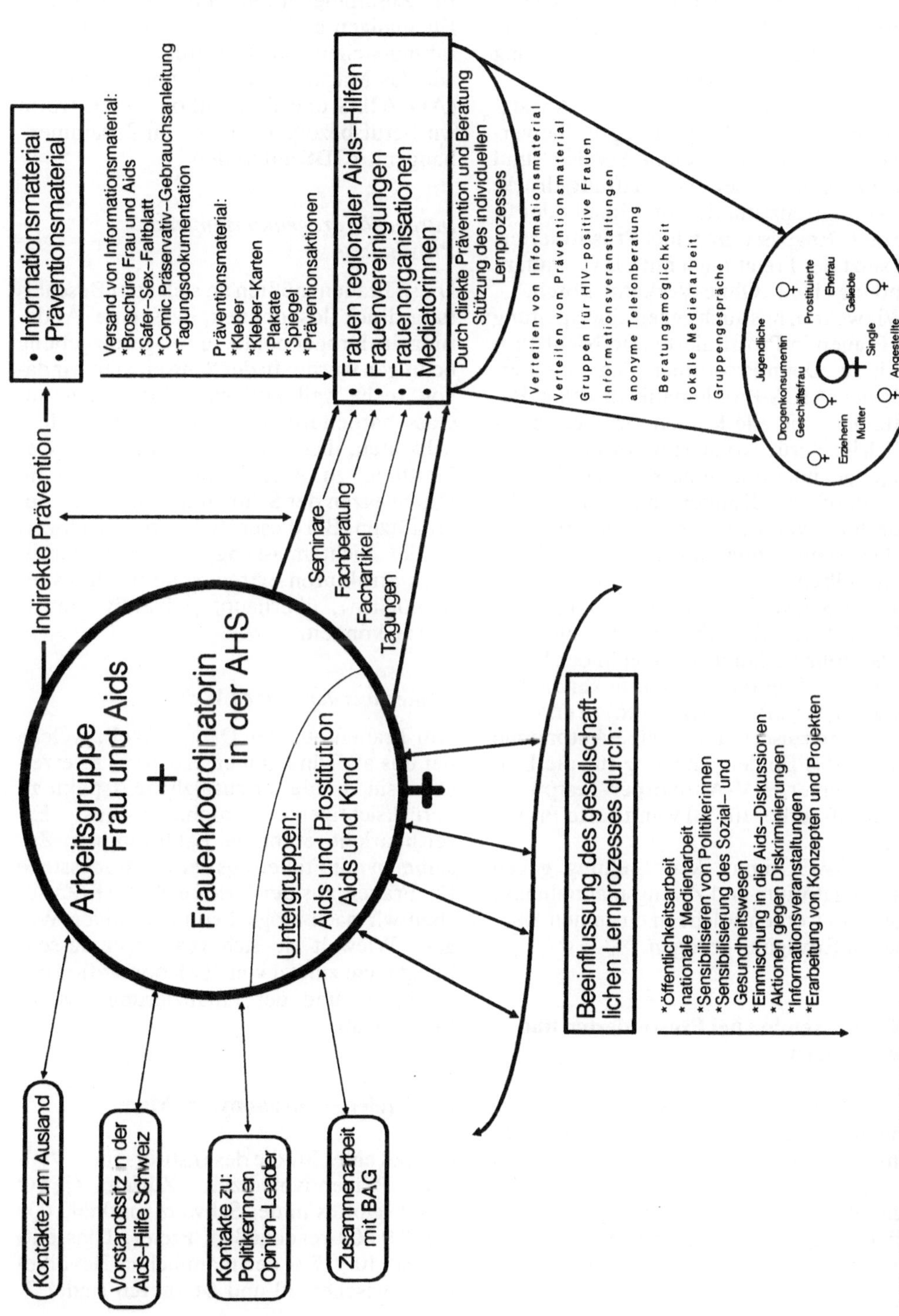

Abb. 3. Frau-und-AIDS-Präventionskonzept

AIDS und Prostitution

In der Schweiz werden Prostituierte immer wieder als Risikogruppen dargestellt, und es wird ihnen (v.a. den i.v. drogenkonsumierenden) die Schuld für die Verbreitung von HIV in die heterosexuelle Bevölkerung in die Schuhe geschoben.

Unsere Haltung ist klar: Der Ansatzpunkt muß bei den Freiern liegen. Sie verlangen nach wie vor „Ohne-Service" und mißbrauchen so den Beschaffungsdruck, die Konkurrenzsituation im Milieu oder finanzielle Engpässe einzelner Prostituierter. Oft setzt der Freier auch mittels Gewaltanwendung einen „Ohne-Verkehr" durch.

Wir wehren uns auch gegen eine Spaltung der Frauen in Prostituierte und Nicht-Prostituierte. Denn Prostituierte haben innerhalb der AIDS-Problematik dieselbe Betroffenheit wie alle Frauen. Speziell ist lediglich ihr Beruf, wo sich für sie durch AIDS einiges geändert hat: einerseits die Gefährdung durch die Kunden, andererseits die Bedrohung von heute noch nicht absehbarer Diskriminierung und Repression durch die Gesellschaft.

In der Schweiz ist die Prostitution zwar nicht ausdrücklich verboten, aber auch nirgends explizit erlaubt. Es liegt in der Kompetenz der Kantone, einschränkende Bestimmungen (z.B. Sperrgebiete) zu erlassen – und durchzusetzen. Dieselbe Autonomie gewährt das Epidemiengesetz für die Einführung einer HIV-Antikörper-Testpflicht mit Berufsverbot für HIV-infizierte Prostituierte.

Das BAG nimmt klar Stellung gegen Testobligatorium und Zwangsmaßnahmen. Trotzdem werden solche in einzelnen Kantonen in Erwägung gezogen.

AIDS-Prävention bei Prostituierten und ihren Kunden

Im Zentrum unserer präventiven Überlegungen stehen die Freier. Es ist eine Binsenwahrheit, daß keine Prostituierte einem Kunden das Präservativ verweigern würde. Nicht alle Prostituierten haben jedoch dieselben Möglichkeiten, „Ohne-Service" abzulehnen.

Professionelle Prostituierte

In Zusammenarbeit mit Prostituierten, Ehemaligen und Mitarbeiterinnen von Beratungsstellen für Prostituierte erstellten wir das Magazin „bei mir immer mit ..." (AG AIDS und Prostitution 1989), worin wir berufsbezogene Fragen im Zusammenhang mit AIDS aufgreifen.

Intravenös drogenkonsumierende Prostituierte

Diese Frauen müßten an sich vom Beschaffungsdruck loskommen, was eine Änderung in Drogenpolitik und -gesetzgebung bedingen würde. In der Schweiz sind wir davon recht weit entfernt. Zusammen mit Gassenarbeiterinnen suchen wir nach Möglichkeiten, diese Frauen für die AIDS-Gefährdung zu sensibilisieren und sie im Durchsetzen der Schutzmaßnahmen zu unterstützen. Bei dieser Zielgruppe erschwert es die Nichtanpassung der gesellschaftlichen Strukturen extrem (und macht es oft unmöglich), überhaupt präventiv einwirken zu können.

Frauen aus der Dritten Welt

Um Frauen aus der Dritten Welt, welche bei uns als Tänzerinnen arbeiten, zu erreichen, sind wiederum zusätzliche Aspekte zu berücksichtigen: Analphabetismus, Erreichbarkeit, ethnische Faktoren usw. Zusammen mit Frauen aus der Beratungsstelle für Frauen aus der Dritten Welt (FIZ) suchen wir nach möglichen präventiven Wegen. Wieweit sie sich realisieren lassen, hängt nicht zuletzt von der Kooperation der Behörden und der Finanzierung unserer Projekte ab.

Der Freier – ein anonymer Mann

Gemäß einer Studie des Instituts für Sozial- und Präventivmedizin, Zürich (IPSO 1987), gibt es in der Schweiz rund 200 000 bis 280 000 regelmäßige Freier. Dies entspricht 10–15% der männlichen Bevölkerung zwischen 20 und 64 Jahren (jeder 7.

Mann). Gemäß dieser Studie finden jährlich rund 3 Mio. Geschlechtsakte auf geschäftlicher Basis statt. 500 000 davon ohne Kondom – d.h. 500 000mal/Jahr setzt ein Kunde einen „Ohne-Service" durch. Diese Freier sind oft gutsituierte (Ehe)Männer über vierzig.

Durch Testobligatorien und Berufsverbote für HIV-positive Prostituierte läßt sich die Zahl der risikoreichen Kontakte nicht verringern. Im Gegenteil! Die Freier würden sich in einer falschen Sicherheit wiegen und erst recht auf „Ohne-Service" bestehen.

Der Freier ist schwer erfaßbar, gibt er sich doch in der Regel nur der Prostituierten gegenüber als solcher zu erkennen. Abgesehen davon identifiziert er sich selten als Freier, weder sich selbst, geschweige denn Drittpersonen gegenüber.

Es wäre nun wünschenswert, wenn Männer sich mit der Abspaltung des „Freiersein" und der Suche nach präventiven Strategien auseinandersetzen würden. Dies passiert leider nicht häufig. Es herrscht allgemein die Meinung vor, es sei unmöglich, Freier seien nicht erreichbar.

Die Prostituierten sind erreichbar. Damit der HIV-Übertragungsgefahr nicht einseitig über Kontrolle, Einschränkungen, Repressionen der Prostituierten Rechnung getragen wird, stellen wir Überlegungen an, wie die Freier trotz aller Schwierigkeiten angesprochen werden können.

Abb. 4. „Komm mal wieder"

In einem ersten Schritt läuft die Gütezeichenaktion an. D.h. wir kontaktierten die in der Sexpresse inserierenden Frauen, um sie zu motivieren, in jedem Inserat ein Logos (Komm mal wieder ... Bei mir immer mit!) zu plazieren (Abb. 4). Dadurch bieten sie Safer-Sex als Extra-Nummer – und sich als Spezialistinnen im Umgang mit Kondomen an. Die Aktion wird in redaktionellen Beiträgen den Freiern von Prostituierten und der Öffentlichkeit im Rahmen einer nationalen Pressekonferenz vorgestellt.

Ein- und Ausblick

AIDS-Prävention für Frauen wird in ihrer Notwendigkeit von verschiedenen Kreisen in Frage gestellt: von Frauen und Männern; von Fachleuten und Laien.

AIDS deckt auf. AIDS berührt gesellschaftliche Tabus wie Sucht, Tod, Sexualität und die Stellung der Frau in der Schweiz. Gesellschaftliche Strukturen werden erschüttert. Es entwickeln sich heftige Dispute um die „richtige" Moral, um Drogenpolitik und -gesetzgebung, um den Umgang einer Gesellschaft mit Krankheit, Tod und an den Rand gedrängten Menschen usw.

Die Gleichstellung von Mann und Frau ist uns gesetzlich garantiert. Mit der Umsetzung tut man sich schwer. Die traditionelle Arbeitsteilung von Frauen und Männern ist die Regel. Daß „Frau und AIDS" in diesem Umfeld nicht nur auf Akzeptanz stößt, leuchtet daher ein.

Die feministische Ecke wirft uns vor, daß wir einmal mehr den Frauen die Verantwortung aufbürden. Dieses Mal für die AIDS-Prävention. Die traditionelleren Frauen verdrängen ihre Ängste und ihre mögliche Gefährdung durch das HIV. Sie halten an den bekannten Rollenmustern fest: sie leben treu. Für Männer ist meist unverständlich, wieso die AIDS-Prävention eine geschlechtsspezifische Dimension beinhaltet.

Uns erreichen aber viele Reaktionen von Frauen, die unsere Arbeit als echte Unterstützung in ihrem Lernprozeß erleben.

Unsere Arbeit ist in den Anfängen. Es bleibt noch viel zu tun. Einerseits auf der Ebene des gesellschaftlichen Sensibilisierungsprozesses, andererseits in der konkreten Unterstützung der Frau, damit sie präventives Verhalten erkennt und auch umsetzen kann. Das Beratungsnetz muß die behandelte Thematik vermehrt wahr- und ernstnehmen.

Wir müssen wach bleiben hinsichtlich Schuldzuweisungen und Verurteilungen von Frauen. Gesellschaftliche Verzerrungen müssen aufgedeckt werden. Es liegt uns fern, die AIDS-Problematik als Anlaß für die Postulierung feministischer Anliegen zu benutzen. Jedoch setzen wir uns dafür ein, daß frauenspezifische Aspekte in der AIDS-Prävention nicht vergessen werden. Frauen müssen ernstgenommen und miteinbezogen werden, wenn es darum geht, der AIDS-Epidemie durch Prävention zu begegnen.

Literatur

AIDS-Hilfe Schweiz (Hrsg) Frau und AIDS. Dokumentation der Tagungen vom 29. 1. und 30. 3. 1988. Zürich 1988

AIDS-Hilfe Schweiz (Hrsg) Comic-Präservativ-Gebrauchsanleitung. Zürich 1988

AIDS-Hilfe Schweiz (Hrsg) Safer-Sex. Zürich 1989

Arbeitsgruppe Frau und AIDS der AIDS-Hilfe Schweiz. Frau und AIDS. Zürich 1987

Arbeitsgruppe AIDS und Prostitution der AIDS-Hilfe Schweiz. Bei mir immer mit! Zürich 1989

Bundesamt für Gesundheitswesen. Bulletin des BAG. Bern 1986, 43:344

Bundesamt für Gesundheitswesen. Bulletin des BAG. Bern 1987, 47:426

Bundesamt für Gesundheitswesen. Bulletin des BAG. Bern 1989, 3:28

Gutzwiler F, Somaini B, Staub R et al. AIDS-Prävention in der Schweiz. Ther Umsch 1988; 45(9):649

Institut für Sozial- und Präventivmedizin Zürich. Zur Situation der Prostitution in der Schweiz. Zürich 1988

Rosenbrock R. AIDS kann schneller besiegt werden. VSA-Verlag, Hamburg 1986

Einstellung zur Sexualität und Änderungen im Sexualverhalten bei Studentinnen und Studenten

Hans Bardeleben und Bruno W. Reimann
unter Mitarbeit von Peter Schmidt und Ilona Breidenstein

Mit der sexuell übertragbaren Infektionskrankheit AIDS haben die theoretischen und empirischen Fragen der Soziologie der Sexualität eine neue Aktualität erhalten. Im folgenden sollen Ergebnisse unserer Gießener Untersuchung abgehandelt und diskutiert werden. Dabei geht es um sexuelle Einstellungen, sexuelles Verhalten, Änderungen des sexuellen Verhaltens und – auf dem Hintergrund der Debatten um die AIDS-Prävention – um Fragen der Kondombenutzung.

Stichprobe und deskriptive Ergebnisse

Die im folgenden dargestellten Ergebnisse stammen aus einer im Sommer 1988 durchgeführten, schriftlichen Befragung von Studierenden der Justus-Liebig-Universität Gießen zum Thema AIDS und Sexualität. Die Untersuchung wurde durch zwei Pretests vorbereitet (vgl. Bardeleben et al. 1988). In der Hauptuntersuchung wurden 3000 Studierende angeschrieben, 1201 zurückgesandte Fragebogen erwiesen sich als auswertbar, die Rücklaufquote betrug somit 40%.

Die Studie sollte vor allem Informationen zu folgenden Fragestellungen liefern:

- Einstellung der Studierenden zu Partnerschaft und Sexualität,
- sexuelles Verhalten,
- Informationsverhalten im Hinblick auf AIDS, Auseinandersetzung mit AIDS,
- durch AIDS bedingte Veränderungen im Sexualverhalten im Sinne der Safer-Sex-Konzeption (Einstellung zu Kondomen, Kondomverwendung).

Die Studenten unserer Stichprobe sind im Durchschnitt 24,9, also etwa 25 Jahre alt. Sie sind überwiegend protestantisch (52,2%), 31,5% sind katholisch, 10,5% gehören keiner Religionsgemeinschaft an. Nur 5% bezeichnen sich als „sehr", 15,3% als „ziemlich religiös", etwa ¼ als „mittelmäßig" religiös und über die Hälfte als „wenig" oder „überhaupt nicht religiös". In ihrer Selbsteinschätzung entstammen sie überwiegend der Mittel- (48,0%) und oberen Mittelschicht (35,5%). Sie sind nach eigenen Angaben zu 91% heterosexuell, 4,4% sind bisexuell und 0,2% homosexuell. Politisch stehen sie nach eigener Einschätzung im linken Spektrum (60,7% plazieren sich auf einer Skala, 1 = links, 10 = rechts, im Bereich 1–4). Etwa ⅖ (41,0%) haben einen festen Partner, mit dem sie aber nicht zusammenleben, ¼ (26,6%) lebt mit dem Partner zusammen, 31% haben keine feste Partnerschaft.

Im Hinblick auf die Sexualität haben sie eine liberale Einstellung: sie halten die „sexuelle Befreiung" zu 85,4% für eine gute Entwicklung (14,6% schlechte Entwicklung). Etwa 60% glauben, daß sich das sexuelle Verhalten durch die „sexuelle Befreiung" geändert hat (39,6% nur wenig, 4,5% nein). Sie sind mehrheitlich (51,6%) der Meinung, daß die größere sexuelle Freizügigkeit zur Ausbreitung von AIDS beigetragen hat. 50,1% halten AIDS für eine große Gefahr (43,3% sagen „begrenzte" Gefahr, 6,6% keine Gefahr), und sie sind überwiegend (77,5%) der Meinung, daß sich AIDS über die bisherigen Hauptbetroffenengrup-

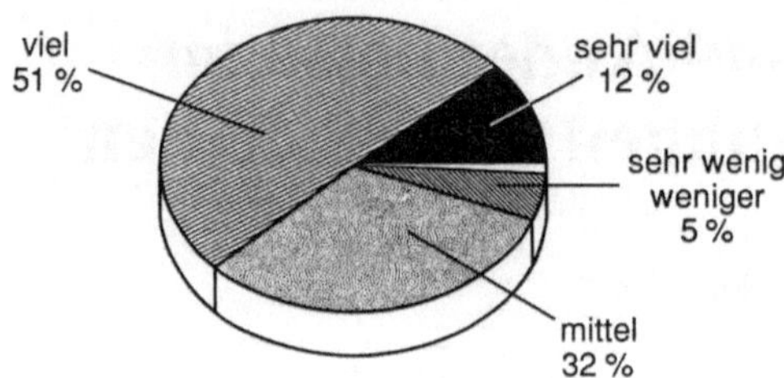

Abb. 1. Bedeutung der Sexualität

pen ausbreiten wird (6,6% nein, 16,9% weiß nicht).

Partnerschaft und Sexualität

Im Hinblick auf die Einstellung zur *eigenen* Sexualität und im Hinblick auf den sexuellen Lebensstil ergibt sich folgendes (Abb. 1):

Für die Studierenden insgesamt hat die Sexualität eine große Bedeutung (11,5% sehr viel, 50,7% viel, 31,7% mittelmäßig, 5,3% weniger, 0,8% sehr wenig).

Bezüglich der *Einstellung zur Partnerschaft* ergaben sich eine Reihe interessanter Unterschiede zwischen Frauen und Männern. Erwartungsgemäß suchen Frauen im Durchschnitt ($p < 0,01$) mehr Geborgenheit, Liebe, gefühlsmäßige Bindung, mehr sexuelle Treue, Dauerhaftigkeit und mehr Nähe als Männer. Tendenziell ist ihnen gleichzeitig aber auch Distanz wichtiger als den Männern ($p < 0,05$).

Interessanterweise ist zwar die Bedeutung der Sexualität für die Männer höher, jedoch sind die Frauen mit ihrem Sexualleben signifikant zufriedener als die Männer. Gleichzeitig geben Studentinnen häufiger an, nach dem Geschlechtsverkehr niedergeschlagen oder traurig zu sein. Diese beiden, in ihrem Zusammenhang noch nicht geklärten Bereiche des sexuellen Gefühlslebens von Frauen bedürfen der weiteren Aufhellung (Abb. 2).

Für die männlichen Befragten ist die Sexualität durchgängig wichtiger als für die weiblichen Befragten, und zwar unabhängig von der Partnerzahl. Dagegen gibt es allgemein einen deutlichen Zusammenhang zwischen der Bedeutung der Sexualität und der Partnerzahl.

Wie aus Abb. 3 hervorgeht, leben etwa ⅖ der Studentinnen und Studenten monogam, etwas mehr Frauen (24,5%) als Männer (19,5%) hatten in den letzten 3 Jahren 3–5 Partner. Der Prozentsatz von Studierenden mit 6 und mehr Partnern in einem Zeitraum von 3 Jahren ist relativ gering. Männliche und weibliche Befragte unterscheiden sich hinsichtlich der Verteilung der Partnerzahl kaum.

Signifikante Unterschiede ($p < 0,01$) zwischen weiblichen und männlichen Studierenden bestehen auf der *aggregierten Ebene* weniger im Bereich des Verhaltens als im Bereich bestimmter Einschätzungen, Einstellungen und Verhaltensabsichten, so etwa im Hinblick auf

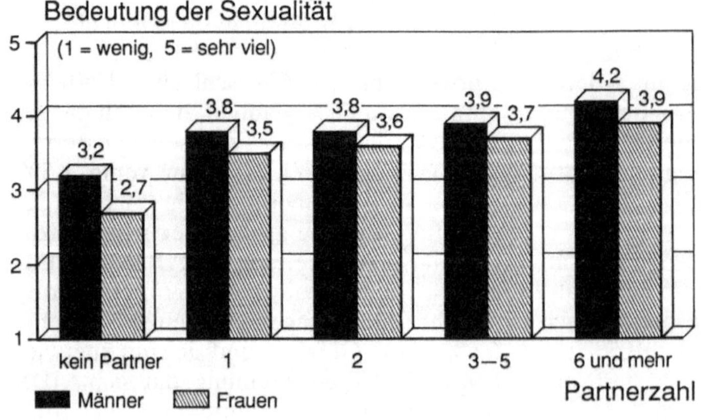

Abb. 2. Bedeutung der Sexualität in Abhängigkeit vom Geschlecht und von der Partnerzahl

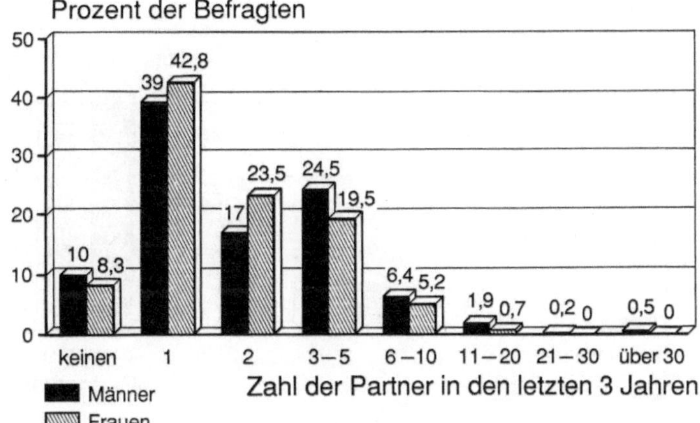

Abb. 3. Partnerzahl (Sexualpartner in den letzten 3 Jahren, nach Männern und Frauen getrennt)

- die Sorge, sich mit AIDS zu infizieren,
- die subjektive Einschätzung des Infektionsrisikos,
- die Benutzung von Kondomen bei unbekanntem Partner,
- das Ausmaß der Störung, wenn ein neuer Partner bzw. eine neue Partnerin auf der Benutzung eines Kondomes bestehen würde.

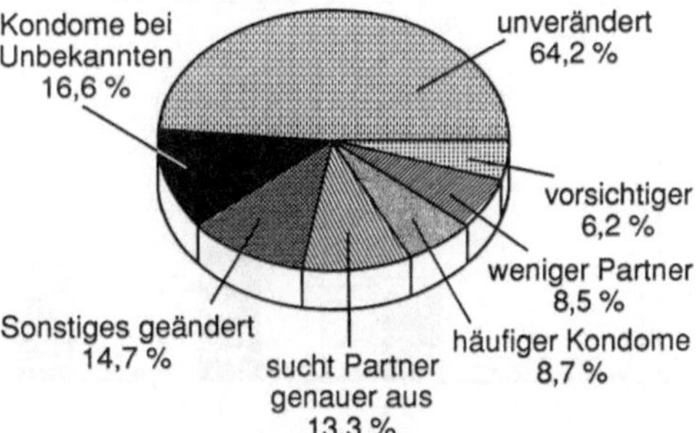

Abb. 4. Veränderung des eigenen Verhaltens durch AIDS

Hierbei zeigte sich, daß Frauen besorgter sind, sich infiziert zu haben und ihr subjektives Infektionsrisiko höher einschätzen. Weiterhin gaben die Männer an, eher Kondome bei unbekannten Partnern zu benutzen und daß sie sich eher gestört fühlen würden, wenn eine neue Partnerin auf dem Gebrauch eines Kondomes bestehen würde.

Änderung des Sexualverhaltens

Im Hinblick auf die Veränderung des eigenen Sexualverhaltens ergeben sich die in Abb. 4 dargestellten Verhältnisse.

Diese Zahlen allein sind jedoch nicht sehr aussagekräftig, zumal ein großer Teil der Studierenden monogam lebt. Wir versuchen daher spezifischere Relationen sichtbar zu machen, die uns an die Präventionsthematik und ihre Probleme heranführen.

Die Abb. 5 weist aus, daß die Änderung des Sexualverhaltens von der Partnerzahl abhängt: je größer die Zahl der Partner, um so größer die Änderung des Sexualverhaltens im Sinne einer Reduktion der Sexualpartner. Ein geschlechtsspezifischer Unterschied läßt sich nicht erkennen (der Unterschied in der Gruppe „6 und mehr Partner" läßt sich aufgrund der kleinen Fallzahl nicht statistisch absichern). Immerhin ist dies ein Hinweis darauf, daß „promiske" Männer die Zahl ihrer Partnerinnen stärker reduziert haben als „promiske" Frauen. Dies könnte darauf hindeuten, daß promiske Männer, vor die Alternative gestellt: entweder ein Kondom zu benutzen oder „promisk" zu leben, eher auf den Geschlechtsverkehr verzichten. Im Kommentar einer Studentin zu der offenen Frage: „Was fällt Ihnen zum Thema Kondom ein?", heißt es: „Spruch eines Freundes: Entweder richtig oder überhaupt nicht!"

Bezüglich des Verhaltens in den letzten 3 Jahren zeigt sich, daß Männer signifikant häufiger Kondome bei sexuellen Kontakten

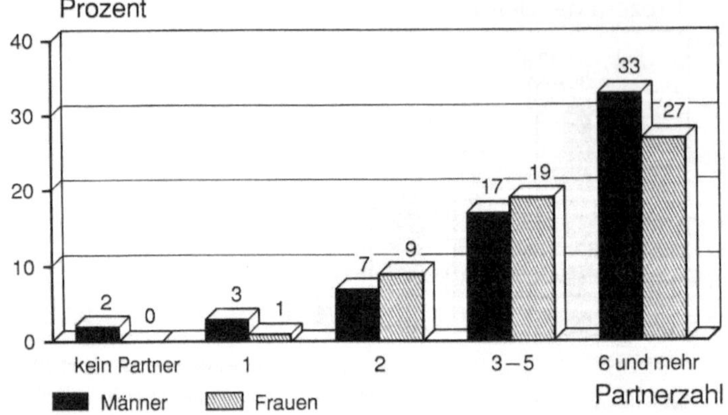

Abb. 5. Änderung des Sexualverhaltens durch Reduktion der Partnerzahl

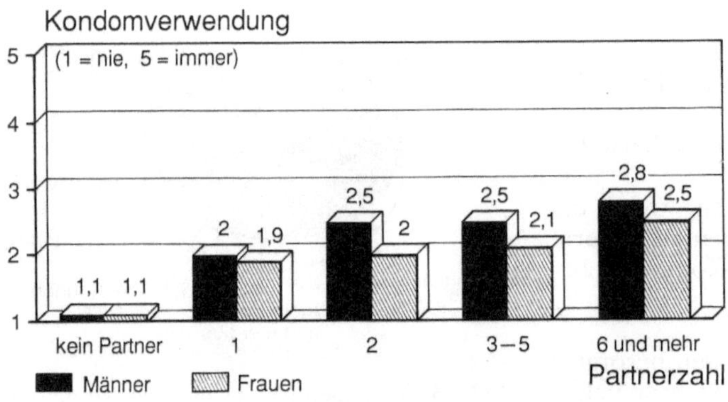

Abb. 6. Kondomverwendung in den letzten 3 Jahren

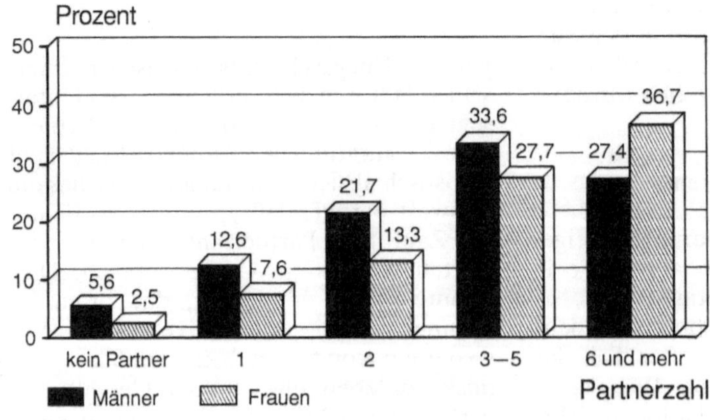

Abb. 7. Änderung des Sexualverhaltens (hier: Kondombenutzung bei unbekannten Partnern) in Abhängigkeit von der Partnerzahl

mit neuen Partnern verwendet haben als Frauen (Abb. 6).

Im Hinblick auf die Art der Veränderung des Sexualverhaltens fällt folgendes auf (s. auch Abb. 7):

– geschlechtsspezifische Unterschiede fallen kaum ins Gewicht,
– je größer die Partnerzahl, um so mehr meinen die Studierenden, sich durch das genauere Aussuchen des Partners schüt-

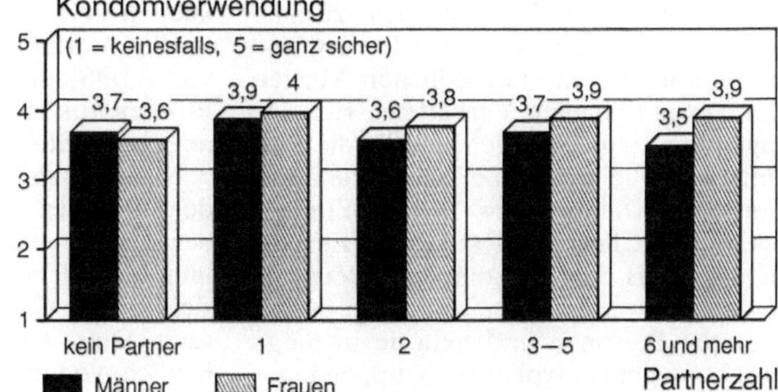

Abb. 8. Kondomverwendung bei neuen Partnern

zen zu können,

- es besteht mit steigender Partnerzahl eine steigende Tendenz, häufiger Kondome zu verwenden,
- jedoch gibt es beim Kontakt von Männern mit unbekannten Partnerinnen eine Eigentümlichkeit: die mit steigender Partnerzahl steigende Tendenz, Kondome zu benutzen, fällt ab 6 Partnerinnen wieder ab. Dies deutet darauf, daß sich „promiske" Männer mehr als andere durch den Kondomgebrauch in ihrem Lustgefühl und ihrer Spontaneität beeinträchtigt fühlen (Abb. 7).

Bezüglich der Intention, in der Zukunft bei neuen Partnern Kondome zu verwenden, ergeben sich ebenfalls eine Reihe bedeutsamer Unterschiede (Abb. 8). Frauen tendieren mehr als Männer dazu, bei neuen Partnern Kondome zu verwenden. Die diesbezügliche Frage lautete: „Angenommen, Sie würden einen neuen Partner bzw. eine neue Partnerin kennenlernen und möchten mit ihm/ihr intim werden. Würden Sie dann ein Kondom verwenden?"

Schließlich zeigen sich noch folgende signifikante Unterschiede zwischen männlichen und weiblichen Studierenden bezüglich des Aspektes, ob Kondome die sexuellen Lustgefühle einschränken. Frauen schätzen die Wahrscheinlichkeit einer Verringerung des Lustgefühls signifikant geringer als Männer ein. Die Verringerung der Spontaneität und des Lustgefühls beim Kondomgebrauch macht Frauen weniger aus. Das verweist darauf, daß bei sexuellen Interaktionen die Verwendung von Kondomen den Männern mehr „psychische Kosten" bzw. Nachteile aufbürdet als den Frauen. Dem entspricht umgekehrt der von Frauen (signifikant) häufiger mitgeteilte Sachverhalt, daß ihre Sexualpartner Kondome ablehnen.

Sexuelles Verhalten und AIDS-Coping – Ergebnisse einer Clusteranalyse

Gewöhnlich werden die Ergebnisse empirischer Untersuchungen auf der *aggregierten Ebene*, z.B. durch Angabe von Mittelwerten oder Antwortverteilungen, die auf der Auswertung *aller* Befragten basieren, dargestellt. Oft setzt sich die Gesamtheit der Befragten jedoch aus mehreren unterschiedlichen Teilgruppen, wie z.B. verheirateten Frauen, Homosexuellen, Männern ohne Partnerin oder Personen mit „promiskem" Lebensstil zusammen. Obgleich sich diese Teilgruppen hinsichtlich ihrer Einstellungen, ihres Verhaltens, ihrer Verhaltensänderungen usw. erheblich unterscheiden, gehen in aggregierten Beschreibungen diese wichtigen Unterschiede unter.

Bereits bei der Konzeption unserer Untersuchung gingen wir davon aus, daß die Gesamtstichprobe der Studierenden wahrscheinlich nicht homogen ist, sondern sich aus *verschiedenen Untergruppen* zusammensetzt. Um diese wichtigen Untergruppen – d.h. die unterschiedlichen Muster oder Typen sexuellen Verhaltens, Einstellungen etc. – aufzufinden, wurde die Gesamtstichprobe einer sog. Clusteranalyse (Cluster = Klumpen bzw. Gruppe) unterzogen. Die Clusteranalyse klassifiziert – auf der Basis der oft komplexen Zusammenhänge zwischen den Variablen – die befragten Personen und teilt sie in möglichst homogene, „typische" Gruppen ein.

Grundlage für die Clusteranalyse waren die Fragen bzw. Fragebatterien zu dem sexuellen Verhalten, den Änderungen des sexuellen Verhaltens durch AIDS, der Angst vor AIDS, der Einschätzung der AIDS-Problematik und den Einstellungen zu Partnerschaft und Sexualität.

Nach verschiedenen Tests zur Ermittlung der optimalen Clusterzahl wurden mit Hilfe der Clusteranalyse insgesamt 5 Männer- und 5 Frauencluster ermittelt, aus denen sich unsere Gesamtstichprobe zusammensetzt. Diese Cluster unterscheiden sich erheblich voneinander. Ihnen werden, um Unterschiede prägnant darzustellen, plakative Überschriften vorangestellt.

Ergebnisse der Clusteranalyse

Die Männercluster

Cluster 1 (n = 171): *Der ungebundene Mann, der sein Sexualverhalten stark geändert hat*

Die Männer dieser Gruppe hatten durchschnittlich etwa vier Partnerinnen in den letzten 3 Jahren und haben relativ große Angst vor AIDS. Offensichtlich hat diese Angst zu großen Veränderungen in ihrem Sexualleben geführt. Nur 28% gaben an, ihr Verhalten nicht geändert zu haben. 24% benutzen jetzt häufiger Kondome als früher, 47% benutzen Kondome, wenn sie den Partner nicht kennen, 21% haben weniger Partnerinnen als früher. Die meisten in dieser Gruppe würden Kondome verwenden, wenn sie eine neue Partnerin kennenlernen würden. In der Partnerschaft suchen sie sexuelle Erfüllung und Leidenschaft, die Sexualität nimmt in ihrem Leben einen wichtigen Stellenwert ein. Nur 12% leben mit ihrer Partnerin zusammen. Diese Männer sind ca. 25–26 Jahre alt.

Cluster 2 (n = 116): *Sexuell wenig aktive Männer*

Diese Studenten hatten durchschnittlich etwa eine Partnerin in den letzten 3 Jahren. Insofern ist es plausibel, daß zwei Drittel dieser Studenten demzufolge ihr Sexualverhalten nicht geändert haben. Die Sexualität nimmt einen relativ niedrigen Stellenwert in ihrem Leben ein, dennoch sind sie mit ihrem derzeitigen Sexualleben sehr unzufrieden. In allen Partnerschaftsfragen geben sie stark unterdurchschnittliche Wichtigkeitswerte an. Dies verweist darauf, daß ihnen in ihrem derzeitigen Lebensabschnitt eine Partnerschaft eher unwichtig ist. Dem entspricht auch, daß über 52% von ihnen derzeit keine feste Partnerin haben. Sie sind etwa 24 Jahre alt.

Cluster 3 (n = 61): *Die „promisken" Anti-Kondommänner*

Die „promisken" Anti-Kondommänner sind die sexuell aktivste Gruppe der Studenten. Sie sind im Durchschnitt 27 Jahre alt und hatten durchschnittlich etwa 8–9 Partnerinnen in den letzten 3 Jahren.

Der Begriff der Promiskuität wird hier ohne jede Art von Wertung und in aller Vorsicht benutzt. Berücksichtigt werden muß stets der strukturelle Hintergrund der „permissiven" Gesellschaft, in der sich die Einstellungen und Lebensstile in punkto Sexualität gegenüber früheren Gesellschaften verändert haben. Angesichts der Tatsache, daß mit steigendem Lebensalter auch die Bindung an eine Partnerin sowie die Dauer der Beziehung steigt, scheint es sich hier doch um eine Gruppe zu handeln, die – verglichen mit den anderen Gruppen – den Wechsel gegenüber der Beständigkeit vorzieht. 29% glauben, sich durch genaue Auswahl ihrer Partner vor AIDS schützen zu können. 21% geben an, weniger Partner als früher zu haben.

Nur 14% von ihnen geben an, Kondome

zu benutzen, wenn sie den Partner nicht genau kennen; lediglich 13% benutzen jetzt häufiger Kondome als früher. Obgleich diese Gruppe relativ klein ist (10%), ist ihr Partnerumsatz relativ hoch (insgesamt etwa 30% aller von den männlichen Befragten insgesamt angegebenen Sexualpartner). Trotz hoher Angst vor einer möglichen Infektion finden in dieser Gruppe adäquate Verhaltensänderungen nicht statt.

Cluster 4 (n = 76): *Die traditionsorientierten Männer mit Neigung zu Autorität und rigider Sexualmoral*
Sie haben einen für die Gesamtstichprobe relativ hohen Wert auf der Autoritarismusskala und sind – gemessen an der politischen Orientierung der Gesamtstudentenschaft – politisch relativ konservativ eingestellt. In den letzten 3 Jahren hatten die meisten 1–2 Partnerinnen. 88% haben ihr Sexualverhalten durch AIDS nicht geändert. Sie haben eine diskriminierende Einstellung gegenüber HIV-Positiven und eine relativ rigide Sexualmoral. Die Verwendung von Kondomen lehnen sie ab. Vermutlich haben sie – was allerdings nicht im Fragebogen erfaßt wurde – eine besonders starke Bindung an traditionelle Geschlechtsrollen. Durchschnittlich sind sie 26 Jahre alt.

Cluster 5 (n = 165): *„Der Beziehungsmann": Die bindungsbezogenen Männer*
Fast die Hälfte dieser Männer lebt mit der Partnerin zusammen. Liebe, sexuelle Treue und Dauerhaftigkeit werden von ihnen ebenso wie die Bedeutung der Sexualität betont. Knapp 80% dieser Männer haben ihr Sexualverhalten nicht geändert. Sie sind etwa 26 Jahre alt.

Die Frauencluster

Cluster 6 (n = 73): *Safer-Sex-Frauen in freier Partnerschaft*
Sie haben relativ große Angst vor AIDS und haben zum größten Teil ihr Sexualverhalten geändert. In der Partnerschaft betonen sie die Freiheit, Dauerhaftigkeit ist ihnen weniger wichtig. Sie hatten durchschnittlich 4 Partner in den letzten 3 Jahren und würden Kondome verwenden, wenn sie einen neuen Sexualpartner kennenlernen würden. Ihr Durchschnittsalter liegt bei 25–26 Jahren. Obgleich sie in der Partnerschaft keinen großen Wert auf Geborgenheit, gefühlsmäßige Bindung, Nähe legen, haben sie im Hinblick auf die Bedeutung der Sexualität, das sexuelle Verhalten, die Kondomverwendung eine große Ähnlichkeit mit den „romantischen Safer-Sex-Frauen" (Cluster 10).

Cluster 7 (n = 206): *Sexuell wenig aktive Frauen*
Für diese Frauen ist die Sexualität relativ unwichtig; ebensowenig suchen sie in der Partnerschaft sexuelle Erfüllung oder Leidenschaft. Sie unterstreichen hingegen die sexuelle Treue. Durchschnittlich hatten sie einen Partner in den letzten 3 Jahren. Demzufolge haben 80% ihr Sexualverhalten nicht geändert. Dennoch ist ihre Bereitschaft, Kondome bei einem neuen Partner zu verwenden, relativ hoch. Sie sind etwa 24–25 Jahre alt.

Cluster 8 (n = 113): *Die „Romantikerinnen"*
Auch ihnen ist die Sexualität weniger wichtig, in der Partnerschaft suchen sie vor allem Geborgenheit und Nähe. 85% haben ihr Verhalten nicht geändert. Kondome lehnen sie ab. Sie haben kaum Angst vor AIDS. Im Durchschnitt sind sie ca. 25 Jahre alt. Bei diesem Cluster zeigt sich besonders deutlich, daß der Gebrauch von Kondomen offensichtlich mit dem Wunsch nach Nähe konfligiert.

Cluster 9 (n = 125): *Die konservativen Liierten*
Obwohl 92% dieser Gruppe einen festen Partner haben, ist ihre Angst vor AIDS auffälligerweise relativ groß. In den letzten 3 Jahren hatten sie im Durchschnitt etwa 1–2 Partner. Sie sind etwas konservativer eingestellt als ihre Kommilitoninnen. Teilweise vertreten sie die Ansicht, daß die größere sexuelle Freizügigkeit bei der Ausbreitung von AIDS eine große Rolle spielt. Die Sexualität ist für sie wichtig; mit ihrem Sexualleben sind sie überdurchschnittlich zufrieden. Kondome empfinden sie als „eine Barriere zwischen zwei Liebenden (weniger Gefühl)", und als „störende Unterbrechung der Zärtlichkeit und Stimmung" (aus Kommentaren zu offenen Fragen).

Viele gehören den jüngeren Altersgruppen an, das Durchschnittsalter liegt bei etwa 24 Jahren.

Cluster 10 (n = 95): *Die romantischen Safer-Sex-Frauen*
In der Partnerschaft suchen sie nicht so sehr Distanz und Freiheit, sondern vor allem Geborgenheit, emotionale Bindung und Nähe, aber auch sexuelle Erfüllung. Dennoch ist die postkoitale Depression relativ hoch, was möglicherweise darauf hindeutet, daß ihr Bedürfnis nach Nähe und partnerschaftlicher Erfüllung nicht befriedigt wird. Ansonsten ist diese Gruppe dem Cluster 6 sehr ähnlich.

Sie hatten durchschnittlich etwa 5 Partner in den letzten 3 Jahren. Zu etwa 70% haben sie ihr Sexualverhalten geändert. Sie haben vergleichsweise große Angst vor AIDS. Ihre Bereitschaft, Kondome zu verwenden, ist sehr hoch. Knapp die Hälfte dieser Studentinnen (47%) gibt an, daß sie schon einmal die Erfahrung gemacht hat, daß einer ihrer Geschlechtspartner Kondome abgelehnt hat. 27% haben weniger Geschlechtspartner, 30% „suchen sich ihren Partner genauer aus“, 33% geben an, daß sie Kondome verwenden, wenn sie einen neuen Partner kennenlernen, 13% sind beim Geschlechtsverkehr vorsichtiger geworden. Ihr Durchschnittsalter beträgt 26 Jahre.

Fazit: Die von uns befragten Studentinnen und Studenten bilden keine einheitliche Gruppe, sondern unterscheiden sich erwartungsgemäß erheblich in ihrem Sexualverhalten, ihrer Einschätzung der Partnerschaft, ihren Einstellungen und in der Änderung ihres Sexualverhaltens durch AIDS. Insofern kann man auch nicht von *der* Studentensexualität oder *der* Änderung des Sexualverhaltens von Studenten sprechen. Analysen sexueller Lebensformen müssen den unterschiedlichen Formen des Sexualverhaltens wesentlich differenzierter nachgehen. Dies wurde bislang versäumt.

Waren auf der Ebene des Gesamtdatensatzes bei vielen Variablen lediglich geringfügige Unterschiede im Umgang mit und in der Reaktion auf die Bedrohung durch AIDS zwischen den Studentinnen und den Studenten festzustellen, so treten in den Untergruppen die geschlechtsspezifischen Differenzen hervor. Besonders gravierend sind die Unterschiede zwischen den „Safer-Sex-Frauen“ und den „Anti-Kondom-Männern“. Beide Gruppen haben eine relativ hohe Partnerzahl, reagieren aber äußerst unterschiedlich auf die AIDS-Gefahr. Bei annähernd gleichem Sexualverhalten wird bei der einen Gruppe Safer-Sex adaptiert, ja mehr noch, in das Sexualverhalten integriert, bei der anderen Gruppe hingegen fast vollständig ignoriert. Dies wirft die Frage auf nach der Wirksamkeit von Aufklärungskampagnen, die sich global an die Bevölkerung richten und eben nicht an einzelne Gruppen mit differenzierten und verschiedenen sexuellen Lebensstilen.

Kausaltheoretischer Ansatz zur Erklärung des Kondomgebrauchs

Wir werden im folgenden versuchen, mittels einer empirisch orientierten Handlungstheorie von Ajzen u. Fishbein (1980) das Kondomverwendungsverhalten modellhaft zu erklären. Nach dieser Theorie geht einer Handlung kausal eine *Handlungsabsicht* voraus; die Handlungsintention, etwas Bestimmtes zu tun oder zu unterlassen, wird ihrerseits bestimmt durch die *Einstellung* zu dem Handlungsziel und durch die sozialen *Normen der Umwelt.* Auf unser Problem übertragen, lautet die entsprechende Frage, ob auf dem Hintergrund der „Pandemie“ AIDS bei neuen Sexualpartnern Kondome benutzt bzw. nicht benutzt werden. Entsprechend der Theorie von Ajzen u. Fishbein wird angenommen, daß dem präventionsbezogenen Handeln, Kondome bei einem Sexualpartner zu verwenden (bzw. nicht zu verwenden), eine Handlungsabsicht vorausgeht; des weiteren, *daß diese Absicht bestimmt wird durch:*

1. die Einschätzung der Wichtigkeit und Wahrscheinlichkeit der Folgen der Kondomverwendung (= Einstellung). Die entsprechenden Items lauten: wie wichtig ist einer Person die Verhütung von AIDS durch die Verwendung von Kondomen und: für

wie *wahrscheinlich* hält eine Person die Verhütung von AIDS durch die Verwendung von Kondomen. Wie werden die Folgen der Kondomverwendung hinsichtlich der Verringerung des Lustgefühls und der Spontaneität eingeschätzt;

2. die Wahrnehmung möglicher bzw. realer Handlungserwartungen (= Normen) seitens des sozialen Umfelds, insbesondere des Partners, der Freunde und Bekannten, sowie die Bereitschaft, diese Handlungserwartung auch zu erfüllen.

Unsere Frage lautet: Läßt sich die Absicht einer Person, Kondome zu verwenden, dadurch erklären, daß sie die Folgen der Kondomverwendung „rational" einschätzt und bewertet und sich an sozialen Normen orientiert?

Graphisch können die behaupteten Zusammenhänge durch Abb. 9 dargestellt werden:

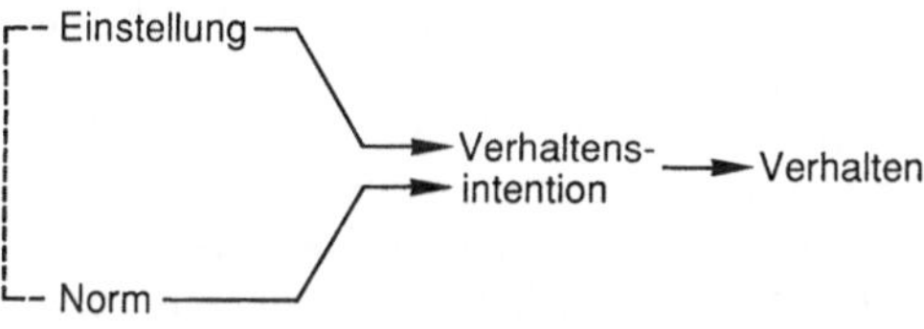

Abb. 9. Basismodell nach Ajzen/Fishbein (1980)

Da das zukünftige Verhalten, bei zukünftigen Sexualpartnern Kondome zu verwenden, nicht gemessen werden konnte, mußte das vergangene Verhalten erfragt werden. Als Konsequenz kann die Verhaltensvariable nicht in Abhängigkeit von der Verhaltensintention, sondern nur als unabhängige Variable für die Verhaltensintention spezifiziert werden. Dem liegt die Vermutung zugrunde, daß Studentinnen und Studenten, die bereits Kondome verwendet haben, häufiger als andere beabsichtigen, Kondome bei neuen Sexualpartnern zu verwenden.

In Tabelle 1 sind die unstandardisierten Regressionskoeffizienten und deren Standardschätzfehler für die Gesamtstichprobe sowie für Männer und Frauen getrennt wiedergegeben.

Aus der Tabelle ist ersichtlich, daß sich der Einfluß der Einstellung und der Norm bei Männern und Frauen kaum unterschei-

Tabelle 1. Unstandardisierte Regressionskoeffizienten für die Gesamtstichprobe sowie für Männer und Frauen getrennt

	Attitüde	Norm	Verhalten
Gesamt	.03505	.02693	.26324
Männer	.04079	.02280	.31967
Frauen	.02865	.02862	.22622

det, jedoch zeigt sich beim Einfluß des vergangenen Verhaltens eine geschlechtsspezifisch unterschiedliche Tendenz. Bei Männern hat das vergangene Verhalten, Kondome bei neuen sexuellen Kontakten zu benutzen, einen größeren Einfluß auf die entsprechende Verhaltensintention als bei Frauen.

Wegen der größeren Anschaulichkeit haben wir die standardisierten, partialisierten Regressionskoeffizienten für die Gesamtstichprobe sowie für Männer und Frauen getrennt in dem Pfaddiagramm in Abb. 10 wiedergegeben.

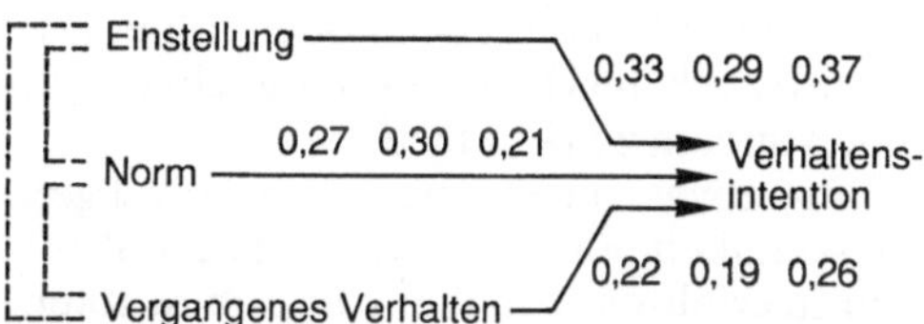

Abb. 10. Standardisierte Regressionskoeffizienten zur Vorhersage der Verhaltensintention, Kondome bei neuen sexuellen Kontakten zu benutzen

Diese Regressionskoeffizienten zeigen, daß sich die Stärke des Einflusses von Einstellung, Norm und vergangenem Verhalten in der Gesamtstichprobe und in den beiden Untergruppen nur unwesentlich unterscheidet. Die jeweils erste Zahl an den drei Pfaden der Abb. 10 stellt den Koeffizienten für die Gesamtstichprobe, die zweite Zahl den Koeffizienten für die Frauen und die dritte Zahl den Koeffizienten für die Männer dar. In den Subgruppen der Männer und der Frauen lassen sich jedoch Unterschiede feststellen. Bei den Männern hat die Einstellung und das vergangene Verhalten einen etwas stärkeren Einfluß, während bei den Frauen die wahrgenommenen Verhaltenserwartungen der Bekannten und des Partners einen größeren Einfluß auf die Verhaltensintentionen haben. Dies wird durch deskriptive Befunde unserer Studie gestützt; Frauen sprechen nämlich häufiger als Männer innerhalb ihres Bekanntenkreises und Freundeskreises über das Thema der Kondomverwendung.

Wissenschaftlich fundierte Präventionsstrategien setzen empirisch bewährte Handlungstheorien voraus, die mögliche Zusammenhänge zwischen Massenkommunikation, Normen, Einstellungen, Verhaltensintentionen und Verhalten erklären.

Darüber hinaus bleibt eine wichtige Frage offen: Welche Rolle spielen in sozialen Handlungen, in diesem Fall bei der Kondomverwendung, unbewußte oder kontrarationale Momente, die die von Ajzen u. Fishbein (1980) formalisierte Kausalkette stören?

Die Schwierigkeiten mit der Prävention: Das Kondom in der Wahrnehmung der Studierenden

Auf die Frage: „Angenommen, Sie würden einen neuen Partner bzw. eine neue Partnerin kennenlernen und möchten mit ihm/mit ihr intim werden. Würden Sie dann ein Kondom verwenden?“, antworteten: 33,3% mit „ja, ganz sicher“, 34,2% mit „wahrscheinlich“, 18,5% mit „vielleicht“, 11,5% mit „wahrscheinlich nicht“, 2,5% mit „keinesfalls“, d.h. ⅔ der Antworten sind in ihren Handlungsoptionen offen, lassen also auch die Handlungsmöglichkeit zu, kein Kondom zu benutzen.

Um etwas über die untergründigen Schwierigkeiten im Umgang mit dem Kondom zu erfahren, vor allem die unbewußten und kontrarationalen Momente, stellten wir die Frage: „Was fällt Ihnen zum Thema Kondom ein?“

Die inhaltsanalytische Auswertung erfolgte u.a. mit folgenden Kategorien: Einschätzung der AIDS-Präventionsfunktion, Assoziation AIDS (z.B. Safer-Sex), Assoziation Empfängnisverhütung, Schutz, Sicherheit (ohne weitere Spezifikation), technische Handhabung (praktisch, unpraktisch), technische Qualität von Kondomen, Gefühlsbeeinträchtigung, Kommunikation und Verständigung, ästhetische Dimension, Tabuisierung, sexistische und stereotype Äußerungen, Männerproblem, allgemeine Bewertung des Kondoms, Disziplin, Vernunft.

Von den 1201 Studierenden, die den Fragebogen ausfüllten und zurücksandten, haben 924 einen Kommentar zu der obigen Frage abgegeben. Diese Kommentare wurden 16 Kategorien zugeordnet. Da viele Kommentare mehrere Aspekte ansprachen, wurden sie insgesamt 1583mal den zugrundegelegten Kategorien zugeordnet.

In den Kommentaren rangiert die bewußtseinsmäßige Verknüpfung der Kondome mit ihrer traditionellen Funktion, Empfängnis zu verhüten, noch vor ihrer Verknüpfung mit AIDS: 253mal (27,4%) wird die Verhütungsfunktion genannt, 170mal (18,4%) Bezug auf AIDS genommen, dabei fällt auf, *daß die Frauen in signifikanter Weise öfter auf die Verhütungsfunktion Bezug nehmen als die Männer.*

156mal (16,6%) wurde explizit die *AIDS-präventive Funktion des Kondoms* angesprochen. Anders als bei der direkten Frage nach der Schutzfunktion von Kondomen im Hinblick auf AIDS (56% „ziemlich“, 7,9% „sehr gut“), ergibt sich bei der offenen Assoziationsfrage naturgemäß eine breite Streuung der thematischen Bezug- und Stellungnahmen. 8,3% geben in der offenen Frage direkt an, daß sie von der präventiven Funktion der Kondome überzeugt sind, 6,8% sind skeptisch und 1,5% äußern sich negativ, d.h. also: Präventionsoptimisten einerseits und Präventionsskeptiker bzw. -pessimisten andererseits halten sich die Waage. Signifikante Unterschiede zwischen Männern und Frauen treten in quantitativer Hinsicht nicht auf.

Von den Skeptikern wird häufig genannt, daß der Schutz vor AIDS mittels Kondom fragwürdig sei, als alleiniges Schutzmittel nicht ausreiche, vielleicht das Risiko senke, aber „keine Garantie gegen AIDS“ darstelle. Zwei Frauen wähnen in Kondomen gar einen „Freibrief“ und „Freifahrschein“. In den skeptischen wie pessimistischen Einschätzungen erfolgt häufig der Hinweis auf die mangelhafte technische Qualität der Kondome.

Diese *technische Qualität* wird immerhin von fast 10% derjenigen, die einen Kommentar abgegeben haben, mit mehr oder minder weitgehenden Argumenten in Frage gestellt: häufig wird darauf verwiesen, daß sie platzen können (ein Student schreibt: „die Scheißdinger reißen oft“, eine Studentin: „sie können auch platzen und was dann?“), unterschiedliche Qualitäten werden notiert, Sicherheitskontrollen und „bessere Kondome“ gefordert.

Im Zusammenhang mit der *technischen Qualität* der Kondome werden auch die Probleme der *Handhabung* angesprochen. In 7,1% aller Äußerungen findet sich ein deutlicher Hinweis darauf – bei Studentinnen wie Studenten gleichermaßen –, daß Kondome unpraktisch und schlecht zu handhaben seien. Kommentare von Studentinnen: sie seien umständlich und kompliziert zu handhaben, „wenn man gerade mitten drin ist, muß der Partner sich das Ding überziehen – sehr negativ“, lästig, hemmend, störend, unterbrechen den Liebesakt, sie seien überdies auch schmerzhaft, „Anwendung ist Fummelarbeit, Partner geniert sich und ist verunsichert“. Eine Studentin schreibt: „Man müßte die Anwendung mal richtig gezeigt bzw. erklärt bekommen.“ In den Kommentaren der Studenten taucht ebenso häufig wie bei den Studentinnen die Vokabel „umständlich“ auf, sie monieren die „Abrolleigenschaften“, das „nervige Anziehen“, aber auch, daß die Handhabung gelernt werden müsse. 0,5% finden Kondome praktisch, 1,2% haben eher eine z.T. neutrale, z.T. unklare Einstellung. In einigen dieser Kommentare finden sich ephemere, jedoch wichtige Hinweise auf die Randbedingungen der Handhabung. Ein Student schreibt: „der Wille zur Benutzung ist in bestimmten Situationen schwer durchsetzbar“, ein anderer: „Bei richtiger Anwendung wohl ein guter Schutz, bei gut harmonierenden Partnern kein Hemmnis für sexuelle Befriedigung.“ Die Situation und die Beziehungsmodalität dürften neben anderen Faktoren höchstwahrscheinlich auch eine Rolle spielen bei der konkreten Entscheidung, ein Kondom zu benutzen.

In der Auswertung ergab sich, daß 8,3% der Studierenden – und zwar Studentinnen und Studenten gleichermaßen – sich in ihren *Gefühlen* durch die Benutzung von Kondomen beeinträchtigt fühlen. Beklagt wird bei den Frauen wie Männern die Verringerung des Lustgefühls, „steriles Gefühl“, der Spontaneitätsverlust, der Mangel an direktem (Haut-)Kontakt, es handle sich um „kalten Sex“. Das Kondom, so ein Student, sei ein „Situationsdefinierer“, ein anderer meint, es mindere die „Ejakulationsentspannung“. Auch hier ist der Prozentsatz derer, die sich nicht beeinträchtigt fühlen, klein (1,5%).

Auch die *ästhetische Dimension* wurde 69mal angesprochen, von Männern wie von Frauen gleichermaßen: die Kondome seien eklig, abstoßend, glitschig, mehlig, unromantisch, riechen unangenehm nach Gummi. Allein der Gummigeruch wurde 25mal genannt.

53mal wurde der Zusammenhang zu *gesellschaftlichen Tabus* hergestellt: die „Gesellschaft sollte gegenüber Kondomen freier sein“, noch immer sei es peinlich, Kondome zu kaufen – das wurde gleichermaßen von Männern wie Frauen angegeben.

Wichtig für die Präventionspolitik sind neben diesen Hinweisen aber auch Bemerkungen, die wir unter der Kategorie *„Kommunikation und Verständigung“* subsumiert haben. Frauen: es käme auf die gemeinsame Auseinandersetzung, Absprache und Übereinstimmung mit dem Partner an, dieser müsse „unbedingt mitspielen“; es gäbe „teilweise Schwierigkeiten, das Thema beim ersten Mal anzusprechen“, der „Partner geniert sich und ist verunsichert“. Männer: Anwendung sei Sache des „Sich-gut-Kennens“, „je länger man den Partner kennt, desto einfacher“, „durch Offenheit und Vertrauen zum Partner Angst vor Kondomgebrauch abbauen“, einer schreibt: „endlose Diskussionen“.

Aber auch spezifische Rollenprobleme wurden angesprochen: dabei griffen 27 Frauen dieses Thema auf, während nur 4 Männer darauf Bezug nahmen. Frauen: „die meisten Männer mögen sie nicht“, die Männer hätten Schwierigkeiten damit, könnten z.T. nicht damit umgehen (das Überstreifen sei unangenehm für den Mann), es ginge da um männliche Bequemlichkeit, Verantwortungsabschiebung, aber auch verletzte Eitelkeit, die Männer empfänden Kondome oft als „unmännlich". Einer der Männer fragte in typischer Männermanier: „Kondome für die Frau soll's geben. Wo?"

Die Auswertung der Kondomkommentare macht deutlich, daß es im Untergrund des Verhaltens, bei beiden Geschlechtern gleichermaßen, erhebliche Reserven gegen die Kondombenutzung gibt. Fast die Hälfte aller, die einen Kommentar abgegeben haben, moniert eines der Probleme: Qualität, technische Handhabung, Gefühlsdimension, Ästhetik, Tabuisierung, Kommunikation und Verständigung, spezifische Rollenprobleme. Unterhalb der Aufklärungskampagnen läuft nicht alles so glatt und funktional ab, wie es sich dies die Gesundheitspolitiker wünschen.

Fazit

1. Es gibt in der Studentenschaft einen durch verschiedene empirische Untersuchungen zur Studentensexualität belegten, langfristigen Trend zu einem liberaleren und permissiven Umgang mit der Sexualität (vgl. Giese u. Schmidt 1968; Clement 1986; Böhm u. Rohner 1988). Diese Tendenz ist auch durch AIDS nicht durchkreuzt worden und wird durch unsere Untersuchung bestätigt. Frappierend ist, was aus den Daten zu den drei Meßzeitpunkten der genannten Untersuchungen hervorgeht: daß sich die sexuelle Permissivität zwischen 1981 und 1987 erhöht hat.

2. Im Rahmen dieses Prozesses kristallisiert sich eine Einstellung zur Sexualität heraus, die Giese u. Schmidt (1968) in ihrer Studentenuntersuchung „permissiveness without affections" nannten: die Abkoppelung des sexuellen Erlebens von der Liebeskodierung. In der Untersuchung von Böhm u. Rohner haben 38% (1981: 26%) derjenigen – Männer wie Frauen gleichermaßen –, die in einer festen Beziehung leben, sexuelle Außenbeziehungen (16% mit einem, 16% mit zwei oder drei Partnern, 6% mit mehr als drei Partnern). Dies schlägt sich auch in den Beziehungsorientierungen nieder: 36% der Männer und 24% der Frauen wünschen sich „offene" Beziehungen.

In unserer Gießener Untersuchung hatten 24% derjenigen, die mindestens 3 Jahre in einer festen Beziehung leben, sexuelle Außenkontakte. Gleichwohl halten auch diese Personen am Ideal der „sexuellen Treue" fest.

3. AIDS führt zu einer Reihe von *Verhaltensänderungen,* die sich vor allem auf die Reduktion der Partnerzahlen und häufigere *Kondomverwendung* beziehen. *Alles in allem sind diese Verhaltensänderungen nicht sonderlich durchschlagend.*

In der Berliner Untersuchung von Böhm u. Rohner (1988) fühlt sich ein Drittel der befragten Studierenden – Männer wie Frauen – durch AIDS bedroht. Jeder Dritte hat infektionsriskante Sexualpraktiken eingeschränkt. Bei der Aufnahme neuer Kontakte fühlen sich 55% der Männer, 61% der Frauen gehandicapt. Sowohl Studenten ohne Partner wie Studenten, die in einer Partnerschaft leben, haben aufgrund von AIDS weniger Sexualpartner (35% bzw. 41%).

Diese Untersuchung weist aus, daß im Vergleich mit den Untersuchungen von 1966 und 1981 die Kondombenutzung wieder ansteigt (1966: 42%, 1981: 14%, 1987: 23%). Komplementär dazu hat sich die Pille als Mittel der Empfängnisverhütung entwickelt (1966: 9%, 1981: 44%, 1987: 36%). Die Kondombenutzung ist situationsspezifisch geprägt: *innerhalb* der festen Partnerschaft benutzen 4% immer, 8% manchmal, 88% keine Kondome, bei Sexualkontakten *außerhalb der festen Partnerschaft* geben 41% „immer", 34% „manchmal" und 25% „nein" an; die Kondombenutzung ist also um ein Vielfaches höher als innerhalb der Partnerschaft.

Studenten ohne festen Partner geben an: 22% „immer", 30% „manchmal", 48% „nein".

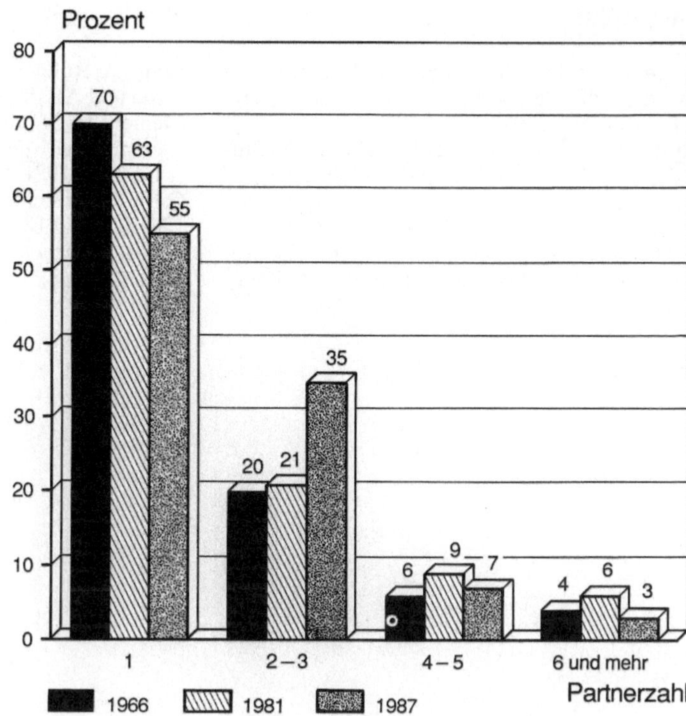

Abb. 11. Partnerzahlen in den letzten 12 Monaten

Wie wir zeigen konnten, taucht im Auseinandersetzungsprozeß mit AIDS eine Reihe irrationaler Mechanismen auf (so etwa, wenn häufig vom „genaueren Aussuchen des Partners" die Rede ist), die der eingehenden wissenschaftlichen Aufhellung bedürfen.

Schlußfolgerungen

Die Untersuchung verweist auf einige offene Probleme, die bei der Bekämpfung von AIDS auf dem Wege der Verhaltensprävention auftauchen. Diese bestehen nach unserer Auffassung nicht so sehr in der Risikowahrnehmung als in der Schwierigkeit, eingelebte sexuelle Verhaltensweisen zu ändern. Das betrifft insbesondere die Probleme der Kondomverwendung, auf die wir im Rahmen unserer Untersuchung gestoßen sind.

Entgegen den leichtgängigen Empfehlungen der Präventionspolitiker, in allen virtuell riskanten Situationen Kondome zu benutzen, gibt es hinsichtlich der Kondomverwendung eine Reihe von Reserven, Widerständen, ja auch offene Ablehnung. Wer es ernst meint mit einer Präventionspolitik, die vor allem auf Kondome setzt, muß sich mit der Mikrodynamik des Kondomgebrauchs auseinandersetzen und den sich hierin zeigenden konterkarierenden Momenten. Über diesen Prozeß haben die Präventionspolitiker bislang zu wenig nachgedacht. Ihn zu erforschen, muß ein Problem allerersten Ranges der AIDS-Forschung werden.

Literatur

Ajzen I, Fishbein M. Understanding attitudes and predicting social behavior. New Jersey: Prentice-Hall, 1980

Bardeleben H, Reimann BW, Schmidt P. Studenten, Sexualität und AIDS. Erste Ergebnisse einer empirischen Untersuchung an Gießener Studenten. In: Burkel E (Hrsg) Der AIDS-Komplex. Dimensionen einer Bedrohung. Ullstein: Frankfurt/Main, Berlin, 1988

Böhm A, Rohner R. Sexualverhalten bei Studenten und AIDS. Berlin, 1988 (Ms.)

Clement U. Sexualität im sozialen Wandel. Eine empirische Vergleichsstudie an Studenten 1966 und 1981. Stuttgart: Enke, 1988

Giese H, Schmidt G. Studentensexualität. Verhalten und Einstellung. Eine Umfrage an 12 westdeutschen Universitäten. Hamburg: Rowohlt, 1968

Kunsttherapie

Monika Urban und Lisa Niederreiter

Einleitung

In der kunsttherapeutischen Arbeit mit HIV-betroffenen Frauen entstehen Bilder und Texte, die auf sehr eindringliche Art und Weise illustrieren, verdeutlichen und bestätigen, was wir über die psychische, physische und soziale Befindlichkeit wissen. In den Bildern von Frauen bekommen wir Einblicke in Lebensrealitäten, die geprägt sind von einem extremen Mißverhältnis der Verteilung von Fürsorge, Verantwortung und Schuld gegenüber Partnern und Kindern, und der Tatsache, daß Frauen kaum Fähigkeiten entwickeln konnten, über ihr eigenes Leben zu bestimmen, und selbst in großer Abhängigkeit von Drogen oder Partnern leben.

AIDS bringt verschärft zum Vorschein, was für Frauen an Benachteiligungen, in kultureller und gesellschaftlicher Hinsicht, existent ist. Zu allen Behinderungen und Selbstbehinderungen, denen Frauen ausgesetzt sind und die sie sich zusätzlich auferlegen, kommt hinzu, daß sie mit dem Virus infiziert wurden oder sich selbst infiziert haben.

Konfrontation mit dem Tod heißt Auseinandersetzung mit dem Leben. Für HIV-infizierte Frauen bedeutet es oft Auseinandersetzung mit dem Leben, das vorher schon nicht auszuhalten war, dem sie sich verweigert haben, indem sie depressiv geworden sind, oder dem sie durch den Konsum von Drogen aller Art versucht haben, einen Sinn abzuringen oder zu entfliehen.

Frauen und Kunst

Vorab ein Zitat zum Thema „Kranksein“ und „Kunstschaffen“ generell: „Indem der Kranke seine intimen Regionen ans Licht bringt, ist er während seiner Äußerung selbst oft erschreckend intensiv anwesend. Er entblößt sich und setzt sich in einer radikalen Weise als Subjekt. Damit betritt er den Innenraum autonomer Kunst. Indem diese Setzung aber nicht so frei ist, daß er auch anders könnte, befindet er sich in einer Lage, die wenig mit autonomer Kunst, dafür aber viel mit seinem Zustand zu tun hat. Für Ereignisse, die expressiven und surrealistischen Kunstformen ähnlich sind, fand Navratil den Audruck „zustandsgebundene Kunst“ (Zacharias 1988).

Dieses „zustandsgebundene“ Kunstschaffen impliziert persönliche Betroffenheit und zutiefst subjektive Wahrnehmung als Motor und Gegenstand des kreativen Ausdrucks. Diese Qualitäten sind in den 70er Jahren einer sog. „Frauenkunst“ von der öffentlichen Kunstkritik negativ angelastet worden. In der Wende der Malerei Anfang der 80er Jahre, von der kognitiv dominierten konzeptuellen Kunst zur Ausdruckskunst der „neuen Wilden“, wird die Individualität aus dem Bauch heraus, fast ausschließlich von Männern, als Neuentdeckung gefeiert.

„Zustandsgebundenes“ Malen ist die Basis der Kunsttherapie. Es entsteht Kunst, die nicht losgelöst von Alltäglichem und Privatem gesehen werden kann, von Bereichen, denen sich Frauen nicht entziehen können und nie konnten. Es existiert immer noch die Wertung, daß wahre Kunst, in Perfektion und Vollendung, nur von einem

Künstler geschaffen werden kann, der sich, Frau und Kinder als Hindernisse betrachtend, über die Dinge des alltäglichen Lebens hinwegsetzen kann.

Die Psychoanalyse spricht dem Mann den „sexuellen“ und – auf einer höheren Stufe – dem Künster den „ästhetischen“ Trieb zu. Diese bedingen sich wechselseitig und werden sozusagen als männlich determiniert angesehen. Frauen scheinen Triebe in dieser Kombination offensichtlich nicht zu besitzen.

Forschungen zur „weiblichen Triebökonomie in Überwindung des Freudschen biologischen Determinismus in bezug auf die Sexualität der Frau und um deren Zusammenhang mit der Entstehung des kreativen Aktes sind, wenn schon nicht totgeschwiegen, so doch einhellig ignoriert worden. Das Weibliche sei an den Rändern ausmachbar, sagt man gern, wenn man es sich angelegen sein läßt, über weibliche Ästhetik zu sprechen. Das Weibliche ist vor allem an den Rand gedrängt worden, sage ich“ (Rick 1987).

Präsentation nach außen

Dies mag Beispiel genug sein für Vorbehalte, die generell gegen Kunst von Frauen bestehen. Sie werden um so größer, sobald – wie in Bildern von HIV-infizierten Frauen – ein weiteres Tabuthema, wie das der weiblichen Sexualität hinzukommt, welches entweder bis jetzt kaum in seiner Autonomie reflektiert worden ist, oder wenn, dann leicht in die Nähe der Frivolität gerückt werden kann.

Die Präsentation der Bilder ist, gerade im Hinblick auf die öffentliche Brisanz des Themas AIDS, in dem es um Sexualität, Todesbedrohung und Sterben geht, nicht unproblematisch. Es geht um Einblicke in Einzelfälle und das Einsteigen in individuelle Schicksale, die keine Aussagen über Allgemeingültiges machen. Wir berufen uns nicht auf Zahlen, Erhebungen oder Körpervorgänge, die abgespalten von den jeweiligen Personen und den Zusammenhängen, in denen sie entstanden sind, betrachtet werden können.

Zentrales Anliegen ist es, durch die Bilder ein Stück der Lebensrealität und des Kampfes der Frauen um ihre Identität, der durch die HIV-Infektion um eine weitere sozial isolierende und zugleich lebensbedrohliche Dimension erschwert worden ist, zu begreifen und zugleich die Kunsttherapie als eine Möglichkeit zu sehen, in diesem Kampf lebendiger und vielschichtiger zu bleiben.

Kunsttherapie – Fallbeispiele

Abb. 1/2/3: Frau E. ist eine 29jährige drogenabhängige Frau, die selbstmordgefährdet war und deswegen psychiatrisch behandelt wurde. Aktueller Anlaß war, daß sich ihr Freund auf einer gemeinsamen Reise den „goldenen Schuß“ gesetzt hatte. Ein Jahr vorher war die Mutter unter ungeklärten Umständen ums Leben gekommen. Die Patientin fühlte in beiden Fällen eine Mitschuld. Sie hatte erst mit Mitte zwanzig angefangen, Drogen zu nehmen, im Zusammenhang mit einer kurzfristigen Karriere als Fotomodell. Sie sagte: „Ich hab's genommen, weil ich cool sein mußte. Die Typen sind knallhart, das kann man so nicht aushalten.“ Sie hatte schon mehrere Aufenthalte im Gefängnis hinter sich. Dort war sie auch auf HIV getestet worden und hatte von ihrer Infektion erfahren. Ihr Leben war eine Anhäufung von Unglück und tragischen Ereignissen. Ihre Bilder waren davon geprägt, und ihre Erzählungen darüber drehten sich im Kreis.

Ich (M. U.) bat Frau E. die negativen Seiten ihres Lebens und die Seiten, die sie sich eigentlich vom Leben erwartet, in einem Bild darzustellen. So entstand diese geteilte weibliche Figur, Symbol für nie zu vereinbarende Gegensätze zwischen einem Idealzustand, der zwar immer wieder vor Augen geführt wird (Erwartungshaltung, wie eine Frau zu sein hat), der aber so unerreichbar weit ist, daß er starre Züge trägt, weil er noch nie erfahren und gelebt werden konnte. Die andere Hälfte meint die reale Situation, die mit Todessymbolik umgeben ist, die aber lebendig wirkt durch real erlebten Schmerz und Traurigkeit.

Ich bat sie zu versuchen, diese beiden Teile in einer Figur zu vereinen. Dabei entstand eine

Abb. 1.

Abb. 2

weibliche Figur, die sehr dem wirklichen Aussehen und dem Zustand der Patientin entspricht. Die Figur ist versehen mit Symbolen der Sinnlichkeit wie langen Haaren, rotem Mund und Andeutungen der Brust. Die linke Hand ist zur Faust geballt, die andere Hand liegt wie zum Schutz auf einer sehr empfindsamen Stelle ihres Körper. Es ist die Haltung einer starken Frau, die sich wehren und verteidigen wird, die aber impliziert, daß die Gesichtszüge angespannt, verhärtet und wenig ansprechend erscheinen.

Mit diesem realistischen Bild von sich, das ihrer Wirklichkeit sehr nahe kam, denn Frau E. hatte allen Grund sich zu schützen und sich zu verteidigen, darin bestand ihr Überlebenskampf, war die Patientin allerdings wenig glücklich. Sie sieht sich dadurch noch mehr ins Abseits gedrängt. Ihre Sehnsüchte nach Zuwendung und Geborgenheit lassen sich mit dem Negativimage einer katzenäugigen Hexe nicht erfüllen.

Aus dieser Unzufriedenheit heraus entstand der dritte Versuch. Der Blick ist frontal auf den Betrachter gerichtet, wie im ersten Bild, doch er wirkt durch die Ungleichmäßigkeit der Augenstellung weniger zielgerichtet als in den anderen beiden Darstellungen. Er geht am Betrachter vorbei, vermittelt den Eindruck der Abwesenheit. Die Gesichtszüge wirken freundlicher, doch gleichzeitig verhärmt, mißtrauisch und etwas wehleidig. Die Figur besteht nur noch aus der

Abb. 3.

oberen Hälfte. Dort, wo der Unterkörper beginnt, ist ein schwarzer Querstrich, der gleichzeitig die ganze untere Hälfte abtrennt. Danach kommt Leere, Nichts, nur noch das V-Muster des Oberteils, das nach unten deutet, ist ein Hinweis darauf, daß eliminiert, negiert, gelöscht werden soll, was dort an kränkenden, gewaltsamen Erfahrungen stattgefunden hat. Die Hand deutet in die Herzgegend, gleichsam ein Zeichen, daß nur noch zählt, was in diesem Bereich Bedeutung hat. Auch die Veränderung der Frisur in Form und Farbe, sie ist fülliger, das hart wirkende Schwarz ist einem weichen Braun gewichen, trägt zum zurückhaltenden Gesamtimage bei. Die Person hat eine Wendung von der aktiven in die passive Rolle erfahren, die nur noch aus der oberen Hälfte besteht: sanft-leidend, aber schön!

Die Patientin fand diese Darstellung für sich immer noch nicht stimmig. Der Ausdruck war für sie „zu simpel", und die Farben waren ihr zu grell und nicht zusammenpassend. Beim Zeichnen vermißte sie, um korrigieren zu können, einen Radiergummi. Sie sagte: „Ich möchte, daß wenigstens in meinen Bildern etwas perfekt ist".

Abb. 4

Abb. 5.

Abb. 4: Hier stellt Frau D., eine AIDS-kranke Mitte dreißigjährige ehemals drogenabhängige Patientin, eine aktuelle Situation mit einem Freund dar, die für sie sehr enttäuschend war und die sie sehr wütend gemacht hat. Die Wut kommt in der Großformatigkeit – das Bild mißt 130 × 70 cm – und in der Expressivität der Farben zum Ausdruck. Die weibliche Figur, die in der Hauptsache den Ausdruck des Bildes bestimmt, nimmt eine trauernde, in sich gekehrte Haltung ein. Die janusköpfige Figur ist der Freund, ein nichtinfizierter Mann, der auf der einen Seite sehr zugewandt ist und Wünsche erfüllt, die sie an eine Liebesbeziehung hat. Auf der anderen Seite kommt eine sehr gegensätzliche Haltung zum Vorschein, in der er sich, von Gefühlen wie Angst und Panik bestimmt, sehr abweisend verhält.

Eine Frau, die in bezug auf die Bewältigung der Krankheit sehr aktiv ist, drückt hier aus, wie hilflos sie sich fühlt, wenn es um die Erfüllung ihrer sehnsüchtigsten Wünsche nach Nähe und Geborgenheit geht. Durch das Infiziertsein fühlt sie sich noch extremer in die passive Rolle gedrängt. Sie zeigt auch Verständnis für die Ambivalenz des Freundes, die wohl auch teilweise ihre eigene ist. Sie sagt: „Ich möchte auch nicht, daß jemand sein Wohlbefinden von meinem Verhalten abhängig macht."

Abb. 6

Abb. 5: In der darauffolgenden Sitzung malte die Patientin dieses Bild. Die weibliche Figur vom vorhergehenden Bild (Abb. 4) hat sich neutralisiert und ist zu einem geschlechtslosen Wesen geworden, das in seiner Erscheinung sehr außerirdisch wirkt.

Für die Patientin war es sehr wichtig, nicht ständig an das Kranksein und alles was damit zusammenhing, erinnert zu werden. Sie hatte beschlossen, eine größere Reise zu machen.

Hier ist für sie die Situation kurz vor dem Abflug dargestellt. Sie reflektiert darüber, was sie zurückläßt und was sie erwartet. Die Punkte, die sich von der Hand links unten im Bild über den Arm der Figur fortsetzen und auf der Brust eine Spirale bilden, beschreibt sie als Energie, die sie von Freunden und durch die Beziehung durch den einen Freund bekommt, der auch schon im vorhergehenden Bild Thema war. Es ist seine Hand, die mit im Bild ist.

Abb. 6: Nach ihrer Rückkehr malte Frau D. dieses Bild. Rechts im Bild sieht sie sich selbst. Sie wollte ihren Kopf an eine Schulter gelehnt darstellen: „Wer immer es sein mag und dafür da sein kann", sagt sie dazu. Sie äußerte Bedauern, daß ihr diese Haltung in der Darstellung nicht gelungen ist.

Die rechte Person, in der sich die Patientin sieht, ist im Profil dargestellt. Sie hat ihren Blick auf die linke, eher männliche Figur gerichtet, die aber auch androgyne Eigenschaften haben könnte. Eine Kontaktaufnahme findet nicht statt. Ein großer Nähewunsch ist da, aber die Trennung, durch die Polarität in der Farbigkeit betont, überwiegt. Die linke Figur ist eine vorgestellte, erträumte mit magischer Ausstrahlung. Der Hintergrund ist so gestaltet, daß es aussieht, als würde eine Explosion aus dem Kopf heraus stattfinden.

Manchmal nimmt die phantasierte Figur im Leben der Patientin reale Gestalt an. Es könnte ein Freund sein, den sie auf der Reise kennengelernt hat, auf den sich ihre Gedanken konzentrieren, der aber sehr weit entfernt lebt, so daß auch durch ihn der Wunsch nach einer Beziehung nicht erfüllbar scheint. Die Patientin sagt: „Trotzdem brauche ich diese Vorstellungen. Da kriege ich einen großen Teil meiner Power her."

Abb. 7.

Abb. 7: Dies ist das erste Bild von Frau K., einer Mittzwanzigerin, die an AIDS erkrankt ist. Sie wurde durch heterosexuellen Kontakt infiziert.

Sie beschreibt in dem Bild ihren Weg aus dem Mutterleib – dort hat sie sich am wohlsten gefühlt – durch Kindheit und Pubertät. Auf diesem Weg war sie mit viel Fremdheit und Irritationen konfrontiert. Sie nennt es „Fremde Zeichen, die ich oft nicht entziffern konnte".

Sie sagt, seit sie infiziert sei, habe sie durch therapeutische Gespräche und offene Begegnungen mit Menschen gelernt, was Leben heißt und was es sein könnte. Jetzt fühle sie sich eigentlich auf der anderen Seite, rechts im Bild. Dort wachsen Blumen, und sie erfährt viel Zuneigung.

Doch die Sonne auf dieser Seite hat einen sehr seltsamen Farbstich und ist durch einen schwarzen Balken abgetrennt. Man könnte auch vermuten, daß die mittlere Gestalt, die die Patientin als Uterus bezeichnet, Teil eines Penis ist, der die Viren ausstreut, und dadurch ihr Leben ruiniert. Das, was sie sich eigentlich vom Leben erwartet hat, dazu gehört auch der Wunsch nach einem Kind, kann sich nicht mehr erfüllen.

Abb. 8: Dieses Bild malte Frau K., während sie auf dem Bett saß und eine Infusion mit Immunglobulinen bekam.

Sie sieht sich selbst, wie sie, gezeichnet von den Spuren, die die Krankheit hinterlassen hat, am

Abb. 8

Rad des Lebens dreht, um wieder auf die andere Seite zu kommen und um wieder neu anzufangen. Sie hat die Hoffnung, daß die Medikamente wirksam sind und daß sie überleben wird, bis ein Impfstoff gefunden ist.

Abb. 9: Frau K. bekam Fieber, ohne daß sich eine Ursache dafür finden ließ.

In der Figur sieht sie sich selbst. Das Rot steht für Blut, die Blutbahnen und das Fieber. Sie sagt dazu: „Niemand weiß, was mit mir los ist, niemand findet etwas." Die Farben sind im Gegensatz zum vorhergehenden Bild (Abb. 8) schmutzig und ekelerregend geworden.

Die Patientin hatte in der Zeit, als das Bild entstand, eine nähere Freundschaft zu einem infizierten Mann, der sich bisexuell verhielt, womit sie aber nicht zurechtkam. Sie investiert viel Zeit in hilfreiche und freundschaftliche Kontakte zu anderen Infizierten, leidet aber darunter, daß sie keinen adäquaten Partner findet und niemand für sie da ist, wenn es ihr schlecht geht.

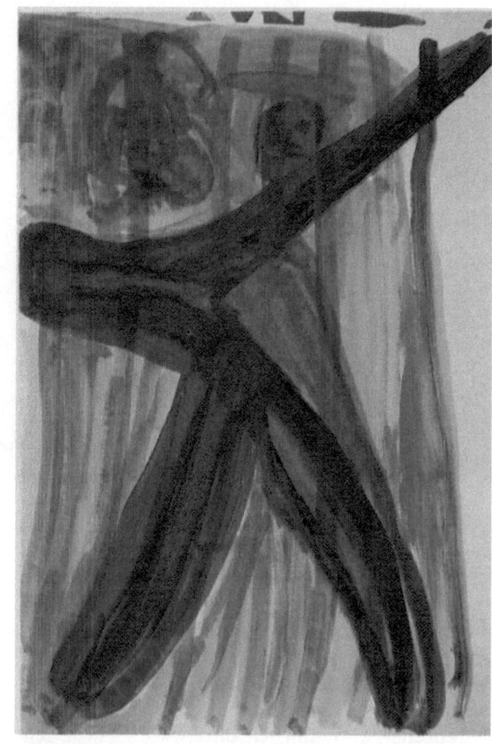

Abb. 9.

Abb. 10: Dieses Bild malte Frau K. gleich im Anschluß an das oben Geschilderte. Sie bohrte mit dem Pinsel fast das Papier durch. Sie sagte, dies sei das dunkle Loch, in dem sich ihre Gedanken bewegen. Man kann es wie ein Zeichen sehen, das „Halt" bedeutet oder „Stop, jetzt ist es genug". Das Gebilde könnte auch die Darstellung des Virus sein. Es hat einen großen Kopf mit vielen Beinen aber keinen Mund. Es schlägt lautlos zu, man spürt nichts, man hört nichts, es hat einen – irgendwann.

Abb. 11: Bevor Frau K. anfing, dieses Bild zu malen, sagte sie: „Ich möchte einmal noch in den Spiegel schauen und wieder ganz gesund sein". Sie war auf dem Weg der Genesung von einer PcP. Das Bild entstand noch im Krankenbett, und Frau K. nannte es „PcP, die erste 1988". Sie

Abb. 10

Abb. 11.

sagte dazu: „Auf dem Bild ist das Schaukeln zwischen Leben und Sterben dargestellt. Die PcP hat mir schön ins Gesicht getan, aber sie hat's nicht geschafft. Ich habe gesehen, daß ich stärker bin als die PcP. Links unten im Bild sind meine verstorbenen Freunde. Manchmal warte ich darauf, daß sie mir ein Zeichen geben und sagen, wie es im Jenseits ist. Wenn ich dort wäre, würde ich mich bemerkbar machen. Ich lasse mich nicht unterkriegen. Ich brauche oft Tabletten zur Beruhigung, aber ich gebe nicht auf, bis ich wieder so dastehe wie ein Einser – im Bild ist es die rote Figur auf grünem Grund – und mich selbst lieben kann."

Für ihren Weg dorthin hatte sie sich ein Aufbauprogramm zusammengestellt, das sie folgendermaßen beschreibt: „Für alle Schmerzen, die ich erleiden muß und die notwendig sind, belohne ich mich hinterher. Nach der PcP habe ich mir einen Jeansmantel und eine Sakkojacke gekauft. Nach dem Zentralkatheder, der gelegt werden muß, kaufe ich mir einen Pullover und nach dem Blutabnehmen einen Gürtel. Ich möchte so lange leben, bis sie ein Medikament gefunden haben. Vielleicht kommen heute noch Schuhe dazu. Nach dem Knochenszyntigramm."

Abb. 12: Im folgenden Bild zeigt Frau K., wie sich für sie Probleme der Ächtung und Ausgrenzung darstellen. Auf der rechten Seite, im hellen Teil des Bildes, sind die Starken und Mächtigen. Sie legen selbst Hand an, um die Infizierten über die rote Grenze ins Abseits zu schieben, ins Nichts, ins Leere, wo sie sich dann im Dunkeln, allenfalls noch miteinander, beschäftigen können.

Abb. 12

Abb. 13.

Abb. 13: Durch Gespräche mit einem AIDS-kranken Freund, der gleichzeitig mit ihr auf Station lag, kam Frau K. darauf, dieses Bild mit dem Titel „People with AIDS have Power" zu malen. Die AIDS-Kranken bilden einen Kreis, durch ihr Zusammenhalten wird der Virus draußengehalten.

Sie sagte dazu: „Da sollen auch ‚schwule Schwestern' dabei sein, die in der Runde tanzen. Der Kreis ist mir nicht so ganz gelungen, aber immerhin. Es sind auch ein paar dabei, die zu dick geraten sind. Aber es gibt ja auch infizierte Dicke. Die haben vielleicht den Vorteil, daß es ein neues Mittel gibt, bis der Virus durch das Fett durch ist."

Drumherum sind verschiedene Ansichten des Virus angeordnet. „Man kann sich nicht so richtig vorstellen, wie der Virus aussieht. Ist er ein harmloses Monster? Mein Virus ist nicht so brutal, deswegen kann ich auch nicht so böse zu ihm sein. Er kann ganz verschiedene Formen annehmen, auch die einer Blume. Damit tut er den Zellen schön und schlägt dann zu. Mit seinen Fangarmen kann er sich überall einhaken und ansaugen. Er ist falsch wie eine Schlange. Mir fallen keine sehr brutalen Sachen ein. Samt der Krankheit gibt es doch immer wieder viele Dinge, über die ich mich freuen kann. Die Freude gibt Kraft, da kann der Virus nicht dagegen an."

Kunsttherapie mit Betreuerinnen

Es entstehen auch Bilder von Frauen, die auf der Betreuerinnen-Seite, als Krankenschwester, Ärztin, Therapeutin oder Sozialarbeiterin, AIDS zu ihrer Sache gemacht haben. Das Malen kann hier gleichermaßen zum Streßabbau, zur Bewältigung und zur intensiveren Kommunikation beitragen.

Abb. 14: Frau R., eine junge Therapeutin, setzt sich im Bild mit ihren eigenen Überlegungen in bezug auf Ansteckung mit dem HI-Virus auseinander. Inhalt ist die leidige Frage: „Wie ist das mit den Kondomen?" Eine überdimensionale Hand hält etwas zwischen Daumen und Zeigefinger, das wie ein halb aufgerolltes Komdom aussieht. Fragezeichen teilen das Bild in zwei Teile. Die Figur, die die rechte Hälfte des Bildes ausfüllt, ist durch eine schwarze Linie, die am Kopf ansetzt und zwischen den Beinen wieder herauskommt, ebenfalls in zwei Teile getrennt. Hier zeigt sich die Ambivalenz zwischen Rationalität und Emotionalität: „Wer garantiert mir, daß ich mit Kondomen sicher bin? Ich mag Kondome nicht! Aber wenn ich mich infiziere, werde ich abgelehnt. Davor habe ich am meisten Angst!" Diese Unsicherheit kommt in dem gelben chaotischen Brei zum Ausdruck, in dem der Arm endet.

Schwarz, hier als Identifikationsfarbe für ihre eigene Person verwendet, ist für Frau R. etwas

Abb. 14

Nichtdurchschaubares. Die rote Umrandung der Figur steht für „aktiv handeln" im Gegensatz zu „unsicher in der Gegend herumstehen".

Abb. 15: Dieses Bild ist in einer Gruppensituation entstanden, in der es um Fragen zum Arzt-Patienten-Kontakt ging. Gemeinsames Thema war: „Berührungsängste". Dr. P., eine Gynäkologin, schilderte den Kontakt mit einer Patientin, die schwanger werden wollte, um einen Mann an sich zu binden. Da die Patientin schon Kinder hatte und in einem sehr schlechten Allgemeinzustand zu sein schien, brachte Dr. P. das Gespräch relativ schnell auf den HIV-Test, worauf die Patientin fluchtartig die Praxis verließ.

Das Bild gab Anlaß, in der Gruppe darüber zu sprechen, wie der HIV-Test in der gynäkologischen Praxis gehandhabt wird, wie die Beratung von infizierten Schwangeren aussieht, wie hoch die Quote der infizierten Kinder ist etc.

Die Figur im grün-schwarz umrandeten Rechteck könnte man als Virus und schwanger in einem sehen. Ein „schwangerer Virus", vielleicht als Synonym dafür, daß Frauen oft, genauso mehr oder weniger bewußt, wie sie in Kauf nehmen, schwanger zu werden, in Kauf nehmen, daß sich der Virus in ihnen fortpflanzt, wenn die Bindung an den Partner sehr tief geht. Im schlimmsten Fall ist beides eingepflanzt: Embryo und Virus.

Abb. 15.

Abb. 16

Abb. 16: Zum gleichen Thema „Berührungsängste“ stellte Dr. H., eine Ärztin, die in der Beratung tätig ist, ihren Kontakt zu einer HIV-infizierten Patientin dar, deren Schicksal sie besonders betroffen gemacht hat. Die Patientin wurde, nach der Geburt eines Kindes, durch eine Bluttransfusion infiziert. Dr. H., die Ärztin, im Bild auf der linken Seite, erlebt ihre eigene Hilflosigkeit in diesem Fall als sehr bedrückend.

Im Bild sieht es aus, als würden bei beiden Personen die Hände fehlen. Trotzdem kommt eine Geste zum Ausdruck, die sehr anrührend ist.

Dieses Bild war Anlaß für ein Gespräch in der Gruppe: „Was können wir überhaupt wirklich Sinnvolles für die Infizierten und Kranken tun?“

Wenn man von einer anderen Sicht von Kranksein, Krankheit und Heilung ausgeht, die nicht von normierten Vorstellungen bestimmt ist, wann eine menschliche Existenz einen Daseinswert hat, und wenn man davon ausgeht, daß der Mensch nicht alles im Griff haben kann, wie es die objektive Medizin gerne hätte, die sich dadurch in ihrem Ideal von Rationalität gekränkt fühlt, dann kann man auch bei AIDS sehr viel tun.

Kunst gegen den Tod

Was soll die Kunst im Angesicht des Todes, wenn sie schon im Leben keinen Stellenwert gehabt hat?

„Für einige ist alles, was mit Kunst zu tun hat, im Freizeit- und Luxusbereich angesiedelt. Manche Menschen haben nach frustrierenden Museumsbesuchen das Gefühl, von Kunst nichts zu verstehen. Sie interessieren sich nicht mehr für Dinge, die mit Kunst zu tun haben“ (Schuster 1986).

Künstlerische Tätigkeit hat etwas mit einem Misch-Zustand zwischen kognitiver und intuitiver Wahrnehmung zu tun. Wie diese beiden Faktoren ineinandergreifen, wie das affektive und das kognitive Leben zusammenhängen, ist unklar. Klar ist nur, daß sie in jeder Lebenssituation zusammenspielen. Viele Menschen sind weit davon entfernt, sich affektiv-dynamisch anregen zu lassen. In unserer hochtechnisierten Zivilisation sind Menschen eingebettet in ein System von Bezügen, die andere Fähigkeiten zum Überleben notwendiger erscheinen lassen. Als Rezipienten von ungeheuren Mengen an Massenkultur sind bei den meisten Menschen eigene Schöpferkräfte völlig zugeschüttet.

Frauen haben oft besondere Schwierigkeiten, sich im öffentlichen Kulturbetrieb wiederzufinden. Gerade bildende Kunst scheint weit entfernt zu sein von alltäglicher Kreativität und schöpferischem Umgang mit Problemen des Alltags. „Verbunden mit dem Ziel der Entwicklung der Persönlichkeit, das heißt, der Entwicklung von Selbstsicherheit, Selbstbestimmung und aktivem Teilnehmen am Leben, ist die Erkenntnis, daß Kreativität etwas Übertragbares ist. Dem Menschen, der auf einem Gebiet die Erfahrung kreativen Tätigseins macht, wäre es dann auch möglich, diese Erfahrung auf andere Bereiche des Lebens zu übertragen" (Bachmann 1985).

Im Angesicht des Todes geht es um die Aktivierung der Überlebenskräfte, die es dem Menschen erleichtern, das bisherige Leben anzunehmen, und darum, zur Teilnahme am Leben anzuregen. Wirkliche Teilnahme kann nur geschehen, wenn die Sicherheit da ist, daß er in seiner Persönlichkeit so sein kann, wie er ist und nicht, wie er sein muß.

Kunst als Therapie

„Kunst ist ein integratives Merkmal einer jeden Gesellschaft – die Beschäftigung mit Malerei ist fast ebenso alt wie die Menschheit und symbolisiert sowohl persönliche als auch kulturelle Aspekte der Entwicklung" (Dalley 1986). Die Beschäftigung mit Kunst an sich hat meist auch therapeutische Eigenschaften. Doch während in der Kunst das Endprodukt für sich steht, werden in der Therapie die Person und der Entstehungsprozeß gleichermaßen wichtig. Kunsttherapie verbindet die nonverbalen Mittel der Kunst in idealer Weise mit Elementen der Psychotherapien, wie Gesprächstherapie, Psychoanalyse oder einfach mit der Deutung durch Metaphern.

Der Tatbestand, daß in unserer Gesellschaft der Wert verbaler Kommunikation sehr hoch geschätzt wird, führt trotzdem dazu, daß verbale Therapieformen meist Vorrang haben. „Obwohl der Wert von Kommunikation mittels bildlicher Darstellung und Symbolik allgemein anerkannt ist, wird er als vergleichsweise obskur und sogar mystisch angesehen. Die Mehrdeutigkeit der Kunst weist ihr im allgemeinen eine Randstellung zu, die vom wesentlichen Gang der Kommunikation losgelöst ist, denn die Leute haben wenig Vertrauen in ihre Fähigkeiten, eine Bedeutung oder Botschaft verstehen zu können. Deshalb erzeugen Kunst und Künstler leicht Stereotype; meiner Erfahrung zufolge gilt dies ebenso für Kunsttherapie und Kunsttherapeuten. Viele Individuen reagieren tendenziell auf den Gebrauch von Kunst in der Therapie, in ähnlicher Weise, wie sie ihre eigene Kreativität oder ihre Reaktion auf Kunst im allgemeinen wahrnehmen" (Dalley 1986).

Kunsttherapie und AIDS

Kunsttherapie ist ein zusätzliches Angebot im Rahmen psychosozialer Betreuung HIV-Infizierter und AIDS-kranker Menschen, das stützen, stärken und Mut machen soll.

Getragen von der Bayerischen AIDS-Stiftung, gibt es dieses Angebot nun an zwei Münchner Kliniken.

Menschen mit HIV und AIDS sind vom Tod bedroht und erfahren gleichzeitig Ablehnung und Ausgrenzung. Innerhalb vieler Hilfsangebote kann die Kunsttherapie einen Platz einnehmen, an dem die Patienten nicht nur auf Behandlung, Beratung und Betreuung angewiesen sind. Kreative Betätigung ist gerichtet auf gesunde Funktionen, beinhaltet einen eigenen Handlungsspielraum und ist so weniger kränkend.

Sie ermöglicht, daß betroffene Frauen, selbst im Angesicht dieser sozial und individuell kaum erträglichen Situation einer drohenden AIDS-Erkrankung, aktiv und auf ihren ganz persönlichen Lebenssinn bezogene, sichtbare, zur Konfrontation auffordernde (Ab)Bilder ihrer Auseinandersetzung mit ihrem Leben und ihrer Krankheit schaffen können. Im idealen Fall kann eine Frau durch künstlerisches Tätigsein einer Lebensstruktur, die von Abhängigkeit (von Familie, Mann und Drogen) geprägt ist und die sich nun durch die HIV-Infektion auch noch auf die Abhängigkeit von einer effektiven medikamentösen Behandlung zur Erhaltung der Gesundheit und des Lebens ausdehnt, eine Aktivität entgegensetzen, die den Selbstausdruck, die Selbstbestimmung und die Artikulation eigener Befindlichkeiten und Bedürfnisse fördert.

Diese aktiven und kommunikativen psychischen Kräfte durch die Kunsttherapie zu stärken, scheint uns gerade im Hinblick auf HIV-infizierte Frauen von großer Bedeutung zu sein, da sie sich in einer weit größeren sozialen Isolation befinden als die homosexuellen infizierten Männer. Diese können leichter auf die Selbsthilfekräfte eines funktionierenden Netzwerks zurückgreifen. Die Schwulenszene hat sehr früh begonnen, das Problem der HIV-Infektion in seiner individuellen, sozialen, kulturellen und gesellschaftspolitischen Dimension zu reflektieren. So ist es dem Betroffenen leichter möglich, Identität, Solidarität und Unterstützung zu erfahren.

Kunsttherapie für HIV-positive Frauen kann eine Möglichkeit sein, aus dem Isoliertsein mit „der Krankheit" herauszutreten. Sie können mit der Therapeutin, mit anderen betroffenen Frauen und Männern in Kontakt treten, aktiv mit der Situation umgehen und damit eine andere, lebendigere Qualität in der Bewältigung dieser Lebenssituation erfahren.

Konkrete Möglichkeiten im kunsttherapeutischen Prozeß sollen im folgenden aufgezeigt werden.

Therapiemerkmale im Hinblick auf die besondere Problematik durch HIV und AIDS

Das Malen kann Ventilfunktionen haben und als Symbolsprache für Unbewußtes dienen, das dann verbal oder wieder malerisch bearbeitet werden kann. Ein weiterer Aspekt ist der, daß durch die bildnerische Aktivität an sich eine Steigerung des Selbstwertgefühls erfolgt, die wesentlich zur Verbesserung des seelischen Gleichgewichts beitragen kann.

Bilder helfen mit, wo es um „nicht Sagbares" geht, gerade im Bereich der Sexualität, wo viele Irrationalitäten mit im Spiel sind, die sich über Aufklärungskampagnen und Enttabuisierungsaktionen hartnäckig hinwegsetzen. Margret Naumberg, eine Pionierin der Kunsttherapie in den USA mit psychoanalytischer Orientierung, beschrieb die Kunst als eine Möglichkeit, konfuse, kaum verständliche Gefühle deutlich werden zu lassen und sie in Ordnung zu bringen. „Der Prozeß der Kunsttherapie basiert auf der Erkenntnis, daß die grundlegendsten Gedanken und Gefühle der Menschen, die sich aus dem Unbewußten ableiten, besser in Bildern als in Worten zum Ausdruck gebracht werden können" (Naumberg, zit. in Dalley 1986).

Bilder ermöglichen einen schnelleren Zugang zu den wesentlichen Dingen, an die im Gespräch allein nicht so leicht heranzukommen ist. Dies ist ein Argument für den Zeitfaktor, der ja eine wichtige Rolle spielt. „Eine erste Wirk-Dimension ist die der Abkürzung. Das Bild vermag eine lange Reihenfolge von Erlebnissen und inneren Ereignissen in einem einzigen Augenblick zu vergegenwärtigen" (Benedetti, zit. in Hartwig u. Menzen 1984).

Durch das Ausdrücken, d.h. „Loswerden" des inneren, manchmal fast unerträglichen Erlebens in einer Bildgestalt kann Ordnung in gefühlsmäßiges Chaos gebracht werden, da es – anschaubar – zum Gegenüber für die Gestalterin wird. Dazu Gaetano Benedetti: „In dieser Kürzung, oder Abreaktion, wird auch Distanz gewonnen. Durch die heilsame Projektion auf das Bild kann der Mensch dieses aktiv gestalten, kann auch das Negative unbeschönigt erscheinen lassen, weil er sich außerhalb des objektivierten Bildes versteht."

Bilder sind Möglichkeiten zum mitmenschlichen Austausch, zur individuellen Lebensbewältigung und können zur Klärung von Sinnfragen beitragen, gerade wenn die Drogenproblematik hinzukommt, in der die Frage nach dem Lebenssinn entscheidend ist. Solange die Betroffene im Leben keinen Sinn sieht, sich als Versagerin fühlt, von anderen nicht beachtet wird, wird ihr die Erhaltung eines solchen Lebens wenig wert sein, und die Bedrohung durch AIDS wird mit relativer Gleichgültigkeit zur Kenntnis genommen.

Bilder erleichtern das gegenseitige Verständnis. Wir können uns einander zuwenden, ohne daß über persönliche, unter die Haut gehende Dinge direkt gesprochen werden muß. Es gibt das Papier, ein Objekt außerhalb, das es ermöglicht, über Dinge, die im direkten Gespräch niemals Thema sein würden, in einer anderen Weise zu sprechen.

Durch das Malen kommt angestaute Energie in Fluß, und Unbewußtes zeigt sich. Dabei muß es nicht darum gehen, jemanden etwas vor Augen zu führen und zu deuten. Trotzdem können unerträgliche Inhalte, indem man sie zusammen anschaut und darüber spricht, etwas von ihrer absoluten Unerträglichkeit verlieren.

Ein Ziel der Kunsttherapie ist idealerweise dann erreicht, wenn über das In-Fluß-Kommen der seelischen Energie hinaus die Einsicht und das Verstehen hinzukommen, wie die gestalteten Inhalte mit der jetzigen Situation und der Lebensgeschichte im Zusammenhang stehen. Diese Interpretationen kann nur die Patientin selbst liefern. „Dem Therapeuten wird anheimgestellt, zu spekulieren, Vorschläge zu unterbreiten und Aspekte des Bildes miteinander zu verknüpfen“ (Dalley 1986).

Die therapeutische Beziehung

Es ist selbstverständlich, daß gerade im Hinblick auf die spezielle Problematik durch AIDS eine Atmosphäre des Vertrauens hergestellt werden muß, in der sich die Patientin vollständig angenommen fühlen kann. Sobald die ersten Unsicherheiten und Ängste in bezug auf das Malen überwunden sind, liegen im Verhältnis von Patientin und Therapeutin besondere Chancen. Die Patientin produziert selbst etwas, worauf sie auch stolz sein kann, und ist nicht darauf angewiesen, passiv Ratschläge oder Deutungen zu rezipieren. Gerade für Frauen ist es wichtig, Bestätigung zu bekommen in dem was sie „tun“, und wie sie dadurch Dinge in ihrem Leben beeinflussen können, ohne sich immer nur ausgeliefert fühlen zu müssen.

Die Tatsache, eine Frau als Therapeutin gegenüber zu haben, ist ebenfalls als positives therapeutisches Moment anzusehen. Nachdem Frauen viel zu oft und viel zu lange, sowohl in medizinischer als auch in psychotherapeutischer Hinsicht, von der „Behandlung“ meist männlicher Experten mit einem männlichen Weltbild abhängig waren, können sie ihre Bedürfnisse und Sorgen aus ihrer weiblichen Identität heraus mit einer Frau reflektieren, die ihrerseits Aspekte des spezifisch weiblichen Lebenszusammenhangs aus eigener Erfahrung kennt. Dadurch können verschiedene Anliegen offener behandelt werden, die Klientin kann u.U. befreit von Angst vor der männlichen Autoritätsfigur schneller zu autonomen und selbstverantwortlichen Bewältigungsmöglichkeiten ihrer aktuellen Lebenssituation gelangen.

Sicher kann auch das Malen oder die Kunst den Menschen nicht retten, aber sie kann ein Beitrag sein zu mehr Menschlichkeit und mehr Mitmenschlichkeit, gerade im Klinikalltag, in dem die seelische Befindlichkeit noch immer zu kurz kommt.

Für Frauen kann das Malen ein Medium sein zum Dialog mit sich und ihrer Umgebung, auch wenn dieser Dialog immer wieder Auseinandersetzung und Kampf zum Inhalt hat. Dazu ein Satz von Anke Martiny: „Nicht alle, die kämpfen, gewinnen – aber wer nicht kämpft, hat schon verloren.“

Literatur

Bachmann H. Malen als Lebensspur: die Entwicklung kreativer bildlicher Darstellung. Stuttgart: Klett-Cotta, 1985

Dalley T (Hrsg). Kunst als Therapie. Eine Einführung. Rheda-Wiedenbrück: Daedalus, 1986

Hartwig H, Menzen K-H (Hrsg). Kunst-Therapie. Berlin: Ästhetik und Kommunikation, 1984

Honnef-Harling G. Die Frauen und die Kunst. Assoziationen zu einem eigensinnigen Thema. Köln: Kunstforum International, Bd 80, 1987

Nitzschke B. Sexualität und Männlichkeit. Zwischen Symbiosewunsch und Gewalt. Reinbek bei Hamburg: Rowohlt, 1988

Rick K (Hrsg). Das Sexuelle, die Frauen und die Kunst. Tübingen: Konkursbuch, 1987

Schuster M. Kunsttherapie. Die heilende Kraft des Gestaltens. Köln: DuMont, 1986

Smerling W, Weiss E (Hrsg). Der andere Blick. Heilungswirkung der Kunst heute. Köln: DuMont, 1986

Walter M (Hrsg). Ach wärs doch nur ein böser Traum. Frauen und AIDS. Freiburg i.Br.: Kore, 1987

Zacharias T. Kunstpädagogik – Kunsttherapie. Eröffnungsvortrag auf der 4. Jahrestagung der Internationalen Gesellschaft für Kunst, Gestaltung und Therapie. Basel, 1988

Sachregister